Renaissance Latin Verse

Renaissance Latin Verse

An Anthology

compiled and edited by
ALESSANDRO PEROSA
and
JOHN SPARROW

The University of North Carolina Press
Chapel Hill
1979

First published in 1979 by
Gerald Duckworth & Co. Ltd
The Old Piano Factory
43 Gloucester Crescent, London NW1

ISBN 0-8078-1350-8

Library of Congress Cataloging in Publication Data
Main entry under title:

Renaissance Latin verse.

Includes bibliographical references.
1. Latin poetry, Medieval and modern.   I. Perosa,
Alessandro, 1910–   II. Sparrow, John Hanbury
Angus, 1906–
PA8123.R4 1979   871'.04'08   78-10969
ISBN 0-8078-1350-8

Printed in Great Britain
by W & J Mackay Limited, Chatham

CUSTODI SOCIISQUE
COLLEGII OMNIUM ANIMARUM
APUD OXONIENSES
HOC OPUS
GRATI PIGNUS ANIMI
PIIQUE AFFECTUS
DEDICANT EDITORES

CONTENTS

CONTENTS

CONTENTS

CONTENTS

CONTENTS

CONTENTS

CONTENTS

CONTENTS

CONTENTS

CONTENTS

CONTENTS

CONTENTS

PREFACE

The idea of compiling this anthology was conceived some ten years ago, when one of its editors was a Visiting Fellow, and the other was Warden, of All Souls College, Oxford. All Souls College not only presided (so to speak) over the conception of the book, but also facilitated its birth by generously helping to meet the costs of publication. We have attempted to express in the dedication our gratitude to the college and its members. We are grateful also to a number of friends, colleagues, and fellow-students, too many to be mentioned individually, who have in one way or another helped us in our work.

J. S.   A. P.

INTRODUCTION

FOR some time past students of the literature of the Renaissance—and not only students but a wider range of readers—have shown an increasing interest in the Latin verse that was put out so prolifically, in manuscript and in print, all over Europe in the fifteenth and sixteenth centuries. The chief cause of this quickened curiosity has been—it would appear—a change in the attitude of literary historians and critics.[1] Until recently, scholars who reviewed the culture of the Renaissance attached little importance, and allowed little merit, to its Latin poetry. They were ready to dismiss it, sometimes as 'occasional' verse, designed to celebrate public or private 'events'—to greet the accession or the marriage of a monarch, or to mourn the death of a patron or a public figure—sometimes as an academic exercise, in which the composers sought to demonstrate their fidelity to classical models, in epic or didactic, lyric or elegiac, verse. It was written off, in short, as a product of courts and colleges, devoid alike of genuine feeling and of artistic originality.

The change that has led to the recent awakening of interest in the Latin poets of the Renaissance has not been simply a change of taste, a renewed appreciation of the formal and the classical in literature; it has been something deeper than that. The critic, today, wants to get inside the writer's study, to watch him actually at work, to see what it was that determined his choice of subject, of imagery, of form, of metre; to identify the memories, the experiences, the fantasies, that are the stuff of his verse—to find out, in a word, what it was that made the 'neo-Latin' poets write as they did.[2]

If we want properly to appreciate the Latin poetry of the Renaissance, to give it, for better or worse, its real due, we must make ourselves familiar with its background, the world in which it was written. Superficial critics are too ready to say that it belongs to an unreal world, outside time and space, artificial

[1] For an interesting survey of the tendencies at work in recent interpretations of Renaissance Latin poetry, see F. Tateo, 'La poesia latina del Rinascimento', *Cultura e Scuola*, 10 (1964), pp. 13–21.

[2] This is the approach adopted in such studies as the articles of A. Perosa, 'Febris: a poetic myth created by Poliziano', *Journal of the Warburg and Courtauld Institutes*, IX (1946), pp. 74–95; L. Spitzer, 'Zu Pontans Latinität', *Romanische Forschungen*, 63 (1951), pp. 61–71; id., 'The problem of Renaissance Latin poetry', *Studies in the Renaissance*, II (1955), pp. 118–38 (both reprinted in L. Spitzer, *Romanische Literaturstudien*, Tübingen 1959, pp. 913–44); J. Sparrow, 'Latin Verse of the High Renaissance', *Italian Renaissance Studies*, London 1960, pp. 354–409; G. Velli, 'La memoria poetica del Petrarca', *Italia medioevale e umanistica*, XIX (1976), pp. 171–207.

and Arcadian. Of course, there is an element of truth in this.[3] But anyone who reads it with more than superficial attention will see that this poetry—or the better part of it—is closely related to the world that was lived in by the men who wrote it: it expressed their personal feelings and reflected their actual experience. Indeed, it not only reflected the world out of which it grew, but had, through the colour it gave to the vernacular literatures, a positive influence upon that world, especially in Italy and France. Moreover, the very concept of the Renaissance was closely linked with the return of poetry after the parenthesis of the Middle Ages;[4] and a central theme in the history of humanism is the debate between those who promoted and those who proscribed the study of pagan literature: the 'neo-Latin' poets were, inevitably, protagonists in this debate.

It is to be hoped that scholars will now turn their hands to producing an adequate history of Latin poetry in the Renaissance. Such a study would have to cover the whole of Europe: 'humanism' was a European phenomenon, transcending, as its name suggests, national boundaries. Nations, of course, have their peculiar characteristics and traditions, which leave a mark upon their literature as upon their life, but the humanist civilisation was a supranational unity, inspired by a common passion for antiquity, sustained by a common language, and promoted by a society in which men of letters and men of learning, lay and clerical, played a leading part. Several studies have been published of the Latin poetry of particular nations,[5] but no one has attempted a general history of the Latin poetry of the Renaissance, or a critical estimate of its worth.[6] For such an estimate, the student must still turn to the relevant pages in the standard histories of literature and surveys of the culture of the Renaissance—to Tiraboschi,[7] Voigt,[8] Rossi and Flamini,[9] and the

[3] Cf. B. Croce, 'La poesia latina', *Poesie popolare e poesie d'arte*, (3rd ed.) Bari 1952, pp. 439–86.

[4] Cf. B. L. Ullman, 'Renaissance: the word and the underlying concept', *Studies in the Italian Renaissance*, (2nd ed.), Rome 1973, pp. 11–26; E. Garin, 'La polemica sugli antichi e la difesa della poesia', *Il pensiero pedagogico dell'umanesimo*, Florence 1958, pp. 1–89.

[5] For Germany and the Low Countries, G. Ellinger, *Geschichte der neulateinischen Literatur Deutschlands im sechzehnten Jahrhundert*, Berlin-Leipzig 1929–1933, (3 vols., one of which is devoted to Italian neo-Latin poetry); for France, D. Murarasu, *La poésie néo-latine et la renaissance des lettres antiques en France (1500–1549)*, Paris 1928; for Britain, L. Bradner, *Musae Anglicanae*, New York 1940.

[6] P. van Tieghem's *La Littérature latine de la Renaissance. Etude d'histoire littéraire européenne* (Paris 1944) is a unique and useful survey of the whole territory, but it covers prose as well as verse, and deals with its material analytically, by *genres*, rather than historically, and without attempting any general critical estimate of neo-Latin poetry.

[7] *Storia della letteratura italiana*, 10 vols., Modena 1772–82.

[8] *Il risorgimento dell'antichità classica*, tr. D. Valbusa, 2 vols., Florence 1888–90.

[9] In the series 'Storia letteraria d'Italia' (Vallardi, Milan): V. Rossi, *Il Quattrocento* (1898; ed. 3, completamente rifatta, 1933); F. Flamini, *Il Cinquecento* ([1902]).

volume of John Addington Symonds' *Renaissance in Italy* that deals with the Revival of Learning.[10]

If a history or a critical study of Renaissance Latin verse is to find appreciative readers, the verse itself will have to be made more easily accessible than it is today. Till now, the contributions of scholars to this end have been sporadic.[11] There have been not a few editions of individual poets, and studies of their works;[12] but these do not meet the requirements of the reader who wants to get a panoramic view: what he needs is a comprehensive anthology.

Certainly there was no lack of anthologies of contemporary Latin poetry during the period of the Renaissance. Such anthologies were already fairly common, in manuscript and in print, in the fifteenth century and the early years of the sixteenth;[13] and in the second and third quarters of the sixteenth century they became widely popular, especially in Italy, where they came out side by side with editions of a small band of 'canonical' poets—Politian, Pontano, Fracastoro, Sannazaro, Flaminio—whose Latin verses were reprinted frequently from the end of the fifteenth century onwards.[14]

These sixteenth-century anthologies were of various types: many of them were 'occasional' collections, which consisted of poems contributed by living

[10] First edition, London 1877.

[11] A useful review of recent studies of Renaissance Latin poetry in Europe is provided by C. Balavoine in 'La poésie latine de la Renaissance: éléments de bibliographie', *Bulletin de l'Association Guillaume Budé* (1975), pp. 131–45. See also J. Ijsewijn's 'Neo-Latin Bibliography', in the *Proceedings* of the Zuidnederlandse Maatschappij voor Taalen Letter Runde en Geschiedenis, vols. XVII (1963), XIX (1965) and XXIII (1969), and the excellent historical survey and useful catalogue of 'Texts and Editions' contained in his *Companion to Neo-Latin Studies*, Amsterdam 1977.

[12] For instance: in *Corpus Antiquissimorum Poetarum Poloniae Latinorum*, Cracow, I. Pelczar's edition of the *Carmina* of Hussovianus (1884), L. Ćwkikliński's edition of Ianicius (1930), and S. Skimina's edition of Dantiscus (1950); in *Studies in the Renaissance Pastoral*, Baltimore, W. P. Mustard's editions of the Eclogues of Spagnoli (1911), of Sannazaro (1914), and of Cayado (1931); in *Bibliotheca Scriptorum Medii Recentisque Aevorum*, Leipzig-Budapest, F. Pindter's editions of the *Amores* (1934) and the *Odae* (1937) of Conrad Celtis, L. Juhasz's edition of the *Elegiae* (1934), and A. Perosa's edition of the *Epigrammaton liber* (1943) of Naldi; in *Nuova Collezione di Testi umanistici inediti o rari*, Florence, A. Perosa's editions of the *Carmina* of Landino (1939) and of Braccesi (1944) and L. Mencaraglia's edition of the *Flametta* of Verino (1940); in *Thesaurus Mundi*, Zürich-Padua, A. Perosa's edition of the *Carmina* of Marullo (1951). The list could be extended, but it is enough here to record E. Bolaffi's edition of the *Carmina* of Ariosto (Modena, 2nd ed. 1938), I. Oeschger's edition of the *Carmina* of Pontano (Bari 1948), C. Reedijk's edition of Erasmus' poems (Leiden 1956), and L. Monti Sabia's editions, published in Naples, of the *Lyra* (1972), the *Eclogae* (1973), and the *De Tumulis* (1974), of Pontano.

[13] A good idea of the frequency of such MS collections in Italy may be gathered from the *Iter Italicum* of P. O. Kristeller (2 vols., London-Leiden 1963–67).

[14] Cf. J. Sparrow, 'Renaissance Latin Poetry: some sixteenth-century Italian anthologies', in *Cultural Aspects of the Renaissance, Essays in honour of Paul Oskar Kristeller*, edited by C. H. Clough, Manchester 1976, pp. 386–405.

writers concerning a single topic or celebrating a particular event;[15] others contained a selection from the work—sometimes, indeed, they comprised the bulk of the work—of a few poets, chosen either for their distinction or as belonging to a particular literary circle;[16] others presented an ample body of work by poets of widely diverse origins (often most of them Italians);[17] others, again, were devoted to a particular *genre* of poetry—amatory, bucolic, religious.[18] Finally, in the second half of the century there began to appear a number of what may be called 'national' collections, each of which was intended to provide a representative selection from the works of the Latin poets of a particular country.[19]

One thing all these anthologies had in common: they were not intended

[15] The prototype of this kind of anthology is *Coryciana*, a collection in three books of poems by some 120 poets, made under the patronage of Johann Goritz and edited by Blossio Palladio, Rome 1524.

[16] E.g.: *Carmina Quinque Illustrium Poetarum* (Bembo, Navagero, Castiglione, Cotta, Flaminio), Valgrisi, Venice 1548; Torrentino, Florence 1549, 1552; Giglio, Venice 1558; *Doctissimorum nostra aetate Italorum Epigrammata*, ed. Nicolas Leriche ('Nicolaus Dives'), Paris 1548; *Carmina Quinque Hetruscorum Poetarum* (Vinta, Segni, Berni, Accolti, Varchi), Giunta, Florence 1562; *Poetae tres elegantissimi* (Marullo, Angeriano, Joannes Secundus), Du Val, Paris 1582. Later examples are: *Septem illustrium Virorum Poemata*, ed. B. Moreto, Plantin, Antwerp 1662; *Poetarum ex Academia Gallica . . . Carmina*, ed. l'Abbé Olivet, Paris 1738, The Hague 1740, Leiden 1743; *Carmina Quinque Illustrium Poetarum* (Bembo, Navagero, Castiglione, Della Casa, Poliziano), ed. P. Lancelotti, Bergamo 1753.

[17] E.g. *Poematia aliquot insignia illustrium Poetarum recentiorum*, Winter, Basel 1544; *Flores Epigrammatum*, ed. Léger Duchesne ('Leodegarius a Quercu'), Cavellat, Paris 1555, and *Farrago Poematum*, same editor and publisher, Paris 1560; *Carmina Poetarum Nobilium*, ed. G. Ubaldini, Antoniani, Milan 1563; *Carmina Praestantium Poetarum*, ed. G. A. Taglietti ('Taygetus'), Bozola, Brescia 1565.

[18] Bucolic poetry (from classical times to the Renaissance) is represented in *Bucolicorum autores* xxxviii, Oporinus, Basel 1546; erotic poetry in *Horti tres Amoris*, ed. A. Periander, 3 vols., Frankfurt 1567, and in *Veneres Blyenburgicae sive Amorum hortus*, ed. D. van Blyenburgh, Dordraecht 1600; religious (anti-papal) verse in *Sylvula carminum aliquot a diversis piis et eruditis viris conscriptorum*, s.l. 1553.

[19] E.g. *Carmina illustrium Poetarum Italorum*, ed. G. M. Toscano, 2 vols., Gorbin, Paris, 1576-7. Especially significant were the *Delitiae*, a series of stout 16mos devoted to the Renaissance Latin poets of the principal countries of Europe; the series was initiated by Jan Gruter with *Delitiae CC Italorum Poetarum*, 2 vols., Frankfurt 1608; this was followed by *Delitiae C Poetarum Gallorum*, 3 vols., 1609; *Delitiae Poetarum Germanorum*, 6 vols., 1612; *Delitiae C Poetarum Belgicorum*, 4 vols., 1614; and *Delitiae Poetarum Hungaricorum*, 1619; all these were published at Frankfurt, and all of them, except the *Germani* ('Collectore A.F.G.G.'), and the *Hungarici* (ed. J. P. Pareus), edited by Gruter. Later additions to the series were *Delitiae Poetarum Scotorum*, ed. A. Johnston, 2 vols., Amsterdam 1637, and *Delitiae quorundam Poetarum Danorum*, ed. F. Rostgaard, 2 vols., Leiden 1693. To these in the next century were added, for Italy, *Carmina Illustrium Poetarum Italorum*, ed. T. Buonaventuri, 11 vols., Tartini, Florence 1719-26 and *Selecta Poemata Italorum*, ed. A. Pope, 2 vols., London 1740; and for Portugal, *Corpus illustrium poetarum Lusitanorum*, ed. A. Dos Reys, 7 vols., Lisbon 1745-8.

for libraries, to be read only by specialists or scholars: the format they came out in—usually small octavo or duodecimo—and the modest price at which they must have been offered for sale, prove that they looked for their readers among the general public.

Diligent study of these early anthologies might reveal to the scholar a good deal about current literary fashions and reputations, the predilections of the compilers and the rise and fall in the popularity of certain writers, or certain types of verse. But it is of no use to recommend them to the reader who wants, quite simply, to get a clear idea of what the Latin poetry of the Renaissance was really like. To begin with, the books themselves are most of them today very scarce, even on the shelves of libraries; furthermore, none of them attempts a panorama of the European scene, and few of them give a balanced picture even of the areas they cover: the compilers' principles of selection pay little regard to literary quality, and often their contents are hardly edited at all—the texts are faulty, the authors are arranged fortuitously or, at best, in alphabetical order; and—gravest of defects from the point of view of the modern reader—there are no biographical or explanatory notes.

During the last hundred and fifty years, however, there have been published several anthologies of Renaissance Latin verse designed to meet the needs of the modern reader. Three such anthologies came out in the nineteenth century. P. A. Budik, in the 1820s, included selections, with translations, from twenty-three poets belonging to nine countries;[20] sixty years later, E. Costa covered the Italian, and G. Ellinger the German, lyric.[21] Fifty years ago, U. E. Paoli and Miss F. A. Gragg published selections, confined in their scope to Italian writers, but including prose as well as verse.[22] All these anthologies are today difficult if not impossible to find, except in academic libraries.

More recently, there have appeared several collections, most of which are still procurable without difficulty: notably, for Italy, the monumental selection from Quattrocento poets, edited with an Italian translation by L. Gualdo Rosa and L. Monti Sabia, under the direction of F. Arnaldi;[23] for Germany, the anthology, covering the fifteenth, sixteenth and seventeenth centuries, with a German translation, of H. C. Schnur.[24]

[20] *Leben und Wirken der vorzüglichsten lateinischen Dichter des XV–XVIII Jahrhunderts*, ed. P. A. Budik, 3 vols., Vienna 1827–8.

[21] E. Costa, *Antologia della lirica latina in Italia nei secoli XV e XVI*, Città di Castello 1888; G. Ellinger, *Deutsche Lyriker des sechzehnten Jahrhunderts*, Berlin 1893.

[22] U. E. Paoli, *Prose e poesie latine di scrittori italiani*, Florence 1926 (and subsequent editions); F. A. Gragg, *Latin Writings of the Italian Humanists*, New York 1927.

[23] *Poeti latini del Quattrocento*, ed. F. Arnaldi, L. Gualdo Rosa e L. Monti Sabia, Milan–Naples 1964.

[24] *Lateinische Gedichte Deutscher Humanisten*, ed. H. C. Schnur, Stuttgart 1966. Schnur prints selections from fifty-two poets; he does not limit himself to Germany, but includes the Netherlands and also Hungary, represented by Pannonius. We may mention also the

INTRODUCTION

The only attempt to embrace the whole of Europe, since the pioneering effort of Budik a hundred and fifty years ago, has been the *Musae Reduces* of Pierre Laurens and Claudie Balavoine,[25] which came out in 1975. These two ample volumes contain extracts from some sixty poets from nine countries, with a French translation and copious supporting biographical and bibliographical material. The text and commentary of our anthology were already completed when *Musae Reduces* was published. The two collections differ greatly in scope, plan and presentation. *Musae Reduces* provides a separate historical survey and an 'orientation bibliographique' for each country. We draw on eighty-five poets, closing in the mid-sixteenth century: *Musae Reduces* draws on sixty-two poets, some of them of the seventeenth century; thirty-nine are common to the two collections, and it is astonishing how little 'overlap' there is in the two independent selections from their work.

We will now attempt briefly to explain the principles we have followed and the criteria we have employed in dealing with the problems that confront the editor of such an anthology as the present.[26]

First, the compiler must decide what boundaries, in time and space, he is to set to his collection—a decision that will depend upon how he frames his concept of the Renaissance. For the purposes of this anthology, we have taken the Renaissance to mean the revival of classical culture that came into being early in the fourteenth century, spread over Europe, unified and sustained by a common language and a common devotion to the ancient world, and spent itself, or at least lost its first impetus, in the middle of the sixteenth century with the Counter-Reformation. Our range, therefore, covers the whole of Europe, and we start with Petrarch and end with Buchanan.

Then comes the crucial question: what aims and what standards should guide the compiler in his choice of the poets and the poems to be included? The criteria we have adopted have not been purely aesthetic: besides pieces chosen for their poetic merits—moving or noble or beautiful poems—we have admitted from time to time poems or extracts of inferior quality if they seemed to us to be of particular historical or psychological interest, or to shed a special or significant light on the world out of which they grew. In particu-

---

selections from Polish Latin verse made by M. Plezia (from the beginnings until the sixteenth century) Warsaw 1952, and by J. A. Jelicz (from 1470 until 1543, with a Polish translation) Warsaw 1956; and the selections from Croatian Latin verse (from the beginnings until the nineteenth century, with a Croatian translation) made by V. Gortan and V. Vratović, *Hrvatski Latinisti*, 2 vols., Zagreb 1969–70.

[25] Published by Brill, Leiden.

[26] Cf. J. Sparrow, 'An anthology of Renaissance Latin Verse: problems confronting the editor and compiler', in *Classical Influences on European Culture, A.D. 1500–1700*, ed. R. R. Bolgar, Cambridge 1976, pp. 57–64. Cf. also L. Gualdo Rosa, 'A proposito di una antologia dei poeti latini del Quattrocento' in *Latomus* XXIII (1964), pp. 334–44.

lar, we have on occasion adjusted our standards in order to provide a panorama of the European scene: if we had made literary merit our sole criterion, the larger nations might have squeezed out their smaller competitors—some Italians, for instance, have yielded a place to poets of inferior intrinsic worth from England and from Eastern Europe. On the other hand, we have not carried our aim of providing a representative collection so far as to include specimens of the tedious epic and didactic poetry of the time, or specimens of the work of its run-of-the-mill versifiers.

While we have not attempted to present a definitive text of the poems that we print, we have taken some pains to ensure that in every case the text is as good as we can make it. Where there is a satisfactory modern edition—or, failing that, a scholarly edition of the eighteenth century—we have usually adopted that as our 'copy-text', checking it with, and occasionally correcting it from, such earlier editions and manuscripts as were accessible to us. Where there is no satisfactory later edition, we have gone to the original editions, checking their texts, likewise, by reference to manuscripts and to later editions that offer improved or authoritative readings. We call attention in our notes to any significant departures from our 'copy-text', but we do not attempt to provide an *apparatus criticus*, and we do not usually mention variants from the 'copy-text' that we have not adopted. Conjectural emendations are attributed to their authors; emendations not attributed to any author may be assumed to be our own.

In our notes we provide, for each poem or extract,[27] either a page-reference or a number. If a poem is not numbered, either in the source from which we take the text or in a later and more easily accessible edition, we 'locate' it by reference to the page on which it is printed in the source (e.g. '*Poemata* p. 278', '*Opera* f. 62').[28] If a poem is numbered in the source, or in a later and more easily accessible edition, we normally dispense with the page-reference and refer to it by the number it bears in the source or in such later edition[29] (e.g. '*Eleg.* II xx', '*Epigr.* IV xxxii').

[27] Where we print an extract only, we have not thought it necessary to draw attention in our notes to the fact that what we print is not the complete poem; the reader can infer this from the line-numbers and the marks of omission that accompany the text.

[28] Where each page is numbered, we refer to pages ('p. 278'); where the *recto* only, to folios ('f. 62'); where neither pages nor folios are numbered, to signatures ('sig. A iii'). 'Page-reference' in the text above covers all three kinds of reference.

If in our notes we refer to a poem by a number not given in the source, we state also the source from which our numeration is derived (e.g. 'Texts from *Poemata* 1555, numeration from Comino, 1719').

[29] Some early editions divide the text into (e.g.) *Elegiae, Epigrammata, Odae*, sometimes adding a Book-number (*Lib.* I, *Lib.* II, etc.), without numbering the poems themselves. We usually disregard such partial numeration and locate the poem (unless it is more fully numbered in a later and more accessible edition) by reference only to its page-number in the source.

INTRODUCTION

We have prefixed to our selection from each poet a brief biographical notice, at the close of which we specify the source or sources from which we have taken the text. In our commentary, besides providing textual notes, we have tried to explain allusions and references and to elucidate obscurities of sense that might offer difficulty to the reader.

We have placed the poets of each nation in chronological order, and the nations themselves in the order in which, as it seemed to us, they came under the influence, as it branched out from Italy, of humanistic culture.

Names of poets are given in their native form, save in some cases (such as that of Joannes Secundus) where the poet was better known to his contemporaries—or is better known today—by a Latin pseudonym. We have provided an English title for each piece, recording its original title in our notes.

Finally, we were faced by the question whether we should in every case reproduce the spelling and punctuation of our 'copy-text'. It seemed to us that to do this, in a book composed of texts drawn from sources so various and belonging to dates so far apart, would be to present the reader with a bewildering and irritating diversity of 'styles'. Moreover, in many cases the original spelling and punctuation have no authority except the printer's. It seemed right, therefore, to modernise and standardise both spelling and punctuation, and unnecessary to record in our notes textual divergences that were due simply to the enforcement of this uniformity.

SIGLA

We append a list of the principal anthologies and collections of Latin verse mentioned in our biographical and expository notes, together with the abbreviated *sigla* that we use when we refer to them.

Coryciana   *Coryciana*, Arrighi, Rome 1524.

Leriche   *Doctissimorum nostra aetate Italorum Epigrammata*, Nicolaus Dives [Nicholas Leriche], Paris [1548].

Carm. Quinq.   *Carmina Quinque Illustrium Poetarum*, Valgrisi, Venice 1548 (enlarged editions, Torrentino, Florence 1549 and 1552; Giglio, Venice 1558).

Farrago   *Farrago Poematum ex optimis quibusque, et antiquioribus, et aetatis nostrae poetis selecta, per Leodegarium a Quercu* [Léger Duchesne], Tomus Secundus, Cavellat, Paris 1560.

Ubaldini   *Carmina Poetarum Nobilium Io. Pauli Ubaldini studio conquisita*, Antoniani, Milan 1563.

Toscano   *Carmina Illustrium Poetarum Italorum. Io. Matthaeus Toscanus conquisivit, recensuit, bonam partem nunc primum publicavit*, Tomus Primus, Gorbin, Paris 1576 (a second volume appeared in the following year).

Del. Ital.   *Delitiae CC Italorum Poetarum coll. Ranutius Gherus* [Ianus Gruterus], 2 vols., Rosa, [Frankfurt] 1608.

Del. Gall.   *Delitiae C Poetarum Gallorum coll. Ranutius Gherus* [Ianus Gruterus], 3 vols., Rosa, [Frankfurt] 1609.

Del. Germ.   *Delitiae Poetarum Germanorum coll. A.F.G.G.*, 6 vols., Hoffmann, [Frankfurt] 1612.

Carm. Ital.   *Carmina Illustrium Poetarum Italorum*, 11 vols., ap. Joannem Cajetanum Tartinium et Sanctem Franchium, Florence 1719–26.

ITALY

FRANCESCO PETRARCA

FRANCESCO PETRARCA (Franciscus Petrarca: 1304–1374) was born at Arezzo, where his father, a lawyer, was in political exile from Florence. In 1311 he went with his family to Avignon; after attending the school of Convenevole of Prato at Carpentras he studied law at Montpellier and Bologna. Returning to Avignon in 1326, he entered into the gay life of the city, then the seat of the Papal court, and devoted himself to poetry and literature; it was here that he met Laura, who was to be the inspiration of his love-poetry. Having taken minor orders and obtained several benefices, he attached himself, in 1330, to Giacomo Colonna, Bishop of Lombez, and later to his brother Cardinal Giovanni. After travelling in northern France, Flanders, and Italy—in 1336 he visited Rome—Petrarch retired in 1337 to Vaucluse, where he devoted himself, with intermissions, to poetry and humanistic studies. He divided the years 1340–53 between Provence and Italy, making frequent journeys, often on diplomatic or political missions, to Parma, Verona, Naples, and elsewhere; he was at Rome in 1341 for the coronation of the Poet Laureate. In 1353 he finally left Provence and settled in Milan at the invitation of Archbishop Giovanni Visconti. Here he remained until 1361; and in 1370, after sojourns in Padua and Venice, he established himself at Arquà in the Euganean Hills, where he spent the remainder of his life.

Petrarch, famous today as the author of the *Canzoniere* and the *Trionfi*, was in his own day chiefly admired for his enthusiasm for antiquity, his power of bringing to life a culture buried in the 'barbarism' of the Middle Ages, and his vast literary production; he wrote both prose and verse, and his Latin, while it was formed on classical models, was marked by strong originality.

Perhaps the most interesting and revealing of his prose works is the introspective *Secretum*; he left also a huge corpus of letters, historical writings (chief among which are *De viris illustribus* and *Rerum memorandarum libri*) and ethical and philosophical treatises (such as *De contemptu mundi*, *De otio religioso*, *De vita solitaria* and *De remediis utriusque fortunae*). Most important of his Latin poetical works are (1) the *Africa* (1338–41, revised and corrected from 1343 onwards), an epic in nine books, never completed; its subject was the Second Punic War, its hero Scipio Africanus; (2) three books of *Epistolae metricae* (1333–54), containing sixty-six autobiographical, political, and literary epistles; and (3) the *Bucolicum carmen* (1346–68, often subsequently revised), consisting of twelve miscellaneous, largely allegorical, eclogues.

TEXTS: for nos. 1 and 2, the edition of N. Festa (Florence 1926); for nos. 3–5, that of E. Bianchi in *F. Petrarca, Rime, Trionfi e Poesie latine*, ed. F. Neri, G. Martellotti, E. Bianchi and N. Sapegno (Milan-Naples 1951).

1 *The death of Sophonisba*

Ecce parum fausto finem positurus amori
Phoebus ab Oceano rediens surgebat Eoo.
Concrepuere tubae; surgit tremefactus et iras   695
suscitat, ac questu se saepe revolvit eodem.
Postquam castra videt fremitu testantia motum,
et metuit mandata ducis vimque affore credit
si neget, horrendum dictu et miserabile sumit
consilium, quod tristis Amor dabat: aurea fido   700
pocula dat servo, custodia dira veneni
credita cui fuerat. Rex haec undantia summo
ac superinfusa cernens spumantia morte:
    'Vade' ait 'et miserae mea tristia munera perfer
reginae, strictosque deos absolve fidemque.   705
Me promissorum memorem sciat illa: secundum
impleo. Sunt superi testes, erat altera longe
conditio mihi grata magis, tentataque frustra

1 *Africa* v   Massinissa sends his wife Sophonisba the poison, which she drinks un-
hesitatingly, to escape falling into the hands of Scipio and becoming a slave of the
Romans (Livy III xv).   694 *rediens*: the vulgate reading; Festa, perhaps rightly,
substitutes *radians*.   698 *mandata ducis*: Scipio's command that he should repudiate
Sophonisba.   706 *secundum*: the second of the two promises he had made to
Sophonisba (that he would either remain constant to her for ever or give her the
means of taking her own life).   712 *sibi consulat*: sc. Sophonisba.   715 *primi
. . . mariti*: Syphax.   716 *patris*: Hasdrubal.   725 *stat*: sc. nuntius.   746 sqq.
Sophonisba threatens Scipio with the disasters that were actually to befall him (cf.
Dido and Aeneas, *Aen.* IV 612–29).   746 *toros. Victoria*] *toros, victoria* Festa.
postquam: 'since', causal, not temporal (cf. no. 2, l. 910).   748 *Iovis, sint*] *Iovis: sint*
Festa.   750 *exsul*: Africanus was exiled to Liternum.   753 *fratris*: Africanus'
brother Lucius was charged with peculation.   755 *filius*: his son Gnaeus was taken
prisoner by Antiochus.   758 *infames . . . querelas*: the inscription, shaming to
Rome, that Scipio had engraved upon his tomb.   759 *tu quoque*: Sophonisba turns
to Massinissa.   760 *secum = cum eo*.   761 *natos*: his two sons died prematurely.
762 *nepotes*: Hiempsal and Adherbal, killed by order of Jugurtha.   764 *rusticus*:
Marius, who defeated Jugurtha.

est via, si qua foret, per quam regina maneret
coniugio contenta meo. Romanus ab alto   710
dux vetat: huic nostri, sic di statuere, potestas
fortunaque iubente data est. Sibi consulat ergo;
cogitet unde ruens quo sit prostrata; quis illam
exitus excipiat viduatam nomine nostri;
insuper et primi reverentia quanta mariti,   715
quanta patris virtus: titulisque et sanguine dignum
consilium paret ipsa sibi. Quod possumus unum,
instrumenta fugae libertatisque paramus.'
      Haec ait, atque oculos lacrimis avertit onustos.
Nuntius accelerans reginae ad limina pulsat   720
munera dira ferens. Pannis anus obsita et annis
prosilit atque habitum conspectaque pocula narrat.
Substitit attonitae similis similisque paventi;
nec remorata diu positoque instincta pavore
'Ingrediatur' ait. Stat terrae lumina fixus   725
et peragit commissa tremens; intercipit illa:
'Suscipio mandata libens nec dona recuso
regia, si maius nihil est quod mittere dulcis
posset amans: certe melius moriebar, in ipso
funere ni demens nupsissem—numina testor   730
conscia—non aliquid quoniam de coniuge caro
sit nisi dulce mihi; sed sidera promptius alta,
terrenis ut eram vinclis exuta, petebam.
Hoc refer extremum et mortis mihi testis adesto.
At vos, caelicolae et qui maria ampla tenetis,   735
quique locum mundi medium Stygiasque tenebras,
quas adeo, licet ante diem, si iusta precandi
materia est, praestate pias his questibus aures;
audiat et caelum et pelagus tellusque profunda.
En morior; mortisque magis me causa dolere   740
quam mors ipsa facit. Quid enim commercia tangunt
nostra duces Latios? En quanta superbia genti!
Non satis est hostem regnis spoliasse paternis:
libertate animos spoliant, et rite coactis

5

coniugiis sanctoque audent irrumpere amori 745
ac pactos laniare toros. Victoria postquam
Romano stat certa duci nec flectere quisquam
fata potest aeterna Iovis, sint ultima vitae
tristia et eximiis sua Roma ingrata tropaeis,
exsul ut a patria deserto in rure senescat 750
solus et a fidis longe semotus amicis,
nec videat sibi dulce aliquid, qui dulcia nobis
omnia praeripuit; tum cari iniuria fratris
exagitet doleatque suos non aequa ferentes;
filius extremos inglorius aggravet annos. 755
Indigno tandem atque inopi claudare sepulcro,
iratusque tibi et patriae moriare relictae,
Scipio, et infames saxis inscribe querelas.
Tu quoque finitimo semper quatiare tumultu,
si secum posthac, coniunx carissime, firmum 760
foedus habes: videas abeuntes funere natos
intempestivo et foedatos caede nepotes
alterna. Veniens illa de gente cruentus
rusticus insultet generi per vulnera vestro,
et trahat ante rudem vinctos per moenia currum, 765
ornet et ex vobis proprios tua Roma triumphos!'
 Dixerat: ac circum gemitum lacrimasque videres
astantesque fero attonitos intendere fini.
Illa manu pateramque tenens et lumina caelo
attollens 'Sol alme' inquit 'superique, valete; 770
Massinissa, vale, nostri memor.' Inde malignum
ceu sitiens haurit non mota fronte venenum
Tartareasque petit violentus spiritus umbras.

2 *The Vanity of Human Wishes*

Hic postquam medio iuvenis stetit aequore Poenus,   885
vulneris increscens dolor et vicinia durae
mortis agens stimulis ardentibus urget anhelum.
Ille videns propius supremi temporis horam,
incipit: 'Heu qualis fortunae terminus altae est!
Quam laetis mens caeca bonis! Furor ecce potentum   890
praecipiti gaudere loco. Status iste procellis
subiacet innumeris et finis ad alta levatis
est ruere. Heu tremulum magnorum culmen honorum
spesque hominum fallax et inanis gloria fictis
illita blanditiis! heu vita incerta labori   895
dedita perpetuo semperque heu certa nec umquam
sat mortis provisa dies! heu sortis iniquae
natus homo in terris! Animalia cuncta quiescunt;
irrequietus homo perque omnes anxius annos
ad mortem festinat iter. Mors, optima rerum,   900
tu retegis sola errores et somnia vitae
discutis exactae. Video nunc quanta paravi,
ah miser, incassum, subii quot sponte labores,
quos licuit transire mihi. Moriturus ad astra
scandere quaerit homo, sed mors docet omnia quo sint   905
nostra loco. Latio quid profuit arma potenti,
quid tectis inferre faces, quid foedera mundi
turbare atque urbes tristi miscere tumultu?
Aurea marmoreis quidve alta palatia muris
erexisse iuvat, postquam sic sidere laevo   910
in pelago periturus eram? Carissime frater,
quanta paras animis! heu fati ignarus acerbi
ignarusque mei!' Dixit; tum liber in auras

2 *Africa* VI   These reflections on the mutability of human affairs, characteristic of
P., are placed by him in the mouth of Hannibal's brother Mago, mortally wounded
in an encounter with the Romans (cf. Livy XXX xix).   885 *medio ... aequore*: Mago
is on board the ship that is taking him home.   910 *postquam*: causal (cf. no. 1,
l. 746).   911 *frater*: Hannibal.   917 *dedecus*: the shame inflicted by the defeat at
Zama.

spiritus egreditur, spatiis unde altior aequis
despiceret Romam simul et Carthaginis urbem, 915
ante diem felix abiens, ne summa videret
excidia et claris quod restat dedecus armis
fraternosque suosque simul patriaeque dolores.

3   *A king's reflections*

Populus est ingens vitreo contermina fonti,
quae simul et fluvium et ripas et proxima campi
iugera ramorum densa testudine opacat. 55
Hic olim multaque loci dulcedine captum
et rerum novitate oculos animumque movente
aggere florigero magnum posuisse Robertum
membra diu lassata ferunt curisque gravatum
pectus et exigui laudasse silentia ruris. 60
Tum consors regina tori, cui nulla dearum,
seu formae certamen erit seu sanguinis almi,
auferet emeritam iusto sub iudice palmam,
coniuge quin etiam spoliata Clementia magno
tunc aderat procerumque chorus magnumque virorum 65
agmen et egregiis acies conferta puellis.
Dumque alii per prata vagis levibusque recursant
passibus et ludos ineunt manibusve recentes
contrectare iuvat latices comitumque per ora
spargere, pars densos properant invisere saltus 70

---

3 *Epist. metr.* I iv: Ad Dionysium de Burgo Sancti Sepulcri.   In this epistle, prob-
ably written in the spring of 1339, P. seeks to persuade the learned Augustinian
Dionigi di Borgo S. Sepolcro to visit him in his retirement at Vaucluse, reminding
him that King Robert of Naples and his court did not disdain to stay there with him.
58 *Robertum*: P.'s great patron Robert of Anjou, King of Naples.   61 *regina*:
Sanchia of Aragon.   61 *Clementia*: Clemence, daughter of Charles Martel, King of
Hungary, and widow of Louis X of France.   88–9 *quantumque Metello . . . fida*:
Q. Caecilius Metellus was surnamed 'Felix'.   95 *domitor mortis*: Jesus Christ.
106 *Aeolio . . . tyranno*: Frederic of Aragon, whose empire extended over Sicily.

et canibus turbare feras, pars piscibus hamos
implicat aut longo distendit retia iactu,
pars bibit et leni propellit taedia Baccho,
ast aliis placitum nunc sternere fessa per herbam
corpora, nunc oculos tenui componere somno;   75
solus, agens curas alias sub mente profunda,
rex erat et frontem defixaque lumina terrae
servabat, sive ille rei iam volvere causas
coeperat et secum tacitus quo sidere tantus
surgeret, unde iterum subsisteret impetus amnis   80
vestigabat et immensae telluris in alvum,
ingenio monstrante aditum, penetrabat anhelus
noscendique avidus, seu tunc altissima verba
fortunae dabat ille suae: 'Quid dulcia falso
suggeris et facili blandiris, perfida, vultu?   85
Mortalem memini fore me, licet omnis ad unum
deferat unanimi mundus diadema favore.
Et tibi rara fides maneat quantumque Metello
sis nobis bene fida diu, tamen omnia mors haec
auferet atque uno franget tua dona sub ictu.   90
Flumina nulla quidem cursu leviore fluunt quam
tempus abit vitae. Superant tamen illa per aevum
de scatebris renovata suis; nos vita relinquens
quo fugit? unde unquam posthac reditura fuisset,
ni domitor mortis, qui quondam Tartara victor   95
ingressus rediit clauso sua membra sepulcro
vi repetens secumque trahens felicia patrum
agmina et exhaustas longis cruciatibus umbras
abstulit ad superos, minuisset corde pavorem
spemque resurgendi post funera nostra dedisset?'   100
Haec sapiens rex cuncta animo fortasse movebat;
vel, memor indignae fraudis, Scyllam atque Charybdim,
litore qua Calabro Siculas disterminat oras
pontus et horrisona refluens intersecat unda,
magnanimus parvo pingebat flumine, dignum   105
supplicium Aeolio minitans ac triste tyranno.

Denique, quicquid erat, nihil id nisi grande putandum est
et super humanum ingenium, quod tantus agit vir;
cuius adhuc memores viridi vestigia ripa
ruricolae ostentant et agrestum vulgus adorat.   110

4 *Solitude of a scholar*

Nunc cetera vitae
accipe cunctorum breviter distincta dierum.
Est mihi cena levis, cui condimenta famesque
et labor et longi praestant ieiunia solis.
Vilicus est servus; mihi sum comes ipse canisque,   160
fidum animal; reliquos locus hic exterruit omnes,
unde cupidineis telis armata voluptas
exsulat atque frequens opulentas incolit urbes.
Hic mecum exsilio reduces statione reposta
Pierides habitant. Rarus superadvenit hospes,   165
nec nisi rara vocent noti miracula fontis.
Vix mora nostra quidem, licet annua, bisve semelve
congregat optatos clausa sub valle sodales.
Sic pietas est victa locis. At crebra revisit
littera. Me longa solum sub nocte loquuntur   170
ante ignem, gelidas me solum aestate per umbras;
sermo diurnus eis, idem sum fabula pernox.
Nil coram conferre datum; dumeta nivesque
exhorrent nostrasque dapes; iamque urbe magistra
mollitiem didicere pati; me dura professum   175
destituere pii comites servique fideles;
et, si quos attraxit amor, ceu carcere vinctum
solantur fugiuntque citi. Mirantur agrestes
spernere delicias ausum, quam pectore metam
supremi statuere boni. Nec gaudia norunt   180

4 *Epist. metr.* I vi: Ad Iacobum de Columna   Sent from Vaucluse, c.1338, to
Giacomo Colonna, Bishop of Lombez.   233 *nox*: Bianchi, *per incuriam*, prints *nos*.

nostra voluptatemque aliam comitesque latentes,
quos mihi de cunctis simul omnia saecula terris
transmittunt lingua, ingenio, belloque togaque
illustres; nec difficiles, quibus angulus unus
aedibus in modicis satis est, qui nulla recusent   185
imperia assidueque adsint et taedia nunquam
ulla ferant, abeant iussi redeantque vocati.
Nunc hos, nunc illos percontor; multa vicissim
respondent et multa canunt et multa loquuntur.
Naturae secreta alii, pars optima vitae   190
consilia et mortis, pars inclita gesta priorum,
pars sua, praeteritos renovant sermonibus actus.
Sunt qui festivis pellant fastidia verbis,
quique iocis risum revehant; sunt omnia ferre
qui doceant, optare nihil, cognoscere sese;   195
sunt pacis, sunt militiae, sunt arva colendi
artifices strepitusque fori pelagique viarum.
Deiectum adversis relevant tumidumque secundis
compescunt rerumque iubent advertere finem,
veloces meminisse dies vitamque fugacem. . . .   200
Saepe dies totos agimus per devia soli
inque manu calamus dextra est, at charta sinistram
occupat et variae complent praecordia curae.   220
Imus, et ah quoties ignari in lustra ferarum
incidimus, quoties animum dimovit ab alta
cura avis exigua et post se importuna retorsit!
Tum gravis est, si quis medio se callis opaci
offert aut si quis submissa voce salutet   225
intentumque aliis maioraque multa parantem.
Et iuvat ingentis haurire silentia silvae;
murmur et omne nocet, nisi vel dum rivus harenae
lucidus insultat vel dum levis aura papyrum
verberat et faciles dant carmina pulsa susurros.   230
Saepe moram increpuit serumque in tecta reverti
longior admonuit proprii nos corporis umbra
interdumque referre pedem nox ipsa coegit

monstravitque viam et vepres signavit acutos
Hesperus aut oriens Phoebo pereunte Diana.   235
   Sic sumus, hoc agimus, gravior si cura quiescat,
felices laetoque nimis sub sidere nati.

5   *Home-coming to Italy*

Salve, cara Deo tellus sanctissima, salve
tellus tuta bonis, tellus metuenda superbis,
tellus nobilibus multum generosior oris,
fertilior cunctis, terra formosior omni,
cincta mari gemino, famoso splendida monte,   5
armorum legumque eadem veneranda sacrarum
Pieridumque domus auroque opulenta virisque,
cuius ad eximios ars et natura favores
incubuere simul mundoque dedere magistram.
Ad te nunc cupide post tempora longa revertor   10
incola perpetuus: tu diversoria vitae
grata dabis fessae, tu quantam pallida tandem
membra tegant praestabis humum. Te laetus ab alto
Italiam video frondentis colle Gebennae.
Nubila post tergum remanent; ferit ora serenus   15
spiritus et blandis assurgens motibus aer
excipit. Agnosco patriam gaudensque saluto:
salve, pulchra parens, terrarum gloria, salve!

5 *Epist. metr.* III xxiv: Ad Italiam   The poet salutes his native land on his final return,
in May 1353, from Provence.   14 *Gebennae*: the pass of Montgenèvre.

GIOVANNI BOCCACCIO

GIOVANNI BOCCACCIO (Ioannes Boccaccius: 1313–1375) was born either at Certaldo or Florence. Sent by his father to earn his living in Naples, he abandoned both business and the study of canon law for a literary career. He then became attached to the court of Robert of Anjou, where he fell in love with Maria di Aquino, who appears in his works as Fiammetta. In 1340, his father having been ruined by the failure of the bank of the Bardi, Boccaccio had to leave Naples for Florence, whence he was sent on several diplomatic missions to (among others) the rulers of the Romagna and Pope Urban V. In 1362 and 1370 he revisited Naples and in 1363 he stayed in Venice with Petrarch, an acquaintance of his youth. In 1373 he was given by the Comune of Florence the task of lecturing on the *Divina Commedia* in S. Stefano di Badia; in 1374 he retired to Certaldo, where he died.

As a humanist, Boccaccio was most active in the field of classical philology. He discovered and published several rare or unknown texts, and he promoted the study of Greek by securing the appointment of Leonzio Pilato to a Chair of Greek in the University of Florence. In later life he composed several Latin works, e.g. *De casibus virorum illustrium, De mulieribus claris, De montibus, silvis, fontibus* (a sort of geographical encyclopaedia), and *Genealogia deorum gentilium,* most interesting for its autobiographical passages. His only considerable effort in Latin verse is the *Bucolicum carmen,* a collection of sixteen eclogues, in which he treats historical and autobiographical themes allegorically, in the manner of Petrarch.

TEXT from *Opere Latine minori*, ed. A. F. Massèra (Bari 1928).

6 Olympia

SILVIUS, CAMALUS, TERAPON, OLYMPIA

Silv. Sentio, ni fallor, pueri, pia numina ruris
laetari et cantu volucrum nemus omne repleri.
Itque reditque Lycos blando cum murmure; quidnam
viderit ignoro: cauda testatur amicum.
Ite igitur, iam clara dies diffunditur umbris,   5
praecantata diu; quid sit perquirite quidve
viderit inde Lycos noster, compertaque ferte.

Cam. Dum nequit in somnum miserum componere pectus,
imperat ex molli recubans, heu, caespite maestus
Silvius, et noctis pavidas lustrare tenebras   10
vult pueros, longo fessos in luce labore.

Silv. Camale, dum primos terris praestabit Hiberus
nocturnos ignes, currus dum Delia fratris
ducet ad occasum, dum sternet cerva leones,
obsequium praestabit ero sine murmure servus.   15
O Terapon, stabuli tu solve repagula nostri;
pone metum: videas catulus quid viderit, oro.

Ter. Festina, fac, surge, senex! Iam corripit ignis
iam veteres quercus et noctem lumine vincit;
uritur omne nemus, fervens iam flamma penates   20
lambit, et occursu lucis perterritus intra
festinus redii. Lambit iam flamma penates!

---

6 *Ecl.* XIV: Olympia   Composed about 1360, and inspired by the death in 1355, at the age of six, of the poet's favourite daughter, Violante. The persons in the dialogue are Silvius, the poet himself; Olympia, a visionary presentation of his lost daughter; and two slaves, Camalus and Terapon.   3 *Lycos*: a sheep-dog, *cane lupo*.   12 *Hiberus*: the river Ebro.   51 *Fusca*: a slave or nurse (perhaps = Bruna).   52–3 *Chalcidicos . . . dum petii*: B. alludes to a journey made by him in 1355 to Naples, which was founded (according to tradition) by colonists from Chalcis in Euboea. 170 sqq. A description of the abodes of the blessed, drawn from Dante's description of the Earthly Paradise, situated at the summit of the Mount of Purgatory.   170 *pecori . . . invius aegro*: inaccessible to those who have not been purged of their sins. 201 *Archesilas*: God the Father, Lord of the nations.   205 *agnus*: Christ.   206 *cibus*: the Holy Spirit.   213 sqq. The four companies of the blessed are suggested by Dante's description of the mystical procession in *Purgatorio*, XXIX.

Silv. Pastorum venerande deus Pan, deprecor, adsis;
　　et vos, o pueri, flammis occurrite lymphis.
　　Siste parum, Terapon, paulum consiste. Quid istud?　　25
　　quid video? Sanusne satis sum? dormio forsan?
　　Non facio! Lux ista quidem, non flamma vel ignis.
　　Nonne vides laetas frondes corylosque virentes
　　luminis in medio validas ac undique fagos
　　intactas? Immo nec nos malus ardor adurit.　　30
Ter. Si spectes caelo, testantur sidera noctem,
　　in silvis lux alma diem. Quid grande paratur?
Silv. Sic natura vices variat noctemque diemque
　　explicuit mixtos terris, nec lumina Phoebae
　　nec solis radios cerno! Non sentis odores　　35
　　insolitos silvis, nemus hoc si forte Sabaeum
　　fecisset natura parens? Quos inde recentes
　　nox peperit flores, quos insuper audio cantus?
　　Haec superos ambire locos et pascua signant.
Olym. Salve, dulce decus nostrum, pater optime, salve!　　40
　　Ne timeas, sum nata tibi. Quid lumina flectis?
Silv. Nescio num vigilem, fateor, seu somnia cernam,
　　nam coram genitae voces et dulcis imago
　　stant equidem: timeo falli, quia saepe per umbras
　　illusere dii stolidos. Nos claustra petamus.　　45
Olym. Silvi, quid dubitas? an credis Olympia patrem
　　ludat et in lucem sese sine numine divum
　　praebeat? Huc veni lacrimas demptura dolentes.
Silv. Agnosco: nec fallit amor, nec somnia fallunt.
　　O nimium dilecta mihi, spes unica patris,　　50
　　quis te, nata, deus tenuit? Te Fusca ferebat,
　　Chalcidicos colles et pascua lata Vesevi
　　dum petii, raptam nobis Cybelisque sacrato
　　absconsam gremio, nec post haec posse videri;
　　quod credens maerensque miser, mea virgo, per altos　　55
　　te montes umbrasque graves saltusque remotos
　　ingemui flevique diu multumque vocavi.
　　Sed tu, si mereor, resera quibus, obsecro, lustris

te tenuit tam longa dies? Dic, munere cuius
intertexta auro vestis tibi candida flavo? 60
quae tibi lux oculis olim non visa refulget?
qui comites? Mirum quam grandis facta diebus
in paucis: matura viro mihi, nata, videris! . . .
Olym. Est in seccessu pecori mons invius aegro, 170
lumine perpetuo clarus, quo primus ab imis
insurgit terris Phoebus, cui vertice summo
silva sedet palmas tollens ad sidera celsas
et laetas pariter lauros cedrosque perennes,
Palladis ac oleas optatae pacis amicas. 175
Quis queat hinc varios flores, quis posset odores
quos lenis fert aura loco, quis dicere rivos
argento similes mira scaturigine circum
omnia rorantes, lepido cum murmure flexus
arbustis mixtos nunc hinc nunc inde trahentes? 180
Hesperidum potiora locus fert aurea poma;
sunt auro volucres pictae, sunt cornubus aureis
capreoli et mites dammae, sunt insuper agnae
velleribus niveis claro rutilantibus auro,
suntque boves taurique simul pinguesque iuvencae, 185
insignes omnes auro, mitesque leones
crinibus et mites gryphes radiantibus auro.
Aureus est nobis sol ac argentea luna,
et maiora quidem quam vobis sidera fulgent.
Ver ibi perpetuum nullis offenditur Austris, 190
laetaque temperies loca possidet. Exsulat inde
terrestris nebula et nox et discordia rerum.
Mors ibi nulla manet gregibus, non aegra senectus,
atque graves absunt curae maciesque dolorque;
sponte sua veniunt cunctis optata. Quid ultra? 195
Dulcisono resonat cantu mitissimus aer.
Silv. Mira refers sanctamque puto sedemque deorum
quam memoras silvam. Sed quisnam praesidet illi?
Et comites, mea nata, refer ritusque locorum.
Olym. Hac in gramineo summo sedet aggere grandis 200

Archesilas servatque greges et temperat orbes;
cuius enim si forte velis describere vultus,
in cassum facies: nequeunt comprendere mentes.
Est alacer pulcherque nimis totusque serenus,
huius et in gremio iacet agnus candidus, ex quo   205
silvicolis gratus cibus est, et vescimur illo;
inde salus venit nobis et vita renatis.
Ex his ambobus pariter sic evolat ignis,
ut mirum credas; hoc lumen ad omnia confert:
solatur maestos et mentis lumina purgat,   210
consilium miseris praestat viresque cadentum
instaurat dulcesque animis infundit amores.
Stat satyrum longaeva cohors hinc undique supplex,
omnis cana quidem roseis ornata coronis,
et citharis agni laudes et carmine cantat.   215
Purpureus post ordo virum venerabilis, inquam,
et viridi cunctis cinguntur tempora lauro;
hi cecinere Deum stipulis per compita verum
et forti saevos animo vicere labores.
Agmen adest niveum post hos, cui lilia frontes   220
circumdant; huic iuncta cohors tua pulchra manemus
natorum. Crocei sequitur post ordo coloris
inclitus et magno fulgens splendore sonora
voce deum laudes cantat regique ministrat. . . .

ANTONIO BECCADELLI

ANTONIO BECCADELLI (Antonius Panormita: 1394–1471) was one of the liveliest and most interesting of the Latin poets of the early fifteenth century. He was born in Palermo, and after completing his studies at Siena and Bologna he settled in 1429 at Pavia, where through the patronage of Filippo Maria Visconti he obtained a Chair in the University. In 1432 he was crowned Poet Laureate by the Emperor Sigismund. In 1434 he went to Palermo in the retinue of Alfonso of Aragon, following him to Naples, where he remained, in the service of Alfonso and his successor Ferdinand, for the rest of his life, founding there the Accademia Antoniana (afterwards the Pontaniana).

Beccadelli wrote much prose, including works concerning the history of his time and five collections of letters; he owes his reputation as a poet to the *Hermaphroditus*, a collection in two books of licentious epigrams, published in Bologna in 1425.

TEXTS: for nos. 7 and 8, *Hermaphroditus*, ed. F. C. Forberg (Coburg 1824); for no. 9, *Antonio Beccadelli, detto il Panormita*, by M. Natale (Caltanissetta 1902); for no. 10, *L'epistolario del Panormita*, by G. Resta (Messina 1954).

7   *Epitaph on a courtesan*

Si steteris paulum versus et legeris istos
  hac nosces meretrix quae tumulatur humo.
Rapta fui e patria, teneris pulchella sub annis,
  mota proci lacrimis, mota proci precibus.
Flandria me genuit, totum peragravimus orbem,   5
  tandem me placidae continuere Senae.
Nomen erat—nomen notum—Nichina; lupanar
  incolui: fulgor fornicis unus eram.
Pulchra decensque fui, redolens et mundior auro,
  membra fuere mihi candidiora nive;   10

7 *Herm.* II xxx: Epitaphium Nichinae Flandrensis scorti egregii

quae melius nec erat Senensi in fornice Thais,
    norit vibratas ulla movere nates.
Rapta viris tremula figebam basia lingua,
    post etiam coitus oscula multa dabam.
Lectus erat multo et niveo centone refertus,   15
    tergebat nervos officiosa manus.
Pelvis erat cellae in medio, qua saepe lavabar,
    lambebat madidum blanda catella femur.
Nox erat, et iuvenum me sollicitante caterva
    sustinui centum, non satiata, vices.   20
Dulcis, amoena fui, multis mea facta placebant:
    sed praeter pretium, nil mihi dulce fuit. ...

8   *A prayer for Nichina*

Oro tuum violas spiret, Nichina, sepulcrum,
    sitque tuo cineri non onerosa silex:
Pieriae cantent circum tua busta puellae
    et Phoebus lyricis mulceat ossa sonis.

9   *The King's Works*

Si venias pelago, portus mirabere molem;
si terra, insuetum cryptae mirabere lumen
siccatasque feres ingenti laude paludes;
moenia mox ineas, pulchram miraberis arcem
aequatasque domos, fontes et strata viarum: 5
regis opus. Maiora extant: requiesce, viator!

8 *Herm.* II xxxii: Optat pro Nichina defuncta
9 Natale p. 34 Ad viatores de operibus Alphonsi regis   1 *portus . . . molem:* Alfonso
  extended the harbour of Naples in 1453.   2 *cryptae . . . lumen:* in 1455 he made
  openings in the mountains in order to let light into the grottoes of Pozzuoli.

10 *Epitaph on Francesco Sforza*

Sforciades modica iacet hac Franciscus in urna,
    cui virtus animos imperiumque dedit.
Insubrium felix princeps et in ordine quartus,
    et stetit ipse ferox sub ditione Ligur.
Iustitiae cultor, post bellum pacis amator,   5
    regibus auxilium suppetiasque tulit.
Omnia belligerans implevit munia Martis,
    sive equitis quaeras munia, sive ducis.
Is potuit divi sub tempore Caesaris esse,
    magnus at in nostro tempore Caesar erat.   10

10 Resta p. 67: Epitaphion Mediolanensis ducis Francisci   1 Francesco Sforza died in 1466.   3 *quartus*: fourth in succession to Gian Galeazzo, Giovanni Maria, and Filippo Maria Visconti.   4 *Ligur*: Liguria came under the rule of the Sforza in 1464.

FRANCESCO FILELFO

FRANCESCO FILELFO (Franciscus Philelphus: 1398–1481) was born at Tolentino in the Marche, studied at Padua under Barzizza, and at a very early age taught Rhetoric at Padua, Venice and Vicenza. In 1420 he went to Constantinople, where he learnt Greek at the school of Giovanni Chrysoloras, whose daughter he married. Returning in 1427, he became a professor, first at Bologna and then (April 1429) at Florence, where he soon clashed with Niccoli and Marsuppini, siding with the anti-Medici faction. Banished on Cosimo's return in 1434, Filelfo took refuge in Siena, whence he inveighed against the Medici and the Florentine humanists. In 1439 he found more lucrative employment at the court of the Visconti, and as Professor of Rhetoric he soon became the leading figure in the cultural life of Milan. Having enjoyed the favour of Filippo Maria Visconti, he was in some difficulty when, on the death of the Duke in 1447, a republic was established in Milan; but when Francesco Sforza assumed power, Filelfo passed into his service and for nearly a quarter of a century enjoyed his and his successor's favour and protection. After the death of Francesco, Filelfo, looking for a more secure and profitable position, entered into negotiations with Bologna and with Pisa; in 1474 he accepted from Sixtus IV a Chair in Rome; but he returned to Milan after the assassination of Galeazzo Maria Sforza, and remained there until Lorenzo il Magnifico invited him to the Chair of Greek in Florence; he came to Florence in 1481, but died soon after his arrival.

Filelfo wrote vast quantities of Greek and Latin: in prose, many books of letters (37 of them published in Venice 1502), many Orations and *Prolusiones*, three Dialogues (*Commentationes Florentinae de exilio* (1440), *Convivia Mediolanensia* (1443), *De morali disciplina* (1478)), and many translations from the Greek; in poetry, ten books of satires (dedicated first to Pius II, then to Alfonso of Aragon), begun in Florence and finished in Milan in 1448 (each book consists of ten satires, each 100 lines long); five books of odes; ten books *De iocis et seriis*, a sort of poetic notebook put together between 1458 and 1465; and the unfinished *Sphortias* (ten books), written between 1450 and 1473 in honour of Francesco Sforza.

Filelfo was an extremely learned man, with sharp wits and an inquiring mind, a typical courtier-humanist of an unattractive kind, quarrelsome, avaricious, and ready to indulge equally in adulation and in abuse. His works, though mostly of little value as poetry or literature, convey the flavour of his own eccentric temperament and of the society he moved and worked in. He is at his best in satires and odes, where he gives vent to his love of controversy and invective or reproduces scenes of actual experience.

TEXTS: for nos. 11–13, the *ed. princ.* of the *Satires* (Milan 1476), checked with Vat. Reg. lat. 1981; for no. 14, the *ed. princ.* of the *Odes* (Brescia 1497), checked with Vat. Urb. lat. 701 and Laur. 33, 34 (in the author's hand).

11 *Advice to Valla: to avoid religious controversy*

Valla, vide, ne, dum cunctos in proelia poscis,
incautus pereas ac fias fabula vulgi.
Pontifices regem non erubuere deorum
affixisse cruci, dum terras incolit hospes:
num parcant Vallae, dederis si criminis ansas,   5
qui Christo peperere necem? Si vera locutus
morte dedit poenas, quoniam non grata tulisset,
praemia quae Vallae reddentur digna susurro?
Si Constantinum minus illa dedisse probaris
quaeque dedisse volunt dono decreta priorum   10
Silvestro, quocumque satus sit tempore tandem,
fare, tuis fiat quae tandem iniuria musis?
Num fortasse tibi causam mandavit iniquam
hic novus Augustus, fieres ut iuris aviti
quaestio? Quo tandem sub iudice prisca iacentis   15
Caesaris orator possis defendere iura?
Forsitan Alphonsus rex inclitus arma ministret,
quis valeas tanto caput obiectare periclo?

---

11 *Sat.* II iv   1 *Valla ... poscis*: Filelfo alludes to Valla's famous *declamatio*, composed in 1440, *De falsa credita et ementita Constantini donatione*, in which he demonstrated that the *Constitutum Constantini*, on which the Church based its temporal authority, was a forgery of c. A.D. 750.   3 *Pontifices*: the Jewish priests responsible for the crucifixion of Christ.   5 *num* cod.: *non* ed.   11 *Silvestro*: Pope Sylvester I, on whom Constantine was supposed to have conferred the famous Donation.   14 *novus Augustus*: Constantine.   14–15 *fieres ... quaestio*: 'that you should become the centre of disputes about.'   17 *Alphonsus*: Alfonso of Aragon, who was engaged in a struggle with the Roman curia for the Kingdom of Naples. In his *declamatio* Valla, who from 1437 had been a member of Alfonso's court, impugned the Pope's title not merely to the Kingdom of Naples but to Rome itself.   31–2 *calle ... quemcumque ... geminum*: virtue and vice, man's choice between which was symbolised for the ancients by the myth of Hercules at the parting of the ways. 39 *placet* cod.: *place* ed.

Nam nec lege queas contendere: iusque piumque
auribus obstrusis dicentis verba capesset   20
ridebitque tuos, si non mulctabit, elenchos.
Linque sacerdotum curae quaecumque probare
debet sola fides, non ipsa scientia saecli,
ac Phoebo te redde patri fontemque frequenta,
Pegasus Aonii quem fodit vertice montis.   25
Hic tibi Castalidum redeunti passibus aequis
occurret veneranda phalanx mediumque locatum
dulcisono citharae mulcebit carmine doctae.
Eloquio quo multa vales contende potenti
et quae felicem possint tibi reddere vitam   30
calle sagax inquire pio, quemcumque paratum
scis animis geminum. Quid enim tibi tanta laborum
profuerit ratio, si te nesciveris ipsum?
Sit tibi certa quies, litem fuge, amice, malignam
invidiaeque luem, ne dum contendere verbis   35
ipse paras, patiare nefas et tristia facta:
iudice nam pravo superant mendacia verum
et vis iura premit. Stultum est contendere frustra
nec damnosa placet victoria: Valla, quiescens
vive tibi, populi metuens aurasque minasque. . . .   40
Nam Constantinus Silvestri dona vel usus
aut evangelion qui confecere priores
talia quaeque tibi nullas infundere luces
sed tenebras, mi Valla, queant letumque pacisci:
namque sacerdotum furor est insanus et ingens,   85
argenti si quis loculos atque otia vitae
desidiosa pigrae vel qua ratione vel astu
diminuisse velit. Potius cape digna relatu,
quae resonante canas cithara campove pedestri
per spatiosa trahas et pulchra volumina lustrans. . . .   90

12 *Farewell to Florence*

O mihi iam sextum, dulcis Florentia, solem
per varias habitata vices multoque labore   45
inter et invidiae gladios et mentis avarae
fulmina quae celsos potuissent sternere montes
tam forti servata manu, iam parce morari.
Da veniam, sine me tandem capitique reique
prospexisse meae: livor mihi retia tendit   50
improbus; armatur, diris accincta colubris,
tristis avaritia et virus minitatur et enses.
Uxor cara mihi, sunt dulcia pignora nati:
horum si nihili rationem duxero, demens
censear. Obstrictus magno tibi munere, nunquam   55
delabi te mente sinam: tu praemia nobis
contuleras, alii virtutis nomine quanta
nulli unquam licuit tanto sperare favore,
in primisque meum cunctis in rebus honorem
fovisti, laudem miris successibus augens.   60
Ah, pereant quicumque pia privare parente
me semper studuere, odio livoris avari!
Humanas versuta quidem sursum atque deorsum
res fortuna rotat fluctu violentior omni,
at Deus omnipotens nostri ludibria fastus   65
riserit, expectans quas det sub tempore poenas.
Nam te, cara parens, patrio stimulatus amore,
ardebam fugique nihil ratione nec astu;
quod mihi perpetuum te conservaret in usum;
hinc ego, perpessus vel mille pericula, vitam   70
vix tueor, facie quod monstrat fixa cicatrix.
Non animi desunt mihi nec fiducia recti;

---

12 *Sat.* IV ix   44 *sextum . . . solem*: the years spent by F. in Florence between 1429 and
1434.   49 *sine* cod.: *si* ed.   53 *uxor*: his first wife (F. married three times)
Theodora Chrysoloras, who died at Milan in 1441.   54 *nihili* cod.: *nihil* ed.   68
nec ed.: *vel* cod.   70–1 An attempt had been made on F.'s life in the spring of
1433.   78 *Mundus*: the Latin for κόσμος, i.e. Cosimo.   80 *semper* ed.: *nunquam*
cod.

sed vis iura premit: periit cum legibus aequum,
imperat iniusto passim furor impius ense.
Tempestas patriis cunctos a sedibus uno   75
ordine saeva bonos extrudit; in omnia praeceps
bacchatur divina suis humanaque monstris
Mundus ovans. Hic nos infensus servat, inulti
quod persaepe suas tulimus, quas intulit, iras.
Qui trucius nocuit semper neque parcere novit   80
nec rursum nocuisse odio inflammatus iniquo
cessat atrox, idem semper formidat et odit.
Siqua mihi dabitur laetis occasio rebus
qua prodesse tuae possim, Florentia, sorti,
cognosces nec abesse fidem nec ad omnia fortis   85
atque alacris animos: utinam sit tanta fugatis
illis cura tui, patriae reditusque cupido,
quanto ego pervigili noctesque diesque labore
omne tuae pergam studium praestare saluti!
Ergo vale, caelo tellus gratissima, verum   90
infestis lacerata lupis, quos caecus habendi
ardor in omne vocat facinus rabiemque rapinae. . . .

13 *A moderate diet*

Annua iam propere nobis ieiunia, Sacce,
adsunt, dura quidem, Samii quibus usque tueri
praecipitur decreta magi: ne carnibus ullis

---

13 *Sat.* vi iii   1 *Sacce*: Cato Sacco of Lodi (c. 1394–1463), a celebrated jurist and a
Reader in Civil Law at Pavia from 1417 until his death; he was a friend of Valla
and of F. who called him the Homer of jurisprudence.   2–3 *Samii . . . magi*:
Pythagoras, who forbade his disciples to eat meat.   4 sqq. F. is alluding to the
doctrine of re-incarnation, a tenet of the Orphic and Pythagorean philosophy.
8 *quaterdenis*: a reference to Christ's fasting for forty days and nights.   30 *Dorica
. . . Ancon*: the city of Ancona, founded by exiles from Syracuse in the time of
Dionysius the elder.   35–6 *Typhonis . . . Niliaci*: several ancient sources mention
an Egyptian cult of Typho (the giant supposed to have been buried under Etna).
37 *mulcebat* cod.: *mulcebant* ed. πορδή om. ed.

vescamur, ne lacte, iubent. Num forte parentum
quisquam carne latet? Num mens dilecta sodalis 5
induitur teneram pecudem? 'Dedit ille deorum
maximus exemplum, cum nil tulit ipse diebus
ore quaterdenis.' Verum semel omne per aevum
id dedit exemplum. Sed nos exempla movere
qui debent? Alio tendunt Iovis acta superni: 10
ipse pati voluit, ne nos pateremur inepti.
Praeterea nihil ille cibi—quod credere dignum est—
libavit, sed cum gravius, qua saepe domantur
ipsi etiam heroes—nulli natura pepercit—
saeva fames premeret, ieiunia fregit amara. 15
Nec tamen aut ovis, non lacte aut carnibus ille
abstinuit nec nos similes sibi noluit auctor:
at nos insani, si mollis caseus ori
additur, expertes caelestis credimur aulae.
Sed postquam nostrum qui pastor ducit ovile 20
nos ovium similes iubet, ut pernicibus alis
corpore deposito propere super astra levati
aethereae laeti potiamur sedibus arcis,
quo te, cara mihi, coram, Theodora, videre
atque frui liceat cupidi post fata sepulcri, 25
carnibus abstineam: nolim iam vescier ovo
et, quod oves etiam capiunt, lac dulce repellam.
Se mihi praestet olus, portentur mitia poma,
plurima nux detur, queruli bellaria muris,
et dulces fici, quas Dorica miserit Ancon, 30
insuper innocuum fuerit quodcumque legumen.
Verum vos nostras aedes intrare, phaseli,
noluerim, ne forte novos inflata sonanti
hospitibus vobis concentus bucina vento
redderet inferior fieremque Typhonis amator 35
Niliaci, cui nulla viro iucundius aures
musica mulcebat quam quis longissima πορδή
atque eadem circo multum revoluta rotanti
obstreperet. Tonitrum nostras nil mulserit auris,

quod fugiunt nares : crepitus mihi ventris abesto.　　40
　　Quare age, Sacce Cato, ciceris si forte supersit
albi tantillum, tantillum mittito nobis
vel tantillo etiam longe minus ; attamen ultro,
si quid habes aliud melius, quod sumere nolis
aut nequeas—nam pingue tibi consurgere mentum　　45
submentumque vides—macilento perge poetae
mittere, quo valeat ieiunia solvere mandens.

14　*On the road*

Tristes Insubrium denique liquimus
terras, quas rapido sideris ignei
vastant horribiles fulmine caelites.
Plaustro dum vehimur cum laribus piis
et quicquid reliquum longa protervitas　　5
Martis vel Cereris saeva necessitas
fecit, iam penitus fervor Apollinis
omnes corripuit : nos sitis ac fames
una dum premeret, quae propior fuit
hinc cauponula tendentibus eminus,　　10
qua nos Papia mox excipit obvia,
illuc numine divertimus horrido
et nummis petimus quod fuit usui.
Turbatus iubet excedere ianua
caupo 'Pestiferae discedite beluae,'　　15

14 *Od.* v　In September 1451 F. and his family had to leave Milan on account of the plague. After various adventures (vividly described in letters printed in the ninth book of his *Epistolae*) they found a lodging in the outskirts of Cremona; but the infection drove them from this refuge also, and on 10 October, making their way back to Milan, they found themselves at Pavia (*Ep.* ix lxix). This poem describes their experience at that stage of the journey.　7 *fervor* codd.: *furor* ed.　11 *Papia* ... *excipit*: cod. Laur., ed.: *mox Ticinum suscipit* cod. Urb.　15 The line is a syllable too long; one is tempted to read *cedite*. But *discedite* is the reading of the edition and of both manuscripts, one of which is in the hand of F.　20 *vis* codd.: *ius* ed.

inclamans 'propere linquite, linquite
quos spectant oculis astra benignius!'
Paremus: quid enim pluribus irritum
tempus conterimus? Non asinum lyra
nec vis eloquii leniat inscium.   20
Quod coeptum fuerat prosequimur viae,
et vix assequimur denique blandius
orantes veniam noctis et otii.
Qui primas habitat vilicus incliti
horti caupo domos excipit, omnia   25
nobis laetitiae munera porrigens.
Hic primum tenebras luminibus pigras
udis expulimus; pectora laetior
sensus corripuit; mensa paratior
hic apponitur: hic et Cereris piae,   30
hic primum placidi copia Liberi
fit nobis. Agimus cantibus altius,
pulsantes fidibus sidera personis;
saltatum choreis cymbala mollibus
miscent. Maeror abest et fugit eminus   35
omnis cura prior, nam modice quoque
interdum gravitas exhilarascere
nequaquam dubitat: sic gravior senex
condiri salibus puberis assolet.
Ut comus tacuit, mox iocus utitur   40
dulci colloquio; post requiem parat
plumis perlevibus lectus onustior.

ENEA SILVIO PICCOLOMINI

ENEA SILVIO PICCOLOMINI (Aeneas Silvius Piccolomineus: 1405–1464), from 1458 Pope Pius II, was the author of a vast quantity of prose—fiction, biography, history, letters and speeches. His poetical writings, which secured him in 1442 the Laureateship from Frederic III, were most of them the production of his early years; he afterwards repudiated them. His *Cynthia* (a score of love-lyrics, which certainly belong to his youth) and his *Epigrammata* (which belong to various dates and cover a variety of topics, including religious themes) were first printed by J. Cugnoni in *Aeneae Silvii Piccolomini . . . Opera inedita*, in *Memorie della R. Accad. dei Lincei*, viii (1882–3). The only surviving poems written while he was Pope are a few politico-religious pieces concerning the struggle against the Turks.

TEXTS: for nos. 15–18, Cugnoni; for no. 19, *Aeneae Sylvii . . . Opera*, Basel 1571, with corrections from *Carm. Ital.*

15   *To Cynthia*

Quid nimis elata es praestanti, Cynthia, forma?
  Labitur occulto pulchra iuventa pede.
Non ita semper eris: variatur tempore vultus,
  nec semper roseo splendet in ore nitor.
Mane, vides, primo candescunt lilia sole,   5
  vespere succisa languidiora rosa.
Te quoque destituet fugientis forma iuventae,
  inque suos veniet curva senecta dies;
te miseram dices, rugis cum tempus arabit
  et faciet crispas in tua damna genas.   10
Nunc tibi tempus adest, respondet lusibus aetas,
  talia lascivus tempora quaerit amor.

15 *Cynthia* iv: In Cynthiam   22 *progenie*] *pro gente* Cugnoni.

Te moneat facies, moneant te frontis honores,
    qui perit, o, miseri sit tibi cura proci.
Aspice, deficio, morienti consule amanti: 15
    si moriar magnum, Cynthia, crimen habes.
Tu me sola potes longos deducere in annos,
    sola potes nostris addere, nympha, dies.
Si mihi tu faveas, si me spectabis amantem,
    confiteor vitae spes eris una meae.   20
Sumne adeo informis? nullon' sum dignus amore?
    sumne ego progenie degener ipse mea?
O utinam facilis quantum formosa fuisses:
    sic mihi tu semper, Cynthia, grata fores!
Dum faciem specto, digna es quam Phoebus amaret: 25
    maius an ipsa suo, Cynthia, lumen habes?
Et cui non placeas, cum sis placitura Tonanti,
    cum dederis ventis post tua terga comas,
vel cum contextum crines nodantur in aurum
    membraque purpurea cetera veste tegis?   30
Quicquid formosas decuisset habere puellas,
    unum si demo, Cynthia dives habet:
hoc unum est pietas, quam si modo, Cynthia, sumis,
    usque adeo felix semper amator ero.
Ergo vale et nostro cura indulgere furori,   35
    et socies mores cum pietate tuos.

16 *A true story*

Urbem qua ducit Comum via forte petebam:
    rure diu fueram, ruris et hostis eram.
Est locus urbis, ubi rerum quaecumque vehuntur
    solvitur ex lege vectigal usque sua:

16 *Cynthia* ix: Fabella   4 *vectigal*: the *i* is arbitrarily shortened.   16 *dea*: Minerva.
20 *Basilea*: P. visited Basel several times, to take part in the deliberations of the
Council.   33 *portam*: the Porta Castello or Portello, according to L. Gualdo Rosa,
in *Poeti latini del Quattrocento*, p. 133.

huc feror, ecce—hominem quantum fortuna secundat,   5
    atque eadem adversa est!—me pia poscit anus
'Vir, pete cur ploret quae nostro est advena tecto':
    dixerat, et iuxta forte puella sedet.
Hanc digito signat: forma fuit illa decenti,
    quae visa est Daphne seu Philomena mihi.   10
Ter quinos, neque enim plures, impleverat annos,
    vix fuit amplexu digna puella viri.
Illa in terram oculos lacrimis umecta tenebat
    et mentem miserae durus habebat amor;
vultus erat qualem facit ipsum affata parentem   15
    aut Venus aut patrio vertice nata dea.
Cetera non vidi, sed quae manifesta patebant
    indicium pulchri corporis ora dabant.
Tum 'Mea nympha,' precor, Germana voce locutus—
    barbariem docuit me Basilea prius—   20
'quis te casus habet? quae te fortuna remotas,
    ignaram linguae, cogit adire domos?'
Illa proci lacrimis motam se et fraude relictam
    et quae praetereo plurima damna refert.
'Heu formae miserere meae, miserere iuventae: 25
    hei mihi ne noceat, si pia forte fui.
Te sequar, in casus veniam quoscumque vocabis,
    siqua mihi tecum gratia' dixit 'erit.'
Non sum marmoreus nec tigride natus, ut ipsis
    non movear precibus, non movear lacrimis.   30
Ergo iter obverto: hic obliqua est semita, quam nec
    plaustra petunt, quam nec saepe viator adit.
Hac iter ad portam quae iuncta est principis arci
    et vetus externa nomen ab urbe trahit.
Huc agor et pone sequitur me nympha, meum cor,   35
    vixque meum crebris passibus aequat iter.
Ventum erat ad medium, silva cum prodit opaca,
    et tacitus post me Faunus ab inde venit.
Hanc rapit et lucis amplexam condidit atris:
    me miserum! nec post visa puella fuit.   40

Ut flevi utque oculis largus defluxerit imber,
    quid referam? Volui dilacerare genas.
Haud aliter raptum dilectae coniugis Orpheus
    sensit et irato pectore fata tulit.
Sed quid flere iuvat? Fatorum immobilis ordo est,   45
    nec superum nostras audiet ira preces.

17 *Epitaph on Chrysoloras*

Ille ego qui Latium priscas imitarier artes
explosis docui sermonum ambagibus et qui
eloquium magni Demosthenis et Ciceronis
in lucem retuli, Chrysoloras nomine notus,
hic sum post vitam, et peregrina in sede quiesco.   5
Huc me Concilii deduxit cura, trium dum
pontificum Ecclesiam vexaret saeva tyrannis.
Roma meos genuit maiores, me bona tellus
Bizantina tulit, cinerem Constantia servat.
Quo moriare loco nil refert: undique caelum   10
poenarumque locus mensura distat eadem.

18 *The ruins of Rome*

Oblectat me, Roma, tuas spectare ruinas,
    ex cuius lapsu gloria prisca patet;

17 *Epigr.* iv: Epitaphium Emanuelis Chrisolorae Graeci   Chrysoloras, author of the famous *Erotemata*, died in 1415 at Constance, where he had gone to take part in the Council.   *6–7 trium . . . pontificum*: John XXIII, Gregory XII and Benedict XIII. 11 *eadem*] *eodem* ed.

18 *Epigr.* xxxi: De Roma   P., who was a passionate archaeologist, promulgated on 28 April 1462 a Bull to protect the ruins of Rome from being pilfered by those who wanted materials for putting up new buildings.

sed tuus hic populus muris defossa vetustis
 calcis in obsequium marmora dura coquit.
Impia tercentum si sic gens egeris annos,   5
 nullum hic indicium nobilitatis erit.

19   *A prayer to the Virgin*

Virgo Teutonicis multum celebrata sacellis,
 mater et ipsa Dei, mater et ipsa hominis,
Virgo Latinorum spes et tutela meorum,
 Virgo, quam multo Gallia ture colit,
Virgo nec Hispanas paulum laudata per urbes,   5
 cui patet et caelum totaque terra patet,
Virgo quae magnum potes exorare Tonantem
 et potes irati sistere tela Dei:
ipse ego peccati servus scelerisque minister
 et mandatorum fractor ubique decem,   10
ad te confugio; fateor, mortalia septem
 saepius admisi crimina, nuncque dolet.
Ille licet nulli veniam neget auctor Olympi
 et reduci semper bracchia tendat amans,
quis tamen offensi vultum, quis iudicis audet   15
 intercessore nudus adire sui?
Ergo, meos Genetrix semper miserata labores,
 nunc etiam nostris casibus affer opem:
ipse mihi de te natus sine crimine culpas
 condonet veteres prohibeatque novas.   20

19 *Opera* 1571 p. 964: Eicosastichon de Maria   8 *irati sistere tela* Carm. Ital.: *irati coeli sistere* 1571.   12 *nuncque dolet* Carm. Ital.: *modo poenitet* 1571.   14 *semper brachia* Carm. Ital.: *brachia semper* 1571.   20 *prohibeatque* 1571: *arceat atque* (to avoid the poet's metrical error) Carm. Ital.

CRISTOFORO LANDINO

CRISTOFORO LANDINO (Christophorus Landinus: 1424–1498) was born in Florence, where he studied under Marsuppini and, with the protection first of the Alberti and then of the Medici, in 1458 obtained the Chair of Poetry and Rhetoric in the University; he continued to teach there until within a year of his death. He was highly thought of by Ficino, and was a member of the Accademia Platonica. His prose works include several dialogues of neo-Platonic tendency (e.g. *Disputationes Camaldulenses*, c. 1473) and allegorical commentaries on Horace (1482), Virgil (1488) and the *Divina Commedia* (1481). His Latin poems, collected under the title *Xandra*, reflect the influence of classical and contemporary poetry, especially the Propertian elegy and the Petrarchan lyric. They had a powerful influence on Verino, Braccesi, Naldi and other poets of the Medici circle.

TEXTS from *Xandra*, ed. A. Perosa (Florence 1939).

20   *The onset of love*

Quin et tempus erat quo iam sub vere tepenti
    pectora nostra solent igne calere novo—   20
aurea Phrixei nam tum per vellera signi,
    maxima lux mundi, sol agitabat equos—
cum sua nascentes depingunt floribus herbae
    prata, novis foliis cum viret omnis humus,
cum Veneris placidae stimulis excita volucris   25
    demulcet querulis frondea rura sonis,
cum desiderio tauri concussa iuvenca
    consortem viridis quaerit habere tori,
cumque ovis irrigua nimium lascivit in herba
    atque gregis sequitur sima capella virum,   30

20 *Xandra* I iii: Quo tempore amore oppressus sit   21 *Phrixei ... signi*: the constellation of the Ram.

omnia cum rident suavi respersa lepore
  et tenet in terris aurea cuncta Venus;
tunc tua me primum certissima, Xandra, sagitta
  fixit et in pectus duxit amoris iter,
tunc primum insolitos mens nostra experta furores   35
  coepit venturis tristior esse malis,
tunc mea libertas miserum me prima refugit
  et coepi duro subdere colla iugo,
tunc primum sensi quae insania verset amantes—
  sub specie mellis quanta venena latent!—   40
quid sperare queant, quid sit magis usque timendum,
  quae levitas miseros nocte dieque premat.
Ex illo semper maduerunt lumina nobis
  tempore nec gratus venit in ora cibus.
Fulmine quid rapido figis fera corda Gigantum,   45
  Iuppiter? est maior poena paranda malis.
Quisquis stelliferum contendit scandere caelum
  tentat et in superos bella movere deos,
hic facibus duri subito inflammetur amoris
  et dominae teneat sub iuga colla suae: 50
tunc sciet Aetnaeos onus hoc anteire labores
  et cupiet potius Pelia saxa pati.

21 *A dedication: to Leon Battista Alberti*

Ibis, sed tremulo, libelle, gressu,
nam cursus pedibus malis negatur;
verum ibis tamen et meum Leonem
Baptistam, Aonidum decus sororum,
antiqua Aeneadum videbis urbe.   5
Quid stas? quid trepidas, libelle inepte?

21 *Xandra* I xiii: Ad Leonem Baptistam Albertum   This is the dedicatory poem of
the first version of *Xandra*, in one book (1443–4); a second version, in three books
(1458), was dedicated to Piero de' Medici.   32–4 *Passeris . . . Canis . . . Muscae*:
three works of Alberti, of which only the last two have survived.

35

cur non sumis iter? timesne tanti
forsan iudicium viri subire?
Nil est quod timeas. Legit poetas
doctos ille libens salesque laudat 10
leves et placidos probat lepores;
sed nec raucidulos malosque vates,
quamvis molliculi nihil bonique
candoris teneant, fugit severus:
laudat, si quid inest tamen modeste 15
laudandum, reliquum nec usque mordens
coram carpit opus, bonusque amice
secreta monet aure nigriora,
quae tolli deceant simulque verti
albis carmina versibus. Suumque 20
non hunc grande sophos decensque lusus,
quamquam utroque valet nimis diserte,
non Alberta domus facit superbum:
cunctis est facilis gravisque nulli.
Hic te, parve liber, sinu benigno 25
laetus suscipiet suisque ponet
libris hospitulum. Sed, heus, libelle—
audin?—nequitiae tuae memento!
Quare, si sapies, severiores,
quos ille ingenuo pios pudore 30
multos composuit, relinque libros,
et te Passeris illius querelis,
doctis sive Canis iocis Hiberi,
argutae lepidaeque sive Muscae
extremum comitem dabis, superque est 35
istis si potes ultimus sedere.

22 *In church on St. Lucy's Day*

Cum matutine peteres pia sacra, Philippe,
    Luciae venit pulchra Ginevra simul,
nuda pedes, inculta comas, sine lege togata,
    candelasque decem religiosa ferens.
Quae, postquam ingressa est ornati tecta sacelli   5
    effuditque preces ad simulacra Deae,
substitit atque vagis oculis, cervice reflexa,
    inter mille viros te studiosa legit.
Inde abitum simulans, ut se coniungat amanti
    praeteriens tacito te premit illa pede,   10
atque tuo lateri, turba ut compulsa, cohaerens,
    murmure depresso dixit 'Amice, vale!'

23 *'Where'er you walk . . .'*

Nunc virent silvae, nemus omne frondet,
ridet et tellus variisque frontem
floribus pingit, fugiuntque nubes
    montibus altis.

Naiades laetas agitant choreas   5
Gratiis passim Satyrisque mixtae
et comas flavas religant corona
    versicolore.

Concidunt venti, levis afflat aura;
parcit atque haedis lupus et capellis,   10
nostra dum celsas Fesulas frequentat
    candida Xandra.

---

22 *Xandra* I xx: Ad Philippum de amica   Neither Philippus nor Ginevra has been
identified.   2 *Luciae*: Santa Lucia.
23 *Xandra* I xxv: De Xandra   11 Fesulas: L. treated the *e* as short (cf. no. 26, l.17).

Nunc suos tristis Philomena luctus,
immemor stupri simul et nepotis,
ponit et versus modulans sonoros   15
    cantat amores.

Gaudet et fructu segetis colonus
horreum quaerens ubi farra condat,
gaudet et Baccho nimium feraci
    vinitor uvae.   20

Hos tamen montes mea si relinquat
Xandra, si Tuscae revocetur urbi,
arbores siccas videas et ipsa
    flumina sicca.

24 *Roman remains*

Et cunctis rebus instant sua fata creatis,
    et, quod Roma doces, omnia tempus edit;
Roma doces, olim tectis miranda superbis,
    at nunc sub tanta diruta mole iaces.
Heu, quid tam Magno, praeter sua nomina, Circo   5
    restat, ubi Exquilias sola capella colit?
Nec sua Tarpeium servarunt numina montem,
    nec Capitolinas Iuppiter ipse domos.
Quid Mario, Caesar, deiecta tropaea reponis,
    si quod Sylla fuit, hoc sibi tempus erit?   10
Alta quid ad caelum, Tite, surrigis amphitheatra?
    ista olim in calcem marmora pulchra ruent.

24 *Xandra* II xxx: De Roma fere diruta   9 *Quid . . . reponis*: Caesar restored the
trophies erected by Marius on the Campidoglio and destroyed by Sulla.   10 *hoc
sibi tempus erit*: *sibi* presumably = on its own account, without outside assistance.
Bandini (*Spec. Lit. Flor.*, 1747) plausibly suggests *tibi*.   11 *amphitheatra*: the
Colosseum.   13 *Nauta*: Propertius, so called in some mediaeval manuscripts.
17 *Praxiteles*: presumably L. intended this as a genitive.

Nauta Palatini Phoebi cantaverat aedes:
    dic tua, dic Phoebe, nunc ubi templa manent?
Heu, puduit statuas Scopae spectare refractas: 15
    haec caput, ista pedes, perdidit illa manus;
nec te Praxiteles potuit defendere nomen
    quominus ah, putris herma, tegaris humo;
hanc nec Phidiaca vivos ostendere vultus
    arte iuvat: doctus Mentor ubique perit.   20
Quin etiam Augusto Stygias remeare paludes
    si licet et vita rursus in orbe frui,
inquirens totam quamvis percursitet urbem,
    nulla videre sui iam monumenta queat.

25   *Elegy on his brother*

Ergo—heu mi misero!—sine te, nec fata pudebit,
    perpetuus, frater, pectora luctus edet;
te sine nunc, vitae frater pars maxima nostrae,
    cogar in aeterna vivere maestitia,
nam mihi te teneris durus Mars surripit annis,   5
    quinta nec, ah, licuit lustra videre tibi! . . .
Sed tamen haec durum mulcent solatia casum
    et faciunt tantis me superesse malis,
quod nihil indignum tam dirae mortis imago   25
    impulit audaci te subiisse viro,
nec Lusitani vidit te turma tyranni
    nec Calabrum cunei terga dedisse fugae,
sed pedes adversos equitis iaculatus in armos
    prendisti occurrens frena fugacis equi—   30

---

25 *Xandra* III iv: Eulogium in fratrem suum   A brother of L. fell in battle against the Aragonese, in the Val Chiana, in August 1452.   27 *Lusitani . . . tyranni*: Ferrante of Aragon, Duke of Calabria, who led the invasion of Tuscany.   71 *Politianeas . . . arces*: the castle of Puliciano in the Val Chiana.   115 *mater*: his mother (cf. ll. 135–6) was already dead.   136 *una soror*: Atropos.

nam vires aderant volucrisque celerrima plantae,
  quae posset fluvios exsuperare fuga—
sed frustra, heu miseri, si nobis fata repugnent
  nitimur impositas exsuperare colos!
Iam Lusitanum victus porrexerat ensem   35
  hostis et in nexus bracchia capta dabat,
ecce ferox Arago turmam provectus et acri
  auxilio comiti tela inimica quatit,
et tibi, me miserum, frater, dum vincula nectis
  captivo et reditus ad tua signa paras,   40
improvisus adest et dextras vulnere costas
  transigit et medium pervolat hasta iecur.
Accurrit tum densa cohors cunctique manipli
  et clipeo flentes saucia membra locant.
Ille ubi se certa vidit iam morte teneri   45
  talia magnanimo pectore verba refert:
'Sensimus hoc dudum, cum durum in viscera ferrum
  irruit, extremum lucis adesse diem.
Verum communis veni cum Martis ad arma
  noram quas soleat sors variare vices,   50
ut durae immineant quam saeva pericula pugnae
  et circa fatum militis arma volet,
nec mihi tum certam statui sperare salutem
  aut quod commune est posse carere malo. . . .
Sed tamen, heu, cari miserum genitoris imago
  sauciat atque, domus maxima cura, soror.   70
Politianeas nam me dum tristis in arces
  alitis adversae mitteret ominibus,
egressum laribus me ad portas usque secutus
  illacrimans fracta talia voce dabat:
"Novi ego quae sedeat iuvenili in corde cupido   75
  laudis et egregiae gloria militiae,
quis furor in bello, quam nescia cedere virtus
  viribus inferior maxima saepe ciens.
Quod te per nostros annos lacrimasque seniles,
  quae nunc ex oculis fluminis instar eunt,   80

si pia solliciti flectit te cura parentis
    atque suum pondus verba precantis habent,
parce, precor, miseroque patri, qui dura senectae
    incolumi nato taedia ferre potest.
Siquis at adversus casus—sed triste recusat   85
    omen inhorrescens lingua referre metu—
hoc prius, omnipotens, caeli qui templa frequentas,
    ad Styga terribili fulmine mitte caput,
ad Styga mitte caput prius hoc, quam dura superstes
    ante diem nati funera conspiciam."   90
Haec tunc ille gemens, verum interrupta frequenti
    singultu, salsae flumina fudit aquae.
Nec mihi nunc animum, sed mors iam degravat artus,
    deficit in medio frigida lingua sono.'
Sic ille, at stridens crassum vomit ore cruorem   95
    vulnus et e gelido sanguine vita fugit. . . .
At soror interea—quanta ah caligine rerum
    obruimur!—totis noctibus urget opus,
utque reversuro tenui velamina lino   105
    consuit, heu votis fisa puella piis,
nocturnum et vario cantu solata laborem,
    ad breve, qui periit, tempus adesse putat.
At nobis fusco velatus somnus amictu
    heu nimium veris venit imaginibus.   110
Nam quam porta nigri Plutonis cornea misit,
    nota mihi ante oculos affuit umbra tui.
Haec properans 'Nostrae, frater, persolvimus,' inquit
    'transfuga nec venio, munera militiae.
Nunc reditum in sedes—mater me accersit—avitas   115
    laetus et ad patriae limina prisca paro.
Iamque vale!' Dixit, simul et vestigia torquens
    elapsa est visus umbra benigna meos. . . .
At tu, casta parens, felix quam praevia tanto   135
    maerori eripuit de tribus una soror;
nam quos heu luctus, gemitus quos dulcis acerbo
    viventi natus funere concuteret!

Tu tua sensisses—ah quanto victa dolore!—
    viscera barbarica dilaniata manu,   140
cumque tuo aeternis lacrimis damnata marito
    aerumnas praeter quid tibi vita daret?

26   *In praise of Poggio*

Iam gelidum nigris subvecta per aera bigis
    nox maris occiduas prona subibat aquas,
cum matutine Tethis statione relicta
    Oceanum rutilo Lucifer exit equo.
Hic mihi Castalii nemoris regina nitentes   5
    venit Apollinea fronde revincta comas,
nulla tamen docto resonabant pollice fila,
    nec fuit in levi barbiton ulla manu;
sed tamen ut maesto tristis dedit ore querelas
    cognita mi voce est Calliopea sua.   10
Haec ita: 'Proh vestri scelus atque infamia saecli,
    proh dolor, heu, Musis hiccine venit honor?

---

26 *Xandra* III xvii: Ad Petrum Medicem de laudibus Poggi   Written (as appears from the dedication) in May 1458, when Poggio resigned the post of Chancellor of the Florentine Republic in favour of Benedetto Accolti.   3 *matutine*: probably an adverb (cf. supr., no. 22 l. 1), but possibly an adjective (= *matutinae*) qualifying *Tethis* (irregular genitive, for *Tethyos*).   8 *barbiton*: treated as feminine, equivalent to *barbitos* (cf. A. Perosa, 'Critica congetturale e testi umanistici', *Rinascimento* I 3–4 (1950), pp. 360 sqq.).   17 *Fesulos*: for the ĕ cf. no. 23 l. 11.   28 *Punica . . . bella*: his *Africa*.   29 *Colucci*: Salutati, Chancellor of Florence.   31 *duo lumina*: Leonardo Bruni and Carlo Marsuppini; the former's *Historia Florentina* is alluded to in ll. 33–4, the latter's version of *Iliad* I in ll. 41–2.   40 *tota*: perhaps *lotu*?   45 *magni secreta palati*: both Bruni and Marsuppini were Chancellors of Florence.   57–72 L. alludes to some of Poggio's principal works: *De avaritia* (57), *Contra hypocritas* (59–60), *De miseria humanae conditionis* (61–2), *De varietate fortunae* (63–4), *De infelicitate principum* (65–6), *An seni uxor sit ducenda* (67–8), *De nobilitate* (69–70), *De Scipionis et Caesaris praestantia* (71–2).   83 sqq.: L. alludes to some of the classical texts discovered by Poggio while attending the Council of Constance (1416–17).   86 *Lingonicis . . . iugis*: the Lingoni were a Gallic tribe.   97 *et*] *at* codd., edd.; Bandini reads *ac*.

Hiccine venit honor Musis, queis semper Etrusca
    supremus fuerat hactenus urbe locus?
Te propter Graios olim, Florentia, fontes   15
    et nemus et Clarii linquimus antra dei,
nec piguit Fesulos montes nec claustra Mugelli
    neve Casentini visere saepe iuga;
quin et aquas placidi nobis sacravimus Arni,
    seque suo castus lavit in amne chorus,   20
ut nobis celebres vates celebresque venirent
    rhetores et quicquid floret in historia.
Hinc Dantes terras et clari sidera caeli
    dixit et infernos tertia regna lacus;
hinc tu divino, Petrarca, incensus amore   25
    cantasti Laurae cygnea colla tuae,
cantasti patrio Tyrrhena poemata versu,
    cantasti Latio Punica bella pede.
Nam quid Boccacci lusus, quid docta Colucci
    dicta Salutati nunc numerare iuvat?   30
At nuper Tuscae dedimus duo lumina genti,
    quales rara solent saecula ferre viros:
gesta Fluentinum descripserat alter et arma
    quaeque notanda domi quaeque notanda foris;
alter Cecropiis imbutus pectora chartis   35
    viribus ingenii subdidit artis opus.
Nemo magis dubiis potuit cognoscere rebus
    utile nec docto promptius ore loqui.
Ille etiam nostri nemoris pius incola fonte
    cum biberet tota proluit ora sacro;   40
hinc cecinit lyricos; mox dum traducit Homerum
    occidit heu patriae gloria magna suae.
His ego Daphnaea populo plaudente corona
    ornavi propria tempora docta manu,
nam duce me quondam magni secreta palati   45
    mandarat tantis Curia vestra viris.
Sic olim vestram semper celebravimus urbem,
    dum meruit magnus praemia digna labor.

Nunc ne defunctis dignus successor abesset,
    instructum egregia misimus arte virum: 50
hunc nos irriguis Parnasi eduximus arvis,
    Bellerophontei qua fluit unda feri,
et dedimus gravibus dictis placidoque lepore
    edere grandiloquo verba soluta sono.
Ergo quis docti divina volumina Poggi   55
    nesciat et libris cuncta referta suis?
Ah quam praecipiti stultos conturbat avaros
    fulmine, quam veras imprimit ille notas,
quamque asper retegit qui summa in pelle decori,
    dum lateant, alacres in scelus omne ruunt!   60
Hic nihil esse docet miseris mortalibus usquam
    humana maius conditione malum,
atque docet varios fluxus variosque reflexus
    fortunae et iussu cuncta movenda suo,
quamque sit infelix cuiusvis principis aula,   65
    ipsa licet veri nescia turba neget.
Et recte addubitat senibus ducenda sit uxor,
    cum multum teneat utraque causa mali.
At te, nobilitas, generoso pectore veris
    laudibus a vulgo iam procul ipse canit,   70
nec te praeteriit, rerum fortissime Caesar,
    nec te cui nomen Africa victa dedit.
Sed longum est monumenta viri si cuncta revolvam,
    nec praesentis opus temporis esse reor:
multa puer, iuvenis descripsit plura, senexque   75
    plurima nec salibus nec gravitate carens.
Quam variis redimita novi sub sidere Tauri
    floribus in verno tempore ridet humus,
tam varia in doctis resplendent lumina chartis,
    tam varius signat splendida verba color,   80
ut qui purpurea distinguit veste lapillos,
    quo referat multum discolor aura decus.
Quin etiam, ut veterum erueret monumenta virorum
    nec sineret turpem tot bona ferre situm,

ausus barbaricos populos penitusque reposta 85
   poscere Lingonicis oppida celsa iugis.
Illius ergo manu nobis, doctissime rhetor,
   integer in Latium, Quintiliane, redis;
illius atque manu divina poemata Sili
   Italicis redeunt usque legenda suis. 90
Et ne nos lateat variorum cultus agrorum,
   ipse Columellae grande reportat opus,
et te, Lucreti, longo post tempore tandem
   civibus et patriae reddit habere tuae.
Tartareis potuit fratrem revocare tenebris 95
   alterna Pollux dum statione movet,
coniugis et rursus nigras subitura lacunas
   Eurydice sequitur fila canora sui,
Poggius at sospes nigra e caligine tantos
   ducit ubi aeternum lux sit aperta viros. 100
Rhetora, philosophum, vatem, doctumque colonum
   merserat in nigra barbara nocte manus:
Poggius hos vita potuit donare secunda,
   dum mira turpi liberat arte situ.' . . .

TITO VESPASIANO STROZZI

TITO VESPASIANO STROZZI (Titus Vespasianus Stroza, or Strozius: 1424–1505) was born at Ferrara; he studied (together with Basinio da Parma and Pannonius) under Guarino. He was an official at the court of the Este, being employed by Borso and by Ercole on a number of delicate and important tasks and on missions in various cities in Italy.

In his youth he composed six books of *Erotica*: these exist in various versions, the earliest of which, comprising the first seven elegies, dates from 1443. After 1460 he treated of more solid subjects, composing a fragmentary poem (*Borsias*) in praise of Borso d'Este and four books of elegies and epigrams (*Aeolostichon libri*) dedicated to Ercole I d'Este; he also wrote Horatian satires. His son Ercole (1471–1508) was a prolific writer of Latin verses.

Strozzi was much admired for the simplicity and elegance of his style and for the felicity with which he contrived to fuse, in his love-lyrics, imitation of the classical poets (especially Tibullus) with elements from Petrarch.

TEXTS from *Strozii poetae pater et filius*, Aldus 1513.

27   *Falling in love*

Candida lux aderat Maiis vicina Calendis
   quam festam veteres instituistis avi,
quam pia solemni celebrat Ferraria cultu
   aurea cum admissis praemia ponit equis,
cumque frequens tardos populus spectator asellos   5
   increpat et plausum turba iocosa ciet,
cum rapido certat iuvenum manus aemula cursu,
   vitta retroflexam cui premit alba comam;
tempore quo Zephyrus viridantes evocat herbas
   et vario pictam flore colorat humum,   10

27 *1513* f.2: Quod die solemni divi Georgii amare Anthiam coeperit   1 *Candida lux*: 24 April, the day of St. George, patron saint of Ferrara.   73 *Iasidem*: Atlanta.

purpureo cum vere novus redit annus et ales
   plurima frondosis garrit in arboribus.
Hic dum sollicito spectarem lumine cursus,
   ante mea arcitenens constitit ora puer,
aurea cui laeva pendebat parte pharetra,   15
   nudus et aspectu blandus et acer erat.
Isque, ubi collegit celeres quibus utitur alas,
   deprompsit nivea splendida tela manu,
atque ait 'O iuvenis volucrum mirator equorum,
   quod mirere magis nunc mea dextra dabit.'   20
Dixerat et pariter sonuit cum voce sagitta
   inque meo subitum pectore vulnus erat:
tum calor insuetus venas penetravit ad imas
   et magni patuit vis manifesta dei.
Dum stupeo conorque novas exstinguere flammas,   25
   subridens pennis evolat ille suis.
Acer ut insolitae Calabri domitoris habenae
   pugnat equus campis qui modo liber erat,
post tamen audacem discit tolerare magistrum
   et fractus docta concidit arte furor;   30
haud aliter mentis constantia victa severae,
   et mea corripuit plurimus ossa deus,
collaque submisit domito luctantia fastu
   et dominam victor servitiumque dedit.
Tum monuit tenerae valeat quid gloria formae,   35
   quid faciles oculi virgineusque pudor;
nec mihi consilio, nec prodest viribus uti
   et bene libertas ante retenta perit.
Felix, qui sacros tutus contempsit amores
   nec dominae insanum pertulit imperium;   40
sed felix nimium rursus nimiumque beatus,
   si cui se facilem praebuit ipsa Venus.
At mihi si legem, Parcae, imposuistis amandi,
   si nostris haec est meta petenda rotis,
laetor siderei vultus quod imagine carpar   45
   qualem non aetas viderit ulla prius:

hoc vires natura suas effudit in uno
  et mirata suum vix opus esse putat.
Si Paris hanc faciem Phrygia vidisset in Ida,
  illo non isset iudice prima Venus;   50
huic merito potuit Iuno invidisse figurae,
  sub Iove si primis nata fuisset avis;
hanc tu, si sapias, potius pro Gnoside velles
  in caelum curru, Bacche, tulisse tuo.
Cetera cum dederint superi tibi, deerat amator   55
  qui caneret dotes, cara puella, tuas.
Ipse ego, tale aliquid modo si promittere possum
  Castalioque bibit si mea fonte sitis,
ingenium mentemque tibi, formosa, dicabo
  et nostris fies nobilis ipsa sonis.   60
Vos, quibus aspirat flatu fortuna secundo
  nec resides virtus alta iacere sinit,
vos decet aeternae praeconia quaerere laudis,
  sublimi eloquio belligerave manu;
at mihi formosam satis est cecinisse puellam: 65
  haec studia, has artes, haec ego bella sequar.
Caerula rostratae proscindunt aequora classes,
  proxima sed radit litora parva ratis;
sic ego cui tenue ingenium nimis ardua linquam
  et satis est, si me culta puella probet.   70
Tu modo, nympha, velis paribus contendere flammis:
  quae facie praestat, convenit esse piam.
Odimus Iasidem, quoniam crudelis amanti
  asperiorque suis rupibus illa fuit;
Tyndaris Iliaco si dura fuisset amanti   75
  non ita Maeonio carmine nota foret;
Cynthia clara minus Nemesisque obscurior esset,
  sed facilis Nemesis, Cynthia mitis erat.
Tu quoque, dulcis anus, tali dignissima prole,
  incipe nos inter connumerare tuos: 80
me tibi vel generum vel natae suscipe fratrem;
  quicquid in hac fiam, iuverit esse, domo.

Non vigil aerato dubitem me affigere posti
    et fessa in gelido ponere membra solo;
nec minor est rerum mihi quam tibi cura tuarum: 85
    haud natae custos aptior ullus erit.
Este procul iuvenes: non hic corrumpitur auro
    ianitor, officio fungitur ipse suo;
vos quoque nocturni procul hinc discedite, fures:
    insomnis custos excubat in foribus.   90
Ah quoties, cum me patientem cuncta videbis,
    ipsa etiam dices 'Non amat iste, perit!',
nec poteris nostro non ingemuisse labori
    dignaque pro meritis praemia ferre meis.
Non ego Sidonias vestes, non aurea tecta,   95
    fertilis aut agri iugera mille petam:
una satis fuerit regno mihi carior omni,
    Anthia, qua felix coniuge semper ero.

28   *The runaway hare*

Dicite io, nymphae nemorum secreta colentes,
    candidus effugiens qua lepus egit iter:
perfidus auratae subduxit colla catenae,
    ipsaque cum sancta vincula rupta fide.
Dicite, sic vestro faveat Dictynna labori,   5
    praebeat innumeras sic locus iste feras;
florida semper humus zephyro silvaeque virescant,
    nec liquidam turbet cum grege pastor aquam;
Cynthia sic penitus vestros ignoret amores,
    nec placidum furtis antra cubile negent.   10
Quid tacitae spectatis et ingens pectora vobis
    occupat apposita risus ad ora manu?

28 *1513* f.15: De lepore dominae fugitivo   *5 Dictynna*: Artemis.   *24 Sandale*:
the Sandalo is a little river in the delta of the Po.   *26 Maeandri . . . aves*: swans.
35 depectere Del. Ital.: *de pectore* 1513.

Ne lacrimas gemitusque meos, ne verba puellae
    temnite: consilium ferte et opem misero.
Illum equidem reor hos saltus, haec lustra petisse: 15
    signa canum late turba secuta dedit.
Ullane de comitum numero quae retia tendunt,
    fallaces timidum compulit in laqueos?
Reddite, Hamadryades, nostrumque levate dolorem,
    nec miserum tristi sollicitate mora;   20
reddite, vosque mihi me restituisse putabo:
    lusus erat dominae deliciaeque meae.
Hunc ego per virides umbras cum matre vagantem
    ad ripam excepi, Sandale amoene, tuam;
parvus erat totoque nitens in corpore candor: 25
    Maeandri niveas exsuperabat aves.
'Hic' ego 'quam primum' dixi 'mittatur amicae:
    nulla quidem tali munere digna magis.'
Paulatim positoque metu mitescere coepit,
    et dominae teneros accubat ante pedes: 30
et modo protenta virides cervice corollas
    accipit ac tergum molliter aure premit,
et modo formosae lambens fert oscula dextrae,
    porrectas avido nunc capit ore dapes.
Illa puellari studio depectere sueta,   35
    securum nitidis saepe lavabat aquis.
Gratus erat nimium dominae: nunc luget ademptum
    et cupit, insano victa dolore, mori.
Per superos oro, Nymphae, castamque Dianam,
    reddite, si vestros incidit in laqueos,   40
aut nobis, saltu si se tulit obvius isto,
    dicite, quo celerem corripit ille fugam.
Ah, quam ne trucibus timeo sit praeda molossis,
    et viridem lacero corpore tingat humum!
Ah, demens, in aperta ruis discrimina vitae: 45
    improbe, quid dominam notaque tecta fugis?
Humano cultu assuetus, pasceris amaro
    gramine nec semper copia fontis erit,

sed, qua tarda graves agitabunt plaustra iuvenci,
    sordida vix avidam leniet unda sitim.   50
Saepe levi strepitu folii labentis ab ulmo
    anxius in duro caespite somnus erit.
Huc ades, et veniam supplex pete, pone timorem;
    si redeas, parcet protinus illa tibi:
novi animum, novi ingenium, quod molle piumque   55
    nesciat irasci, nesciat esse ferum.
Sed quid verba iuvat questusque effundere inanes?
    nec prece nec lacrimis perfidus ille redit.
Forsitan aut viridi ludit lascivus in herba
    aut novus inventa coniuge gaudet amans.   60
O nimium felix, generoso pectore digna
    libertas, cunctis anteferenda bonis!
non te solliciti congestum divitis aurum
    torquet, et immensas, candida, temnis opes;
te propter ferus hic illectus sprevit eriles   65
    blanditias, gratum quicquid et ante fuit;
non tamen usque adeo nobis optanda videris
    quin malim dominam servitiumque pati.

29   *The vessel of Love*

Accipe inauditi formam maris et mea quali
    cymba sit, Antoni, structa magisterio.
Unda hic sunt lacrimae, venti suspiria, remi
    vota, error velum, mens male sana ratis,
spes temo, curae comites, constantia amoris   5
    est malus, dolor est ancora, navita Amor.
Adde, quod est portus reliquis maribus, mare nostrum
    non tantum portu, sed statione caret.

---

29 *1513* f.20: Ad Antonium   A similar conceit is to be found in Petrarch, *Rerum*
vulgarium fragmenta, clxxxix.   3 *hic* 1513: perhaps *huic*?

30 *In praise of Pisanello*

Quis, Pisane, tuum merito celebrabit honore
    ingenium praestans artificesque manus?
Nam neque par Zeuxis nec par tibi magnus Apelles,
    sive velis hominem pingere sive feram.
Quid volucres vivas aut quid labentia narrem   5
    flumina cumque suis aequora litoribus?
Illic et videor fluctus audire sonantes
    turbaque caeruleam squamea findit aquam;
perspicuos molli circumdas margine fontes,
    mixtaque odoratis floribus herba viret.   10
Per nemora et saltus nymphae venantur apertos
    retiaque et pharetras et sua tela gerunt;
parte alia capreas lustris excire videntur
    et fera latrantes rostra movere canes.
Illic exitio leporis celer imminet Umber,   15
    hic fremit insultans frenaque mandit equus.
Nare lacu ranas, silvis errare leones,
    ima valle truces ire videmus apros;
se profert antro catulis comitantibus ursa,
    Martius ad plenum tendit ovile lupus.   20
Quis non miretur gestusque et sancta virorum
    corpora, quae penitus vivere nemo neget,
quisve Iovis faciem pictam non pronus adoret,
    effigiem veri numinis esse ratus?
Denique, quicquid agis, naturae iura potentis   25
    aequas divini viribus ingenii.

30 *1513* f.25: Ad Pisanum pictorem statuariumque antiquis comparandum
Antonio Pisano, known as Pisanello, (c. 1395–c. 1455), spent much of his time, from
1432 onwards, at the court of the Este.   5 sqq.: Bartolomeo Facio, Guarino, and
Basinio da Parma also bear witness to Pisanello's interest in nature, especially in
animals.   15 *Umber*: a breed of hound.   23 Mention is made of a picture, now
lost, representing 'l'Eterno', in a letter dated 1 November 1443 of Gianfrancesco
Gonzaga, marchese di Mantova.   29 sqq. *Mentora*: Mentor was a medallist of the
fourth century B.C.; Pisanello was no less celebrated as a medallist than as a painter.
The portrait-medal of S. referred to in ll.33–6 has not survived.

Nec solum miro pingendi excellis honore,
    nec titulos virtus haec dedit una tibi,
sed Polycleteas artes ac Mentora vincis;
    cedit Lysippus Phidiacusque labor.   30
Haec propter toto partum tibi nomen in orbe,
    te praesens aetas posteritasque canet.
Ast opere insigni nostros effingere vultus
    quod cupis, haud parva est gratia habenda tibi:
si longos aliter mea non exibit in annos,   35
    at saltem vivet munere fama tuo.

31   *A tell-tale portrait*

Ecce novis Helene consumitur anxia curis
    vultque tua pingi, Cosme perite, manu,
scilicet in longos ut nobilis exeat annos
    et clarum egregia nomen ab arte ferat.
Sed, dum consultat quae tantis commoda rebus   5
    tempora, quos habitus induat, annus abit.
Ver modo laudatur, modo dicitur aptior aestas,
    nunc placet autumnus nuncque probatur hiems;
nunc cupit externis pingi velata capillos
    cultibus, et nuda nunc libet esse coma: 10
dumque diem et varios alternat inepta paratus
    quod cupit in longas protrahit usque moras.
Quid tibi vis? quid stulta paras? an forte vereris
    ne levitas populo nota sit ista satis?
Tales totque tibi cum sint in corpore mendae,   15
    formae pictorem quaeris habere tuae?
Quod si cura novae te tangit imaginis et si
    spectari a sera posteritate cupis,

---

31 *1513* f.55: Ad Cosmum Pictorem   Cosimo, or Cosmè, Tura (1430–1495) of
Ferrara.

edita quae populus de te modo carmina legit,
   illa tuos mores effigiemque tenent: 20
illa tibi poterunt pallorem afferre legenti,
   si tener impuro fugit ab ore pudor;
forsan et arte mea, longum transmissa per aevum,
   altera venturo tempore Thais eris.

BASINIO BASINI

BASINIO BASINI (Basinius Parmensis: 1425–1457) was born at Tizzano in the Val Parma. He studied at Mantua under Vittorino da Feltre and Teodoro Gaza. On the death of Vittorino (1446) he followed Gaza to Ferrara, where he attended the lectures of Guarino and, in 1448, obtained a public lecturership in Grammar. At the end of 1449 he moved to Rimini, where he enjoyed the patronage of Sigismondo Pandolfo Malatesta. He died at Rimini and was buried in the Tempio Malatestiano.

At Ferrara, Basinio composed—besides individual Latin poems addressed to members of the Court—a dozen love-elegies addressed to 'Cyris' and a short epic poem *Meleagris,* dedicated to Lionello d'Este. At Rimini, he wrote a number of mythological and encomiastic poems (*Hesperis,* in thirteen books, on the triumphs of the Malatesta, two books of *Astronomica,* and an *Argonautica* which he never completed) and the remarkable *Isottaeus,* three books of Ovidian epistles celebrating the loves of Sigismondo and Isotta degli Atti.

Basinio was a fluent versifier; his work, if not remarkable as poetry, is of interest for what it tells us about the life and culture of Ferrara and Rimini in his day.

Isottaeus was first printed by Colines in Paris in 1539, in *Trium Poetarum . . . Opuscula,* where it was attributed to 'Porcelius' (Gianantonio Porcello dei Pandoni). Basinio's authorship was vindicated by F. Ferri in *Le poesie liriche di Basinio* (Turin 1925); A. Campana, in *Diz. biogr. ital.* s.v. Atti (degli) Isotta, contends that the earlier poems in the collection were by Tobia del Borgo.

TEXTS from Ferri, checked with *ed. princ.,* 1539.

32   *Sigismondo to Isotta*

Quis neget eventus portendere somnia veros,
  praescia venturi quis neget illa mali?

32 *Isottaeus* I ix: Sigismundus Pandulphus Malatesta divae Isottae Ariminensi salutem dicit   25 *obortis* 1539: *abortis* Ferri.   35 *Alphonsi . . . arma*: Malatesta was in 1446–7 fighting for Alfonso of Aragon.   47 *Isauria*: the district round Pesaro and Rimini, called after the river Isaurus, now the Foglia.   49–50 *Tu . . . puer*: Aesculapius, the child of Apollo and the nymph Coronis.

Quis sine processu neget apparere maligno
　　luctiferos nocte concubia Lemures?
Languida iam nuper dederam mea membra quieti,　　　　5
　　cum late somno corpora fessa silent,
iamque emensa suum cursu breviore laborem
　　luna revertentem fugerat alba diem:
ecce mihi visa es fusis astare capillis
　　livida vix tollens lumina tristis humo,　　　　10
discolor et nulli credenda Isotta, sed aegra
　　et quamvis esses pallida, pulchra tamen.
Et prior 'O,' dixti 'carae succurre puellae,
　　o vitae, princeps, maxima cura meae!'
Protinus exsurgo turbatus pectore toto,　　　　15
　　nam facile credit quae timet omnis amans.
Admitto lucem, iam lux erat orta, fenestris:
　　hei mihi, non solitis lux erat illa modis
caligoque polum totumque obsederat axem:
　　sol erat, ut dubites lunane solne foret;　　　　20
nec sacer horrendo compescuit omine vocem
　　praesagam tanti corvus ab arce mali.
Vix erat instantis pars sexta exacta die, cum
　　tristis adest cladis nuntius ecce meae,
et vix haec nobis lacrimis expressit obortis:　　　　25
　　'In dubio vitae paene puella tua est;
febris enim vicibus moribundam torquet amaris
　　scilicet et toto pectore flamma furit.'
Quid poterat dempta mihi tristius addere morte?
　　Mors etiam potuit fellis habere minus.　　　　30
Heu heu, quos gemitus, heu quae suspiria nobis,
　　heu quos singultus attulit illa dies!
Quid facerem? Pacto poteram te visere nullo
　　nec poteram vultus ire videre tuos;
regis enim Alphonsi felicia dum sequor arma　　　　35
　　non potui patriae regna videre meae.
Et quoniam, ni fallor, erit mihi tardior istuc
　　accessus, fungar qua datur aeger ope:

absentem pro me te viset epistola saltem,
    littera sermonis nuntia fida mei.   40
Quod iam, si qua meae spes est tibi certa salutis,
    te precor, o, si quid te benefacta iuvant,
restitui primae cura te, Isotta, saluti,
    effice quo valeas, cara puella, rogo;
Itala ne tanta tellus privetur alumna,   45
    cuius non habuit, non habet illa parem,
neu commune decus fleat omnis Isauria, neve
    urbis Arimineae gloria tanta ruat.
Tu quoque, cui medicas invidit Iuppiter artes,
    de secto matris ventre revulse puer,   50
ipse fave et nostrae tandem succurre puellae;
    tuque adhibe medicas, Phoebe superbe, manus.

33   *Isotta to Sigismondo*

Vade meo regi, fatalis epistola, leti
    nuntia, vade meo, littera maesta, duci.
Forsitan invenies illum inter proelia duri
    Martis et insignes aere micante viros,
aut inter strepitus pugnatorumque catervas   5
    invenies laetos quod bene cogat equos,
inclita sanguinea meditantem bella securi,
    inferat infidis ut prior arma viris.
Quicquid agit—placida neque enim spatiatur in umbra
    lentus—adi magnum, si vacat hora, ducem;   10
dic quoque: 'Di faciant valeas, rex optime regum,
    sed melius vitae quam valet aura tuae.

---

33 *Isottaeus* III vi: Isotta Ariminensis Sigismundo Pandulpho Malatestae salutem dicit
  1 *leti*: as if Isotta were on the point of death; she did not in fact die until 1474.   12
vitae . . . aura tuae: sc. Isotta.   67 *linquit* 1539: *liquit* Ferri.   89 *sepulcra*: the
tomb erected by Sigismondo for Isotta during her lifetime in the Tempio Malatestiano.   98 *Morini*: the Belgians.

Illa quidem morbi stimulis torquetur amaris,
　　febris et ardores concitat usque novos;
febris ad usque cavas labefacta per ossa medullas　　15
　　regnat: amara dies nox et amara venit.'
Littera, parce loqui, libet o libet ore profari,
　　seu levibus iactem talia verba Notis.
Et rear esse deos, cum sic miseranda puella
　　mortua sim, meritum labar et ante diem?　　20
At mihi sperabam tranquillae tempora vitae
　　longa, ducis quondam numine tuta mei,
divus et, ut Latium qui iam pacaverit orbem,
　　spes erat ah vitae maxima nempe meae.
Talia credideram quae nunc Notus horridus auras　　25
　　iactat in aethereas: labor et ante diem,
et meus, heu, primis amor exstinguetur ab annis,
　　et linquam dulces funere delicias.
At ne Parca quidem gravis esset iniqua cadenti,
　　ni doleat graviter dux magis ipse meus.　　30
Sigismundus 'Ubi nunc est Isotta?' requiret,
　　guttura singultu nec minus ille premet.
Ah quoties lacrimas fundet Pandulphius heros,
　　dicar et o tantae causa ego tristitiae!
Tune, puella, ducem toto suspiria coges　　35
　　pectore cum lacrimis ducere saepe suis?
Ante duces tantos, quorum dux maximus ille est,
　　plorabit magnae, proh dolor, Ausoniae?
Te, Pandulphe, canent populi regesque superbi,
　　flebis at Isottae funera maesta tuae.　　40
Non ego digna fui lacrimas meruisse tepentes
　　ut fundat Latii me super alta salus.
Ante, precor, quam sic posita hic moribunda relinquar,
　　ipse veni et tardas tolle, benigne, moras;
tolle moras, propera, dum spiritus ultimus exstat:　　45
　　Persephone nostrum iam gravat atra caput,
vertice quae secuit vitales dura capillos,
　　nec patitur longos me superesse dies.

Quod si, dive, venis, solabere solus amantem:
    forsan et antiquae causa salutis eris. . . .   50
Ergo si venias, meminisse iuvabit amoris
    et solitis olim non caruisse bonis.
Mente valet siquis, corpus valet atque duorum
    laetitia est tanti maxima causa boni.
Torqueor et tanti nulla est medicina doloris,   65
    quae possit lacrimas continuisse meas;
solus amor tamen est, qui me non linquit amantem:
    crescit et immensis scilicet ille malis.
Corpore frigida mors moribunda per ossa soluto
    regnat, at in gelido pectore fervet amor: 70
an deus ille etiam Manes descendit ad imos
    regnat et in campis ferreus Elysiis?
Certe ego me sensi totam periisse, nec ullis
    partibus exstinctae commeminisse mei.
Atque oblita mei memini mea gaudia teque,   75
    Sigismunde, oculis consequor usque meis;
atque superba tuos video, rex maxime, vultus;
    obicit aut sensus horrida Parca malos?
Quod te per nostros oro miseranda labores,
    queis nihil in toto tristius orbe fuit: 80
si tibi dulce mei quicquam fuit, aspice casus,
    dive, meos, animi tu miseresce mei.
Neve tuos olim mihi femina morit amores,
    Ausonis illa fuat, barbara sive fuat:
quaeque pie coluit te femina, sis pius illi;   85
    neu capiat vultus ulla puella tuos.
Quod si forte sciam, tum me sub tristia mittes
    Tartara, tum lacrimis gaudeat illa meis.
Ante sepulcra veni, Pario quae marmore facta
    celsa meum corpus protinus excipiant: 90
illic da lacrimas, illic pia lilia sparge,
    illic purpureas ordine pone rosas.
Hic ego, si quid habent post funera corpora sensus,
    excipiam blandas, iam dea facta, preces.

Nam dea, si me amas, et ero post funera numen,   95
    damnabo et votis saecula cuncta meis :
tunc me Arimineis natam sub collibus orent
    et Morini et turis pondere dives Arabs.
Barbara gens omnis, nos Itala terra probabit,
    quod fuerim tanto digna puella viro.   100
Sed nec lingua loqui nec plura profarier ora
    fessa valent : morior, labor et ante diem.
Iamque vale, o nostri longum memor : ecce tenebrae
    obnubunt miserum nocte ruente caput.

GIOVANNANTONIO CAMPANO

GIOVANNANTONIO CAMPANO (Ioannes Antonius Campanus: 1429–1477) came of a humble family belonging to Cavelli, near Capua. After studying at Sessa Aurunca and Naples, he settled in 1452 at Perugia, where, with the Baglioni for patrons, he became in 1455 Professor of Rhetoric. In 1459 he accompanied Cardinal Filippo Calandrini to the Congress of Mantua, where he won the favour of Pius II and his secretary Iacopo Ammanati. He was made Bishop of Crotone in 1462 and Bishop of Teramo in 1463. He lived in Rome (with short visits to Teramo and Siena) from 1465 until 1471, when he went with Cardinal Francesco Piccolomini to the Diet of Regensburg, to further the cause of resistance to the Turks. During the next three years he was governor of several cities in Umbria, till in 1474 Sixtus IV removed him from the governorship of Città di Castello because he was too warm in his pefence of the city against harassment by the papal troops. He retired to the deace of his bishopric at Teramo, and died while on a visit to Siena.

Campano's prose writings include several moral treatises, many speeches made on ceremonial academic occasions, religious discourses and funeral orations, biographies of Pius II and Braccio da Montone, and nine books of *Epistolae*, which give a vivid picture of the man himself and the society he lived in. He was highly thought of as a poet; his eight books of *Elegiae* and *Epigrammata* reveal him as a genial person with a ready gift for verse; their contents range from love poetry to autobiography, from descriptions of nature to adulatory addresses to influential persons.

TEXTS from *Opera*, ed. Michele Ferno (Rome 1495), checked with Vat. Urb. Lat. 338; numeration from *Epistolae et Poemata*, ed. J. B. Mencken (Leipzig 1707).

34 *The malady of love*

Aut ego mentis inops nec habent mea lumina visum,
    aut non qualis heri Delius urget equos :
compita, fana, lares, laquearia, moenia, turres,
    nescio quo nunc sunt pallidiora modo.

34 *Eleg. epigr.* II xiii : Ad seipsum   28 *sospes* cod. : *sanus* edd.

Mox, ubi sublimi volui trabe ponere lumen,   5
  luce quasi exstincta languida lampas erat;
ambustos purgo lychnos, renovatur olivum,
  candida sed lychni lumina ferre negant.
Et patet, et nullum recipit mea ianua solem;
  et patet, et nullum lata fenestra diem.   10
Nimirum: procul est, aliamque illuminat oram
  sol meus, in tenebris hic miser ipse vagor.
Ah, pereat, quisquis peregrinas quaerere terras
  repperit, et primum curribus egit iter.
Ille mihi infensas nimis ingeniosus ad artes,   15
  utilius potuit non habuisse pedes.
Me miserum! nullos capiunt mea lumina somnos,
  iam longa didici pervigilare mora.
In latus evolvor, stratis pulvinus oberrat,
  et nulla possum parte iacere tori.   20
Saepe pulex, altae res insidiosa quieti,
  creditus est humeros sollicitasse meos:
strata revolvebam, rugas intentus ad omnes—
  hei mihi! nam mordax non erat ille pulex.
Unus heri comitum media stetit obvius urbe,   25
  cum peterem dominae tecta relicta meae,
et 'Quid' ait 'morbi? tristis cur pallor in ore est?
  Incolumis fueras et bene sospes heri.'
Mutat amor formam, miserosque intercipit artus,
  extenuans cura membra sepulta gravi.   30

35 *The poet in bed*

Campanum tepido abditum cubili
lodicisque gravi globo involutum,
stertentemque sibi, sibi oscitantem,
curis explicitum negotiosis,
quid vexas strepitu sub aure semper,   5
inclamans querulo sono 'Excita te',
tunc cum Aurora leves movet quadrigas
et noctis lacrimis comaque Phoebes
stillatae teretes cadunt pruinae;
cum primos aperit Apollo crines   10
et Pindum crocea ferit sagitta;
cum dulcis sopor et quies amicos
perfundens leviter iacentis artus
divis me faciunt beatiorem?
Aut ergo, Fabiane, dormienti   15
haereto comes implicatus arcte
extensus geminis toro lacertis
et curis simul omnibus fugatis,
aut tristes abigens procul querelas
Campani solidos iuves triumphos.   20
Occlude ilicet ostium catena
et rimas patulae impedi fenestrae
ne quid perpetuam excitet quietem;
pulvinum capiti refer decenter
apte ut subsideat nec ulla tristem   25
admittant hiemem retecta membra,
sed totum tege culcitra iacentem;

---

35 *Eleg. epigr.* III xxvii: Ad seipsum   13 *leviter* cod.: *leniter* edd.   15–6 *Fabiane . . .
haereto* cod.: *Fabiane . . . haereo* 1495; *Fabiano . . . haerebo* 1707 (evidently an un-
satisfactory attempt to correct the impossible reading of 1495).   21 *ilicet*] *illicet*
cod.; *illic et* edd.   25 *subsideat* 1707: *subsidet* cod.; *subsident* 1495.   33 *murmurosam* cod.: *innumerosam* edd. 'murmurosus' is found in Christian Latin, e.g. S.
Benedict *Regula* IV xxxix.   45 *volutiones* cod.: *revolutiones* edd.   47 *Hellespontiaci . . . tyranni*: Priapus, to whom a temple was erected at Lampsacus, on the
Asian shore of the Hellespont.   49 *fuerit*] *erit* cod., edd.

si extendas etiam togam lupinam
aut vulpinam, erit hoc magis benignum.
Suspenso hinc abeas gradu nec ullus   30
irritet crepitus seram loquacem.
Hinc leni sonitu Iovem tonantem
et ventos pluviamque murmurosam
quae somnos faciant suaviores
optabis mihi; mox parabis ignem   35
et laetas epulas et acre spumans
auro ipso rutilantius Falernum,
tunc cum sol medios agit iugales
et totum irradiat repens Olympum,
qui si huc accieris meam Dianam,   40
tunc cum somniculosa, crine nondum
collecto et dubios fricans ocellos,
rem multo facies benigniorem.
Nam statim veniet si eam vocaris,
si crebras referes volutiones   45
et quanta feriat torum sagitta
Hellespontiaci furor tyranni:
ergo vade citus, voca huc puellam.
Tunc, si quis fuerit parum modeste
qui me quaerat, abire eum iubeto;   50
dic non esse domi nec affuturum
hoc totum biduum et fuisse multos
qui me quaesierint profectum ad Umbros.
Hoc veri officium est amici opusque,
non aures crepitu ferire rauco   55
et vultu obstrepere horridum minaci.

36 *Pienza nuova*

Quae nova sublimi prosurgo Pientia colle,
    causa mei quae sit nominis ipsa loquar:
me Pius ornatam templo murisque refertam
    esse urbem voluit, quae fueram oppidulum;
tecta suae gentis, primis in moenibus aedes,   5
    tangere marmoreum sidera iussit opus;
addidit et nomen lectumque e more senatum,
    urbanos ritus et nova iura dedit.
At vos, vicina quae surgitis oppida terra,
    invidiae nihil est; nam genui ipsa Pium.   10

37 *A desecrated urn*

Phidiaca caelata manu praeclara Quiritum,
    forsitan et magni Caesaris, ossa tuli;
delituique diu Latiis immersa ruinis,
    excidiumque mihi quod tibi, Roma, fuit.
Effossam nunc dives habet statuitque sepulcro: 5
    heu quantum artificem prodidit ille meum!
Sic, quae Scipiadum fueram vel Caesaris urna,
    ignota obscuri divitis ossa tegam.
Ergo, qui transis, claros miserate Quirites,
    aut rumpe aut condas, sed meliore loco.   10

36 *Eleg. epigr.* IV xix: De Pientia nova   For three years (1459–62) Pius II had employed Bernardo Rossellino in rebuilding and beautifying Corsignano, the little town in the Val d'Orcia that was his birthplace; making it the seat of a bishopric, and conferring upon it his own name.   1 *prosurgo* cod.: *surgo* edd.   5 *tecta suae gentis*: the Palazzo Piccolomini, modelled on the Palazzo Rucellai in Florence.

37 *Eleg. epigr.* VI v: De sepulcro invento Romae   6 *artificem ... meum* edd.: *ille mecum artificem prodidit* cod. Perhaps the archetype read *heu quantum ille meum prodidit artificem.*   9 *miserate* cod.: *miser Pare* 1495; *miserere* 1707.

38 *Home again!*

Linquo Tridentinas Alpes et Rhaetica saxa
  nunquam oculis posthac aspicienda meis.
Accipe Campani, sterilis Germania, terga,
  accipe nudatas, barbara terra, nates.
Ille dies, iterum qui te mihi forte videndam   5
  offeret, extremus sit mihi et ille dies.
Finibus Italiae primis exstinguar et illic
  per Latiam condant frigida saxa manum.
Dicantur Latia mihi verba novissima lingua
  et Latio qui sim carmine saxa notent.   10
At pia si qua manus collectis ossibus urnam
  erigat, accensa coniciatve pyra,
hoc, precor, hoc caveat, ne pars vel quantula nostri
  barbaricum tangat non bene lecta solum.

38 *Eleg. epigr.* VIII i: In reditu e Germania   C. left Rome for Germany in March 1471, in the suite of Cardinal Francesco Piccolomini, to take part in the Diet of Regensburg, convoked by the Emperor to solicit aid from the Pope and the Christian rulers against the Turks; the mission returned to Italy before Christmas in the same year.   8 *per Latiam . . . manum* cod.: *per Latia . . . manus* 1495; *per Latium . . . Manes* 1707.   9 *dicantur* cod.: *dicentur* edd.   *verba novissima*: the prayers for the dead at burial.

GIOVANNI GIOVIANO PONTANO

GIOVANNI GIOVIANO PONTANO (Ioannes Iovianus Pontanus: 1429–1503) was born at Cerreto near Spoleto; after studying at Perugia he attached himself in 1447 to Alfonso of Aragon, King of Naples, with a post in the Chancery and (from 1456) the office of tutor to the king's nephew, the young Charles of Navarre. In Naples he made friends with Panormita, becoming a member of the literary society that afterwards became the Accademia Pontaniana. Pontano served the Kings of Naples as a soldier, a diplomatist, and a counsellor in war and peace for more than a quarter of a century, succeeding Antonio Petrucci as the king's secretary in 1486. After the death of Ferdinand I in 1494 and the short reign of Alfonso II, when Charles VIII entered Naples and Alfonso's successor Ferdinand II was forced into exile, Pontano retained his post and took a leading part in welcoming the victor into the city. When Ferdinand returned to power later in the year 1495, Pontano was dismissed, and he devoted the last years of his life to literature.

Pontano published many prose writings in the fields of philosophy, ethics, astronomy, literary criticism, and history, besides several Lucianic dialogues; but his chief and life-long concern was poetry, which he continued to compose and to revise until his dying day. His two books of 'Amores', the *Parthenopeus*, were the work of his youth; two books of *Hendecasyllabi* describe the delights of Baia; three books of elegies, *De amore coniugali*, are devoted to family affections—particularly touching are the twelve *Naeniae*, lullabies that he wrote for his little son Lucio—which find expression also in his *Iambi* and *Tumuli*. In his *Eridanus* (a work of his old age) he sings the praises of Stella, a beauty of Ferrara. He wrote also six eclogues, and several poetical works on a larger scale: *Urania*, in five books, on the constellations and their influence; *Meteorum liber* on atmospheric phenomena; and two books on arboriculture, *De hortis Hesperidum*.

Pontano's collected works were published in Naples in six volumes (1505–12), edited by his friend Pietro Summonte: individual works and collections were many times reprinted, all over Europe, in the sixteenth century.

Pontano was one of the most typical Latin poets of the Renaissance and he exercised a powerful influence, especially upon the poets of the Pléiade. His poetry reflects a great variety of experience—love-affairs, family affections (rarely hitherto treated in verse), and a genuine feeling for the beauties of nature.

TEXTS: for *De hortis Hesperidum,* B. Soldati's edition of Pontano's *Carmina* (Florence 1902); for *Naeniae,* the edition of S. Monti, published in *Annali della Facoltà di Lettere e Filosofia dell' Università di Napoli,* XII (1969–70), pp. 208 sqq; for *Lyra, Eclogae* and *Tumuli,* the editions of L. Monti Sabia, published in Naples in 1972, 1973 and 1974 respectively; for the other poems, *Carmina,* ed. J. Oeschger (Bari 1948).

39 *To Fannia*

Puella molli delicatior rosa,
    quam vernus aer parturit
dulcique rore Memnonis nigri parens
    rigat suavi in hortulo,
quae mane primo roscidis cinctos foliis   5
    ornat nitentes ramulos;
ubi rubentem gemmeos scandens equos
    Phoebus peragrat aethera,
tunc languidi floris breve et moriens decus
    comas reflectit lassulas;   10
mox prona nudo decidit cacumine
    honorque tam brevis perit.
Sic forma primis floret annis; indecens
    ubi senectus advenit,
heu languet oris aurei nitens color,   15
    quod ruga turpis exarat,
perit comarum fulgor et frontis decus
    dentesque flavent candidi,
pectus papillis invenustum languidis
    sinus recondet sordidus,   20

39 *Parth.* I iv: Ad Fanniam   Fannia was a Neapolitan girl to whom P. addressed many poems in his youth.   3 *Memnonis . . . parens*: Aurora.   35–6 *divae . . . quae mane lucet Hesperus*: Hesperus, the son of Cephalus and Aurora, was transported into the heavens and became a star, called indifferently Hesper, Lucifer, and Stella Veneris. P. seems to identify Venus herself with the Stella Veneris, which can be either the evening or the morning star.

quod nunc Eois lucidum gemmis nitet
    tenuisque vestit fascia.
Nullas amantis audies maesti preces
    duram querentis ianuam,
non serta lentis fixa cernes postibus   25
    exclusi amantis munera;
sed sola noctes frigido cubans toro
    nulli petita conteres.
Quin hoc iuventae floridum atque dulce ver
    brevemque florem carpimus?   30
post lustra quinque iam senectus incipit
    latensque subrepit modo.
Quare, meorum o aura suavis ignium,
    dies agamus candidos
noctesque divae conteramus integras   35
    quae mane lucet Hesperus.

40   *A mountain spring*

Casis, Hamadryadum furtis iucunde minister
    et cupidis rupes semper amica deis,
ad quem saepe sui linquens secreta Lycaei
    Pan egit medios sole calente dies
Maenalioque tuos implevit carmine montes   5
    et septem cecinit fistula blanda modos,
cum passim iunctaeque manus et bracchia nexae
    ducebant placidos Naides ante choros
carpebantque hilares iuxta virgulta capellae
    haedus et in molli subsiliebat humo;   10
quin etiam defessa iugis siquando Diana
    egit praecipites per cava saxa feras,
hic posuitque latus viridique in margine sedit
    et vitreo flavas lavit in amne comas;

---

40 *Parth.* II vi: Laudes Casis Fontis   The Casi is a little river in Umbria, near Spoleto.

te Bacchus, te Phoebus amant, tibi carmina nymphae   51
  dulce canunt, tibi se comit amata Dryas,
Paelignosque suos siquando et rura relinquit,
  lassa subit fonti Calliopea tuo
et lenem querula carpit sub fronde quietem,
  qua cadit arguto murmure lympha fugax.   20

41 *To Deianira*

Cur, o Deianira, cur moraris
auroram cupidis referre terris?
Cur non lumina paetulosque ocellos
in lucem exseris ac diem reducis?
Pellit sol radiis suis tenebras   5
et lucem pariter diemque reddit;
tu lucem referens tuis ocellis
pellas tristitiam et graves dolores
et curas abigas benigna amantum;
et quod sol radiis, id ipsa ocellis   10
praesta, Deianira, amantibusque
et lucem pariter diemque redde.

42 *A birthday invitation*

Dulces filiolae, paterni ocelli,
dulcis nate, patris tui voluptas,
et coniunx, requies senis mariti,
mecum templa piis adite votis:
natalis meus est, deos rogate,   5
atque hunc atque alios agamus annos

41 *Hend.* I viii: Ad Deianiram puellam
42 *Hend.* I xii: Uxorem ac liberos invitat ad diem natalem celebrandam   P.'s birth-
day was 7 May.

fausto sidere, candidis lapillis,
dum caros mihi redditis nepotes,
qui blanda oscula balbulasque voces
incompto simul ore blandiantur,   10
arguto simul ore suavientur.
Mox convivia villula propinqua,
securis animis, dolore pulso,
nocturnas ineamus ad lucernas.
Hic patri liceat seni Falernum   15
diffusum cyatho minutiore
roratim ingeminare ter quaterque,
dum lassos oculos sopor recondat.

  At vos, queis pudor eripit Lyaeum
nativaque sitis levatur unda,   20
dulci intingite melle cinnamoque;
haec sunt pocula virginis Dianae,
siquando ad superum dapes vocatur.
Tu myrtum foribus rosamque mensae
appone et violis humum colora,   25
resperge et Cyprio domum liquore;
nec desit lyra eburneusque pecten,
qui gratas Genio citet choreas:
et dulces Genium decent choreae.
Hunc vos, hunc hilares rogate, mentem   30
det recti cupidam simulque honesti
permittatque alia a deis regenda.

43   *To Focilla*

In somnis tenerum mihi labellum
offers: dum male suaviorque utrumque
decursim lacrimae tibi exciderunt,

---

43 *Hend.* II xi: Ad Focillam   Many of P.'s poems are addressed to 'Focilla'; her
identity is unknown.

et largo faciem madore tinguis;
atque has dum lacrimas madenti ab ore   5
detergo simul et simul relingo,
surreptim mihi mordicusque linguam
exceptam rapis obterisque dente.
Mox, risum lacrimis iocosque miscens,
'Haec nos ludicra imaginesque noctis,   10
has' inquis 'simul in die vicissim
et veras faciamus et probemus.'
His te in iudicium voco fidemque:
en linguam tibi, porge mi labella.

44 *Envoi*

Avete, hendecasyllabi, meorum,
avete, illecebrae ducesque amorum,
avete, o comites meae senectae,
ruris deliciae atque balnearum.
Sit lusum satis et satis iocatum,   5
et finem lepidi sales requirunt,
est certus quoque terminus cachinnis.
Ergo qui, iuvenes, meas legetis
nugas, qui tenerae iocos Thaliae,
optetis cineri meo quietem: 10
'Sit tellus levis et perenni in urna
non unquam violae rosaeque desint,
tecumque Elysiis beata campis
uxor perpetuas agat choreas
et sparsim ambrosii irrigent liquores.'   15
Sic vobis in amore nil amarum,
nil insit nisi dulce, sic amando
et noctes pariter diesque agatis,
assistat lateri et comes Voluptas.

44 *Hend.* II xxxviii: Ad Hendecasyllabos

45 *A happy birthday*

Ite procul, curae insomnes; sint omnia laeta;
    Cretensi lux haec more notanda mihi est;
ite iterum, curae insomnes, procul ite, dolores;
    fulserit haec nitido sidere fausta dies,
qua mihi vitales genitus puer exit in auras: 5
    spargite nunc variis atria tota rosis,
spiret odoratis domus ignibus, aemula lauro
    myrtus adornatos pendeat ante lares.
Ipse deos supplex tacita venerabor acerra
    et reddam sacris debita tura focis: 10
sancte Geni, tibi solemnes prostratus ad aras
    fundo merum et multo laurus in igne crepat.
Vota manent: sua signa deum testantur, et omen
    clara dedit celeri flamma voluta gradu,
ipse et pacato movit sua vertice serta,   15
    et fragilis cecidit crine decente rosa;
ipse manu rata signa dedit. Tu, sidere dextro
    edite, felices exige, nate, dies,
produc fatalisque colos et longa sororum
    stamina, dent faciles in tua fila manus,   20
spesque patris matrisque auge superesque parentum
    vota, fluant Hermus Lydiaque unda tibi.
Auguror et patrias olim meditaberis artes
    et studia antiquae non inhonora domus;
sive tibi carmen placeat, tibi carmina Musae   25
    dictabunt, virides cinget Apollo comas;
sive vias caeli rerumque exquirere formas
    naturae et causas explicuisse iuvet,
seu leges atque arma fori, te proxima possunt
    exempla et patres exstimulare tui.   30

---

45 *De amore coniugali* 1 x: Exsultatio de filio nato   Lucio, P.'s only son, was born in
1469.   2 *Cretensi more*: cf. Horace, *Od.* 1 xxxvi 10 Cressa ne careat pulchra
dies nota.   17 *sidere dextro*: Lucio was born on 21 March, under the constellation
of Aries, which was supposed to exert a benign influence.

Sed neque te vel dirus amor vel gloria belli
    vicerit, ut matri sis timor usque tuae:
illa graves tulerit decimo iam mense labores,
    languida de partu mortua paene mihi.
At tu iam tanto, mater, defuncta periclo   35
    in nova praeteritos gaudia verte metus:
iam, mater, quid matris opus, quid munera differs?
    cur non materno iam cubat ille sinu?
En patri similes oculos, en mater in ore est,
    en vultus, in queis spirat uterque parens,   40
en senii solamen adest! Vos spargite multo
    flore domum et thalamis lenior afflet odor.

46 *Lullabies*

(1) *The nurse's song*

Ne vagi, ne, blande puer, ne parvule, vagi:
    blanda rogat blandum Lucia Luciolum.
Ne vagi, ne lacrimulis corrumpe misellis
    turgidulosque oculos turgidulasque genas.
Ecce tibi balbo ore sonat, blaeso ore susurrat   5
    Eugenia et dulces garrit in aure iocos;
ecce tibi mollem inflectens Aurelia vocem
    fabellas bellas, carmina bella canit.
Ne vagi, mellite puer; tibi Luscula ludit
    gestit et ad cunas blanda catella tuas;   10
Curtiolus tibi subsultans en se erigit, en se
    iactitat, en teneri cruscula lambit eri.

---

46 (1) *De amore coniugali* II ix: Naenia secunda, ad vagitum sedandum   One of
twelve lullabies composed by P. for his little son Lucio.   2 sqq.: Lucia, Eugenia
and Aurelia were P.'s three daughters.
(2) *De amore coniugali* II xii: Naenia quinta ad somnum inducendum
(3) *De amore coniugali* II xiv: Naenia septima nugatoria ad inducendum soporem
12 *Lisa*: the nurse.

An lingis, lascive, genas? Ah, curtule Curti:
    ipsa tibi irascar, curtule Curtiole.
Tune genas, tune ora? Meus puer, improbe Curti,   15
    Luciolus meus est, improbe Curtiole.
Curtiole, anne audes? Ah risit Lucius, ah se
    iecit in amplexus Lucius ipse meos.
En pectus, formose, tuum; mihi dulcia iunge
    oscula et in solito molle quiesce sinu.   20

(2) *The mother's song*

Scite puer, mellite puer, nate unice, dormi;
    claude, tenelle, oculos; conde, tenelle, genas.
Ipse sopor 'Non condis,' ait 'non claudis ocellos?'
    En cubat ante tuos Luscula lassa pedes!
Languidulos, bene habet, conditque et claudit ocellos   5
    Lucius et roseo est fusus in ore sopor.
Aura, veni foveasque meum, placidissima, natum.
    An strepitant frondes? Iam levis aura venit!
Scite puer, mellite puer, nate unice, dormi:
    aura fovet flatu, mater amata sinu.   10

(3) *Mother to child*

Fuscula nox, Orcus quoque fusculus: aspice ut alis
    per noctem volitet fusculus ille nigris.
Hic vigiles captat pueros vigilesque puellas:
    nate, oculos cohibe, ne capiare vigil.
Hic captat seu quas sensit vagire puellas   5
    seu pueros: voces comprime, nate, tuas.
Ecce volat nigraque caput caligine densat
    et quaerit natum fusculus ille meum.
Ore fremit dentemque ferus iam dente lacessit,
    ipse vorat querulos pervigilesque vorat,   10

et niger est nigrisque comis nigroque galero :
    tu puerum clauso, Lisa, reconde sinu :
Luciolum tege, Lisa : feros quos pandit hiatus,
    quasque aperit fauces, ut quatit usque caput!
Me miseram, an ferulas gestat quoque? Parce, quiescit   15
    Lucius, et sunt qui rus abiisse putent.
Rura meus Lucillus habet: nil ipse molestus,
    nec vigilat noctu conqueriturve die.
Ne saevi, hirsutasque manus tibi comprime, saeve :
    et tacet et dormit Lucius ipse meus,   20
et matri blanditur et oscula dulcia figit
    bellaque cum bella verba sorore canit.

47 *A nursery lesson*

QUINQUENNIUS, PELVINA

Quin. Dic, mater Pelvina, fragor quis tantus et unde?
    Dolia num stringitque cados vindemia et arctat?
    Hei mihi, quam crebri rutilant de nubibus ignes!
Pelv. Abde sinu te, nate, meo atque amplectere matrem,
    ne trepida : di, nate, focis genialibus astant,   5
    castaneasque suo prunis cum cortice torrent.
    Illae, ubi sub cinere ardentem sensere favillam,
    displosae crepitant; hinc tanta tonitrua caelo
    disiectique ruunt ignes. Caput exsere, nate :
    di mensas liquere, neque est metus ullus ab igne.   10
Quin. Me miserum, properat, procul en vestigia nosco,
    Orcus adest atque ore minax ac dente cruentus.
    Hunc, mater, mihi pelle manu : trahit horrida crura

---

47 *Ecl.* VI: Quinquennius   1–2 The five-year old child mistakes the thunder for the noise made by hammering the hoops on the casks at the vintage.   21 *cruda*: perhaps *crura*?   27 *dentivorax*: a coinage of P.'s.   30 *mammae*: the nurse. 34 *brassiculae semen*: a beverage extracted from cabbage seeds.   57 *praecoqua*: apricot ('percoche' in S. Italian dialect).

et quassat caput et mento riget hispida barba.
Hunc abigas, Pelvina, mihi.

Pelv. Fuge, saeve : quid audes   15
in puerum? Fuge, claude. Meus iam nocte quiescit,
inque diem queritur nihil hic meus. I, pete tesqua
atque famem solare faba ingluviemque lupino.
Quin. Quid, mater? Baculumne quatit ferus et riget aure?
Pelv. Illum ego, nate, antro inclusi scuticaque cecidi.   20
Quin. Anne etiam zona vinxisti?

Pelv. Et compede cruda.
Quin. Nunc, mater, tete amplector novaque oscula iungo.
Pelv. Quinquenni mihi care, tua haec sunt oscula : iunge
atque itera.

Quin. En itero. Dic, o mea, dic, age : quidnam
hic Orcus deus est?

Pelv. Deus est hic, nate, malignum   25
numen et in pueros saevum grassatur. It umbra,
dentivorax umbra, horrificans noctemque diemque,
et baculo ferit et dextra rapit et trahit unco,
fauce et hiat puerum, queritur qui nocte, die qui
oblatrat matri mammaeque irascitur ; illum   30
et dextra fovet et cauda demulcet amica
qui ridet matri inque sinu nutricis amatae
dormiscit, capit absynthi et cum melle liquorem ;
quin cui brassiculae semen placet, huic dat ab ipso
blandus avem nido, dat pictae colla columbae,   35
quam tibi pollicitus.

Quin. Num perlita crustula melle
est quoque pollicitus?

Pelv. Dabit haec tibi, nate, benignum
numen et ille deus, cui nos atque omnia curae.
Quin. Dic, mater : deus iste quis est numenque benignum?
Pelv. Qui tenerum lactis florem ac ientacula praebet,   40
dum matri puer obsequitur, dum paret alenti ;
qui plena melimela manu croceasque placentas
dat pueris, dum litterulas et carmina discunt.

Quin. Num det fraga mihi, cerasi num molle quasillum,
   ad ferulam cum discipulis si crastinus asto?   45
Pelv. Quin et cariculas, quin mitia sorba nucemque
   pineolam et dulci perfusa cydonia musto:
   en crustum, en prunum aridulum, en mustacea et offas.
Quin. Num, genetrix, deus hic panem post vina canenti
   mulsa sacerdoti miscet, dat sorbile et ovum?   50
Pelv. Quin et avem: pinguem ipse suum vult esse ministrum.
   Det tibi avellanas ficumque uvamque recentem,
   invises quoties templum et veneraberis aram
   et faris bona verba.
             Quin. Monedula si mihi detur
   quive gemat cavea turtur, vel tympana pulsem,   55
   dum facit antistes rem sacram atque incubat arae.
Pelv. His ego citriolum frondenti et praecoqua ramo
   addiderim, nulla in gremium si lotia noctu
   fuderis Unctiliae, tibi quae dedit ubera parvo;
   nunc grandem loti pudeat.
               Quin. Mihi desine, mater,   60
   irasci. Sopor ipse gravat; nam saepe per umbram
   ludere cum pueris videor vel litore primo,
   nare simul nassaque leves includere pisces,
   exclusos mox elabi, me subdier amni,
   stillare et liquidum madefacto e corpore rorem.   65
   Hoc nato, mater, praesta, ut deus ille benignus
   excitet e somno stupidum exhibeatque matellam:
   cedam ego cariculis siccis dulcique placentae. . . .

48 *To Stella*

Non Alpes mihi te aut vasti maris aequor et ipsae
    eripiant Syrtes, nam mihi semper ades:
mecum de summa specularis litora puppe
    et mecum longas isque redisque vias;
mecum compositis haeres moritura lacertis,   5
    si pontus, si quid saeva minatur hiems;
mecum quoque loci, quicquid fortuna pararit,
    quicquid ago, mecum es, nec nisi semper ades;
tu curis solamen ades requiesque labori,
    et quia semper ades, nil nisi dulce mihi est;   10
quod, siquando absis, et te iam, Stella, requiro,
    sive dies seu nox, sponte videnda venis:
nam, cum sol primos effert pulcherrimus ortus,
    aurorae in gremio tu mihi mane nites;
illic purpureasque genas roseumque labellum,   15
    delicias video pectora et ipsa meas,
oraque in ore deae cerno tua: tu mihi rides,
    sentio de risu gaudia mille tuo;
ipsa mihi dicis 'Iungo mea gaudia tecum',
    dum loqueris iungo basia nostra tuis.   20
Inde, ubi per medium rapitur sol aureus orbem,
    aurea te nobis solis imago refert:
illius in radiis video rutilare capillum
    et tua Phoebeo splendet in igne coma;
quacumque aspicio, lux te mihi, tu mihi lucem   25
    offers, nec sine te luxve diesve mihi est.
Tandem, ubi sidereis nox advenit acta quadrigis
    clarus et occiduo Vesper in orbe nitet,
ora refert tua tunc mihi candida lucidus Hesper,
    in Veneris specto te recubare sinu: 30

---

48 *Erid.* I vii: Ad Stellam   Stella, the last of P.'s loves, was a native of Argenta, in the
province of Ferrara. To her the poet dedicated his last work, *Eridanus*, a collection in
two books of poems which have for their setting the plains watered by the River
Po.

hic risum illecebrasque tuas, hic oscula nosco
    lususque et gratis abdita signa notis,
inque tuis oculis figo mea lumina et usque
    admoveo collo bracchia lenta tuo.
Tum nova me, vetus ipsa tamen, subit ante voluptas   35
    praeteritique memor mens favet ipsa sibi;
mox sopor irrepit membris, sopor ultima praebet
    gaudia teque meo collocat ipse sinu,
amplectorque tuis innexus et ipse lacertis:
    sic nullum sine te tempus et hora mihi est.   40

49   *The two palm-trees*

Brundusii latis longe viret ardua terris
    arbor Idumaeis usque petita locis;
altera Hydruntinis in saltibus aemula palma:
    illa virum referens, haec muliebre decus.
Non uno crevere solo, distantibus agris,   5
    nulla loci facies nec socialis amor.
Permansit sine prole diu, sine fructibus arbor
    utraque frondosis et sine fruge comis;
at, postquam patulos fuderunt bracchia ramos
    coepere et caelo liberiore frui   10
frondosique apices se conspexere virique
    illa sui vultus, coniugis ille suae,
hausere et blandum venis sitientibus ignem,
    optatos fetus sponte tulere sua,
ornarunt ramos gemmis (mirabile dictu),   15
    implevere suos melle liquente favos.
Mirum, si ex oculis et Amor sua spicula iactat
    et Venus accensas spargit ab ore faces?

49 *Erid.* 1 xxxiv: De palma Brundusina et Hydruntina   2 *Idumaeis . . . locis*: in
Palestine.   17-20 P. is alluding to his love for Stella, whose home was in the
valley of the Po.

Mirum, si Eridanus, si vel regnator aquarum
    rore suo nostras temperat usque faces?   20

50   *Why roses are red*

Pectebat Cytherea comas madidumque capillum
    siccabat: Charites carmina lecta canunt,
ad cantum satyri properant, ad carmina nymphae,
    carmina de tacitis saepibus hausta bibunt.
Hinc aliquis petulans ausus prodire Dionen   5
    intuitur, docta dum linit ora manu:
erubuit pudibunda ruborque per ora cucurrit,
    occupat et teneras purpura grata genas,
mox interque rosas interque roseta refugit,
    delitet et molles spirat ab ore crocos.   10
Dum spirat funditque crocos, dum purpura fulget,
    concipit afflatus daedala terra deae;
hinc et purpureum flores traxere colorem,
    quaeque prius candor, purpura facta rosa est.
Has legite, his tenerae crines ornate puellae,   15
    Paestano niteat lucida rore coma,
vere rosas, aestate rosas diffundite divae,
    spirent templa rosas, ipsae et olete rosas.

50 *Erid.* I xxxix: De Venere et rosis

51 *Recollections in a garden*

Iam tempus legere et cultis disponere in hortis
et tondere manu et rivos agitare sonantes,
colligere et plenis redolentia citria ramis
aestivum ad solem et vento crepitantibus umbris.
Colligis ipse manu; coniunx in parte laborum   315
dulcis adest, capit expensis de fune canistris
et mirata sinum pomis gravioribus implet.
Et (memini) astabat coniunx, floresque legentem
Idalium in rorem et Veneris mollissima dona
amplexata virum, molli desedit in herba   320
et mecum dulces egit per carmina ludos;
quæ nunc Elysios, o fortunata, recessus
læta colis sine me, sine me per opaca vagaris
culta roseta legens et serta recentia nectis;
immemor, ah, nimiumque tui studiosa quietos   325
umbrarum saltus et grata silentia captas.
Sparge, puer, violas; Manes salvete beati:
uxor adest Ariadna meis oneranda lacertis.
O felix obitu, quæ non violenta Brigantum
perpessa imperia, quæ non miserabile nati   330
funus et orbati senis immedicabile vulnus
vidisti et patrios foedata sede penates!
Sed solamen ades, coniunx; amplectere, neu me
lude diu, amplexare virum ac solare querentem
et mecum solitos citriorum collige flores. . . .   335

---

51 *De hort. Hesp.* 1: Evagatio quaedam poetica   318 *coniunx*: Adriana Sassone, v.
infr. no. 53.   319 *Veneris . . . dona*: the fruits of the cedar. According to P.,
Venus transformed the body of Adonis into a cedar-tree.   329 *Brigantum*: the
French, who occupied Naples in 1494–5 under Charles VIII.   330 *nati*: P.'s son
Lucio, v. supr. no. 45.   332 *patrios . . . penates*: P. is probably referring to the
Treaty of Granada, by which in 1500 Ferdinand the Catholic obtained the kingdom
of Naples at the expense of Frederic of Aragon.

52 *On the death of his son Lucio*

Senii levamen unicum, neptis, mei,
ubi est pater tuus, misella, mortuum
quem nescias, misella, nec iam sentias
aetate in ista primula, dieculis
paucissimis e matris alvulo edita,   5
rubicundula et nutricis alludens sinu?
Heu heu, genus hominum caducum et languidum
in germine ipso: vitae in ipso limine
puer interit, natum senex effert pater,
avus patrem tuum, misella neptula,   10
et ipsa patrem infantula in cunabulis.
Vivitque avus confectus annis, ipsaque in
crepundiis vagis, mali tui inscia
sortisque venturae. Dolor, dolor adigit
avum, patrem, senemque sorte de hac queri.   15
Miseram senectutem meam, miserum senem!
At tu, misella, forte avum si amiseris,
hoc destituta vinculo aresces, velut
crescens amaracus, liquore si suo
suoque sole non alatur, interit.   20

53 *'Methought I saw my late espoused Saint'*

Umbra sis felix mihi: suntne veri,
uxor, amplexus, vigilantis anne
cura te in somnis agit atque vana
    ludis imago?

52 *Iamb.* II: Conqueritur de Lucii filii morte cum Tranquilla nepte   Tranquilla was
the daughter of Lucio; he died in 1498.
53 *Lyra* IX: Uxorem in somniis alloquitur   P.'s wife, Adriana Sassone, died in 1490;
he describes elsewhere (*Eridanus* II xxxii) how she haunted his dreams for years after
her death.

Umbra sed quamvis, mihi cara, salve,   5
et mihi felix ades; osculantem
osculans tete accipioque amansque am-
    plector amantem.
Credit et virgo speculo, ast imago
ludit indulgens speculi; perinde   10
somnia et mentes capiunt amantque
    somnia mentes.
I, puer, nocti cane sacra, nocti
tura succendens: per opaca noctis
umbra versatur, volat usa noctis   15
    umbra favore.
Nox parit somnos, hominum quietem;
hi vocant imis animas Avernis
morte contempta et simulacra vivis
    mortua iungunt.   20
Vos, pii Manes, memores senectae
ultimae iam, Sidonia ex acerra
donaque et stacten capite et Sabaeae
    mercis honores;
dumque nos rursum Elysio in recessu   25
iungat obstringens amor, haud gravare
et senis somnos, Ariadna, amatum et
    visere lectum.

54 *For the tomb of Panormita*

Siste, hospes: fas est cantus audire dearum;
    grata mora est, Musae nam loca sacra tenent.
Antoni monumenta vides: hinc templa frequentant;
    ille fuit sacri maxima cura chori,

---

54 *Tum.* I xx: Tumulus Antonii Panhormitae poetae nobilissimi   9 *Aon*: Helicon;
P. has manufactured the proper name 'Aon' from Virgil's 'Aonas in montes' (*Ecl.*
VI 65), regardless of the fact that 'Aonas' is an adjective.   10 *Sebethus*: a river in
Campania, flowing into the Gulf of Naples.

illum saepe suis medium statuere choreis;   5
    duxit compositos arte decente choros.
Saepe lyram cessit Clio, cessere sorores;
    concinuit teneros voce manuque sonos.
Exstinctum flevitque Aon flevitque Aganippe,
    Sebethus miseros egit in amne modos;   10
Sirenes quoque de scopulis miserabile carmen
    ingeminant; planctu litora pulsa sonant;
Pierides tristem ad tumulum fudere querelas,
    Pierides passis post sua terga comis.
Hinc crevit desiderium nec cura recessit   15
    vatis, at exstincto vate remansit amor;
conveniunt nunc ad tumulum celebrantque choreas
    et memorant lusus, magne poeta, tuos.
En audis, sonet ut lenis concentibus aura,
    ut sonet appulsu concita terra pedum?   20
Haec vati memores Musae post fata rependunt:
    carminis hoc meritum est. Num satis? Hospes, abi.

55   *A girl's grave*

Tecum una, mea nata, mori materque paterque
    debuimus, tribus haec ut domus una foret.
Nata patri, nata et matri, soror una sorori,
    dic, ah dic miseris, nata sororque: ubin' es?
Has pater infelix lacrimas miserandaque mater   5
    exsolvit, crines hos soror atra tibi;
nata, audi: pater hic genuit, dedit ubera mater
    et tenera infelix pressit ad ora soror.
Non audis, nil dona movent, ingrata, nec usquam es
    nec pietas aut est ullus in orbe deus.   10

55 *Tum.* I xxi: Tumulus Aurae puellae   Aura is apparently a fictitious name.   *6 atra*: in mourning.

Terra, tibi has lacrimas, miserorum dona parentum,
    mobilis at voces aura sororis habe:
aura, tenes quod adhuc nomen miserabilis Aurae,
    terra, quod heu cineres, viscera nostra, tegis.

56   *A mother's grief*

Nata, cape hos calathos depexae et munera lanae,
    cum lana et calathis accipe et has lacrimas;
nata, et acus et fila cape et cape lintea texta,
    cumque his atque illis accipe et has lacrimas;
nata, colum fusosque cape et simul indita lina,   5
    cumque colo et fusis accipe et has lacrimas;
nata, cape has et bracteolas, haec aurea dona,
    cumque his atque illis accipe et has lacrimas,
accipe et hos crines atque haec tibi munera grata,
    flabellum et tenues accipe forficulas;   10
accipe et hos crines, cumque his et scrinia et aureos
    accipe verticulos, accipe gemmeolos;
accipe et hos crines, cumque his bombycina texta
    et zonam, raras accipe et urticulas;
accipe, nata, meos crines lacrimasque meosque   15
    exspecta et cineres, Lucia, et inferias.

56 *Tum.* II iii: Hadriana mater queritur ad Luciae filiae tumulum   Lucia Marzia,
P.'s third daughter, died at the age of fourteen, and was buried in the Capella
Pontaniana in the Via dei Tribunali in Naples.   12 *verticulos*: hairpins.   14 *et
pictum hoc accipe reticulum* Oeschger, accepting Summonte's improvement upon
P.'s unmeaning and unmetrical *raras . . . urticulas.*

57 *At the tomb of his wife*

Quas tibi ego inferias, coniunx, quae munera solvam,
    cum lacrimae et gemitus verbaque destituant?
Pro veteri tamen officio, pro munere lecti
    annua lustrato dona feram tumulo:
tura, puer, laticesque sacros; tu verba, sacerdos,   5
    dic bona et aeternos rite precare deos.
Rite sacras adolete faces. Mihi mortua vivis,
    uxor, et in nostro conderis ipsa sinu—
viva mihi ante oculos illa obversatur imago—
    et mecum lusus deliciasque facis;   10
viva domum cultosque lares remque ordine curas,
    viva, Ariadna, domi es, viva, Ariadna, toro es;
mecum perquc hortos et culta vireta vagaris
    et mecum noctes, mecum agis ipsa dies.
Sic mihi viva vales, sic est mihi grata senectus,   15
    ut tua mors lasso vita sit ipsa seni.
Haec ipse ad feretrum; at tecum mens ipsa moratur,
    tecum post paucos laeta futura dies.
Interea cape et haec miserae solatia mortis,
    atque in perpetuum, fleta Ariadna, vale.   20

57 *Tum.* II xxv: Pontanus coniunx ad tumulum Ariadnae Saxonae uxoris
Adriana Sassone was buried in the Capella Pontaniana.

UGOLINO VERINO

UGOLINO VERINO (Ugolinus Verinus: 1438–1516) was born in Florence and spent his life there, following the profession of a notary. Besides filling a number of official legal posts he gave private lessons in Poetry and Rhetoric to the sons of leading Florentine families. He was not *persona grata* with Lorenzo de' Medici, but he was on friendly terms with Ficino and many literary and artistic contemporaries in Florence. Though an admirer of Savonarola, he attacked him during his trial in 1498; in spite of this *volte face*, the Signoria 'admonished' Verino and suspended him for three years (1498–1501) from public office. While practising the law, Verino devoted himself also to literature, taking for his master Landino, in imitation of whose *Xandra* he gave the title of *Flametta* to a collection of love-elegies in two books which he dedicated to Lorenzo in 1463. He composed also *Paradisus*, a Dantesque epic in honour of Cosimo de' Medici (1468–9), seven books of epigrams (1485) which he dedicated to Matthias Corvinus, and—his most ambitious undertaking—*Carlias*, a hexameter epic in fifteen books celebrating the deeds of Charlemagne (completed in 1480; he dedicated a second version to Charles VIII in 1493). Verino's *De gloria urbis Florentinae*, a poem in three books, was finished in 1487, but not printed until 1583.

TEXTS: for nos. 58 and 59, *Flametta*, ed. L. Mencaraglia (Florence 1940); for nos. 60–62, Vat. Barb. lat. 2028, a MS of the *Epigrammata*, in which the poems are numbered, apparently in the author's hand.

58   *A selfish lover*

Quid iuvat ingenium, doctae quid carminis artes,
  quid prodest Phoebus Pieridumque chorus?
Iam celebris nostris nimis est Flametta libellis:
  veh, misero nocuit Musa iocosa mihi.

---

58 *Flam.* I xiii: Conqueritur quod nihil prosint Musae in amore   7 *inflamatus*: V. spells 'flamma' and its derivatives thus whenever they occur in *Flametta*.   17 *formosa minus*: suppl. 'esses'.

Quam cepi solus quondam, quam solus amavi,   5
    nunc mihi cum multis est adamanda procis.
Ipse ego sidereos cecini inflamatus ocellos,
    qui primum nostri causa fuere mali.
Dum cupio, demens, formam celebrare canendo,
    paene meo erepta est carmine virgo mihi.   10
Undique nam formam iuvenes venere protervi
    virginis ut cernat turba proterva meae,
et plus quam fama his divinae gloria formae
    fulsit et hac iurant pulchrius esse nihil.
Protinus it rumor totam vulgatus in urbem,   15
    mox Latiique volans oppida cuncta petet.
Quam mallem formosa minus nullisque placeres,
    hoc possem ut felix solus amore frui.

59   *The treachery of Fiametta*

Ergo deserto tandem, Flametta, Verino
    nupsisti Bruno, perfida virgo, seni :
perfida, tam sancti rupisti foedus amoris,
    deceptis superis sic violata fides!
Crede mihi, tanti sceleris dabis, improba, poenas :   5
    impia, mene putas talia posse pati?
Facta addam verbis : tam atrox iniuria posset
    ingenium placidi mite movere viri ;
acer natura atque audax iuvenilibus annis
    nescio quid faciam : quo trahet ira sequar.   10
Intumuit calidus per fervida pectora sanguis,
    ira et amor nobis cuncta furore replent.
Di meritas poenas tanto pro crimine poscent :
    tene putas superis verba dedisse deis?

---

59 *Flam.* I xxvii: Ad Flamettam quae nupsit Bruno seni   17 *Carminis aede*: the
Church of the Carmine in Florence.

Numina sunt testes: potes hoc, periura, negare,   15
    an teste infitias ibis, iniqua, deo?
Formula sit testis, quae sacra in Carminis aede
    paene istis verbis rite peracta fuit:
'Te praeter nullus iunget conubia mecum,
    cuius nota fides, est mihi notus amor.   20
Per numen iuro, cuius densissima ludos
    turba colit, semper tu meus unus eris;
dum vivam, fidi dicar Flametta Verini:
    una dies ambos auferet, unus amor.
Tu vir, tu coniunx, et eris mihi sola voluptas: 25
    dispeream, sine te si libet esse mihi.'
Pluraque mendaci dixisti, perfida, lingua,
    et nostrae dextrae dextera nexa tua est.
Tunc prae laetitia lacrimae fluxere per ora
    et tantum dixi 'Sint rata verba precor.'   30
Gaudia, proh superi! deceptus inania fovi,
    me fore felicem tempus in omne putans.
O leve et infidum, o varium, o mutabile pectus:
    femina se tanta mobilitate gerit!
Nulla fides usquam est, iuranti nemo puellae   35
    credat: cum verbis mobile pectus habent;
promptum aliud verbis, aliudque in pectore clausum est:
    mella gerunt linguis, dira venena latent.

60 *Encouragement to study*

Indole tam clara notus, carissime fili, es,
    ut factis iam sit fama probanda tuis:
ne nomen perdas et fama feratur inanis,
    hoc igitur debes pervigilare magis.

60 *Epigr.* I xxiii: Ad Michaelem filium suum, quem hortatur ad studia humanitatis in tenera aetate   Michele Verino (1470–1487) composed a book of *Distici morali* (Florence 1488) which was very popular, especially outside Italy, and was many times reprinted.   *5 patruus*: Paolo Verino, Professor of Dialectic at Pisa.

Te pater et patruus moveant, tibi gloria calcar   5
    admoveat, stimulos det tibi laudis amor;
nil duce desperes, iuvenis, virtute parare;
    sed non cunctandum est: labitur hora celer.
Dum puer es—studiis haec apta est omnibus aetas—
    incumbe, et stili sit tibi cura prior,   10
quem sollers multum scribendo effeceris usu;
    doctrinae interea cura secunda tibi.
Sed pro comperto est, quicquid iuvenilibus annis
    perdisces, tollent tempora nulla tibi.
Pravorum ut pestem in primis commercia vites: 15
    haec aetas vitiis pronior esse solet.
Rumpe moras, nam vita brevis longissimaque ars est,
    et post fata bonis longa futura quies.

61   *Florence and Athens*

Protogenem Rhodii tabula mirantur in una:
    vix annis illam pinxerat ille decem;
Nicomachus contra velox—monumenta poetae—
    egregium parvo tempore fecit opus;
Parrhasiusque Ephesus sic mira excelluit arte,   5
    symmetriae primum cui tribuere decus.
Hos olim multis produxit Graecia saeclis,
    et paria ingeniis dona fuere suis;
at nunc pictores huius si temporis omnes
    vidisset, quanta hos Graecia laude canat,   10
quos uno una parens genuit Florentia saeclo,
    quos ausim Grais aequiperare viris!

61 *Epigr.* III xxiii: De pictoribus et sculptoribus Florentinis qui priscis Graecis aequiperari possunt   V. matches the artists of contemporary Florence—Antonio and Piero Pollaiuolo (13), Verrocchio (17), Donatello (19), Desiderio da Settignano (21), Botticelli (24), Leonardo da Vinci (26), and Filippino, son of Filippo Lippi (27)— with the most celebrated painters and sculptors of ancient Greece—Protogenes (1), Nicomachus (3), Parrhasius (4), Phidias (17), Scopas and Praxiteles (22), Apelles (23), and Zeuxis (25).

Sunt gemini insignes Pullo cognomine fratres,
    quorum alter pictor, sculptor uterque bonus,
spirantes fundit vultus Antonius aere   15
    signaque de molli vivida fingit humo;
nec minor est Phidia noster Verrochius: uno
    hoc superat, quoniam pingit et aera liquat.
Quis fuerit sculptor nostra Donatus in urbe,
    testantur nomen vivida saxa suum;   20
nec Desiderio spiranti marmore maior
    Thebanus Scopas Praxitelesque fuit,
aequarique sibi non indignetur Apelles
    Sandrum: iam notum est nomen ubique suum.
Heracleota licet Zeuxis bene pinxeris uvas,   25
    haud tamen est Tuscus Vincius arte minor;
nec te, pictoris sobolem, memorande Philippe,
    praeteream: primum dignus habere locum.
Sed longum numerare omnes, nec temporis huius,
    quorum cum tabulis fama perennis erit.   30

62 *In praise of St. Francis*

Octobris lux quarta nitet: veneremur ovantes
    seraphici in terris annua sacra viri.
Ecclesiam iste suis umeris fulcire ruentem
    et potuit magni flectere corda Dei,
ne genus humanum rursus submergat in undis   5
    vel nos ceu quondam Sodomeo igne cremet.

---

62 *Epigr.* VII xx: Eulogium in Beati Francisci honorem   1 *Octobris lux quarta*: the Feast-day of St. Francis.   6 *Sodomeo*: the first syllable is lengthened *metri gratia*. 21 *petiens*: an anomalous form, invented by V. *metri gratia*, apparently on the analogy of 'iens'.   51 *caritatis*: V. shortens the first syllable, presumably supposing that the word is derived from χάρις.   52 *vulnera quinque*: the stigmata.   53 *Nili . . . princeps*: the Sultan al-Malik al Kamil, who received St. Francis kindly when the Saint visited him in 1219 in order to try to convert him.   54 *montibus Etruscis*: Monte Verna, where Francis received the stigmata on 17 September 1224.

Quo, Francisce, tuas percurram carmine laudes,
   o vir divinis aequiperande choris?
Religio Christi, ni tu, Francisce, fuisses,
   queis foret haereseos debilitata notis!   10
Angelici nobis inventor et ordinis auctor,
   monstrasti quae sit tuta tenenda via,
quoque modo quaerenda salus, fugienda pericla,
   in caelum nobis tutius ut sit iter.
Hic mundi illecebris spretis opibusque caducis   15
   horrendi coluit frigida saxa iugi:
omnia dimisit Christi fortissimus heros
   militia ut posset liberiore frui,
exemploque suo stimulis agitata iuventus
   deseruit natos deseruitque patres,   20
atque opibus magnis petiens deserta relictis
   pauperis est normam turba secuta ducis.
Non Abrae fecunda magis de semine proles
   exstitit, unde trahit gens populosa caput,
quam tot Francisci patriarchae signa sequuntur,   25
   inque dies nomen crescit ubique suum:
tu citius Libyci pelagi numerabis harenas
   omniaque in nitido sidera fixa polo
quam sacra Francisci numeres tot nomina fratrum,
   nullaque pars orbis religione caret. . . .   30
Franciscus tanto exarsit caritatis amore
   senserit ut Christi vulnera quinque sui,
ut sibi quae Nili fraudarat vulnera princeps
   montibus Etruscis redderet ipse Deus.
Salve, certa salus mundi Francisce ruentis,   55
   salve turbati portus et aura maris!
Cum meus hos linquet discedens spiritus artus
   ne, pater, aeterna morte perire sinas,
Tartareas furias et monstra horrenda repelle,
   a facie nostra daemonas arce procul.   60

ANTONIO URCEO CODRO

ANTONIO URCEO CODRO (Antonius Urceus Codrus: 1446–1500) was born at Rubiera, near Reggio Emilia. After studying at Ferrara under Battista Guarino, he went (c. 1469) to Forlì, to be tutor to Pino Ordelaffi's son Sinibaldo, and thence (c. 1481) to the University of Bologna, where he taught classical literature (Copernicus was one of his pupils) until his death.

Urceo's surviving works consist of academic *prolusiones*, *sermones*, letters, two books of *Silvae*, two satires, an eclogue and a book of epigrams, besides a verse 'supplementum' to Plautus' *Aulularia*. His encomiastic poems are written in an artificial, high-flown style, but he comes to life in his light-hearted epigrams and goliardic verses.

TEXTS from the *ed. princ.* of Urceo's collected works, *Codri Volumen*, edited by Filippo Beroaldo junior (Bologna 1502).

63 *Bologna en fête*

Tusca quae quondam fuit et colonis
aucta post Tuscos profugos Latinis
urbs vetus, magnae nova nunc resurgit
    aemula Romae.

Ante quae rugis fuerat situque   5
plena sustentans baculo senectam,
pulchra nunc pandit renovatque fortem
    Felsina vultum:

63 *Cod. Vol.* sig. A [viii] *Sylvae*: De renovatione Bononiae   The occasion was the wedding of Annibale Bentivoglio and Lucrezia d'Este (28 January 1487).   1–8 Bologna was colonised from Latium in 189 B.C., on the site of Felsina, an Etruscan city destroyed by the Gauls more than a century previously.   16 *Flavius*: the Emperor Vespasian.   29–30 *novus . . . annus*: the rejuvenation of the world connected with the beginning of the new cosmic year, referred to by (among others) Plato in the *Timaeus*.   35 *nititur*: the subject is *urbs* (l. 26).   35–6 *regi . . . Bentivoleo*: Giovanni II (1443–1508), father of Annibale Bentivoglio.   43 *hymenaea*: apparently accusative singular.   45 *lupi . . . pingue*: according to Pliny (*H. N.* xxviii cxlii), the bride would anoint the threshold of the conjugal home with the fat of a wolf, 'ne quid mali medicamenti inferretur'.

94

sic sui campis redeunt honores
vere dum spirant Zephyri tepentes,   10
sic suos fertur reparare mitis
    Cynthia vultus,

sic et Augustus veterem refecit
patriam, sic et populo Quirini
reddidit Caesar prius occupatam   15
    Flavius urbem.

Iam licet latis spatiis viarum
obvios currus, equites equosque
ire, nec strictis iter angiportis
    carpere durum;   20

nullus hinc diras metuet ruinas,
nullus et coeni putridos odores:
cuncta iam lucent validisque surgunt
    tecta columnis.

Unde tam laetos recipit paratus   25
urbs comis dudum veneranda canis?
Si pius vestros colui recessus,
    dicite Musae:

an novus mundi rediit Platonis
annus et quicquid fuerat, peractis   30
omnibus caeli spatiis, refertur
    ad rude corpus,

an magis cernens patriae patronum
aureum nobis revocare saeclum,
nititur regi similis nitere   35
    Bentivoleo?

Codre, te praeter, dubitat poeta
nemo qui sacras Heliconis undas
ebibit seu qui viridante cinxit
    tempora lauro: 40

Hannibal, magni nova cura patris,
spes et audentis populi secunda,
iam parat sacris hymenaea dulcem
    iungere fulcris;

iam lupi promit nova nupta pingue,   45
flammeum Nymphae, Charites pudici
pectoris zonam, reficitque currum
    pronuba Iuno.

64   *Gaudeamus!*

Io io io io,
gaudeamus, io io,
dulces Homeriaci!

Noster vates hic Homerus,
dithyrambi dux sincerus,   5
pergraecatur hodie.

Haec est illa bona dies
et vocata laeta quies
vina sitientibus.

Nullus metus nec labores,   10
nulla cura nec dolores
sint in hoc symposio.

Vultis mecum iam potare
et Lyaeum exaltare,
dulces Homeriaci?   15

64 *Cod. Vol.* sig. I [iii] *Epigrammata*: Rhythmus die divi Martini pronunciatus

Qui potare cupit mecum
licet, verum portet secum
vina plenis utribus.

Ecce tibi Trebulani
apportamus et Albani   20
centum plenos urceos.

Sed quis nobis ministrabit
et quis praesto vinum dabit
dulce sitientibus?

Hic habemus Thomasinum,   25
cognoscentem bonum vinum
primo visu subito.

Hic ridendo propinabit
et bibendo provocabit
omnes Homeriacos.   30

Audi, bone Thomasine,
Graece bibens et Latine,
tuum fac officium.

Est iam tempus, ut potemus
et post potum sic oremus: 35
'Deflectamus genua.'

Si potastis, iam levate
et crateras coronate,
ut bibatis iterum.

Felix est ter, felix quater,   40
cui dat potum Bacchus pater
de spumanti cantharo.

Ne lucernae exstinguantur
et potantes moriantur,
date nobis oleum.   45

Vos Germani, vos Hispani,
vos Insubres, vos Britanni,
bibite pro viribus.

Sed vos rogo, dum potatis
ter et quater, videatis   50
ne frangatis Urceum.

Omnes fortes sunt vinosi
et potantes animosi :
dicit Aristoteles.

Omnis doctor, omnis rector   55
Bacchi patris sit protector
in aeterna saecula! . . .

BATTISTA SPAGNOLI

BATTISTA SPAGNOLI (Baptista Mantuanus: 1447–1516) was born, and spent most of his life, in Mantua; hence 'Mantuanus'. 'Spagnoli' is explained by the fact that his family came from Cordova. After studying at Mantua (under Gregorio Tifernate and Giorgio Merula) and at Padua, he entered the Carmelite Order at Ferrara in 1464. In about 1470 he moved to Bologna, where he was ordained priest and obtained a doctorate in Theology, returning in 1478 to Mantua, where he six times filled the post of Vicar-General of the Carmelite congregation, of which Order he was appointed Prior in 1513.

Mantuanus was a prolific writer; his output includes ten Eclogues (Mantua 1498); a poem in three books, *De calamitatibus temporum* (1489), on the plague that ravaged Italy in 1479; a book of *Epigrammata ad Falconem* (c. 1483; pub. 1489); two encomiastic poems (both published in 1502), *Alphonsus*, in six books, dedicated to Alfonso, Duke of Calabria, and *Trophaeum pro Gallorum ex Italia expulsione*, in five books, dedicated to Francesco Gonzaga; and seven *Parthenicae*, in honour of the Virgin and six other female saints (pub. 1488–1507).

Mantuanus' poems were very many times reprinted all over Europe throughout the sixteenth century; his presentation of a humanistic reformist type of Christianity made him especially popular north of the Alps. His Eclogues, with notes by Beraud and Josse Bade, was used as a school-book, and served as a model for many writers of the Pastoral (e.g. Alexander Barclay in England); he was praised by Pico, Erasmus (who called him *Christianus Maro*), and Luther.

TEXTS: for nos. 65, 66, *Eclogues*, ed. W. P. Mustard (Baltimore 1911); for no. 67, *De calamitatibus*, ed. F. G. Wessels (Rome 1916).

65 *The sons of Eve*

Principio rerum primaque ab origine mundi
cum muliere marem sociali foedere iungens
caeli opifex (sic namque Deum appellabat Amyntas;
nomen adhuc teneo) natos producere iussit
atque modum docuit fieri quo pignora possent.   60
Accinxere operi, mandata fideliter implent:
sicque utinam de pomi esu servata fuissent!
Femina fit mater, puerum parit atque puellam
atque puerperio simili fecunda quotannis
auxit in immensum generis primordia nostri.   65
Post tria lustra Deus rediit: dum pignora pectit,
femina prospiciens venientem a limine vidit.
Adam aberat, securus oves pascebat: adulter
nullus adhuc suspectus erat; sed multiplicatis
conubiis fraudata fides, sine cornibus hirci   70
facti, et zelotypo coniunx suspecta marito,
nam, quae quisque facit, fieri sibi furta veretur.
Erubuit mater nimiaeque libidinis ingens
indicium rata tot natos, abscondere quosdam
accelerat: faeno sepelit paleisque recondit.   75
Iamque lares Deus ingressus salvere penates
iussit et 'Huc,' dixit 'mulier, tua pignora profer.'
Femina maiores natu procedere mandat.
His Deus arrisit, velut arridere solemus
exiguis avium pullis parvisve catellis,   80
et primo laetatus ait 'Cape regia sceptra;
rex eris.' At ferrum et belli dedit arma secundo
et 'Dux' inquit 'eris.' Fasces populique secures

---

65 *Ecl.* VI: Cornix, De disceptatione rusticorum et civium   Two shepherds, Fulica and Cornix, contrast country with city life, and give a fabulous account attributed to their friend Amyntas (l. 58), of how the occupations of the peasant and the lowliest city-dwellers came to be allotted to certain of the sons of Eve.   57 *muliere*: The lengthened *ē* is common in mediaeval hexameters and occurs elsewhere in M.   70 *hirci*: husbands deceived by their wives.   100 *artocopique*: bakers.

protulit et vites et pila insignia Romae.
Iamque magistratus celebres partitus in omnem   85
progeniem humanos tacitus volvebat honores.
Interea mater rebus gavisa secundis
evolat ad caulas et quos absconderat ultro
protulit 'Haec' dicens 'nostri quoque pignora ventris;
hos aliquo, Pater omnipotens, dignabere dono.'   90
Saetosum albebat paleis caput, haeserat armis
stramen et antiquis quae pendet aranea tectis.
Non arrisit eis, sed tristi turbidus ore
'Vos faenum, terram, et stipulas' Deus inquit 'oletis.
Vester erit stimulus, vester ligo, pastina vestra;   95
vester erit vomer, iuga vestra, agrestia vestra
omnia; aratores eritis pecorumque magistri,
faenisecae, solifossores, nautae atque bubulci.
Sed tamen ex vobis quosdam donabimus urbe,
qui sint fartores, lanii, lixae, artocopique,   100
et genus hoc alii soliti sordescere. Semper
sudate et toto servite prioribus aevo.'
Taliter omnipotens fatus repetivit Olympum.
    Sic factum est servile genus, sic ruris et urbis
inductum discrimen ait Mantous Amyntas. . . .   105

66 'Homo homini lupus'

FAUSTULUS, CANDIDUS

Faust. Hoc est Roma viris, avibus quod noctua: trunco   120
insidet et tamquam volucrum regina superbis
nutibus a longe plebem vocat. Inscia fraudis
turba coit: grandes oculos mirantur et aures,
turpe caput rostrique minacis acumen aduncum;
dumque super virgulta agili levitate feruntur   125
nunc huc nunc illuc, aliis vestigia filum
illaqueat, retinent alias lita vimina visco,
praedaque sunt omnes veribus torrenda salignis.
Cand. O bellum hoc! Poterit dici nihil aptius unquam.
Sed procul, en, coluber tortos in pulvere gressus   130
flectit et exsertis sitiens ferit aëra linguis.
Faust. Candide, quae moneo memori sub pectore serva.
Quando inter silvas graderis, defende galero
lumina, namque rubi praetendunt spicula longis
dentibus et curvus discerpit pallia mucro;   135
nec depone pedum multaque armare memento
cote sinum, ne te subito novus opprimat hostis.
Et perone pedem tegito: spineta colubris
plena hominum vitae morsu insidiantur amaro,
et nunc longa dies aestu facit acre venenum.   140
Mille lupi, totidem vulpes in vallibus istis

66 *Ecl.* IX: Falco, De moribus Curiae Romanae   This poem, a violent satire on the
corruptions of the Papal Court, was very popular in Protestant circles; it vividly
reflects M.'s experiences during the visits he made to Rome in 1483 and 1486 to
defend the interests of his Order.   177 *căcabos*: the ă is irregular.   190 *Abdua*: the
River Adda.   199-200 *Luna . . . Salvia*: Luni and Urbisaglia: an evident reminiscence of Dante, *Par.* XVI 73-4, 'Se tu riguardi Luni ed Urbisaglia come sono ite.'
200 *Umber*: Gregorio Tifernate, who came from Città di Castello in Umbria.
213 *pastor . . . ex alite nomen*: Falco de' Sinibaldi, who lends his name to the eclogue.
He held important posts in the Curia under Sixtus IV and Innocent VIII. He stoutly
defended and assisted M. whenever he was in Rome.   218 *Macram*: the River
Magra.   220 *illi*: Augustus; cf. Virgil, *Ecl.* I 42-4.   223 *eo*: Apollo.   225
Solymi . . . magistri: Christ.   226-7 *antiquo . . . patri . . . post retia*: St. Peter, the
fisherman.

lustra tenent, et, quod dirum ac mirabile dictu est,
ipse homines—huius tanta est violentia caeli—
saepe lupi effigiem moresque assumere vidi,
inque suum saevire gregem multaque madere   145
caede sui pecoris; factum vicinia ridet,
nec scelus exhorret nec talibus obviat ausis.
Saepe etiam miris apparent monstra figuris,
quae tellus affecta malis influxibus edit;
saepe canes tantam in rabiem vertuntur, ut ipsos   150
vincant caede lupos, et qui tutela fuerunt
hostiles ineunt animos et ovilia mactant.
Fama est Aegyptum coluisse animalia quaedam
et pro numinibus multas habuisse ferarum;
ista superstitio minor est quam nostra: ferarum   155
hic aras habet omne genus, contraria certe
naturae res atque Deo, qui dicitur olim
praeposuisse hominem cunctis animantibus unum.
Saepe etiam morbosa aestas et pestifer annus
ingruit et passim languens pecus omne per arva   160
sternitur; exstinctae dum balat ad ubera matris
agnus obit, moritur duro sub pondere taurus.
Nec modus est morbo, non est medicina veneno,
sed vicina domus vicino a limine mortem
haurit et assidue sumunt contagia vires.   165
Ista feras raro pestis rapit, utile semper
fert pecus; exstinctas caulas epulantur atroci
dente lupi nostraque ferae iactura opulescunt.
Cand. Heu heu, quam praeceps miserum me insania traxit!
credere fallaci gravis est dementia famae.   170
Romuleos colles, Tiberim Romanaque tecta
audieram et studio mens est accensa videndi
ducendique bonis in tot praestantibus aevum.
Accessi cum parte gregis: tentoria, demens,
totum paene larem cum pastoralibus armis   175
trans iuga summa tuli, mulctraria, cymbia, aëna,
et cacabos et quo formatur caseus orbem

fagineum; impensam atque operas amisimus omnes.
Quid faciam? quo me vertam? sperata negantur
pabula; tot casus, tot ubique pericula. Cogor   180
in veteres remeare casas et coepta fateri
consiliis egressa malis iterumque per aestus
et montana pati longos per saxa labores.
Heu, pecus infelix, o laevo sidere pastor
huc avecte! Fuit multo praestantius istud   185
ignorasse solum patrioque in limine tutos
consumpsisse dies, gelidis senuisse sub antris
atque Padi circum ripas Atesisve per agros,
aut ubi per virides campos et pascua nota
Mincius it vel qua vitreo natat Abdua cursu   190
consedisse, gregem pavisse salubribus herbis.
Faust. Te tua credulitas et me mea fallit in horas.
Vidi ego supremae qui prosperitatis habebant
culmina, dum laudata petunt, cecidisse, nec unquam
emersisse malis: facit experientia cautos.   195
Hi prius explorant et non laudata sequuntur
omnia; laude carent quae sunt meliora. Fuerunt
(non nego) quae famam retinent ac nomina servant—
cuncta suis pollent vicibus—Luna, Hadria, Troia,
Salvia, quas nobis memorabat saepius Umber: 200
nomine sunt solo, delevit cetera tempus.
Si minor est patriae forsan modo gloria nostrae,
res tamen est melior. Laudatae gloria Romae
quanta sit in toto non est qui nesciat orbe:
fama quidem manet, utilitas antiqua recessit.   205
Illi prisca quibus maduerunt pascua fontes
nunc umore carent, venis aqua defuit haustis,
nulla pluit nubes, Tiberis non irrigat agros,
tempus aquaeductus veteres contrivit et arcus
et castella ruunt: procul hinc, procul ite, capellae.   210
Hic ieiuna fames et languida regnat egestas.
Hic tamen—ut fama est, et nos quoque vidimus ipsi—
pastor adest, quadam ducens ex alite nomen,

lanigeri pecoris dives, ditissimus agri,
carmine qui priscos vates atque Orphea vincat,   215
Orphea, qui traxit silvas et saxa canendo.
Hic alios omni tantum virtute Latinos
exsuperat, quantum Tiberim Padus, Abdua Macram,
lenta salix iuncum, tribulos rosa, populus algam.
Credimus hunc illi similem, cui Tityrus olim   220
bis senos fumare dies altaria fecit.
Hic ovium custos ipso vigilantior Argo,
Daphnide nec solum, sed eo qui dicitur olim
Admeti pavisse greges per Thessala rura
doctior, omne pecus Solymi curare magistri   225
dignus et antiquo dignus succedere patri
qui fuit Assyrii pecoris post retia pastor.
Iste potest servare gregem, depellere morbos,
umectare solum, dare pascua, solvere fontes,
conciliare Iovem, fures arcere luposque.   230
Si favet iste, mane. Quod, si negat iste favorem,
candide, coge pecus melioraque pascua quaere.

67   *Accidie: the seventh Deadly Sin*

Haec est curarum genetrix, exercita nullis
artibus, officii nullo laudabilis usu,
Segnities, inter socias nutrita Megaerae,
doctaque languores animi, luctusque magistra.
Sola sedens oculosque solo defixa, malignum   1210
crispa supercilium, pallens, impexa capillos,
phthiriasim patiens scalpit caput unguibus uncis,
os immunda, manus illota, cadente saliva

---

67 *De calamitatibus temporum* 1: Septimum monstrum: Acedia   Among the plagues
that afflict humanity are the Seven Deadly Sins, which M. represents as terrifying and
hideous human creatures.   1212 *phthiriasim patiens*: infested with lice.   1217
morbi . . . intercutis: dropsy.   1218 *genu surgens*: with swollen knees.

barba madet, pluit imbriferis de naribus umor.
Debilis et longo pendens in pectora dorso,   1215
fauce tumet, levat angusto sub pectore ventrem
utris ad exemplum morbique intercutis instar.
Crus exile, genu surgens, pes pinguis et amplus
tardat iter gravibusque dolet iunctura podagris.
Haec fera servilis sanctae fastidia vitae   1220
ingerit et tardos ad clara negotia sensus
somnifero languore premit, frigentia corda
involvit gelido densae velamine nubis.
Nil nisi terrenis haustum de faecibus unquam
cogitat; annales veterum dubiamque futuri   1225
temporis ignorat sortem; non ulla latentes
cernere naturas rerum causasque tueri
cura subit; subiecta oculis vix aspicit, aegre
palpebras levat haerentes, umore tenaci
lumen hebet, surdent aures, vox languida, sermo   1230
barbarus, obscuro verba interclusa palato.
Seminat infelix lolium frigensque papaver,
Lethaeisque rigat steriles umoribus hortos.
Plumbea liventi gestat connexa metallo
vincula, captivos hominum quibus alliget artus. . . .   1235

MICHELE MARULLO

MICHELE MARULLO (Michael Marullus: c. 1453–1500) was born in Constantinople. On the fall of the city his family went into exile, first to Ragusa (cf. no. 73), then to Italy. Marullo served as a soldier in various parts of Europe and the Near East (cf. no. 71) and spent some time in Naples, where he was on friendly terms with Pontano and the poets of his circle. He moved, c. 1485, to Rome, and thence in 1489 to Florence, where he was made welcome by Lorenzo and Giovanni di Pierfrancesco de' Medici and became a friend of Pico but a bitter enemy of Poliziano. He took part in Charles VIII's Italian campaign, hoping it might lead to the liberation of his country from the Turks. On the failure of the venture he returned to Florence, where he married Alessandra Scala. He continued to serve as a soldier of fortune, taking part in January 1500 in the defence of Forlì against the troops of the Borgia. He died on 11 April 1500, drowned in the river Cecina.

Marullo published *Epigrammata* in two books (Rome 1489); to the second edition (Florence 1497) were added two more books of *Epigrammata* and four books of *Hymni naturales*, composed in Florence and hitherto unpublished. After his death appeared *Neniae* (Fano 1515) and an unfinished didactic poem *Institutiones principales* (Basel 1578).

Marullo's poetry was much imitated and much discussed in the sixteenth century, and he was known to classical scholars for his shrewd suggestions in the text of Lucretius. His poetry was rediscovered, and a new estimate of it presented, by Benedetto Croce in *Michele Marullo Tarchaniota* (Bari 1938; repr. in *Poeti e scrittori del pieno e del tardo Rinascimento*, Bari 1945); Croce drew attention to the strength of the feelings that inspire Marullo's verse and the strain of nostalgia for his fatherland that pervades it.

TEXTS from *M. Marulli Carmina*, ed. A. Perosa (Zürich 1951).

68 *Violets and lilies*

Has violas atque haec tibi candida lilia mitto :
    legi hodie violas, candida lilia heri :
lilia, ut instantis monearis virgo senectae,
    tam cito quae lapsis marcida sunt foliis ;
illae, ut vere suo doceant ver carpere vitae,   5
    invida quod miseris tam breve Parca dedit.
Quod si tarda venis, non ver breve, non violas, sed—
    proh facinus!—sentes cana rubosque metes.

69 *To Neaera*

Ignitos quoties tuos ocellos
in me, vita, moves, repente qualis
cera defluit impotente flamma
aut nix vere novo calente sole,
totis artubus effluo, nec ulla   5
pars nostri subitis vacat favillis ;
tum qualis tenerum caput reflectens
succumbit rosa verna liliumve,
quod dono cupidae datum puellae
furtivis latuit diu papillis,   10
ad terram genibus feror remissis,
nec mens est mihi nec color superstes
et iam nox oculis oberrat atra :
donec vix gelida refectus unda,
ut quod vulturio iecur resurgit,   15
assuetis redeam ignibus cremandus.

68 *Epigr.* i xxi: Ad Neaeram   Many of M.'s love-lyrics are addressed to an unknown
Neapolitan girl ('Neaera'); these were admired and imitated by the Pléiade, especially
by Ronsard. Cf., for this poem, Ronsard, *Oeuvres complètes*, ed. Cohen (Paris 1938)
ii, p. 814.
69 *Epigr.* ii ii: Ad Neaeram   Imitated by Ronsard, *ed. cit.*, i, p. 157.   15 *iecur*: an
allusion to Prometheus.

70   *A patriot's lament*

Terrarum ocelle, patria, ocelle gentium,
   quascumque curru eburneo
laboriosae metiens iter rotae,
   lucis creator sol videt:
quam te cadaver flebile aspicio miser,   5
   vix ipse adhuc credens mihi
oculis videre caelitum tantum nefas!
   O miserum et infelix genus,
quo decidit fortuna gentis pristina?
   Tune illa domina gentium,   10
quam tot tyranni, tot duces, tot oppida,
   tot nationes efferae
ab usque Bactris ultimisque Gadibus
   flexo precabantur genu?
Iam iam nihil non fragile sub caelo, nihil   15
   non percaducum gentibus:
sors cuncta versat aeque et impotens era
   nullo beata termino,
nec fas piumque sontibus fatis moram
   affert et instabili rotae.   20
Felix tamen, quae morte sensu perdito
   semel deos passa es graves,
infanda casus damna nec sentis tui.
   O surda Mors precantibus,   25
an tu quoque irae quos premunt deum fugis,
   nequis refugio ultra locus?
I, dura, vade, fuge: tamen lacrimae et dolor
   quos tu recusas finient.

---

70 *Epigr.* II xlix: Ad Patriam   13 *Bactris . . . Gadibus*: from East to West.

71 *A poet in exile*

Quid iuvat hostiles toties fugisse catenas
    atque animam fatis eripuisse suis?
Non ut cognati restarem sanguinis unus
    crudelis patriae qui superasse velim,
nec quia non animus lucis contemptor abunde est   5
    et velit exsilium vertere posse nece,
sed ne progenies servire antiqua Marulli
    cogerer indigno tractus ab hoste puer.
Si procul a patria Scythico deprensus in orbe,
    heu facinus, Bessi iussa superba fero   10
imperiumque ferox patior dominumque potentem,
    nec nisi libertas nomen inane mea est,
utilius fuerat duro servire tyranno
    cumque mea patria cuncta dolenda pati.
Est aliquid cineres et tot monumenta suorum   15
    cernere et imperiis imperia aucta patrum
natalique frui, superest dum spiritus, aura,
    nec procul externis ludibrium esse locis:
scilicet exuitur generis decus omne domusque,
    cum semel ignotam presseris exsul humum,   20
nec iam nobilitas, nec avum generosa propago
    aut iuvat antiquis fulta domus titulis.
At certe, patriae quondam dum regna manebant,
    hospitio totus, qua patet orbis, erat.
Tunc, ah, tunc animam pueri exhalare senesque   25
    debuimus, tantis nec superesse malis;
tunc patrii meminisse animi et virtutis avitae
    inque necem pulchris vulneribus ruere,
nec libertatem patrio nisi Marte tueri:
    haec via quaerendae certa salutis erat.   30

---

71 *Epigr.* III xxxvii: De exilio suo   9–10 *Scythico . . . orbe . . . Bessi . . . iussa*: Cf. no. 72 ll.1–4; M. describes elsewhere (*Epigr.* II xxxii 65–80) his early wanderings as a soldier of fortune in Bessarabia and the districts bordering upon the Black Sea.

O pereat numerum primus qui fecit in armis:
    quantulacumque sat est, dum modo certa manus;
quantulacumque sat est, patriis ubi miles in armis
    saevit et adversum non timet ire globos,
et modo coniugium, modo pignora cara domusque   35
    excitat, effeti nunc pia cura patris.
Quis furor est patriam vallatam hostilibus armis
    tutantem externis credere velle viris
ignotaque manu confundere civica signa
    et sua non Graecis tela putare satis?   40
Ille, ille hostis erat, ille expugnabat Achivos
    miles et eversas diripiebat opes,
ille deos et fana malis dabat ignibus, ille
    Romanum in Turcas transtulit imperium:
nec nobis tam fata deum, quam culpa luenda est   45
    mensque parum prudens consiliumque ducis.
Hanc igitur miseri luimus longumque luemus,
    dum nos Euxinus et lacrimae minuant.

72 *At his brother's tomb*

Per Scythiam Bessosque feros, per tela, per hostes
    Rhiphaeo venio tristis ab usque gelu,
scilicet exsequias tibi producturus inanes,
    fraternis unus ne careas lacrimis,
teque peregrina, frater, tellure iacentem   5
    et tua sparsurus fletibus ossa meis,
quandoquidem post tot casus patriaeque domusque—
    tamquam hoc exempto nil nocuisset adhuc—

---

72 *Epigr.* i xxii: De morte Iani fratris   Cf. Catullus, *Carm.* ci and lxviii. M.'s
brother evidently died during the poet's early wanderings in the Near East.   21
proavique Latini: the poet claimed as an ancestor Marullus, a tribune of the plebs
mentioned by Valerius Maximus (v vii 2).

te quoque sors invisa mihi, dulcissime frater,
    abstulit, Elysium misit et ante diem,   10
ne foret aut fletus qui solaretur acerbos
    iungeret aut lacrimis fratris et ipse suas.
Heu, miserande puer, quae te mihi fata tulerunt,
    cui miseram linquis, frater adempte, domum?
Tu mea post patriam turbasti pectora solus,   15
    omnia sunt tecum vota sepulta mea,
omnia tecum una tumulo conduntur in isto:
    frater abest, fratrem quaeso venire iube!
Cur sine me Elysia felix spatiare sub umbra,
    inter honoratos nobilis umbra patres?   20
Occurrunt Graiique atavi proavique Latini:
    frater abest, fratrem quaeso venire iube!
Hic tibi pallentes violas legit, alter amomum,
    narcissum hic, vernas porrigit ille rosas,
attolluntque solo carisque amplexibus haerent: 25
    frater abest, fratrem quaeso venire iube!
Interea, quoniam sic fata inimica tulerunt,
    nec mihi te licuit posse cadente mori,
accipe quos habeo, lugubria munera, fletus,
    aeternumque meae, frater, ave, lacrimae!   30

73   *Praise of Ragusa*

Rhacusa, multis gens Epidauria,
Sicana pubes pluribus, at mihi,
    ut nomen incertum genusque,
        grande soli decus urbiumque

---

73 *Epigr.* IV xvii: De Laudibus Rhacusae   M. spent some years of his youth at
Ragusa. He here contrasts the civil liberties enjoyed by the little state with the ty-
rannical government of the neighbouring Kingdom of Naples.   1–2 *gens Epidauria . . . Sicania pubes*: the founders of Ragusa were supposed to have been refugees
from Epidaurus (now Cavtat, 15 miles S.E. of Ragusa) or inhabitants of the town
of the same name in eastern Sicily.   9 Ragusa was always ready to grant rights

quascumque longus subluit Adria: 5
quo te merentem carmine prosequar,
   non falsus aut somno petita
     materia, sine teste, inani?

Amica quondam dulcis, ubi puer
primas querelas et miseri exsili   10
   lamenta de tristi profudi
     pectore non inimicus hospes:

hinc me locorum vis rapit aspera
evicta cultu saxaque mollibus
   servire Phaeacum viretis   15
     iussa virum docili labore

et cuncta Cressa vite nitentia,
qua longa Sercus bracchia porrigit,
   obiectus hibernis pruinis,
     et Boream populis tuetur;   20

hinc tuta passim sponte deum freta
litusque fetum portubus et bonis
   gens laeta convectis utroque
     limine flammiferentis astri;

hinc ipsa muro moenia duplici   25
educta caelo—pars licet altera
   natura et abrupti superbit
     rupibus aeriis profundi—

complexa portus mole Cyclopea
urbisque quantas divitias neque   30
   mater Syracusae tulere
     nec gemino mare dives Isthmos:

---

of asylum to refugees.   18 *Sercus*: Monte Sergio (now Srdi).   27 *abrupti*: a noun.   43 *profundo*: a noun.   45 *quae*: Naples.   51–2 *Apulorum . . . cladi*: many of the leading men in Apulia and Calabria suffered persecution as a result of the conspiracy of the Barons in 1485.

etsi ista—quamquam maxima, nec nisi
concessa raris munere caelitum—
    virtutis et laudum tuarum
      vera loqui quota pars volenti, 35

cum morem et urbis saepe animo sacra
tot iura mecum cogito, cum decus
    pulchramque libertatem avorum
      perpetua serie retentam 40

interque Turcas et Venetum asperum
et inquietae regna Neapolis,
    vix qualis Aetneo profundo
      unda freti natat aestuosi?

Heu, quae suetum nec patitur iugum 45
nec, si carendum sit, ferat otium,
    incerta votorum suisque
      exitio toties futura!

Nam quae remotis usque adeo iacet
gens ulla terris, quod mare tam procul 50
    ignotum acerbis Apulorum
      exsiliis Calabrumque cladi?

Non his beati quaeritur artibus
quies honesti, non bona strenuae
    virtutis et frugi parata 55
      regna domi populique pace!

Sed haec silenti non patiens amor:
tu vero coeptis artibus, optima,
    rem auge decusque et nationum,
      ut merita es, caput usque vive. 60

74 *'Sull' onda dei ricordi'*

Iam aestas torrida tertium
  aestatisque parens flava redit Ceres,
cincta concava tempora
  fecundae segetis muneribus sacris,
ex quo perditus occidi   5
  avulsus dominae, Fera, meae sinu,
cuius vel Styge naufragus,
  obtutu poteram reddier unico,
cum per tot nemora interim,
  tot silvas vagus et sicubi pervia   10
unis antra patent feris,
  nequiquam mihi me surripio miser.
Nam quaecumque oculis patent,
  illic continuo vultus et aurei
occursat capitis decor   15
  et quae nec fugere est lumina nec pati.
Ipsa robora habent genas
  oris purpurei et pectora eburnea,
ipsa sibila frondium
  carum nomen, et agnosco sub amnibus   20
responsantis erae sonum,
  tam diversa locis quam regio tenet.
Olim fabulam ego impiis
  terrendis stimulos rebar et asperas
ultricum Eumenidum faces,   25
  sed prorsus nihil est usque adeo leve,
quod non sensibus intimis
  admissum moveat sede animum sua.

---

74 *Epigr.* IV xi: Ad Baptistam Fieram   Battista Fiera of Mantua (c. 1469–1538), poet,
philosopher and doctor, met M. in Rome, whither he moved from Pavia in 1485;
among his poems (Mantua 1515) is an epigram *de morte Marulli.*   6 *dominae*: sc.
Neaera.

75 *Home thoughts from abroad*

Haec certe patriae dulcia litora
contra saxa iacent, haec pelage impete
huc propulsa gravi Bosphorici freti
plangunt Hesperium latus.

Ipsae nonne vides mitius aurulae   5
ut spirant memores unde volaverint?
Tantum innata potest rebus in omnibus
natura et patrium solum!

Quid, tantis spatiis monstriferi aequoris,
tanto tempore post lassulae, adhuc tamen   10
halant nescio quid, quod patrium et novis
mulcet aëra odoribus?

Felices nimium, vespere quae domo
egressae redeunt mane Aquilonibus
versis, nec peregre perpetuo exigunt   15
aetatem exsilio gravem;

felices sed enim multo etiam magis,
si tantum patriae fluminibus suae
et primi solita litoris algula
contentae lateant domi,   20

75 *Neniae* ii   Evidently written somewhere on the Adriatic coast in the kingdom of
Naples, when M. was following Charles VIII on his campaign in S. Italy.   2
pelage: nom. plur.; M., like Lucretius, uses the Greek form.   6–8 *volaverint? . . .
solum!] videlicet . . . solum?* ed.   31 sqq.: M. alludes to his wanderings in the
region of the Black Sea, in France, and in Dalmatia.   33 *Rhodos Mesta suos*: the
R. Mesta, which flows along the mountain chain of Rhodope and comes out in the
Aegean opposite Thasos.   *Byce*: an extensive marsh ('Gniloe more') in the Crimea.
34 *litora Dacica*: the coast of Rumania.   37 *Galatas*: the French. *Britannias*:
Brittany.   39 *Buduae*: a city in Dalmatia, S. of Cattaro.   40 *Bragam*: the Dal-
matian island of Brazza.   50 *nam . . . quia* = quianam (interrog.).   54 *nomen
. . . Belgicum*: the name of France.   67–8 *Normanna . . . iuga Baetica . . . fastus . . .
Suevici*: the Norman, Aragonese and Swabian rule in S. Italy.   71 *geminae perfidiae*: the Neapolitans betrayed first Ferdinand, on the arrival of the French, and
then Charles VIII, on the return of Ferdinand.   79–80 *regi optimo*: Charles VIII.

nec longinqua velint flumina visere
et terrae varios et pelagi sinus,
quae multum referant deinde rogantibus
    vergentem usque sororibus

ad noctem—quis enim suavia nesciat   25
auditu et vacuis apposita auribus,
quae diversa locis alter et hic refert
    mille exhausta laboribus?

Inter quae memorant mutua dum invicem
quaeruntque, admonitae forsitan et mei,   30
narrant nunc Boreae sedibus intimis
    visum, qua vagus alluit

Rhodos Mesta suos, nunc Byce lintea
dantem plena, modo litora Dacica
scrutantem et veterum saepe etiam patrum   35
    curae impervia plurima,

interdum Galatas sive Britannias
seu quae lata serunt aequora Teutones,
interdum Buduae moenia nobilis
    et nondum domitam Bragam: 40

sed nec ruricolam messe recondita
tam laetum aut patrio denique navitam
portu nec teneram flavi ita coniugis
    gaudentem gremio nurum,

quantum haec terra meis grata laboribus,   45
extremos cupiam condere ubi dies,
iam nec militiae nec satis amplius
    viae erroribus utilis;

quamvis nescio quae caelicolum impia
arcent fata procul : nam toties quia   50
victores cadimus rursus et invicem
    parta linquere cogimur ?

Cernis qui populos vexat agens furor,
quae nomen rabies publica Belgicum
contra tot superos suppliciter piis   55
    orantum precibus modo.

Non haec, non temere insania gentibus :
nimirum populos magnae agitant minae
caelestum et Stygiam Tisiphone ferox
    saevit concutiens facem,   60

ex quo terra potens ubere agri, potens
armorum atque virum, pars merito optima
terrarum, studio partis et improba
    inter se invidia ducum,

imploravit opes primitus exteras,   65
nec Normanna modo nec iuga Baetica
et fastus domini ferre Suëvici
    turpe credidit Italae.

Eheu, quae video bella resurgere!
Quanto sanguine, quis funeribus lues   70
infelix geminae perfidiae nefas,
    iam non Parthenope amplius,

olim quae toties maluit emori
quam servare minus fortiter ac decet
urbem tot meritis egregiam patrum,   75
    inconcussam animo fidem!

Est in gente nocens culpa—quis hoc neget ?—
sunt exempla feris commoda beluis,
sed non propterea regi ita protinus
    succensendum erat optimo.   80

Verum nos soliti monstra pati diu,
culpamus facilem principis in suos
naturam et vitio vertimus improbe
   quae miranda opibus magis

in tantis: neque enim est sanguine cetea   85
humano et volucres pascere regium,
nec punire statim pleraque pulchrius
   quam ferendo retundere.

76   *Hymn to Eternity*

Ipsa mihi vocem atque adamantina suffice plectra,
dum caneris, propiorque ausis ingentibus adsis,
immensi regina aevi, quae lucida templa
aetheris augustosque tenes, augusta, recessus,
pace tua late pollens teque ipsa beata,   5
quam pariter flavos crines intonsa Iuventa
ambit et indomitum nitens Virtus pede aëneo,
altera divinis epulis assistere mensae
purpureaque manu iuvenile infundere nectar,
haec largas defendere opes, et pectore firmo   10
tutari melior fixos in saecula fines
hostilesque minas regno propellere erili;
pone tamen, quamvis longo, pone, intervallo,
omniferens Natura subit curvaque verendus
falce senex spatiisque breves aequalibus Horae   15
atque idem toties Annus remeansque meansque,
lubrica servato relegens vestigia gressu.
Ipsa autem, divum circumstipante caterva,
regales illusa sinus auro atque argento,

---

76 *Hymn.* I v: Aeternitati   This Hymn was imitated by Ronsard (*ed. cit.*, II, p. 122)
and praised by Scaliger (*Poetices* VI iv).   15 *senex*: sc. Saturn   15–16 *Horae . . .
Annus*: cf. Ovid, *Met.* II 25–6.

celsa sedes solioque alte subnixa perenni　　　　　　　　20
das leges et iura polo caelestiaque aegris
dividis et certa firmas aeterna quiete,
aerumnis privata malis, privata periclis.
Tum senium totis excludis provida regnis
perpetuoque adamante ligas fugientia saecla,　　　　　25
anfractus aevi varios venturaque lapsis
intermixta legens praesenti inclusa fideli,
diversosque dies obtutu colligis uno:
ipsa eadem pars, totum eadem; sine fine, sine ortu,
tota ortus finisque aeque; discrimine nullo　　　　　　30
tota teres, nullaque tui non consona parte.
Salve, magna parens late radiantis Olympi,
magna deum, precibusque piis non dura rogari,
aspice nos—hoc tantum!—et, si haud indigna precamur
caelestique olim sancta de stirpe creati,　　　　　　　35
adsis, o, propior cognatoque adice caelo.

77　*A wayfarer's hymn to the Moon*

MARULLUS, HYLLUS

Mar.　　Colles Etrusci, vosque non ultra meas
　　　　　　　sensura voces flumina,
　　　　totiesque dicta iam mihi Florentia,
　　　　　　　adeste supremum, rogo,
　　　　dum pauca vobis, grata sed grati, ultimo　　　　5
　　　　　　　mandata discessu damus,
　　　　testati amica civium commercia
　　　　　　　et Medicis hospitium mei.

77 *Hymn.* III ii: Lunae　　Written in the spring of 1494, when M. was leaving
Florence for France.　　8 *Medicis . . . mei*: Lorenzo di Pierfrancesco, M.'s patron.
43 *fratris*: the sun; the allusion is to the new moon.　　51 *bimater*: an allusion to the
mythical circumstances of Bacchus' birth.　　57 *Messenia*: Messina or Zancle.
68 *geminae . . . machinae*: the twin kingdoms of the living and the dead, reigned over
by Diana under the name of Hecate.

O fida quondam tot cohors sodalium,
    duri levamen exsili,   10
egone, relictis— heu miser!— vobis, queam
    exsilia perpeti altera?
Sed fati acerba vis ferenda fortiter!
    Duc, Hylle, mannos ocius,
dum mane primus subrubet oriens novo: 15
    amo ego viatorem impigrum.
Interea amicis hinc et hinc sermonibus
    viae levanda incommoda:
vel tu virorum fortium aut laudes deum,
    incipe; canentem subsequar.   20

Hyl. Miles Gradivum cantat, upilio Palen,
    udus Lyaeum vinitor,
Cererem perustus messor aestivo die,
    mercator undarum patrem,
nos tot per alta nemora, per silvas vagi,   25
    nemorum potentem Deliam.

Mar. Enses Gradivus sufficit, pascua Pales,
    libera Lyaeus pocula,
pingues aristas flava gentibus Ceres,
    opes pater tridentifer,   30
hunc lucis haustum Delia et sanctum iubar,
    Lucina dicta matribus.

Hyl. Levisomna pubes, navitae, umbras temnite,
    temnite, viatores vagi;
at vos sub ima fugite, si sapitis, vada,   35
    vis, helluones, umida,
dum noctis atrum Delia horrorem excutit
    et plena replet omnia.

Mar. Carpite cupita gaudia et fructus breves
    lacrimarum, amantes, carpite,   40
nec tu laborem differ, agricola impiger,
    silvaeque lignator sciens,
dum fratris almo Delia amplexu silet
    tenebrisque densat omnia.

Hyl.	Quid tot figuras Carpathi, quaeso, senis	45
	miraris, hospes candide?	
	Non est leones, non sues miraculum	
	induere, non rapidas faces,	
	sed hanc eandem, nunquam eandem quae prius,	
	lucere cunctis gentibus.	50
Mar.	Esto bimater, esto, Bacche candide,	
	de patrio femore editus,	
	esto iuventae flore perpetuo nitens,	
	imberbis annis omnibus,	
	cum mense semper dum nova exsurgat novo	55
	toties renata Delia!	
Hyl.	Zanclea tellus, sive tu Messenia	
	mavis vocari, seu utraque,	
	ecquid tot aestus saevientis aequoris	
	vicina cum videas freto,	60
	nostrae potestas quanta sit sentis deae	
	oceani in ultima aequora?	
Mar.	Facunde magni, Mercuri, Atlantis nepos,	
	cui limina utraque pervia,	
	ecquid nigrantis regna cum peragres soli,	65
	cum lucidum unus aethera,	
	nostrae potestas quanta sit sentis deae	
	geminae potentis machinae?	
	Sed haec triformi sat deae: nunc iter, age,	
	coeptum sequamur ocius,	70
	vias precati prosperas tamen prius	
	laetam viarum Deliam.	

ANGELO POLIZIANO

ANGELO AMBROGINI POLIZIANO (Angelus Politianus: 1454–1494) (so called from the Latin name of his birth-place, Montepulciano) came to Florence while still a boy, and soon became known there for his literary promise and his classical accomplishments. He attended the Greek lectures of Argyropylos and Andronicus Callisto and the Latin lectures of Landino, making friends with Ficino and the leading figures in the Platonic Academy. In about 1470 he was received into the household of Lorenzo de'Medici, who in 1473 made him tutor to his son Piero and later to Giovanni (the future Leo X). In 1479 his differences with Lorenzo's wife Clarice Orsini led to an estrangement from the Medici family, and he spent a period of voluntary exile in Mantua with Cardinal Francesco Gonzaga. Returning to Florence in 1480, he became Professor of Greek and Latin Rhetoric and devoted the rest of his life to philological teaching and research.

Poliziano's literary output was large and varied. His most important philological works were his two centuries of *Miscellanea* (the first was published in 1489; the second he left unfinished), which discussed questions concerning the interpretation of classical texts; his courses of University lectures (mostly still unpublished); and his Latin *prolusiones*, of which the outstanding example is the *Lamia* of 1492. He was the author also of a Sallustian account of the conspiracy of the Pazzi, *De Pactiana coniuratione commentarium*; twelve books of Latin letters; and numerous translations from the Greek—e.g. four books of the *Iliad* (1470–75), the *Manual* of Epictetus (1479), and the *Histories* of Herodian (1487).

Poliziano composed a number of poems in the *volgare* (among them 'Stanze per la Giostra di Giuliano de' Medici', c. 1475–8, and 'Festa d'Orfeo', 1480), a little book of some sixty epigrams in Greek, and numerous Latin elegies, odes and epigrams, besides his *Silvae—In scabiem* (c. 1475–8, first published in 1954) and (1482–6) *Manto, Rusticus, Ambra*, and *Nutricia*—which are really essays in verse. These last were published by Poliziano himself; his other Greek and Latin poems were collected in the *editio princeps* of his works (Aldus 1498).

Poliziano's is perhaps the most famous name in the history of humanistic culture. He owes his reputation in part to the originality of his work in classical philology, in part to the exquisite finish of his poetry, whether in Italian or in the classical tongues. His writings enjoyed an immediate and an enduring popularity, and his *Silvae* were used as school texts throughout Europe in the sixteenth century.

TEXTS from the edition of Isidoro Del Lungo (Florence 1867), checked with the *ed. princ.* 1498, and (for *Eleg.* vii) with MSS.

78   *Greetings to Lorenzo*

O ego quam cupio reducis contingere dextram,
    Laurenti, et laeto dicere laetus 'Ave!'
Maxima sed densum capiunt vix atria vulgus,
    tota salutantum vocibus aula fremit;
undique purpurei Medicem pia turba senatus   5
    stat circum; cunctis celsior ipse patet.
Quid faciam? accedam? nequeo: vetat invida turba.
    Alloquar? at pavido torpet in ore sonus.
Aspiciam? licet hoc, toto nam vertice supra est:
    non omne officium, turba molesta, negas.   10
Aspice sublimi quem vertice fundit honorem,
    sidereo quantum spargit ab ore iubar;
quae reducis facies, laetis quam laetus amicis
    respondet nutu, lumine, voce, manu.
Nil agimus; cupio solitam de more salutem   15
    dicere et officium persoluisse meum.
Ite, mei versus, Medicique haec dicite nostro:
    'Angelus hoc mittit Politianus Ave!'

79   *A snow maiden*

Nix ipsa es virgo, et nive ludis. Lude, sed ante
    quam pereat candor, fac rigor ut pereat.

78 *Epigr.* xxxiv: Ad Laurentium Medicem   Apparently on Lorenzo de'Medici's return from a journey to Pisa made by him in 1474.   5 *purpurei . . . senatus*: the Signoria of Florence.
79 *Epigr.* lx: In puellam

80 *A gift of violets*

Formosae o violae, Veneris munuscula nostrae,
　　dulce quibus tanti pignus amoris inest,
quae vos, quae genuit tellus? quo nectare odoras
　　sparserunt zephyri mollis et aura comas?
vosne in Acidaliis aluit Venus aurea campis?　　　　　　5
　　vosne sub Idalio pavit Amor nemore?
His ego crediderim citharas ornare corollis
　　Permessi in roseo margine Pieridas;
hoc flore ambrosios incingitur Hora capillos;
　　hoc tegit indociles Gratia blanda sinus;　　　　　　10
hoc Aurora suae nectit redimicula fronti,
　　cum roseum verno pandit ab axe diem;
talibus Hesperidum rutilant violaria gemmis,
　　floribus his pictum possidet aura nemus;
his distincta pii ludunt per gramina Manes;　　　　　　15
　　hos fetus vernae Chloridos herba parit.
Felices nimium violae, quas carpserit illa
　　dextera quae miserum me mihi surripuit;
quas roseis digitis formoso admoverit ori
　　illi, unde in me spicula torquet Amor!　　　　　　20
Forsitan et vobis haec illinc gratia venit:
　　tantus honor dominae spirat ab ore meae!
Aspice lacteolo blanditur ut illa colore,
　　aspice purpureis ut rubet haec foliis:
hic color est dominae, roseo cum dulce pudore　　　　　　25
　　pingit lacteolas purpura grata genas.

---

80 *Eleg.* v: De violis　　　A youthful composition. Aldus prints two texts, one (sig.
i iiii) with a letter to Antonio Zeno, the other ('In violas a Venere mea dono acceptas':
sig. hh ii) among the *Epigrammata*. We have preferred the former (which exists also
in several MSS); Del Lungo prints the latter, which contains the following variants:
1 *molles* (for *formosae*) 9 *ora* 11 *haec* 37 *aestus* 40 *nostri . . . animi.*　　　5 *Acidaliis . . .*
campis: the spring of Acidalia was a favourite bathing-place of the Nymphs.　　　9
Hora Del Lungo: *hora* 1498 (1); *ora* 1498 (2); Del. Ital. and later edd. read *incingit
Flora.* P. similarly personifies the Hours in *Rusticus* 11 210 sqq. and in *Stanze della
Giostra,* I 93,5 and I 100, 5; *capillos*, with *incingitur*, must be an accusative of respect.
16 *Chloridos*: Flora.　　　20 *illi, unde*: the hiatus is no doubt deliberate.

Quam dulcem labris, quam late spirat odorem:
en, violae, in vobis ille remansit odor!
O fortunatae violae, mea vita meumque
delicium, o animi portus et aura mei,   30
a vobis saltem, violae, grata oscula carpam,
vos avida tangam terque quaterque manu,
vos lacrimis satiabo meis quae maesta per ora
perque sinum vivi fluminis instar eunt.
Combibite has lacrimas, quae lentae pabula flammae   35
saevus amor nostris exprimit ex oculis.
Vivite perpetuum, violae, nec solibus aestas
nec vos mordaci frigore carpat hiems;
vivite perpetuum, miseri solamen amoris,
o violae, o nostro grata quies animo.   40
Vos eritis mecum semper, vos semper amabo,
torquebor pulchra dum miser a domina,
dumque Cupidineae carpent mea pectora flammae,
dum mecum stabunt et lacrimae et gemitus.

81   *Elegy on the death of Albiera degli Albizzi*

Et merito—quis enim tantum perferre dolorem
aut quis iam miseris temperet a lacrimis?—
sed tamen heu frustra crudelia sidera damnas,
Sismunde, et frustra numina surda vocas!

81 *Eleg.* VII: In Albierae Albitiae immaturum exitum ad Sismundum Stupham eius sponsum   Albiera di Tommaso degli Albizzi died, when not yet 16, on 14 July 1473. P. sent this elegy, with its clear echoes of Statius, and six other epigraphs upon Albiera, to her betrothed, Sigismondo Loteringhi della Stufa, who included them (with other poems and letters on the occasion) in an anthology preserved in cod. NN v 7 in the library of the Accademia delle Scienze at Turin and (partially) in cod. 582 in the Corsini Library of the Accademia dei Lincei in Rome. Both these MSS present a text which is at some points more correct than any printed text and which at others preserves readings which may belong to an earlier version.   1 *perferre*: *par ferre* coni. E. Cecchini.   11 sqq. P. alludes to his translation of the *Iliad*. 59 *pelliti . . . Ioannis*: 24 June was the Feast-day of St. John the Baptist, patron saint of Florence.   61 *Sirenum . . . muros*: Naples.   62 sqq. Eleonora of Aragon,

Proh dolor! ah quantos rapta pro coniuge fletus ⁣ 5
   ingeminas, quanto perluis imbre genas,
sollicitasque pios fratres miserumque parentem,
   inque tuo tota est vulnere nigra domus.
Nigra domus tota est, flent maesti ad limina cives,
   flent socii lacrimis et tua damna piis. ⁣ 10
Ipse ego, qui dudum reges magno ore canebam
   Dardanaque Argolica Pergama rapta manu,
heu nil dulce sonans taceo iam bella tubasque
   et refero ad nigros carmina maesta rogos;
ac tecum, infaustus vates, consortia luctus ⁣ 15
   en repeto et querulam pectine plango lyram.
Nec, Sismunde, tuos gemitus aegrumque dolorem
   arceo: sunt lacrimis funera digna piis;
maius habes vulnus secreto in pectore, quam quo
   te deceat madidas non habuisse genas. ⁣ 20
Nam poteras dudum nulli invidisse deorum,
   dum subiit velis aura secunda tuis:
nunc, ubi dira suum vertit Fortuna tenorem,
   uxor abest, animae portio magna tuae.
Uxor abest, heu heu! sed qualem nulla tulerunt ⁣ 25
   saecula, sed qualem tempora nulla ferent:
uni quicquid habet dederat Natura decoris,
   uni etiam dederat Gratia quicquid habet....
Tu mihi nunc tanti fuerit quae causa doloris,
   attonito vati, maesta Thalia, refer.

---

daughter of Ferrante, King of Naples, was received with great pomp in Florence on 22 June 1473, while on her way to Ferrara, where she was to marry Ercole d'Este. 63 *Syllanae ... urbi*: Florence was supposed to have been founded by some of Sulla's veterans (cf. *Syllani*, 69). 69 *Panthagiam*: the Borgognissanti. 71 *domus ... Lentia*: the Casa dei Lenzi. 89 *Rhamnusia*: Nemesis. 95 *Febrim*: this remarkable mythological personification is discussed by A. Perosa in 'Febris: A Poetic Myth created by Poliziano', *Journal of the Warburg and Courtauld Institutes*, IX (1946), pp. 74–95. 96 *Icarius ... Canis*: the constellation Sirius. 115 *contacta colore* codd.: *contracta colore* 1498; *contracta dolore* Del Lungo. 125 According to Valerius Maximus (II v 6), shrines dedicated to Febris were erected on the Palatine, in the 'Piazza dei Monumenti di Mario', and in the district known as the Vicus Longus. 270 *rore* NN v 7: *ore* Cors. 582 and all printed texts.

Annua pelliti referentem sacra Ioannis
    extulerat roseo Cynthius orc diem,   60
cum celebres linquens Sirenum nomine muros
    Herculeumque petens regia nata torum,
candida Syllanae vestigia protinus urbi
    intulerat, longae fessa labore viae.
Pro se quisque igitur pueri iuvenesque senesque   65
    matresque et tenerae splendida turba nurus
illius adventum celebrant, atque unicus urbis
    est vultus : festo murmure cuncta fremunt.
Est via, Panthagiam Syllani nomine dicunt :
    omnibus hic superis templa dicata micant.   70
Hic domus aethereas perrumpens Lentia nubes
    provehit ad rutilos culmina celsa polos ;
quam prope ridentes submittunt prata colores
    pictaque florifero germine vernat humus.
Hic, dum cornipedes primi sub carceris oras   75
    Tyrrhenae expectant signa canora tubae,
regia nata leves gaudet celebrare choreas,
    iamque nurus certa bracchia lege movent.
Emicat ante alias vultu pulcherrima nymphas
    Albiera et tremulum spargit ab ore iubar.   80
Aura quatit fusos in candida terga capillos,
    irradiant dulci lumina nigra face,
tamque suas vincit comites, quam Lucifer ore
    purpureo rutilans astra minora premit.
Attoniti Albieram spectant iuvenesque senesque,   85
    ferreus est quem non forma pudorve movet :
mentibus Albieram laetis plausuque secundo,
    Albieram nutu, lumine, voce probant.
Vertit in hanc torvos Rhamnusia luminis orbes
    exiguoque movet murmura parva sono.   90
Tum miserae letale favens oculisque nitorem
    adicit et solito celsius ora levat,
tantaque perturbans extemplo gaudia, tristem
    qua pereat virgo quaerit acerba viam.

Hic Febrim aethereas carpentem prospicit auras,   95
    exserere Icarius dum parat ora Canis.
Illam Erebo Nocteque satam comitantur euntem
    Luctusque et tenebris Mors adoperta caput,
et Gemitus gravis et Gemitu commixta Querela,
    Singultusque frequens, Anxietasque ferox,   100
et Tremor et Macies pavidoque Insania vultu,
    semper et ardenti pectore anhela Sitis,
horridus atque Rigor trepidaeque Insomnia mentis,
    inconstansque Rubor terrificusque Pavor;
Marmaricique trahunt dominae iuga curva leones,   105
    ignea queis rabido murmure corda fremunt.
Vertice Diva feras ardenti attollit echidnas,
    quae saniem Stygio semper ab ore vomunt;
sanguinei flagrant oculi, cava tempora frigent,
    colla madens sudor, pectora pallor obit,   110
atque animi interpres liventi lingua veneno
    manat et atra quatit fervidus ora vapor,
spiritus unde gravis taetrum devolvit odorem;
    letifera strident guttura plena face,
sputa cadunt rictu croceo contacta colore,   115
    perpetuo naris laxa fluore madet;
nulla quies nullique premunt membra arida somni,
    faucibus in salsis tussis acerba sonat,
risus abest, rari squalent rubigine dentes,
    sordida lunato prominet ungue manus: 120
dextera fumiferam praefulgens lampada quassat,
    Sitoniasque gerit frigida laeva nives.
Olli templa olim posuit Romana propago,
    abstinuit saevas nec tamen inde manus:
sacra illam Actiaco tenuere palatia Phoebo,   125
    quique olim vicus nomine Longus erat;
area quin etiam dirae templa ardua Febris
    ostendit, Marii quae monumenta tenet.
Hoc ubi crudelis vidit Rhamnusia monstrum,
    exacuit saevo lurida corda sono: 130

'Aspicis hanc,' inquit 'virgo sata Nocte, puellam,
    cuius et hinc radiis ora serena micant,
quae gaudet fati sortisque ignara futurae,
    quam digito atque oculis densa caterva notat?
Hanc nive tu gelida, rapidis hanc infice flammis: 135
    sic opus est vires sentiat illa tuas.'
Dixerat, et pariter gressumque avertit et ora:
    non oculos poterat iam tolerare truces.
Continuo ardentes stimulis citat illa leones,
    saepius et ducto versat in orbe facem.   140
Interea umentem noctis variantia pallam
    Hesperus in rutilo sparserat astra polo.
Albiera in patrios iam candida membra penates
    intulerat molli constiteratque toro;
iam tenero placidum spirabat pectore somnum,   145
    venit ad obstrusos cum dea saeva lares.
Quo dea, quo tendis? non te lacrimabilis aetas,
    non te forma movet, non pudor aut probitas?
Nonne movent lacrimaeque viri lacrimaeque parentum?
    mortalem potes ah perdere, saeva, deam?   150
Limina contigerat: tremuerunt limina, pallor
    infecit postes et patuere fores.
Virgineum petit illa torum pavidaeque puellae
    pectore ab obsceno talia dicta refert:
'Quae placidam carpis secura mente quietem,   155
    et fati et sortis nescia virgo tuae,
nondum saeva meae sensisti vulnera dextrae,
    quae tibi ego et mecum quae tibi fata parant.
Stat vacua tua Parca colo, moritura puella:
    ne geme, cum dulce est vivere, dulce mori est.'   160
Sic ait, aestiferamque excussit lampada et acres
    virginis iniecit dura sub ossa faces;
tum letale gelu invergens guttasque veneni,
    inserta heu venis, effugit inde, nece.
Excitat illa gravi geminos clamore parentes,   165
    advocat absentem nuntia fama virum.

Vicinae extemplo matres trepidaeque puellae
   conveniunt, teneras imbre rigante genas.
Iam fera virgineas populatur flamma medullas,
   iam gelida torpent horrida membra nive.   170
Liquitur infelix: non ars operosa medentum,
   non facta a misero coniuge vota iuvant;
liquitur, et quamquam dirae vestigia mortis
   cernit et extremum sentit adesse diem,
corde tamen gemitum premit et spem fronte serenat   175
   tristitiamque acie dissimulante tegit,
scilicet augeret trepidi ne dura mariti
   lamenta et curas anxietate graves. . . .
Iam virgo effertur nigro composta feretro,
   desectas humili fronde revincta comas.
Heu! ubi nunc blandi risus, ubi dulcia verba,
   quae poterant ferri frangere duritiem?
Lumina sidereas ubi nunc torquentia flammas,   255
   heu! ubi Puniceis aemula labra rosis?
Proh superi, quid non homini brevis eripit hora?
   Ah miseri, somnus et levis umbra sumus!
Non tamen aut niveos pallor mutaverat artus
   aut gelido macies sederat ore gravis,   260
sed formosa levem mors est imitata soporem:
   is nitidos vultus oraque languor habet.
Virginea sic lecta manu candentia languent
   liliaque et niveis texta corona rosis.
Hic, ceu nulla prius fuerint lamenta, novatur   265
   luctus et indignis imbribus ora madent.
Praecedit iam pompa frequens, iam maesta sacerdos
   verba canit, sacris turribus aera sonant.
Funerea cives pullati veste sequuntur
   et spargunt maestas rore madente genas,   270
densaque plebs vidui deplorant fata mariti
   atque illum digito luminibusque notant.
O quantum impexi crines oculique genaeque
   noctis habent, quantus nubilat ora dolor!

Quid nunc exsequias celebres opulentaque dicam   275
  munera? quid donis templa referta piis?
Omnis ceratis radiat funalibus ara,
  omnis odoratis ignibus ara calet,
aeternamque canunt requiem lucemque verendi
  sacricolae et lymphis corpus inane rigant.   280
Et tandem gelidos operosi marmoris artus
  includit tumulus et breve carmen habet:
Hoc iacet Albierae pulchrum sub marmore corpus;
  nulla quidem tantum marmora laudis habent.
Exornat tumulum corpus, sed spiritus astra: 285
  O quanta accessit gloria lausque polo!

82   *Country pleasures*

Nam quid delicias memorem, quamque alta labori
otia succedant? Iam primum obsessa pruinis
cum iuga floriferi regelaverit aura Favoni,
suave serenato rident vaga sidera caelo   175
suave ciet tardos per sudum luna iuvencos;
ipsa quoque aetherii melius nitet orbita fratris,
terque quaterque manu madidantes nectare crines
exprimit et glebas fecundis roribus implet
vecta Medusaeo Tithonia praepete coniunx.   180
Alma novum tellus vultu nitidissima germen
fundit et omnigenis ornat sua tempora gemmis:
Idalio pudibunda sinus rosa sanguine tingit,

82 *Silva* II: Rusticus   Delivered by P. as a *prolusio* to his course on Virgil's *Georgics* and Hesiod's *Works and Days* at the opening of the academic year 1483–4.   180 *Medusaeo ... coniunx*: Aurora (wife of Tithonus) is transported by Pegasus (sprung from the blood of Medusa).   187 *parentis*: apparently Proserpine, first disseminator of the lily, the calix of which is shaped like a basket.   189 *Salaminiaci ... flores*: the hyacinth, said to have sprung from the blood of Ajax, the first two letters (AI) of whose name can be discerned in the petals of the flower (Pliny, *H.N.* XXI lxvi).   192 *Corycios ... crocos*: saffron, which seeded itself in theatres, was said to have come from Coricus in Cilicia.   208–9 *adultera ... arbor*: a tree that has been grafted.

nigraque non uno viola est contenta colore,
albet enim rubet et pallorem ducit amantum; 185
ut sunt orta cadunt, nive candidiora, ligustra
nec longum durant calathos imitata parentis
lilia, sed longum stant purpurei amaranthi;
hic Salaminiaci scribunt sua nomina flores,
hic gratum Cereri plenumque sopore papaver 190
oscitat, hic inhiat sibimet Narcissus; at illic
Corycios alit aura crocos notumque theatris
aëra per tenerum flatu dispergit odorem;
nec iam flammeolae conivent lumina calthae
nec melilotos abest: Tyrium seges illa ruborem 195
induit, hic vivo caespes se iactat in auro;
hae niveos, hae cyaneos superare lapillos
contendunt herbae vernantque micantia late
gramina per tumulos perque umbriferas convalles
perque amnis taciti ripas, atque omnia rident, 200
omnia luxuriant et amica luce coruscant.
Parturiunt stipulae frugem et genitalibus auris
pervia turgescunt lactentibus hordea culmis;
palmes agit rupto lacrimantes cortice gemmas,
seque rudes primis monstrant in vitibus uvae; 205
dulce virent tenerae modo nata cacumina silvae
succrescuntque piae pullorum examina matri;
ipsa sibi ignotas miratur adultera frondes
arbor et ascitis nativas inserit umbras.
Auricomae iubare exorto, de nubibus adsunt 210
Horae quae caeli portas atque atria servant,
quas Iove plena Themis nitido pulcherrima partu
edidit, Ireneque Diceque et mixta parenti
Eunomie, carpuntque recentes pollice fetus.
Quas inter, Stygio remeans Proserpina regno, 215
comptior ad matrem properat; comes alma sorori
it Venus et Venerem parvi comitantur Amores,
Floraque lascivo parat oscula grata marito;
in mediis, resoluta comas nudata papillas,

ludit et alterno terram pede Gratia pulsat.   220
Uda choros agitat nais, decurrit oreas
monte suo, linquunt faciles iuga celsa napaeae
nec latitat sub fronde dryas; non iubila fauni
fundere, non iunctis satyri dare sibila cannis,
nec querulae cessant tenerum tinnire volucres;   225
fluctibus alcyone, densa philomela sub umbra,
canus olor ripis, tecto vaga plorat hirundo;
lene susurrat apis plenoque saporibus alveo
candida multiforae solidat fundamina cerae.
Colludunt per prata greges atque omne beato   230
flagrat amore nemus; iuvenem lasciva maritum
fert equa, fert tergo salientem bucula taurum,
saetigeraeque subant matres, decertat amator
fronte aries, avidos olidum pecus accipit hircos:
spectant innisi baculis gaudentque magistri.   235
Inde ubi praegnantes partu Lucina recenti
solvit, ut exaequet numero fetura parentes,
ipse rudem nec adhuc vestigia certa prementem
fert sobolem gremio, sed ovem gracilemve capellam
enisas humero subit atque in stramine molli   240
componit sensim pastor stabuloque recondit.
Mox ut convaluere, rubos haec rupibus altis,
illa recens campo gramen decerpit aprico,
aut dulces gelido delibant amne liquores,
ut sua conclusis ne desint pocula natis   245
utque fluat plenis dives mulsura papillis.
Subrumi exspectant haedique agnique petulci,
cornigerasque vocant tremulo clamore parentes.
Bruta gregem plenum densis alit uberibus sus
exporrecta solo et grunnitu allectat amico   250
fellantes turpique luto se immunda volutat;
radices eadem calloso avidissima rostro
eruit et bulbum aut madida se pulte saginat.
Flet vitulum maesta absentem mugitibus altis
mater et immensam raucis miseranda querelis   255

silvam implet; boat omne nemus vallesque lacusque:
illa nigros late lucos saltusque peragrat
crebra gemens, crebra ad montem stabulumque revisit
tabescens desiderio; non ulla dolorem
pabula nec salicum frondes nec gramina rore   260
sparsa levant, non quae viridi vaga flumina ripa
perspicuam tenui deducunt murmure lympham.
Prata tener persultat equus libatque volucri
aequora summa fuga aut alti subit aspera montis
in iuga saxosumque amnem pede plaudit inermi: 265
cui pulchro micat acre caput luduntque decorae
fronte comae, vibrant aures, atque orbe nigranti
praegrandes extant oculi, tum spiritus amplis
naribus it fervens, stat cervix ardua, qualem
praefert Marmaricis metuenda leonibus ales,   270
ales quae vigili lucem vocat ore morantem;
crescunt spissa toris lateque animosa patescunt
pectora, consurguntque umeri et iam sessile tergum est,
spinaque depressos gemino subit ordine lumbos
et castigatum cohibent crassa ilia ventrem,   275
fundunt se laetae clunes subcrispaque densis
cauda riget saetis, et luxuriantia crebrae
velant colla iubae ac dextra cervice vagantur;
tum tereti substricta genu mollissima flectit
crura ferox, celsum ingrediens, fremituque superbit;   280
grande sonat tornata cavo brevis ungula cornu,
ingenti referens Corybantia cymbala pulsu. . . .

83 *Poggio a Caiano*

Et nos ergo illi grata pietate dicamus   590
hanc de Pierio contextam flore coronam,
quam mihi Caianas inter pulcherrima nymphas
Ambra dedit, patriae lectam de gramine ripae,
Ambra, mei Laurentis amor, quam corniger Umbro,
Umbro senex genuit domino gratissimus Arno,   595
Umbro suo tandem non erupturus ab alveo.
Quem super, aeternum staturae culmina villae
erigis haudquaquam muris cessura Cyclopum,
macte opibus, macte ingenio, mea gloria Laurens,
gloria Musarum Laurens; montesque propinquos   600
perfodis et longo suspensos excipis arcu,
praegelidas ducturus aquas qua prata supinum
lata videt Podium, riguis uberrima lymphis
aggere tuta novo piscosisque undique saepta
limitibus, per quae multo servante molosso   605
plena Tarentinis succrescunt ubera vaccis,
atque aliud nigris missum (quis credat?) ab Indis
ruminat ignotas armentum discolor herbas.
At vituli tepidis clausi faenilibus intus
expectant tota sugendas nocte parentes;   610
interea magnis lac densum bullit aenis,
bracchiaque exsertus senior tunicataque pubes
componit et longa siccandum ponit in umbra.
Utque piae pascuntur oves, ita vastus obeso

---

83 *Silva* III: Ambra.   This Silva, delivered as a *prolusio* to a course on Homer at the opening of the academic year 1485–6, derives its title from the villa then being built by Lorenzo de' Medici at Poggio a Caiano (cf. 592–4).   *590 illi*: Homer   *594–5 quam . . . genuit:* the Ambra was a streamlet that flowed into the Ombrone, an affluent of the Arno, near Poggio a Caiano.   *596 non erupturus ab alveo:* Lorenzo built embankments to guard against floods.   *622 Antenorei volucris cristata Timavi:* the 'gallina Padovana', a special breed of hen; Antenor was the mythical founder of Padua.

corpore sus Calaber cavea stat clausus olenti   615
atque aliam ex alia poscit grunnitibus escam;
Celtiber ecce sibi latebrosa cuniculus antra
perforat, innumerus net serica vellera bombyx;
at vaga floriferos errant dispersa per hortos
multiforumque replent operosa examina suber,   620
et genus omne avium captivis instrepit alis;
dumque Antenorei volucris cristata Timavi
parturit et custos Capitoli gramina tondet,
multa lacu se mersat anas subitaque volantes
nube diem fuscant Veneris tutela columbae.   625

84   *Poetry and Progress*

Intulerat terris nuper mundoque recenti
cura dei sanctum hoc animal, quod in aethera ferret   35
sublimes oculos, quod mentis acumine totum
naturae lustraret opus causasque latentes
eliceret rerum, et summum deprenderet aevi
artificem nutu terras, maria, astra regentem;
quod fretum ratione animi substerneret uni   40
cuncta sibi ac vindex pecudum domitorque ferarum
posset ab ignavo senium defendere mundo,
neu lento squalere situ sua regna neque aegram
segnitia pateretur iners languescere vitam.
Sed longum tamen obscuris immersa tenebris   45
gens rudis atque inculta virum, sine more, sine ulla
lege propagabant aevum passimque ferino
degebant homines ritu, visque insita cordi
mole obsessa gravi nondum ullos prompserat usus:

84 *Silva* IV: Nutricia   Composed in 1486, but apparently not recited in public like
the other *Silvae*. P.'s 'nutrix' is Poetry, and he pays her her 'dues' in verses that
celebrate her praise; the title 'Nutricia' is analogous to the 'Soteria' of Statius
(*Silvae* I iv).   35 *sanctum . . . animal*: man.   83 *fide*: an archaic form of the
genitive.

nil animo, duris agitabant cuncta lacertis. 50
Nondum religio miseris (si credere fas est),
non pietas, non officium, nec foedera discors
norat amicitiae vulgus; discernere nulli
promptum erat ambiguo susceptam semine prolem;
non torus insterni Genio; non crimina plecti 55
iudicio; nulla in medium consulta referri;
non quaeri commune bonum; sua commoda quisque
metiri, sibi quique valere et vivere sueti.
Et nunc ceu prorsus morientem vespere sero
ignari flevere diem; nunc, luce renata, 60
gaudebant ceu sole alio, variosque recursus
astrorum, variam Phoeben sublustris in umbra
noctis et alternas in se redeuntibus annis
attoniti stupuere vices; insignia longum
spectabant caeli pulchroque a lumine mundi 65
pendebant causarum inopes, rationis egentes.
Donec ab aetherio genitor pertaesus Olympo
socordes animos, longo marcentia somno
pectora, te nostrae, divina Poetica, menti
aurigam dominamque dedit: tu flectere habenis 70
colla reluctantum, tu lentis addere calcar,
tu formare rudes, tu prima extundere duro
abstrusam cordi scintillam, prima fovere
ausa Prometheae caelestia semina flammae.
Nam simul ac pulchro moderatrix unica rerum 75
suffulta eloquio dulcem sapientia cantum
protulit et refugas tantum sonus attigit aures,
concurrere ferum vulgus, numerosque modosque
vocis et arcanas mirati in carmine leges,
densi humeris, arrecti animis, immota tenebant 80
ora catervatim, donec didicere quid usus
discrepet a recto, qui fons aut limes honesti,
quive fide cultus, quid ius aequabile, quid mos,
quid poscat decor et ratio; quae commoda vitae
concilient inter se homines, quae foedera rebus; 85

quantum inconsultas ultra sollertia vires
emineat; quae dein pietas praestanda parenti
aut patriae, quantum iuncti sibi sanguinis ordo
vindicet, alternum quae copula servet amorem;
quod gerat imperium, fractura Cupidinis arcus   90
atque iras domitura truces, vis provida veri,
vis animae, celsa quae sic speculatur ab arce,
ut vel in astrigeri semet praecordia mundi
insinuet magnique irrumpat claustra Tonantis.
Agnorant se quisque feri pudibundaque longum   95
ora oculos taciti inter se immotique tenebant;
mox cunctos pariter morum vitaeque prioris
pertaesum ritusque ausi damnare ferarum
protinus exscruere hominem: tum barbara primum
lingua novos subiit cultus arcanaque sensa   100
mandavere notis, multaque tuenda virum vi
moenia succinctus populis descripsit arator;
tum licitum vetitumque inter discrimina ferre
et pretium laudi et noxae meditantia poenam
vindicibus coeptum tabulis incidere iura;   105
mox et dictus Hymen et desultoria certis
legibus est adstricta Venus; sic pignora quisque
affectusque habuere suos, bellique togaeque
innumeras commenti artes, etiam aethera curis
substravere avidis, etiem famulantibus altum   110
inseruere apicem stellis, animoque rotatos
percurrere globos mundi et sacra templa per orbem
plurima lustrato posuerunt denique caelo.
Sic species terris, vitae sua forma, suusque
dis honor, ipsa sibi tandem sic reddita mens est. . . .   115

85 *Giotto*

Ille ego sum per quem pictura exstincta revixit,
  cui quam recta manus tam fuit et facilis.
Naturae deerat nostrae quod defuit arti,
  plus licuit nulli pingere nec melius.
Miraris turrem egregiam sacro aere sonantem?   5
  Haec quoque de modulo crevit ad astra meo.
Denique, sum Iottus. Quid opus fuit illa referre?
  Hoc nomen longi carminis instar erat.

86 *A dirge for Lorenzo de' Medici*

Quis dabit capiti meo
aquam, quis oculis meis
fontem lacrimarum dabit,
ut nocte fleam,
ut luce fleam?   5
  Sic turtur viduus solet,
sic cycnus moriens solet,
sic luscinia conqueri.
Heu miser, miser!
O dolor, dolor!   10

---

85 *Epigr.* LXXXVI: In Ioctum pictorem   This epitaph was placed in 1490 under Benedetto da Maiano's bust of Giotto in S. Maria del Fiore.
86 *Od.* XI: In Laurentium Medicem   A funeral ode (the metrical scheme of which is obscure) on the death of Lorenzo de'Medici (8 April 1492), set to music by Heinrich Isaac (known as Arrigo Tedesco), as appears from the sub-title in the Aldine edition: 'intonata per Arrighum Isaac'.   1 *Quis dabit* etc.: cf. Jeremiah ix i.   11 *impetu*: *impete* E. Fraenkel, *metri gratia*.

Laurus impetu fulminis
illa illa iacet subito,
laurus omnium celebris
Musarum choris,
Nympharum choris;   15
    sub cuius patula coma
et Phoebi lyra blandius
et vox dulcius insonat:
nunc muta omnia,
nunc surda omnia.   20
    Quis dabit capiti meo
aquam, quis oculis meis
fontem lacrimarum dabit,
ut nocte fleam,
ut luce fleam?

IACOPO SANNAZARO

IACOPO SANNAZARO (Actius Sincerus Sannazarus: 1458–1530) was born in Naples and, after studying there at the University, was received into the Accademia Pontaniana, where Pontano destowed upon him the name 'Actius Sincerus'. In 1481 he became a member of the household of Alfonso, Duke of Calabria, and in 1501 followed King Federico into exile in France. Soon after the death of Federico in 1504 he returned to Naples, where he spent the rest of his life in literary study.

Sannazaro's works in Italian belong to the period before his exile; the most important and the best known of these is the *Arcadia*, a long pastoral romance in prose and verse (published in Naples in 1504). He cultivated Latin poetry throughout his long life: in his five *Eclogae piscatoriae* (written before 1500, but first published in Naples in 1526) he substituted fishermen for the traditional shepherds of bucolic poetry. His *Elegiae* and *Epigrammata*, collected and edited (each in three books) after his death, reflect not only his youthful dreams of love but also the miseries of loneliness and the disappointments of exile and old age. His masterpiece is the *De partu Virginis*, published (in three books) in Naples in 1526, after more than twenty years of revision; in this poem, the most splendid example of humanistic religious poetry, Sannazaro recounts in marvellously beautiful Virgilian hexameters the story of the miraculous birth of Christ. An early version of the poem was printed clandestinely in Venice between 1520 and 1523; this survives in one copy only (Bibl. Marciana, Miscell. 2559).

Sannazaro was one of the most outstanding of Renaissance Latin poets, and his influence extended far beyond his own country.

TEXTS: for the *Eclogae piscatoriae* and the *De partu Virginis*, the editions of W. P. Mustard (Baltimore 1914) and A. Altamura (Naples 1948) respectively, checked with the *ed. princ.*, 1526; for the *Elegiae* and the *Epigrammata*, Paolo Manuzio's edition of Sannazaro's *Opera Latina* (Aldus 1535); numeration from *Opera Latine Scripta*, ed. P. Vlaming, Amsterdam 1728.

87 *Galatea*

Forte Lycon vacuo fessus consederat antro
piscator, qua se, scopuli de vertice, lato
ostentat pelago pulcherrima Mergilline.
Dumque alii notosque sinus piscosaque circum
aequora collustrant flammis aut linea longe 5
retia captivosque trahunt ad litora pisces,
ipse per obscuram meditatur carmina noctem:
'Immitis Galatea, nihil te munera tandem,
nil nostrae movere preces? verba irrita ventis
fudimus et vanas scopulis impegimus undas? 10
Aspice: cuncta silent, orcas et maxima cete
somnus habet, tacitae recubant per litora phocae,
non Zephyri strepit aura, sopor suus umida mulcet
aequora, sopito conivent sidera caelo.
Solus ego (hei misero) dum tristi pectore questus 15
nocte itero, somnum tota de mente fugavi,
nec tamen ulla meae tangit te cura salutis.
At non Praxinoe me quondam, non Polybotae
filia despexit, non divitis uxor Amyntae,
quamvis culta sinu, quamvis foret alba papillis. 20
Quin etiam Aenaria (si quicquam credis) ab alta
saepe vocor; solet ipsa meas laudare camenas
in primis formosa Hyale, cui sanguis Iberis
clarus avis, cui tot terrae, tot litora parent
quaeque vel in mediis Neptunum torreat undis. 25

87 *Ecl.* II: Galatea   Scaliger, in book VI of his *Poetice*, calls this 'longe optima' of
S's eclogues; plainly, it owes much to Theocritus *Id.* XI (whence S. has taken the
name 'Galatea') and to Virgil's second Eclogue.   3 *Mergilline*: the villa of Mergellina was presented to S. by King Federico.   18 *Praxinoe . . . Polybotae*: the
names are taken from Theocritus (*Id.* XV and *Id.* X respectively).   21 *Aenaria*:
the island of Ischia.   23 *Hyale*: perhaps Constance d'Avalos, a learned lady of
Spanish origin who lived on Ischia.   30 *Miseni*: Cape Miseno at the western end
of the bay of Pozzuoli.   32 *Euploea*: the reef of Gaiola, south of Cape Posillipo.
33 *Nesis*: the island of Nisida.   35 *tenuant*: Pliny refers to this phenomenon:
H. N. II cix.   42 *Melisaeus*: Pontano, who assumed the name of Meliseus in an
eclogue lamenting the death of his wife.

Sed mihi quid prosunt haec omnia, si tibi tantum
(quis credat, Galatea?), tibi si denique tantum
displiceo? si tu nostram, crudelis, avenam
sola fugis, sola et nostros contemnis amores?
Ostrea Miseni pendentibus eruta saxis   30
mille tibi misi, totidem sub gurgite vasto
Pausilypus, totidem vitreis Euploea sub undis
servat adhuc; plures Nesis mihi servat echinos,
quos nec vere novo foliis lentiscus amaris
inficit aut vacuae tenuant dispendia lunae.   35
Praeterea mihi sub pelago manus apta legendis
muricibus; didici Tyrios cognoscere succos,
quoque modo plena durent conchylia testa.
Quid refugis? Tingenda tibi iam lana paratur,
qua niteas superesque alias, Galatea, puellas;   40
lana maris spumis quae mollior, hanc mihi pastor
ipse olim dedit, hanc pastor Melisaeus, ab alta
cum me forte senex audisset rupe canentem,
et dixit Puer, ista tuae sint praemia musae,
quandoquidem nostra cecinisti primus in acta.   45
Ex illo in calathis servavi, ut mittere possem.
Sed tu, nequa mihi superet spes, nequa futuri
conditio, Galatea, manum mihi dura negasti.
Hoc est, hoc, miserum quod perdidit. Ite Camenae,
ite procul; sprevit nostras Galatea querelas.   50
Scilicet, exiguae videor quod navita cymbae,
quodque leves hamos nodosaque retia tracto,
despicis. An patrio non hoc quoque litore Glaucus
fecerat, aequoreae Glaucus scrutator harenae,
et nunc ille quidem tumidarum numen aquarum?'...   55
Talia nequiquam surdas iactabat ad auras
infelix piscator et irrita vota fovebat;
cum tandem extremo veniens effulsit ab ortu   85
Lucifer et roseo perfudit lumine pontum.

IACOPO SANNAZARO

88 *The trials of a poet*

Est Picentinos inter pulcherrima montes
  vallis; habet patrios hic pia turba deos;
quam super, hinc caelo surgens Cerretia rupes
  pendet, at huic nomen Cerrea silva dedit,
parte alia sacrae respondent saxa Tebennae,   5
  quique rigens Merulae nomine gaudet apex.
Et circum nigra late nemus accubat umbra,
  plurima qua riguis effluit unda iugis,
semiferi, si vera canunt, domus horrida Fauni,
  convectant avidae quo sua lustra ferae.   10
Accipit hic tergo formosum bucula taurum,
  accipit immundum sima capella marem.
Mille tori Dryadum, Satyrorum mille recessus,
  antraque silvicolae grata latebra deae.
Vivula nomen aquae, tenuique Subuncula rivo   15
  et quae de gelida grandine dicta sonat.
Huc mea me primis genetrix dum gestat ab annis,
  deducens caro nupta novella patri,
attulit indigenis secum sua munera divis,
  in primis docto florea serta gregi.   20

88 *Eleg.* III ii: Quod pueritiam egerit in Picentinis, Ad Cassandram Marchesiam   S. addressed several of his poems to Cassandra Marchese of Naples, a friend and patroness of his later years, whom he called 'delle belle eruditissima, delle erudite bellissima'.   1 sqq. The fortress of Cerra (3), the rocks of Tevenna (now called S. Maria di Tevenna) (5), Monte Merola (6), and the little rivers Vivola and Savoncola (15), are all in the valley of S. Cipriano Picentino, where S. spent several years in his youth.   16 *de gelida grandine dicta*: the little river alluded to by S. flows through a place still called 'alli grandini'.   35 sqq. S. reviews his own works: the *Arcadia* (35–44), the *De partu Virginis* (45–52), the *Eclogae piscatoriae* (53–8), the *Elegiae* (59–60), the *Epigrammata* (61–2), and the *Rime* (63–4).   39 *Androgeumque Opicumque*: two shepherds in the *Arcadia*.   41–2 *parentis fata*: in the eleventh Eclogue in the *Arcadia*, the poet laments the death of 'Massilia', a name which conceals that of his mother, Masella.   42 *Melisaee*: Pontano, who appears under this name (cf. no. 87, l.42) in the twelfth eclogue in the *Arcadia*.   52 *Arsacis ora*: Palestine.   64 *Etrusca*: his poems in Italian.   67 *et* 1535: *ut* Vlaming.   77 *bisque . . . Alpes*: the journey from Blois to Milan, and back again, undertaken with King Federico in 1502.   79 The king died at Tours in 1504.

Grex erat Aonidum, coetu comitata sororum,
    ipsa sui princeps Calliopea chori.
Delius, argutis carmen partitus alumnis,
    flectebat faciles ad sua plectra manus.
Atque hic me sacro perlustravere liquore,   25
    cura quibus nostrae prima salutis erat;
tum lotum media puerum statuere chorea
    et circumfusis obstrepuere sonis;
denique praecinctumque hederis et virgine lauru
    ad citharam dulces edocuere modos.   30
Tantus erat laetis avium concentus in agris
    ut posses ipsos dicere adesse deos;
venerat omne genus pecudum, genus omne ferarum,
    atque illa festum luce habuere diem.
Tunc ego pastorum numero silvestria primum   35
    tentavi calamis sibila disparibus,
deductumque levi carmen modulatus in umbra
    innumeros pavi lata per arva greges.
Androgeumque Opicumque et rustica sacra secutus
    commovi lacrimis mox pia saxa meis,   40
dum tumulum carae, dum festinata parentis
    fata cano, gemitus dum, Melisaee, tuos;
ac tacitas per operta vias rimatus et antra
    inspecto et variis flumina nata locis.
Mox maiora vocant me numina: scilicet alti   45
    incessere animum sacra verenda Dei;
sacra Dei, Regisque hominum Dominique deorum,
    primaevum sanctae religionis opus;
nuntius aethereis ut venerit aliger astris,
    dona ferens castae Virginis in gremium.   50
Quid referam caulasque ovium lususque canentum
    pastorum et reges, Arsacis ora, tuos?
Nec minus haec inter, piscandi concitus egit
    ardor in aequoreos mittere lina sinus,
fallacesque cibos vacuis includere nassis   55
    atque hamo undivagos sollicitare greges.

Quandoquidem salsas descendi ego primus ad undas,
    ausus inexpertis reddere verba sonis.
Quid referam mollesque elegos, miserabile carmen
    et superis laudes non sine ture datas,   60
quaeque aliis lusi numeris, dum seria tracto,
    dum spargo varios per mea dicta sales?
Multaque praeterea, dilectae grata puellae
    ascisco antiquis rursus Etrusca modis.
Ut sileam nunc impensos tot regibus annos,   65
    tot data belligerae tempora militiae;
et sileam vexata malis mea corpora morbis
    vixque Machaonia restituenda manu.
Adde graves populique fugas procerumque ruinas,
    inflicta et miseris urbibus exsilia.   70
Ipse per infestos tecum, Federice, labores
    multa adii terra, multa pericla mari,
Tuscorumque vadis Ligurumque exercitus undis,
    postremo litus Massiliense subii.
Iam Rhodanum Volcasque feros Vocontiaque arva   75
    legimus et fines, Belgica terra, tuos;
bisque pruinosas cursu superavimus Alpes,
    bis metas magni vidimus Oceani.
Atque hic te tandem deflevimus, optime regum,
    quantum Hecube natos fleverat ipsa suos,   80
quantum discissis fratres Cassandra capillis,
    Andromacheque sui dum legit ossa viri.
O fatum infelix, o sors male fida, quid illic
    egimus? O tristi mersa carina loco!
Cum nullum interea frugis genus imbre vel aestu   85
    redderet ingenio Musa vocata meo.
Et iam miramur, longo si pressa labore
    amisit vires parvula vena suas?
Ipse deum simul atque hominum celebrator Homerus
    deficeret, nedum segnis inersque lyra;   90
deficeret pater ipse et carminis auctor Apollo,
    Pegasidum sacras qui tenet unus aquas.

Ergo, tanta meae cum sint dispendia vitae
    facta, potes nostram quisque dolere vicem,
quod non ingenio, quod non profecimus arte,   95
    quod mea sit longo mens prope victa situ;
quod mala subrepens imos ceu pestis in artus
    irruerit, fracto corpore, segnities;
nec pote iam lapsae studium revocare iuventae
    ingenii cum sit tanta ruina mei.   100
Tu saltem, bona posteritas, ignosce dolori,
    qui facit ut spreto sit mea fama loco,
Musarum spolierque bonis et nomine claro
    vatis, et haec ultro credar habere mala.
Prosit amicitiae sanctum per saecula nomen   105
    servasse et firmam regibus usque fidem.
Vosque vel ignavo vel tardo parcite, amici,
    cui natura suas dura negarit opes,
dum tamen ambitione mala atque libidine turpi
    et caream invisae crimine avaritiae.   110
Tu quoque vel fessae testis, Cassandra, senectae
    quam manet arbitrium funeris omne mei,
compositos tumulo cineres atque ossa piato,
    neu pigeat vati solvere iusta tuo.
Parce tamen scisso seu me, mea vita, capillo,   115
    sive ... sed, heu, prohibet dicere plura dolor.

89 *'If I should die ...'*

Si me saevus Amor patriis pateretur in oris
    vivere, vel saltem matre vidente mori,
ut, quae vix uno nunc sunt ingesta libello
    essent illa suis continuata locis,

---

89 *Eleg.* I x: Ad Ioannem Sangrium, patricium Neapolitanum, de suo immaturo obitu
17 *Sangri*: Giovanni di Sangro, a Neapolitan noble who was a friend of S.

forsitan immites potuissem temnere Parcas 5
    ductaque de pulla tristia pensa colo;
nec me plebeio ferret Libitina sepulcro
    aut raperet nomen nigra favilla meum.
Nunc cogor dulcesque lacus et amoena vireta
    Pieridumque sacros destituisse choros; 10
nec pote quae primis effudit Musa sub annis
    emendaturo subdere iudicio.
Sic, heu, sic tenerae sulcis resecantur aristae,
    implumes nido sic rapiuntur aves.
Proh superi, tenues ibit Sincerus in auras, 15
    nec poterit nigri vincere fata rogi?
At tu, quandoquidem Nemesis iubet, optime Sangri,
    nec fas est homini vincere posse deam,
accipe concussae tabulas atque arma carinae,
    naufragiique mei collige reliquias, 20
errantesque cie quocumque in litore manes
    taliaque in tumulo carmina caede meo:
Actius hic iaceo. Spes mecum exstincta quiescit.
    Solus de nostro funere restat Amor.

90 *Cumae*

Hic, ubi Cumaeae surgebant inclita famae
    moenia, Tyrrheni gloria prima maris,
longinquis quo saepe hospes properabat ab oris
    visurus tripodas, Delie magne, tuos,
et vagus antiquos intrabat navita portus 5
    quaerens Daedaleae conscia signa fugae,

90 *Eleg.* II ix: Ad ruinas Cumarum, urbis vetustissimae   6 *Daedaleae . . . fugae*: Daedalus, having escaped from Minos' Labyrinth, sought refuge at Cumae (cf. Virgil, *Aen.* VI 14 sqq.).   21–2 Tradition had it that the ships of the colonists who founded Cumae were guided by a dove.   27–9 The three cities alluded to are Rome, Venice, and Naples.

(credere quis quondam potuit, dum fata manebant?)
    nunc silva agrestes occulit alta feras.
Atque ubi fatidicae latuere arcana Sibyllae
    nunc claudit saturas vespere pastor oves;   10
quaeque prius sanctos cogebat curia patres
    serpentum facta est alituumque domus;
plenaque tot passim generosis atria ceris
    ipsa sua tandem subruta mole iacent;
calcanturque olim sacris onerata tropaeis   15
    limina, distractos et tegit herba deos.
Tot decora artificumque manus, tot nota sepulcra,
    totque pios cineres, una ruina premit;
et iam intra solasque domos disiectaque passim
    culmina saetigeros advena figit apros.   20
Nec tamen hoc Graiis cecinit deus ipse carinis,
    praevia nec lato missa columba mari.
Et querimur, cito si nostrae data tempora vitae
    diffugiunt? Urbes mors violenta rapit.
Atque (utinam mea me fallant oracula vatem,   25
    vanus et a longa posteritate ferar!)
nec tu semper eris, quae septem amplecteris arces,
    nec tu quae mediis aemula surgis aquis,
et te (quis putet hoc?), altrix mea, durus arator
    vertet, et 'Urbs' dicet 'haec quoque clara fuit.'   30
Fata trahunt homines. Fatis urgentibus, urbes
    et quodcumque vides auferet ipsa dies.

91 *Venice*

Viderat Hadriacis Venetam Neptunus in undis
    stare urbem et toto ponere iura mari.

91 *Epigr.* I xxxvi: De mirabili urbe Venetiis   S. is said to have been presented by the
Venetian Senate with 400 aurei for this epigram (O. Ferrari, *Prolusiones*, Padua
1668, p. 86); presumably it was written when he passed through the city with
Federico in 1501.

'Nunc mihi Tarpeias quantumvis, Iuppiter, arces
    obice et illa tui moenia Martis' ait;
'Si pelago Thybrim praefers, urbem adspice utramque: 5
    illam homines dices, hanc posuisse deos.'

92   *A Pope unshriven*

Sacra sub extrema, si forte requiritis, hora
    cur Leo non potuit sumere: vendiderat.

93   *Laura's tomb*

Et lacrimas etiam superi tibi, Laura, dedissent,
    fas etiam superos si lacrimare foret.
Quod potuit tamen, auratas Puer ille sagittas
    fregit et exstinctas maesta Erycina faces.
Sed, quamvis homines tangant tua fata deosque,   5
    nulli flebilior quam mihi, vita, iaces.
Felices animae, quibus is comes ipsa per umbras
    et datur Elysium sic habitare nemus!

92 *Epigr.* III viii: In Leonem X Pont. Max.   Leo X died on 1 Dec. 1521; it was re-
ported (falsely, it seems) that he did not receive Extreme Unction. His extravagance
had reduced him during his last days to desperate measures to raise money. Hence
this bitter and ungrateful epigram of S., who only a few months previously had been
encouraged by the Pope, in a flattering brief, to publish his *De partu Virginis*.
93 *Epigr.* I x: In tumulum Laurae puellae

94 *On Petus Compater*

Petus, deliciae tuae, Dione,
uni cui Charitum sales beatos,
cui fontes dederas facetiarum
ac risus simul eleganter omnes,
Petus mortuus est tuus, Dione,   5
Petus Compater usque ad astra notus;
qui puro niveae colore mentis
vincebat nitidissimos olores,
cui de lacteolis tuis papillis
donarunt violas Iocusque Amorque,   10
donavit teneram Thalia myrtum,
mox promens citharam decentiorem
versus addidit eruditiores.
O saevae nimium malaeque Parcae,
vestros non potuit tenere fusos   15
Petus; qui rapidas domare tigres,
qui duras potuit movere quercus,
vestras non potuit colos morari.
Sic, sic occidis, heu, miselle Pete,
nec te Piërides tuae, nec ipsa   20
quae te per Paphon et Gnidon virentem,
per colles Amathuntios vocavit,
fatis eripuere tam malignis.
At non unanimes tui sodales,
quos tu pectore tam pio colebas,   25
quos tristes obitu tuo relinquis,

94 *Epigr.* II xvi: De Peto Compatre   1 *Petus*: Pietro Golino, called 'il Compare'
('Compater'), a close friend of Pontano and of Sannazaro and a member of the
Accademia Pontaniana; he died at Naples in 1501.   18 *colos* Vlaming: *tholos*
Aldus.   28 sqq. When his friend died, S. had just left Naples for voluntary exile in
France.   35 *Sebethos*: a river in Campania which flows into the Gulf of Naples.
46 *tumulum pararit*: Pontano composed an epitaph for the monument to Compater
which he erected in his private chapel in Naples.   48–50 *diuturnius sepulcrum . . .
paret excitare chartis*: Pontano dedicated to the memory of Compater his two books of
Tumuli.

hoc duro tibi defuere casu.
Quin me trans Ligerim, ferosque Celtas,
lustrantem Morinum pigras paludes,
dum quaero oceani ultimos recessus,   30
veris nuntius obruit querelis.
Ergo quid tibi tam vagus viator,
cui nec pulchra Neapolis, nec alti
colles Pausylipi, nec ipse adesset
Sebethos pater, aut pater Vesevus,   35
inferre exsequiarum, amice, possem?
Rupem, quam vagus hinc et inde Nereus
alterna veniens retundit unda,
accessi, et procul angulo in supremo
stans, supra pelagi alluentis aestus,   40
manes terque quaterque convocavi.
Hic fudi lacrimas amariores,
hic vici gemitus vel unus omnes,
omnes et simul omnium querelas.
Mox—quamvis cineri tuo decentem   45
Pontanus tumulum pararit ac te
cognatas veneretur inter umbras,
quamvis et diuturnius sepulcrum
quod nec saecula vincere ipsa possint
divinis paret excitare chartis—   50
nostrum non tibi qualecumque munus
inter frigora solitudinesque
cessavit, nec honore te supremo
fraudavi miser: hoc scit ipsa Tethys,
scit late oceani unda Gallicani.   55
Stant arae tibi, stat videnda nautis
terreni tumuli pusilla moles;
et buxus super, et dicata quercus,
nam myrtum regio illa non habebat:
quae iussit pietas sacrare, ut esset   60
naturae tibi terminus sepulcrum.

95 *The Annunciation*

Stupuit confestim exterrita Virgo
demisitque oculos totosque expalluit artus.
Non secus ac conchis si quando intenta legendis   125
seu Mycone parva, scopulis seu forte Seriphi,
nuda pedem virgo, laetae nova gloria matris,
veliferam advertit vicina ad litora puppem
adventare, timet; nec iam subducere vestem
audet nec tuto ad socias se reddere cursu,   130
sed trepidans silet obtutuque immobilis haeret:
illa, Arabum merces et fortunata Canopi
dona ferens, nullis bellum mortalibus infert,
sed pelago innocuis circum nitet armamentis. . . .

96 *'Ecce Ancilla Domini'*

His dictis, Regina oculos ad sidera tollens
caelestumque domos superas atque aurea tecta
annuit, et tales emisit pectore voces:
'Iam iam vince, fides! vince, obsequiosa voluntas!   180
En adsum: accipio venerans tua iussa tuumque
dulce sacrum, pater omnipotens. Nec fallere vestrum est,
caelicolae: nosco crines, nosco ora manusque,
verbaque et aligerum caeli haud variantis alumnum.'
Tantum effata, repente nova micuisse penates   185
luce videt; nitor ecce domum complerat; ibi illa,
ardentum haud patiens radiorum ignisque corusci,
extimuit magis. At venter (mirabile dictu!
non ignota cano) sine vi, sine labe pudoris,
arcano intumuit Verbo. Vigor actus ab alto   190

---

95 *De partu Virg.* I   126 *Mycone . . . Seriphi:* two little islands in the Cyclades.   132
Canopi: a city in Lower Egypt.
96 *De partu Virg.* I   177 *Regina:* the Virgin.

irradians, vigor omnipotens, vigor omnia complens
descendit—Deus ille, Deus!—totosque per artus
dat sese miscetque utero. Quo tacta repente
viscera contremuere; silet Natura, pavetque
attonitae similis, confusaque turbine rerum   195
insolito occultas conatur quaerere causas. . . .

97   *The Virgin Birth*

Tempus erat quo nox, tardis invecta quadrigis,
nondum stelliferi mediam pervenit Olympi   310
ad metam, et tacito scintillant sidera motu;
cum silvaeque urbesque silent, cum fessa labore
accipiunt placidos mortalia pectora somnos;
non fera, non volucris, non picto corpore serpens
dat sonitum. Iamque in cineres consederat ignis   315
ultimus, et sera perfusus membra quiete
scruposo senior caput acclinaverat antro.
Ecce autem nitor ex alto novus emicat omnemque
exsuperat veniens atrae caliginis umbram,
auditique chori superum et caelestia curvas   320
agmina pulsantum citharas ac voce canentum.
Agnovit sonitum, partusque instare propinquos
haud dubiis Virgo sensit laetissima signis.
Protinus erigitur stratis caeloque nitentes
attollit venerans oculos, ac talia fatur: 325

97 *De partu Virg.* II   317 *senior*: Joseph.   338 *quietem*!] *quietem?* or *quietem.* all
earlier edd.   354-5 *verendus . . . interpres*: the Archangel Gabriel.   381 *procumbit humi bos*: a dexterous application of the words used by Virgil (*Aen.* v 481) in
describing the *coup de grace* administered to a bull.   384 *Fortunati ambo*: another
Virgilian reminiscence; the phrase is used of Nisus and Euryalus (*Aen.* IX 446);
Baptista Mantuanus uses it in the same context as S. in his *Parthenice Prima*, III 105.
fabula Cretae: the legend of the rape of Europa, who was carried off to Crete by
Jupiter in the shape of a bull.   386 *Sidoniam . . . puellam*: Europa.   389 *senis . . .
profani*: Silenus, who, in the course of Bacchic orgies, would ride upon an ass unable
to support his weight.

'Omnipotens Genitor, magno qui sidera nutu
aëriosque regis tractus terrasque fretumque,
ecquid adest tempus, quo se sine labe serenam
efferat in lucem soboles tua? quo mihi tellus
rideat et teneris depingat floribus arva?   330
En tibi maturos fructus, en reddimus ingens
depositum: tu, ne qua pio iactura pudori
obrepat, summo defende et consule caelo.
Ergo ego te gremio reptantem et nota petentem
ubera, care puer, molli studiosa fovebo   335
amplexu: tu blanda tuae dabis oscula matri
arridens colloque manum et puerilia nectes
bracchia et optatam capies per membra quietem!'
Sic memorat, fruiturque Deo, comitumque micanti
agmine divinisque animum concentibus explet.   340

   Atque olli interea, revoluto sidere, felix
hora propinquabat. Quis me rapit? Accipe vatem,
Diva, tuum; rege, Diva, tuum; feror arduus altas
in nubes, video totum descendere caelum
spectandi excitum studio. Da pandere factum   345
mirum, indictum, insuetum, ingens: absistite, curae
degeneres, dum sacra cano. Iam laeta laborum,
iam non tacta metu, saecli Regina futuri
stabat adhuc, nihil ipsa suo cum corde caducum,
nil mortale putans: illam Natusque Paterque   350
quique prius quam sol caelo, quam luna niteret,
Spiritus obscuras ibat super igneus undas,
stant circum et magnis permulcent pectora curis.
Praeterea redeunt animo quaecumque verendus
dixerat interpres, acti sine pondere menses   355
servatusque pudor; clausa cum protinus alvo—
o noctem superis laetam et mortalibus aegris!—
sicut erat foliis stipulaque innixa rigenti,
divinum, spectante polo, spectantibus astris,
edit onus. Qualis rorem, cum vere tepenti   360
per tacitum matutinus desudat Eous,

et passim teretes lucent per gramina guttae,
terra madet, madet aspersa sub veste viator
horridus, et pluviae vim non sensisse cadentis
admirans, gelidas udo pede proterit herbas.   365
Mira fides : Puer aethereas iam lucis in auras
prodierat, foenoque latus male fultus agresti
impulerat primis resonum vagitibus antrum ;
alma Parens nullos intra praecordia motus
aut incursantes devexi ponderis ictus   370
senserat ; haerebant immotis viscera claustris.
Haud aliter quam cum purum specularia solem
admittunt : lux ipsa quidem pertransit et omnes
irrumpens laxat tenebras et discutit umbras ;
illa manent illaesa, haud ulli pervia vento,   375
non hiemi, radiis sed tantum obnoxia Phoebi.

    Tunc Puerum tepido Genetrix involvit amictu,
exceptumque sinu blandeque ad pectora pressum
detulit in praesepe. Hic illum mitia anhelo
ore fovent iumenta. O rerum occulta potestas!   380
Protinus agnoscens Dominum procumbit humi bos
cernuus et—mora nulla—simul procumbit asellus
submittens caput et trepidanti poplite adorat.
Fortunati ambo : non vos aut fabula Cretae
polluet, antiqui referens mendacia furti,   385
Sidoniam mare per medium vexisse puellam,
aut sua dum madidus celebrat portenta Cithaeron,
infames inter thiasos vinosaque sacra
arguet obsequio senis insudasse profani.
Solis quippe Deum vobis et pignora caeli   390
nosse datum, solis cunabula tanta tueri.
Ergo, dum refugo stabit circumdata fluctu
terra parens, dum praecipiti vertigine caelum
volvetur, Romana pius dum templa sacerdos
rite colet, vestri semper referentur honores,   395
semper vestra fides nostris celebrabitur aris.
Quis tibi tunc animus, quae sancto in corde voluptas,

o Genetrix, cum muta tuis famulantia cunis,
ac circum de more sacros referentia ritus
aspiceres Domino genua inclinare potenti   400
et sua commotum trahere ad spectacula caelum?
Magne Pater, quae tanta rudes prudentia sensus
leniit? Informi tantos quis pectore motus
excivit calor, et pecudum in praecordia venit,
ut quem non reges, non accepere tot urbes,   405
non populi, quibus una aras et sacra tueri
cura fuit, iam bos torpens, iam segnis asellus,
auctorem late possessoremque salutent? . . .

LANCINO CORTI

LANCINO CORTI (Lancinus Curtius: c. 1460–1512) was born in Milan, where he became a pupil of Giorgio Merula. His poems show that he was on familiar terms with many of the learned men of his time, but he seems to have lived apart from the court of Lodovico il Moro. He favoured rather Louis XII, to whom he addressed in 1505 an adulatory poem, *Supplicationes*, which has survived in cod. H 21 sup. in the Ambrosian library. He died in Milan and was buried in the Convento di S. Marco, under a tomb-stone, now in the Castello Sforzesco, with a relief by Bambaia.

Corti was an eccentric, who liked to dress in the antique style, with long hair, and a toga; he wrote sonnets in the dialects of Pavia and Milan, and innumerable Latin poems. In the preface to his hexameter poem on Passion Week, *Meditatio in hebdomada olivarum* (Milan, 1508) he boasted that he had already written 60,000 lines of Latin verse, and in 1521 his nephew brought out three volumes, which had been prepared for the press by Corti himself, containing respectively two Decades of *Epigrammata* (twenty consecutively numbered books) and ten books of *Sylvae*.

Corti's Latin is rugged and affected, but his poems are interesting both for what they tell us about the society he lived in and for their linguistic and formal peculiarities: they sometimes smack of the macaronic, and Corti enjoys manufacturing acrostics, serpentine verses, etc., and moulding his Latin into metrical patterns (e.g. the rhymed sonnet) proper to poetry written in the *volgare*.

TEXTS from *Sylvarum libri decem* and *Epigrammaton libri decem decados secundae* (both Milan 1521).

98 *Hermolaus Trismegistus*

I, Musa, i, brevis est labor viarum,
nec te tardat onus levis libelli:
hora vincere tramite parato.

98 *Sylvae* f.53: Ad Hermolaum Barbarum   Ermolao Barbaro represented Venice
at the court of Lodovico from March 1488 till April 1489.   17 *Hermes*: C.,
taking his cue from the name Hermolaus, affects to see in Barbaro the reincarnation

Nosti qua sit iter, scio : refulgens
occurrit domus eminente tecto,   5
signis inclita, ianua patenti ;
a laeva silicis gradus superbos
scandes composito nitens rubore.
Exturbasse cave : tholus Minervae est.
Si vero Hermoleon prior videbis,   10
flexo protinus hunc genu saluta,
nil maius loquitur Latinus Argis.
Illum quadriiugo levavit axe
cum censu, ingenio, decore, forma,
virtus, fama, pudor, decus parentum.   15
Est nec sollicitus nec occupatus :
Hermes Thespiaci iugi per umbras
sertis Aonidum evagatur ingens,
aut tardos Hyperionis regressus
cantat, forte minor canente Clio   20
cum Tritonide plausibus iocatur.
Dum plectro Odrysio greges et ornos,
saltus, flumina, pendulas volucres
aut tigres movet, en petis quid illi ?
'Hermes,' dic 'genesim tui poetae   25
non sero tulimus : salutis, Hermes,
arcanum mihi pande consulenti.'

---

of Hermes Trismegistus, the Greco-Egyptian god of language, script and number, who dispensed a recondite wisdom contained in the *Corpus Hermeticum*. For C., Ermolao Barbaro was, above all, a poet and a magician; and in fact he was at this time (see his *Epistolae, Orationes et Carmina*, ed. V. Branca, II, Florence 1943, pp. 15 sq., 29, 34) interesting himself in astrology and Hermetic occultism; but it may be doubted, to judge from his few surviving Latin poems, whether he was thought much of as a poet; the fifteen or so Latin poems of his that survive do not say much for his poetic gifts.   21 *Tritonide*: Pallas.   22 *Odrysio*] odrysios ed.   C. is evidently alluding to Orpheus' lyre.   25 *genesim*: a letter of Barbaro's (*Epistolae*, vol. II, pp. 25 sq.) mentions a horoscope cast by Barbaro at Milan for a son of Marco Dandolo.   30 *Clario deo*: Apollo Pythius.   *gravatur*] gravantur ed.   32-1 The Cumaean Sybil: Cumae was a colony of Chalcis, which is in Euboea.   33 *Dindymon*: a mountain in Phrygia, sacred to Cybele and her orgiastic rites.   41-2 *Pharo relicta Hermes maximus*: Hermes Trismegistus, the Greek equivalent of the Egyptian Thoth. The island of Pharos (used here for Egypt) faces Alexandria.

Responsum dabit ille; nil timeto,
nam nec perfurit inquietus antris,
nec pectus Clario deo gravatur,   30
nec mens Chalcidico rotata flatu
sortes Euboicae refert Sibyllae;
non hic Dindymon aut magos frequentat
aut echo mediis iugis refractam
auscultat, fora praesciens Averni.   35
Maior Tiresia scientiorque,
quanto caecus erit minor vidente,
ut praesens, simul et futura novit
et quicquid vehat ordo saeculorum,
non Phoebo duce praeviove novit.   40
Quaeris qui sapiat: Pharo relicta,
Hermes maximus ille iam renatus.

99   *Appeal to a patron*

Si blandienti voce vocavero,
   praesul, parentem te, bone, da tui
   sim iuris, ut sum; si magistratui
   quid detrahis, plus forsan amavero.

Te praesidentem an rite negavero   5
   pro rege sanctum, iura senatui
   qui des? Velis nil credere flatui,
   cum cultu amorem ni ipse iugavero.

Utcumque qualem me cupis elige,
   talem probabit me tibi linea: 10
   praestem sed in quo, te rogo, delige.

99 *Epigr.* f.42: Ad Stephanum Ponchaerium   'Ponchaerius' is probably Étienne
Ponchiet, the King's Chancellor, who is mentioned in Milanese archives of 1502
(cf. C. Santoro, *I registri delle lettere ducali del periodo sforzesco,* Milan 1961, p. 307).
The poem is in the strange form (not uncommon in C.'s *Epigrammata*) of a Latin
sonnet, rhyming abba (*bis*) cdcdcd.

Admota cordi viscera vinea
impellit, ast me de grege selige
vulgi: uror a te, fax uti pinea.

100 *The Force of Nature*

Frustra blanditias Iulia, Iulia,
frustra et nequitias congeris, amplius
nec lusu moveor, me illecebrae et nihil
stringunt nilque libido opprimit: occidi,
possem vivere quo liber. Ago deis,   5
virtuti, studio, tempori et ultimas
grates! Sum meus, et sum quia homo tamen
te interdum repeto sive aliam—est opus—
ut cogitque mala ac sola necessitas
naturae stimulat. Di, nimium diu   10
est natura potens: sed, sit ut arbitra,
vis est nunc eadem qua futuo et caco.

100 *Epigr.* f.84: Ad Iuliam

GIOVANNI PICO DELLA MIRANDOLA

GIOVANNI PICO (Ioannes Picus: 1463–1494) was born at Mirandola of a noble family. After studying law, philosophy, and Greek and Latin literature at Bologna (1477), Ferrara (1479–80), Padua (1480–82) and Pavia (1482), he completed his training in philosophy at Florence in 1484 at the Accademia Platonica under Marsilio Ficino. After a short visit to Paris (1485–86) he spent some time at Perugia and at Fratta, where he embarked on Oriental literature and philosophy and composed the most celebrated of his works, the *Oratio de hominis dignitate*. He next published nine hundred theses (*Conclusiones*), which he professed himself ready to defend in public debate at Rome. His theses, however, were condemned as heretical by the Pope (1487) and Pico was forced to take refuge in France, where he was arrested and thrown into prison (1488). He was soon set free by the intervention of Lorenzo de' Medici and he returned to Florence, where he remained till his death, engaged in composing his major philosophical works, the *Heptaplus* (1489), an allegorical commentary on Genesis; the *De Ente et Uno* (1492), on problems in Plato and Aristotle; a commentary on the Psalms; *Disputationes in astrologiam divinatricem*, published after his death by his nephew Gianfrancesco, who edited the first edition (Bologna 1496) of his uncle's *Opera omnia*.

Pico united outstanding philosophical gifts with remarkable literary taste, and from his earliest days he wrote poetry both in Latin and in the vernacular. Some fifty Petrarchan sonnets and a score of Latin poems survive, which must be the remains of a much more ample output, for we learn from letters exchanged between him and Poliziano in 1483 that he had composed five books of Latin elegies, entitled *Amores*, which he later destroyed as not being consonant with his ever increasing devotion to philosophical and religious studies.

TEXTS from *Carmina Latina*, ed. W. Speyer (Leiden 1964).

101 *Mars and Cupid*

Castra licet teneant pictis fulgentia signis
    te procul a laribus nunc, Galeote, tuis,
non tamen hic segnem credas me ducere vitam,
    o frater, vitae pars pretiosa meae.
Nos quoque militiae certo sub iure tenemur,   5
    sit melior quamvis sors mea sorte tua.
Tu sequeris Martem, sequor ipse Cupidinis arma,
    aspera bella geris, mitia bella gero.
Tu petis armatos hostes validasque cohortes,
    imbellis petitur nudaque nympha mihi.   10
Aeratas frangit fortis tibi machina portas,
    sed mihi vel sola ianua voce patet.
Est vi cura tibi longas avertere praedas,
    obvia fit votis sponte puella meis.
Tu cuneis hostes et caeco tramite fallis,   15
    fallitur at nullis fraudibus illa mihi.
Pulsa tuos persaepe fugat tuba bellica somnos,
    invitant somnos fila canora meos.
Tu dura requiescis humo (si, Pice, quiescit
    collidit nudo qui sua membra solo),   20
fragrat Oronteo lectus mihi fusus amomo,
    me tenet in tenero mollis amica sinu.
Nulla tibi rapidos pellunt umbracula soles,
    defendit dominae me stola tensa meae.
Quin etiam medio cum sol desaevit Olympo   25
    cogeris intrepido bella subire pede;
me iuvat argutum cantare sub arbore carmen
    cuius odoratas ventilet aura comas.

101 *Carm.* viii: Ad Galeotum fratrem militantem quod, ut ille sub Marte, ita ipse sub Cupidine mereat   P. always displayed particular affection for his elder brother Galeotto, who was in perpetual dispute with his mother and his brother Anton Maria over the inheritance of the family property. Galeotto was concerned in various military enterprises, and P. here presents a classical version of the contrast between the *vita amatoria* and the *vita militaris.*   21 *Oronteo*: from Syria, through which runs the river Orontes.   41 *Lambro*: the Lambrate, an affluent of the Po, which flows past Milan.

Dum gelidus Boreas, saevus dum detonat Eurus,
    praecipitesque ciet nubilus Auster aquas,   30
saepe opus est structas te in proelia ducere turmas
    nec gelidos imbres nec timuisse Notum;
ast ego si videam glomerari nubila caelo
    protinus ad dominae tecta recurro meae,
quamque mihi denso subducunt agmine nubes   35
    hanc oculis lucem reddit amica suis.
Infestis adversa petis ferus oppida flammis,
    blanda cupidinea me face virgo petit.
Tegmine te, frater, premit aspera cassis aeno,
    accingunt nostrum Bacchica serta caput.   40
Duratus Lambro thorax tua membra fatigat,
    me toga Sidonio picta colore fovet.
Hasta tibi geritur dextra, mihi levis harundo:
    haec variat chartas, vulnerat illa viros.
Te cruor et caedes turbant rixaeque furentes,   45
    me choreae, lusus, blanditiaeque iuvant.
Armatum quoties curris galeatus in hostem,
    tristia stant illi, tristia fata tibi;
ast ego dilectae quoties concurro puellae,
    nil mihi tunc timeo, nil timet illa sibi: 50
dente ferit nostros niveo lasciva lacertos
    liventesque meo figit in ore notas;
reddo vices, roseis do basia pressa labellis
    purpureasque libet sollicitare genas;
sic nos luctamur: cedit tamen illa, nec esse   55
    indignum retur succubuisse mihi.
Quare maiores quamvis tua bella triumphos,
    maxime, sint titulis, Pice, datura tuis,
te tamen in nostris mallem versarier armis
    et tibi cum cara coniuge bella geri.   60

PIETRO BEMBO

PIETRO BEMBO (Petrus Bembus: 1470–1547) was born in Venice. He seems to have been encouraged in the love of literature by his father, Bernardo, a magistrate and diplomatist, whom as a boy he accompanied on missions to Florence and Rome. From 1492 to 1494 he studied Greek at Messina with Constantine Lascaris and then, from 1497, philosophy with Leonicenus at Ferrara. For some years he divided his time between Venice and Ferrara, where he made friends with scholars and courtiers and fell deeply in love with Lucrezia Borgia, the wife of Alfonso d'Este. In 1506, disappointed in his political ambitions, he moved to Urbino, where he stayed until 1512, when he settled in Rome. He then took a mistress, entered Holy Orders, and became (with Sadoleto for a colleague) secretary to Leo X. In 1519 he retired to his villa near Padua. There he enjoyed twenty years of literary leisure, being appointed by the republic of Venice to write the history of the city from 1487, at which point it had been left unfinished by Sabellico. In 1539 he was made a cardinal by Paul III, and returned to Rome to spend there the remaining years of his life.

Bembo was conspicuous as a Latinist and at the same time a formidable supporter of the vernacular; the stand that he took concerning 'la questione della lingua' made him an important figure in the history of Italian literature.

His principal surviving works (besides a large collection of letters) are: (1) in the vernacular, very many Petrarchan sonnets and *canzoni*; the three books of *Gli Asolani* (1505); and a dialogue, also in three books, entitled *Prose della volgar lingua* (1525); (2) in Latin, *Historia Veneta* (in twelve books) and some sixty poems, amatory, religious, and 'occasional'. Few of his Latin poems were published in his lifetime, but not long before he died he evidently prepared a collection, containing forty-two poems, which was brought out (together with a large collection of *Epitaphia* and *Lachrymae* on Bembo himself) in *Petri Bembi Carminum Libellus*, Venice 1552–3; eleven of these had been printed in *Carm.Quinq*. Cod. 635 in the Biblioteca Antoniana at Padua contains a collection, put together soon after 1505, with later autograph corrections, of some of the poems included in *Carminum Libellus* (see C. Dionisotti, in *Giorn. stor. della lett. ital.*, CXXXVIII (1961), p. 582).

TEXTS: for no. 107(3), *Toscano* (where it was first printed); for the rest, *Carminum Libellus*.

102 *To Lucrezia Borgia*

Tempore quo primam miscens fluvialibus undis
    Iapetionides rite animavit humum,
scilicet hac teneras oneravit lege puellas
    natura in nostris parca tenaxque bonis,
ut speciem et clarae ferret quae munera formae   5
    ingenii nullas quaereret illa vias;
quaeque animi decus indueret cultumque per artes
    pectus Apollineas ingeniumque ferax,
illa sibi nullum formae speraret honorem;
    atque omnes pacto iussit adesse deos.   10
Plurima cumque novo crevisset femina mundo
    eventus certam sustinuere fidem;
namque ut habent mala rura valentes saepe colonos,
    pigraque qui bonus est otia sentit ager,
sic non formosae cultu nituere puellae,   15
    et quae pulchra, eadem desidiosa fuit.
Prima, meum atque aevi sidus spectabile nostri,
    tantum animo quantum, Borgia, fronte micas:
et tibi cum facie non certet Agenore nata,
    non Helene Idaeo rapta Lacaena Pari,   20
te tamen in studia et doctas traducis in artes,
    nec sinis ingenium splendida forma premat:
sive refers lingua modulatum carmen Etrusca,
    crederis Etrusco nata puella solo;
seu calamo condis numeros et carmina sumpto,   25
    illa novem possunt scripta decere deas;
naulia seu citharamve manu percurrere eburna
    et varia Ogygios arte ciere modos,

---

102 *Carm. Lib.* p. 18: Ad Lucretiam Borgiam   Written during the year (1502–3)
spent by B. at Ostellato, near Ferrara, soon after the arrival there of Lucrezia on her
marriage to Alfonso d'Este.   2 *Iapetionides*: Prometheus, son of the Titan Iapetus.
19 *Agenore nata*: Europa.   20 *Pari*: an unclassical form of the dative.   27
naulia: *naulium* (or *nablium*) is a kind of harp.   28 *Ogygios . . . modos*: Theban
(i.e. Pindaric) measures: Ogyges was the mythical founder of Thebes.

seu revocare Padi vicinas cantibus undas
    mulcentem dulci flumina capta sono,   30
seu te nexilibus iuvat indulgere choreis
    et facili ad numerum subsiluisse pede
quam timeo, ne quis spectans haec forte deorum
    te praedam media raptor ab arce petat,
sublimemque ferat levibus super aethera pennis   35
    detque novi caelo sideris esse deam!
Quicquid agis, quicquid loqueris, delectat, et omnes
    praecedunt Charites subsequiturque Decor;
ipse Decor sequitur, sed si modo vera fatemur,
    hei mihi, quam multis est decor ille malo!   40
Nam minus Aetnaeas vexant incendia rupes,
    quam quibus est facies, Borgia, nota tua;
nec facies modo, sed docti quoque pectoris artes:
    ah pereat, si quem forma sine arte movet!
Atque ego, qui miseros olim securus amantes   45
    ridebam et saevi regna superba dei,
spectabamque mari laceras de litore puppes,
    nunc agor in caecas naufragus ipse vias.

103   *A lovers' quarrel*

Increpat admissi tenerum dum forte Galaesum
    et queritur fluxa Maximus esse fide,
dumque malos pueri mores incusat et ipsi
    dura lacessitus verba ministrat amor,
non ille urgenti sese purgare magistro,   5
    non multa offensum conciliare prece,
infitias non ire et testes poscere divos
    largo purpureas imbre rigante genas,

103 *Carm. Lib.* p. 31: De Galaeso et Maximo, with the following note: 'Magni viri iussu versiculi conscripti: cum reliqui etiam, qui Romae erant poetae, eiusdem viri iussu conscripsissent'; the 'magnus vir' was Leo X.

non etiam irasci contra iustique doloris
    accensam in laeso promere corde facem—   10
nil horum agrreditur : sed tantum ingrata loquentis
    implicitus collo dulce pependit onus.
Nec mora : cunctanti roseis tot pressa labellis
    oscula caelitibus invidiosa dedit
arida quot levibus flavescit messis aristis,   15
    excita quot vernis floribus halat humus.
Maxime, quid dubitas? Si te piget, ipse tuo me
    pone loco : haec dubitem non ego ferre mala.
Sed neque iam dubitas, nec te piget, inque volentem
    basia mellitus contulit illa puer.   20
Macte tuo damno et pueri, bone Maxime, culpa,
    macte tua culpa nequitiaque puer.
Nam veneror, quorum placidi non pectora mores
    composuere minus quam face torret amor ;
crediderim in sancto dentur si iurgia caelo,   25
    inter se faciles non secus esse deos.
Ex omni vobis mollissima vellere fila
    nevit docta colo ducere fata soror ;
quis sortem magis optandam sibi poscat amoris,
    Maxime, sive tua, sive, Galaese, tua?   30
Tene tui faciunt pueri peccata beatum,
    tune tuo peccans gratior es domino?
Sic o saepe meus peccet, sic laedat amorem ;
    sic mihi se laeso praestet amore puer.

104   *A prayer for Johann Goritz*

Sancta, quibus propriam posuit Goritius aram,
numina, perpetuosque arae sacravit honores,

104 *Carm. Lib.* p. 40: Pro Goritio votum ad Deos, quibus aediculam exaedificaverat
An earlier version of this piece appeared in 1524 in *Coryciana*.   3 *divina . . . puella*:
the Madonna.   5 *genetrix*: St. Anne.   7 *puer*: the infant Jesus.   8 *caeloque*:
the sculptor's chisel.   *Savini*: Andrea Sansovino; see J. Pope-Hennessy, *Italian
High Renaissance and Baroque Sculpture* (Phaidon 1963), Catalogue Volume, p. 50.

humani columen generis, divina puella,
ipse sibi legit summi quam rector Olympi,
et tu, divinae genetrix augusta puellae, 5
felix sorte tua, felix nata atque nepote,
aethereique puer magnum patris incrementum,
arte boni quos egregia caeloque Savini
spectari Pario et spirare in marmore fecit:
hac vos pro pietate illi, pro munere tali 10
reddite—si sacrorum unquam pia carmina vatum
et castae movere preces caelestia corda—
reddite quae posco, mea nec sint irrita vota:
ut, quos longa dies miseris mortalibus olim
advectat varios senio veniente labores, 15
aegrum animum et segnes effeto in corpore sensus
inque solum pronos vultus nixisque bacillum
poplitibus tardosque gradus tremebundaque membra,
tum crebras lacrimis causas et dura suorum
funera et eversos mutata sorte penates 20
quaeque alia ex aliis passim mala consternatas
implerunt terras cupidi post furta Promethei,
horum ille immunis totos centum expleat annos
auspiciis, Superi, vestris et numine vestro
integer, ut nunc est, nec longae damna senectae 25
sentiat et carus patriae, iucundus amicis,
dives opum Roma incolumi Latioque fruatur.

105 *The mother tongue*

Non quod me geminas tenere linguas,
et Graiam simul et simul Latinam,

---

105 *Carm. Lib.* p. 32: Ad Sempronium, a quo fuerat reprehensus, quod materna lingua
scripserit   'Sempronius' is probably a fictitious character; he cannot (as was once
supposed) be Ercole Strozzi, since Strozzi is mentioned by name in an early (and
longer) version of the poem contained in cod. Ant. 635 (see Flamini, *Il Cinquecento*,
1903, p. 541).   3 *libelli: Gli Asolani*, published in 1505, but circulated in MS two
or three years previously.   6 *esse = edere.*

Semproni, reputem, mei libelli
materna tibi voce sunt locuti,
ut tamquam saturum hinnuloque aproque   5
vilem iuverit esse me phaselum—
quod tu carminibus tuis venustis
permirum tibi dixeras videri—
sed famae veritus malae periclum
campo versor in hoc locutionis.   10
Quod dicam tibi, quem proboque amoque
quantum pignora vix amant parentes,
ut, cum noveris id, cavere possis.
Nam pol qua proavusque avusque lingua
sunt olim meus et tuus locuti,   15
nostrae quaque loquuntur et sorores
et matertera nunc et ipsa mater,
nos nescire loqui magis pudendum est,
qui Graiae damus et damus Latinae
studi tempora duplicemque curam,   20
quam Graia simul et simul Latina.
Hac uti ut valeas tibi videndum est,
ne, dum marmoreas remota in ora
sumptu construis et labore villas,
domi te calamo tegas palustri.   25

106   *On the death of Poliziano*

Duceret exstincto cum Mors Laurente triumphum
  laetaque pullatis inveheretur equis,
respicit insano ferientem pollice chordas,
  viscera singultu concutiente virum.

---

106 *Carm. Lib.* p. 45: Politiani tumulus   Poliziano died in Florence on 28 September 1494, rather more than two years after Lorenzo de' Medici, on whose death he composed an elegy in an irregular metre (cf. *verba . . . liberiora* in l.8), which was set to music by Arrigo Isaac (cf. no. 86). There is an earlier version of this poem in cod. Anton. 635.

Mirata est, tenuitque iugum. Furit ipse pioque 5
    Laurentem cunctos flagitat ore deos;
miscebat precibus lacrimas lacrimisque dolorem;
    verba ministrabat liberiora dolor.
Risit, et antiquae non immemor illa querelae,
    Orphei Tartareae cum patuere viae: 10
'Hic etiam infernas tentat rescindere leges,
    fertque suas' dixit 'in mea iura manus.'
Protinus et flentem percussit dura poetam,
    rupit et in medio pectora docta sono.
Heu, sic tu raptus, sic te mala fata tulerunt, 15
    arbiter Ausoniae, Politiane, lyrae!

107 *Four epitaphs*

(1) *On Leonicus*

Naturae si quid rerum te forte latebat,
    id legis in magno nunc, Leonice, Deo.

(2) *On Sannazaro*

Da sacro cineri flores: hic ille Maroni
    Sincerus musa proximus ut tumulo.

(3) *On Raphael*

Hic ille est Raphael, metuit quo sospite vinci
    rerum magna parens, et moriente mori.

107(1) *Carm. Lib.* p. 49: Leonici epitaphium   Niccolò Leonico Tomeo, a Venetian, died in 1531 at Padua, where for some years he had lectured on Greek philosophy.

107(2) *Carm. Lib.* p. 50: Iacobi Synceri Sannazari epitaphium   Sannazaro died in 1530; he was buried in the chapel, dedicated to S. Maria del Parto and S. Nazarius, which he had built near his villa at Mergellina.   1 *Maroni*: according to tradition, Virgil was buried in Naples, on the road to Pozzuoli.

107(3) *Toscano* f.177: Raphaelis Urbinatis pictoris epitaphium   Raphael died in Rome, 1520; B.'s distich was engraved on his tomb in the Pantheon.

(4) *On the younger Beroaldo*

Felsina te genuit, colles rapuere Quirini,
    longum audita quibus Musa diserta tua est.
Illa dedit rerum domino placuisse Leoni,
    Thebanos Latio dum canis ore modos.
Unanimes raptum ante diem flevere sodales   5
    nec Decimo sanctae non maduere genae.
Quae pietas, Beroalde, fuit tua, credere verum est
    carmina nunc caeli te canere ad citharam.

107(4) *Carm. Lib.* p. 48: Philippi Beroaldi Minoris epitaphium   1 *Felsina*: Filippo
Beroaldo junior (1472–1518), a cousin of the great Beroaldo, was born at Bologna.
colles Quirini: he died in Rome, where he had taught at the Sapienza since 1502.
2 *Musa*: Beroaldo composed three books of Horatian odes and a book of epigrams,
published in Rome in 1530.   6 *Decimo*: Leo X.

LODOVICO ARIOSTO

LODOVICO ARIOSTO (Ludovicus Areostus: 1474–1533) was born at Reggio Emilia, where his father Niccolò was in the service of the Este; his family having returned to their home in Ferrara, he was put to the study of the law, which he gave up when he was twenty to devote himself to literature. On the death of his father in 1500, Lodovico became responsible for his numerous family and had to enter public employment. In 1502 he was Captain of the Rocca of Canossa; from 1503 he was engaged in military and diplomatic activity in the service of Cardinal Ippolito d'Este; in 1518 he passed to the court of Alfonso, Duke of Ferrara, who sent him in 1522 to be Governor of the Garfagnana. Three years later he returned to Ferrara, where he spent the rest of his life.

Besides his masterpiece, *Orlando Furioso*, Ariosto wrote satires and comedies in the vernacular and a number of Latin poems, some seventy of which have survived. These last, most of them composed between 1494 and 1503, show how closely he studied the Latin classics in his youth; and, while they belong to his literary apprenticeship, they are interesting for the light they throw on his thoughts, his feelings, and his development as a writer.

Ariosto's Latin poems were published for the first time by G. B. Pigna (together with his own poems and those of Calcagnini) in Venice in 1553; Pigna evidently made selections ('selegi' is his word) from a carefully prepared manuscript provided by the poet's son Virginio. The first scholarly recension was made by G. A. Barotti in Pitteri's edition of Ariosto's *Opere* (Venice 1741); he used an autograph MS (now in the Biblioteca Civica, Ferrara) containing thirty-nine of the Carmina.

TEXTS from *Ludovici Areosti Carmina*, ed. E. Bolaffi, Modena 1938, checked with *ed. princ.*, 1553.

108 *The jealous lover*

Me tacitum perferre meae peccata puellae,
me mihi rivalem praenituisse pati?

108 *Carm.* VII: Ad Petrum Bembum   Evidently an answer to *Ad Melinum*, composed
by Bembo at Ferrara, 1498–9.   14 *parve*: i.e. *vel par*.   16 *simul et* Bolaffi, from
cod. Magl. II VIII 138: *simulet* 1553.

Cur non ut patiarque fodi mea viscera ferro
    dissimulato etiam, Bembe, dolore iubes?
Quin cor, quin oculosque meos, quin erue vel quod   5
    carius est, siquid carius esse potest.
Deficientem animam quod vis tolerare iubebo,
    dum superet dominae me moriente fides.
Obsequiis alius faciles sibi quaerat amores,
    cautius et vitet taetrica verba nece,   10
qui spectare suae valeat securus amicae
    non intellecta livida colla nota,
quique externa toro minimi vestigia pendat,
    dum sibi sit potior parve in amore locus:
me potius fugiat nullis mollita querelis,   15
    dum simul et reliquos Lydia dura procos.
Parte carere omni malo, quam admittere quemquam
    in partem; cupiat Iuppiter, ipse negem.
Tecum ego mancipiis, mensa, lare, vestibus utar;
    communi sed non utar, amice, toro.   20
Cur ea mens mihi sit, quaeris fortasse, tuaque
    victum iri facili me ratione putas.
Ah! pereat qui in amore potest rationibus uti;
    ah! pereat qui ni perdite amare potest.
Quid deceat, quid non, videant quibus integra mens est; 25
    sat mihi, sat dominam posse videre meam.

109   *Her mother's daughter*

Ut bella, ut blanda, ut lepida utque venustula ludit
    Eulalia, Hispanae filia Pasiphiles!
Ut bene maternos imitatur parvula mores,
    incedit, spectat, ridet, agit, loquitur!
Omnia ut illa facit tandem: iam fingere novit,   5
    et sibi de tenero quos amet ungue legit.

109 *Carm.* xxix: De Eulalia

O bona sectatrix matris nata! O bona mater,
  tam bene dilectam quae instituis sobolem!
Ut tibi quandocumque obrepat inertior aetas,
  cum meretrix nequeas vivere, lena queas.   10

110 *Epithalamium for Lucrezia Borgia*

ROMANI

Qualis in Ionio magno, bacchantibus austris,
nauta, ubi vel Syria vel Thynna merce gravatam   70
illiditque ratem scopulisque relinquit acutis,
naufragus et multum per caerula volvitur exspes,
nudus et ignota tandem iactatur harena;
dum vacuam querulis contristat fletibus oram,
haud procul informi in limo radiare coruscam   75
intuitur, quam vertit atrox ad litora, gemmam,
tempestas, seque illa opibus solatur ademptis;
ecce autem mirantem ignes rutilumque decorem
incautumque potens manus occupat obvia, et illum
dimittit maria implentem et nemus omne querelis: 80
talis Roma, diu casus ubi flevit iniquos
optavitque dolens veterum decora alta Quiritum,
dum Vaticano flexisset lumina colli,
te vidit clari soboles, Lucretia, Borgae,
pulchro ore et pulchris aequantem moribus aut quas   85
verax fama refert aut quas sibi fabula finxit,

---

110 *Carm.* LIII: Epithalamium   The marriage of Lucrezia Borgia and Alfonso d'Este
was solemnised at Ferrara on 2 February 1502. A.'s epithalamium is supposed to be
recited alternately by a group of Ferrarese youths and a group of Roman youths who
accompanied the bride.   90 *Atestini fratres*: Ippolito and Ferrante d'Este, who
were sent to Rome to bring back the bride.   91 *Herculeus iuvenis*: Alfonso.
107–8 *tauro . . . tuo*: the bull, crest of the Borgia (and so of Lucrezia) which, like the
Bull in the zodiac, passes the Sun in April (cf. l.99), and will bring a new spring
(i.e. new prosperity) to the city of Ferrara.

atque novo veteres solata est munere curas.
O septem colles, Tiberis pater, altaque prisci
imperii monumenta, graves intendite luctus!
Nuper Atestini fratres, proceresque propinqui, 90
Herculeus iuvenis patria quos misit ab urbe,
quod pulchri fuerat vobis impune tulere,
externoque decus vestrum iunxere marito.
Dure Hymen, Hymenaee, piis invise Latinis!

FERRARIENSES

Ut qui perpetuis viret hortus consitus umbris, 95
mobilibusque nitet per quadrua compita rivis,
laudetur licet Idaeae sub sidere Caprae,
seu cum Libra oritur, seu cum sata Sirius urit,
est tamen egelidos Tauro referente tepores
gratior—erumpunt tum lento e vimine frondes, 100
tum pingunt variis decorantque coloribus herbas
liliaque, violaeque, rosaeque, brevesque hyacinthi—
sic quae regali fulsit Ferraria cultu,
aedibus aut sacris aut auctae molibus urbis,
aut mage privatis opibus luxuque decenti, 105
vel studiis primum ingenuis iuvenumque senumque,
nunc pulchra est, nunc grata magis, cum, Borgia, tauro
vecta tuo referes auratis cornibus annum.
Vere novo insuetos summittit terra colores,
Herculeique nitent nativis floribus horti; 110
arte tibi qua quisque valet blanditur honesta,
et nos, qui teneris Musas veneramur ab annis,
alternis laetos numeris canimus hymenaeos:
blande Hymen, iucunde Hymen, ades, o Hymenaee!...

111 *Marullo dead?*

Audivi, et timeo ne veri nuntia fama
  sit quae multorum pervolat ora frequens.
Scin verum, quaeso? scin tu, Strozza? Eia age, fare;
  maior quam populi, Strozza, fides tua sit.
An noster fluvio misere . . . ? Heu timeo omnia! At illa,　5
  di, prohibete et eant irrita verba mea,
et redeat sociis hilari ore suasque Marullus
  ante obitum ridens audiat inferias.
Fama tamen vatem, sinuoso vortice raptum,
  dulciloquam fluvio flasse refert animam.　10
Scin verum, quaeso? scin tu, Strozza? Eia age, fare;
  maior quam populi, Strozza, fides tua sit.
Ut timeo! Nam vana solet plerumque referre
  fama bonum, at nisi non vera referre malum,
quamque magis referat saevum, crudele, nefandum,　15
  proh superi! est illi tam mage habenda fides.
Quid potuit gravius deferri hoc tempore nobis,
  qui sumus in Phoebi Pieridumque fide,
quam mors divini (si vera est fama) Marulli?
  Iuppiter: ut populi murmura vana fluant!　20
Scin verum, quaeso? scin tu, Strozza? Eia age, fare;
  maior quam populi, Strozza, fides tua sit.
Nam foret haec gravior iactura mihique tibique,
  et quemcumque sacrae Phocidos antra iuvent,
quam vidisse mala tempestate (improba saecli　25
  conditio!) clades et Latii interitum,
nuper ab occiduis illatum gentibus, olim
  pressa quibus nostro colla fuere iugo.
Quid nostra an Gallo regi an servire Latino,
  si sit idem hinc atque hinc non leve servitium?　30

111 *Carm.* xv: *Ad Herculem Strozzam*　Written on hearing the news of the death
of Marullo, drowned in April 1500 in the River Cecina. Ercole Strozzi was the son
of Tito Vespasiano Strozzi, and himself not a bad Latin poet.　27 sqq. This
alludes to the conquest of the Duchy of Milan by the French, 1499–1500.　38
haustus Bolaffi: *haustu* 1553.　41 A. had recently lost his father (cf. no. 113).

Barbaricone esse est peius sub nomine quam sub
    moribus? At ducibus, di, date digna malis,
quorum quam imperium gliscente tyrannide tellus
    Saturni Gallos pertulit ante truces!
Et servate diu doctumque piumque Marullum,   35
    redditeque actutum sospitem eum sociis;
qui poterit dulci eloquio monitisque severis,
    quos Musarum haustus plurimo ab amne tulit,
liberam et immunem (vincto etsi corpore) mentem
    reddere, et omne animo tollere servitium.   40
Sit satis abreptum nuper flevisse parentem:
    Ah, grave tot me uno tempore damna pati!
Tarchaniota aura aetheria vescatur; et inde
    cetera sint animo damna ferenda bono.
Scin verum, quaeso? scin tu, Strozza? Eia age, fare;   45
    maior quam populi, Strozza, fides tua sit.
At iuvat hoc potius sperare, quod opto: Marullum
    iam videor laeta fronte videre meum.
An quid obest sperare homini dum grata sinit res?
    Heu lacrimis semper sat mora longa datur!   50

112   *To Alberto Pio, on the death of his mother*

An quicquam dignum lacrimis, an flebile quicquam   25
impia pectoribus poterunt immittere nostris
posthac fata, tuae si non iactura parentis
flebilis et lacrimis non est dignissima nostris?
Seu venit in mentem venerandae gratia frontis,

112 *Carm.* xiv: Ad Albertum Pium   Written in 1500 on the death of Caterina Pico, the mother of Alberto Pio, Prince of Carpi.   36 Pio was virtually an exile in Ferrara, having been deprived of his rights over Carpi by his cousin Gilberto.   139 sqq. Nothing is known of the circumstances of the death of Caterina, to throw light on these cryptic lines.   141 *Aniti . . . reus*: Socrates.   *Virbius*: Hippolytus, having been resuscitated by Aesculapius and hidden by Diana in the woods of Aricia, was worshipped there under the name of Virbius.   142 *ancillae*: Phaedra.   143 *facta* Gandiglio: *acta* 1553.   154 *nedum* Sabbadini: *ne dum* 1553.

qua me, quaque alios quoscumque benignus amares,　　30
excipere illa tui merito studiosa solebat;
seu subit illius gravitas condita lepore
eloquii, qua sueta tui placare tumultus
est animi, quondam cum ageret fortuna sinistre
cum rebus male fida tuis, ut limina supplex　　35
exutus regno tereres aliena paterno
(et quamvis per te multum tibi consulis ipse,
nec documenta parum sophiae, quibus impiger omne
impendis studium, prosint, tamen usque fateris
iuverit auditae quantum te cura parentis);　　40
sive Pudicitiam tumulo spectamus eodem
exanimem condi, Probitas ubi clara Fidesque,
Religio, Pietasque tua cum matre teguntur. . . .
　　At reticenda nec est ea mors, cui maxima virtus
causa fuit: nec enim vas exitiale cicutae　　140
vult Aniti latuisse reus, nec Virbius axes
ancillae, nec Pica feros quibus occidit ausus.
Liberius iam iam res ut sit facta docebo,
unde queant magnum venientia ducere saecla
exemplum, humano leviter quam fidere quisquam　　145
ingenio possit: documento nec fuit illa
absque aliquo moriens, cuius dum vita manebat
omne olim fuerat studiis imitabile factum.
Illa severa adeo cultrix Italique pudoris
custos, illa adeo vindex labentis honesti　　150
exstitit, ut facto turpi curaret ab omni,
et levibus licet opprobriis, pulchrasque sodales
ancillasque domumque omnem servare pudicam,
nedum se similemque sui, castissima, prolem:
cui dum se digno ferventius haeret et instat　　155
proposito, in sese muliebris suscitat iram
flagrantem ingenii, quod amor furiavit iniquus
et malesuada Venus. Quid non vesana libido
mersa cupidinibus mortalia pectora cogit?

113 *To his dead father*

Has vivens lacrimas, sed qui odio miser
tristem vitam habeo, dono, pater, tibi,
vitae sollicitis functe laboribus;
    has dono, pater optime,

sincerae monumentum illius, illius   5
quam noras pietatem, imperiis tuis
sanctis a tenera huc usque puertia,
    cum semper fuerim obsequens.

Serum munus habe, seu liquidi aetheris
cultor vana hominum nunc studia improbas,   10
praeque, extra nebulas instabilis plagae
    tu te intelligis et vides;

seu lucos steriles et nemus Elysi
incedis vacuum, perque silentia
iucundos comites quos prior abstulit   15
    hora agnoscis et osculo

occurris tacito. Do, pater, ultimum
munus, quod, Stygios si qua lacus volat
ad vos fama, reor gratius affore,
    quam si quicquid opum ferant   20

vel messes Arabum vel Cilicum, tuo
ussissem tumulo. Iam, genitor, vale,
aeternumque vale. Has molliter imprimat
    tellus reliquias precor.

---

113 *Carm.* XII: De Nicolao Areosto   Composed on the death of A.'s father in 1500.
    7 *puertia* Barotti: *pueritia* 1553.   9 *serum* Bolaffi: *saevum* 1553.   11 *instabilis*
    Barotti: *immobilis* 1553.   *instabilis plagae*: the earth.

114 *Raphael of Urbino*

Huc oculos—non longa mora est—huc verte; meretur
    te, quamvis properes, sistere qui iacet hic:
cuius picta manu te plurima forsan imago
    iucunda valuit sistere saepe mora.
Hoc, Urbine, tuum decus; hoc tua, Roma, voluptas;   5
    hoc, Pictura, tuus marmore splendor inest.
Marmor habet iuvenem exanimum, qui marmora quique
    illita parietibus vivere signa facit,
os oculosque movere, pedes proferre, manusque
    tendere; tantum non posse deditque loqui: 10
quod dum qui faciat meditatur, opusque perenne
    reddat, monstra Deae talia morte vetant.
Hospes, abi, monitus mediocria quaerere, quando
    stare diu summis invida fata negant.

115 *For his own tomb*

Ludovici Areosti humantur ossa
sub hoc marmore, seu sub hac humo, seu
sub quicquid voluit benignus heres,
sive herede benignior comes, sive
opportunius incidens viator;   5
nam scire haud potuit futura: sed nec
tanti erat vacuum sibi cadaver,
ut urnam cuperet parare vivens.
Vivens ista tamen sibi paravit,
quae inscribi voluit suo sepulcro   10

---

114 *Carm.* LXI: De Raphaele Urbinate   Raphael died in Rome in 1520 and was buried in the Pantheon.

115 *Carm.* LVIII: Epitaphium Ludovici Areosti   This epitaph was never inscribed on A.'s tomb (which has been preserved, since 1801, in the sala maggiore of the Biblioteca Comunale of Ferrara).

(olim si quod haberet is sepulcrum),
ne, cum spiritus, exsili peracto
praescripti spatio, misellus artus,
quos aegre ante reliquerit, reposcet,
hac et hac cinerem hunc et hunc revellens,   15
dum noscat proprium, vagus pererret.

IACOPO SADOLETO

IACOPO SADOLETO (Iacobus Sadoletus: 1477–1547) was born at Modena
He was educated at Ferrara by his father, who was a professor of law there,
and by Leonicenus.

He went to Rome in 1500 and placed himself under the patronage of
Cardinal Oliviero Carafa. He took orders early in the pontificate of Julius II,
and on the accession of Leo X in 1513 became, with Bembo, a member of the
papal secretariat; in 1517 he was made Bishop of Carpentras. Under Leo and
Clement VII, Sadoleto was an enlightened and successful advocate of reforms
in the Church. Just before the sack of Rome in May 1527 (in the course of
which he lost his extensive collection of Greek and Latin manuscripts) he
withdrew, owing to political differences with the Pope, to Carpentras, where
he spent the next ten years in a retirement devoted to literature and the
administration of his diocese. To this period belong his prose treatises on
education (*De liberis recte instituendis*) and moral philosophy (*Hortensius*) and
his commentary on the Epistles of St. Paul. In 1536 he was recalled to Rome
by Paul III and made a Cardinal. During the following decade he was frequently called upon by the Pope, despite his preference for a quiet literary
life, to assist in diplomatic and political efforts to preserve unity in the Church.
In 1544 he resigned his see in favour of his nephew Paul and hoped for final
retirement. But he was summoned, much against his will, to take part in the
preparations for the Council of Trent in Rome, and there spent the last year
of his life.

Sadoleto evidently won the respect and affection of all who knew him;
according to his biographer Joly (*Étude sur Sadolet*, Caen 1857), he was 'le
type le plus parfait de l'humaniste'. In addition to his prose treatises, he left a
huge mass of *Epistolae*. He wrote a great deal of Latin verse in his youth, but
destroyed most of it, and little survives besides two celebrated pieces, *Laocoon*
and *Curtius*, and a long verse-epistle *Ad Octavium et Fredericum Fregosos*; all
of them in hexameters.

TEXTS from *Iacobi Sadoleti Curtius*, Bologna 1532, published, without the
poet's knowledge, through his brother Alfonso. The generally accepted text,
which is to be found in *Farrago, Toscano, Del. Ital.* and *Carm. Ital.*, is full of
errors.

116 *Laocoon*

Ecce alto terrae e cumulo ingentisque ruinae
visceribus iterum reducem longinqua retexit
Laocoonta dies, aulis regalibus olim
qui stetit atque tuos ornabat, Tite, penates,
divinae simulacrum artis, nec docta vetustas   5
nobilius spectabat opus; nunc celsa revisit
exemptum tenebris redivivae moenia Romae.
Quid primum summumve loquar? miserumne parentem
et prolem geminam, an sinuatos flexibus angues
terribili aspectu tortusque irasque draconum,   10
vulneraque et veros, saxo moriente, dolores?
Horret adhuc animus, mutaque ab imagine pulsat
pectora non parvo pietas commixta tremori.
Prolixum bini spiris glomerantur in agmen
ardentes colubri, et sinuosis orbibus errant   15
ternaque multiplici constringunt corpora nexu.
Vix oculi sufferre valent crudele tuendo
exitium casusque feros; micat alter et ipsum
Laocoonta petit totumque infraque supraque
implicat et rabido tandem ferit ilia morsu.   20
Convexum refugit corpus; torquentia sese
membra latusque retro sinuatum a vulnere cernas.
Ille dolore acri et laniatu impulsus acerbo
dat gemitum ingentem, crudosque evellere dentes
adnixus laevam impatiens ad terga chelydri   25
obicit; intendunt nervi, collectaque ab omni
corpore vis frustra summis conatibus instat:
ferre nequit rabiem et de vulnere marmor anhelum est.
At serpens lapsu crebro redeunte subintrat

---

116 *Curtius* sig. [B4]: Laocoon   1–5 The Laocoon was discovered in 1506 in the so-
called baths of Titus on the Esquiline.   51–2 *animare . . . eximii*: cf. Lucretius III
697 eximius . . . animam servare sub undis.   53 *inserere: aspicimus*] *inserere, aspicimus*
Curtius; *inserere aspicimus*, Farrago and later edd.; *inserere*, like *animare*, must be
governed by *eximii*.

lubricus intortoque ligat genua infima nodo, 30
absistunt surae spirisque prementibus arctum
crus tumet, obsaepto turgent vitalia pulsu
liventesque atro distendunt sanguine venas.
Nec minus in natos eadem vis effera saevit,
amplexuque angit rapido miserandaque membra 35
dilacerat; iamque alterius depasta cruentum
pectus, in obliquos linquentem corpore casus
extremo in fletu et genitorem voce cientem
circumiectu orbis validoque volumine fulcit.
Alter adhuc nullo violatus corpora morsu, 40
dum parat adducta caudam divellere planta,
horret ad aspectum miseri patris, haeret in illo;
et iam iam instantes fletus lacrimasque cadentes
anceps in dubio retinet timor. Ergo perenni
qui tantum statuistis opus iam laude nitentes, 45
artifices magni, quamquam et melioribus actis
quaeritur aeternum nomen, multoque licebat
clarius ingenium venturae prodere famae,
attamen, ad laudem quaecumque oblata facultas,
egregium hanc rapere et summa ad fastigia niti. 50
Vos rigidum lapidem vivis animare figuris
eximii et veros spiranti in marmore sensus
inserere: aspicimus motumque iramque doloremque,
et paene audimus gemitus; vos extulit olim
sacra Rhodos; vestrae iacuerunt artis honores 55
tempore ab immenso, quos rursum in luce secunda
Roma videt celebratque frequens, operisque vetusti
gratia parta recens. Quanto praestantius ergo est
ingenio aut quovis extendere fata labore,
quam luxus et opes et inanem intendere fastum! 60

GIOVANNI PIERIO VALERIANO

GIOVANNI PIERIO VALERIANO (Ioannes Pierius Valerianus; his real name was Giovan Pietro dalle Fosse: 1477–1558) was born at Belluno. In 1493 he went to Venice to live with his uncle, the humanist Urbano Bolzanio, and there, despite poverty and ill-health, described in an early (c. 1500) elegy *De vitae suae calamitatibus*, perfected his knowledge of Latin and Greek and made friends with the most representative Venetian humanists. In 1509 he went to Rome, where he enjoyed the patronage of Julius II and his two Medici successors, Clement VII nominating him to a Chair in the University and making him tutor to Ippolito and Alessandro de' Medici. After spending the years 1524 to 1527 in Florence with his two pupils, Valeriano returned for a little to Belluno, and was then taken to be his secretary by Ippolito de' Medici, who had become a cardinal in 1529. After the death of Ippolito in 1535, Valeriano returned finally to Belluno, where he spent his old age, dying at Padua.

Valeriano wrote copiously in prose, the best known of his works being the monumental *Hieroglyphica* (1556) and *De litteratorum infelicitate* (not published until 1620), which vividly describes the hardships suffered by men of letters in the sack of Rome.

Valeriano, especially during his early years in Rome, was a prolific Latin poet. In 1509 he published in Venice a miscellany of fables and epigrams entitled *Praeludia*, and in 1524 he dedicated and presented to Ippolito de' Medici, in manuscript, five books of *Amores*. An unauthorised collection of his odes, epigrams and other poems appeared at Basel in 1538. In 1549 Giolito, with Valeriano's permission, published the *Amores*, reprinting, in a sixth book, much of the *Praeludia*, and in 1550 he followed this up with an interesting and varied collection of Valeriano's *juvenilia* and later verse, *Hexametri, Odae et Epigrammata*, with a dedication by the poet to Catherine de' Medici.

TEXTS from *Hexametri*, 1550.

117 *Peace at last!*

Vivimus en miserae post saeva incendia Romae
    totque neces, pestes, exitii omne genus;
reliquiae immanis Germani, immitis Iberi,
    vivimus, et nondum funditus occidimus.
Exstinctas siquidem Blosius nunc suscitat aras   5
    instauratque tuos, docta Minerva, choros,
iam licet ingeniis se attollere, siqua iacebant,
    amissae ut videant laetitiae esse locum.
Nam parat is doctis convivia laeta poetis
    et iubet omnem epulis his procul esse luem;   10
gaudiaque et risus, dulcesque invitat amores,
    et genium et citharas, atque salem atque iocos.
At vos mansuras aeternum hic figite sedes
    et Venus et Veneris deliciosa cohors,
laeta Charis, Bacchusque hilaris, formosus Apollo,   15
    et, positis alis, pulcher Atlantiades.

118 *The poet sets eyes on Sannazaro*

O faustos hodie meos ocellos,
queis tantum licuit videre pulchri!
Ut nunc subsiliuntque gestiuntque,
ut cordi utque animo, intimae ut medullae
spargunt illecebras petulciores,   5
queis demum licuit videre amatam
illam, illam faciem optimi poetae
Acti, qui Italicum melos polivit,

117 *Hexam.* f.110: In Blosii Palladii symposium, post Romam restitutam   Valeriano
    had returned to Rome in 1529.   5 *Blosius*: Blosio Palladio (Biagio Pallai) was
    responsible for the production of *Coryciana* in 1524.   16 *Atlantiades*: Mercury.
118 *Hexam.* f.103: Exultat Actio Sincero viso ex facie   Valeriano must have visited
    Naples after the death of Leo X (1521).   9 *chelys*: an un-classical form of the
    genitive.

Acti, qui columen chelys Latinae,
qui summum decus Attici est leporis.   10
O faustos hodie meos ocellos!

119   On a portrait of Pope Julius II

Quo, quo tam trepidus fugis viator,
ac si te Furiaeve Gorgonesve
aut acer basiliscus insequantur?
non hic Iulius, at figura Iulii est.

120   Two tragic deaths

Ut, cum potenti deciderit Iovis
dextra superbae insigne latus domus,
et strage et ingenti fragore
corda hominum attonita obstupescunt,

---

119 *Hexam.* f.103: De imagine Iulii II P.M.
120 *Hexam.* f.82: Hippolyti Medicei Cardinalis et Alexandri Florentiae ducis miserabiles exitus deplorantur   Ippolito died on 10 August 1535; Alessandro was assassinated on 6 January 1537. Valeriano combines in a single elegy his recollections of his two ex-pupils, well aware of their implacable hostility and their desperate rivalry for the domination of Florence.   1–20 the syntax is complex: *Ut* (l.1) is answered by *sic* (l.17); the verbs in ll. 7, 9, 10, 13 should be in the indicative; ll.3–4 and ll.13–16 (*omnium . . . beata*) are in effect parentheses.   22 *adacti vulneris*: the death of Clement VII, Giulio de'Medici, on 25 September 1534.   25 sqq. Ippolito, urged on by outlaws from Florence, sought to join Charles V in his war against the Tunisians, to gain his support against Alessandro. Setting out from Rome in order to embark at Naples, he died suddenly at Itri; it appears that he died a natural death, and was not (as has been supposed) poisoned by an agent of Alessandro or Pope Paul III.   31 *atro*: perhaps *atra*?   42 *consanguinea . . . manu*: Alessandro was stabbed to death by his kinsman Lorenzino di Pierfrancesco.   125 sqq. Alessandro was ambitious, cruel, and dissolute—a very different figure from that presented by Valeriano's adulatory verses.   129 *Caroli . . . gener*: Alessandro had in 1536 married Margaret of Austria, daughter of the Emperor.   131 *Henrico sororem*: Alessandro's sister Caterina had in 1533 married Henri de Valois, the future Henri II.   141 *Servii*: Servius Tullius was killed by his son-in-law Lucius Tarquinius with the complicity of his own daughter Tullia.

mox, dum misertum est pulvere grandia 5
caementa solvi, parte alia latens
    erumpat improvisa flammae
        vis reliquumque operis ruina

involvat oppressum; cinis omnia
fumusque fiant; praetereuntium 10
    honore et admiratione
        tecta prius celebrata puncto

uno auferantur temporis—omnium
mortalium per corda pavor meat
    considerantum quam caduca 15
        sint ea quae asserimus beata—

sic duplicato concidimus malo
quicumque claras Mediceae domus
    stellas colebamus fideli
        obsequio officiisque cari. 20

Nam vix cicatrix illa coiverat
in altum adacti vulneris intima
    per ossa lapsi, cum peremptum
        eximium Hippolytum abstulit mors;

qui, dum cohortes cogeret impigras, 25
arma et triremes aere parans suo,
    hanc ultro opem allaturus orae
        Caesari opes Libycae prementi,

Roma profectus Parthenopeium
navale iturus, de media via 30
    improvide interceptus, atro
        fraude dato opprimitur veneno.

Hinc mille et illinc mille per avia
sparsi locorum, sive domi in situ
    fletuque lugebamus aegra 35
        pectora per lacrimis profusis,

cum foeda clades huic superaddita
oppressit incursu subito omnium
    mentes, et unda undae nivosis
        Alpibus incubuit refusa.   40

Maiora aperto vulnere vulnera
nunc facta sunt, consanguinea ut manu
    confossum Alexandrum in cubili
        fama tulit medioque noctis. . . .

Immitis aufert Parca eadem ducem
illustrem Alexandrum, iuvenem inclitum,
    Florentiae Etruscique regni
        omne decus columenque summum.

Quo iustum et aequum principe floruit,   125
servata morum est integritas, fides
    intaminata : at vis scelesta
        pulsa procul, pudor ipse tutus.

Hic gloriosi Caroli erat gener
selectus omni de grege ; filio   130
    hic regio Henrico sororem
        coniugio celebri elocarat.

Haec obfuerunt, perniciem haec bonis
traxere ; vestrae nomina gloriae
    vos abstulerunt ; haec amarum   135
        invidiae stimulum incitarunt.

Laboriosum scilicet est opus
tutum esse regem, qui violentiae
    obstet suorum ullumque fraudi
        esse locum vetet et rapinis.   140

Sic pertinacis mens bona Servii,
sic victa virtus caede nefaria,
    sic multa ubique exempla, quorum
        iam numerum hoc etiam obtinebit.

At vos, meum unum praesidium ac decus,   145
siquid clientis musa erit, ibitis
    nunquam vel ignotis vel ullis
      illacrimabilibus recensi;

non vos ego, inquam, perpetiar mori,
dum vis mihi adsit, perpetuum quibus   150
    debetur excelsa in columna
      nomen, honor, statuae, aesque fusum.

BALDASSARE CASTIGLIONE

BALDASSARE CASTIGLIONE (Balthassar Castilion, or Castilionius: 1478–1529), famous as the author of *Il Cortegiano*, with its classic picture of the cultured life of the Italian Renaissance, was born at Casatico near Mantua. After studying at Milan under Merula and Chalcondylas, he took to an active life in the service first of Francesco Gonzaga, Marquis of Mantua, then of Guidobaldo, Duke of Urbino, who sent him in 1505 on an embassy to Henry VII. When Florence annexed Urbino in 1516, Castiglione returned to the service of the Gonzaga; he frequently represented them at the Vatican, and became in 1521 their ambassador in Rome. In 1524 Clement VII sent him to represent his interests at the Court of Charles V, whom he accompanied to Spain, where he died, at Toledo, his last days clouded by the news of the fall of Rome. The Emperor pronounced him 'uno de los mayores caballeros del mundo'.

Castiglione was fluent in Italian and Latin verse. A dozen of his Latin poems, running to some 900 lines, mainly in elegiacs, were included in *Carm. Quinq.* in 1548; two or three of them (including *Cleopatra* and *Hippolyte Balthassari*) had been already printed in a miscellany appended to early Venetian editions of Sannazaro's *De partu Virginis* (Aldus 1533, Bindoni 1530). Pierantonio Serassi published a scholarly edition of his Italian and Latin poems in Rome in 1760.

TEXTS from *Carm. Quinq.* checked for nos. 121 and 123 with Aldus and for no. 121 with Bindoni (*v. supr.*).

121 *Cleopatra*

Marmore quisquis in hoc saevis admorsa colubris
bracchia et aeterna torpentia lumina nocte
aspicis, invitam ne crede occumbere leto.

121 *Carm. Quinq.* p. 64: Cleopatra   A statue of Cleopatra was discovered during the papacy of Julius II, who placed it in the Vatican gardens (cf. ll.25-9).   7 *Illa ego progenies tot ducta ab origine regum*: taken almost *verbatim* from Plutarch; cf. Shakespeare's 'A princess Descended from so many royal Kings' (*Antony and Cleopatra* I ii 328-9).   11 *sed virtus* Aldus: *sedulitas* Bindoni, Carm. Quinq.

Victores vetuere diu me abrumpere vitam,
regina ut veherer celebri captiva triumpho 5
scilicet et nuribus parerem serva Latinis,
illa ego progenies tot ducta ab origine regum
quam Pharii coluit gens fortunata Canopi
deliciis fovitque suis Aegyptia tellus
atque Oriens omnis divum dignatus honore est. 10
Sed virtus pulchraeque necis generosa cupido
vicit vitae ignominiam insidiasque tyranni :
libertas nam parta nece est, nec vincula sensi,
umbraque Tartareas descendi libera ad undas.
Quod licuisse mihi indignatus perfidus hostis 15
saevitiae insanis stimulis exarsit et ira ;
namque triumphali invectus Capitolia curru
insignes inter titulos gentesque subactas
exstinctae infelix simulacrum duxit, et amens
spectaclo explevit crudelia lumina inani. 20
Neu longaeva vetustas facti famam aboleret
aut seris mea sors ignota nepotibus esset,
effigiem excudi spiranti e marmore iussit
testari et casus fatum miserabile nostri.
Quam deinde, ingenium artificis miratus Iulus 25
egregium, celebri visendam sede locavit
signa inter veterum heroum, saxoque perennes
supposuit lacrimas, aegrae solatia mentis :
optatae non ut deflerem gaudia mortis—
nam mihi nec lacrimas letali vipera morsu 30
excussit nec mors ullum intulit ipsa timorem—
sed caro ut cineri et dilecti coniugis umbrae
aeternas lacrimas, aeterni pignus amoris,
maesta darem, inferiasque inopes et tristia dona ;
has etiam tamen infensi rapuere Quirites. 35
At tu, magne Leo, divum genus, aurea sub quo
saecula et antiquae redierunt laudis honores,
si te praesidium miseris mortalibus ipse
omnipotens Pater aethereo demisit Olympo,

et tua si immensae virtuti est aequa potestas   40
munificaque manu dispensas dona deorum,
annue supplicibus votis, nec vana precari
me sine; parva peto: lacrimas, Pater optime, redde.
Redde, oro, fletum; fletus mihi muneris instar,
improba quando aliud nil iam Fortuna reliquit.   45
At Niobe, ausa deos scelerata incessere lingua,
induerit licet in durum praecordia marmor,
flet tamen, assiduusque liquor de marmore manat.
Vita mihi dispar; vixi sine crimine, si non
crimen amare vocas; fletus solamen amantum est.   50
Adde, quod afflictis nostrae iucunda voluptas
sunt lacrimae, dulcesque invitant murmure somnos:
et cum exusta siti Icarius canis arva perurit,
huc potum veniunt volucres, circumque supraque
frondibus insultant; tenero tum gramine laeta   55
terra viret, rutilantque suis poma aurea ramis;
hic ubi odoratum surgens densa nemus umbra
Hesperidum dites truncos non invidet hortis.

122   On Elisabetta Gonzaga singing to the lyre

'Dulces exuviae, dum fata deusque sinebant,'
     dum canit et querulum pollice tangit ebur,
formosa e caelo deducit Elisa Tonantem
     et trahit immites ad pia verba feras.
Auritae veniunt ad dulcia carmina silvae,   5
     decurrunt altis undique saxa iugis;
stant sine murmure aquae, taciti sine flamine venti,
     et cohibent cursus sidera prona suos.

122 *Carm. Quinq.* p. 68: De Elisabella Gonzaga canente   Elisabetta—here called by the diminutive 'Elisabella'—Gonzaga (1471–1526), wife of C.'s patron Guidobaldo di Montefeltro, was perhaps the most accomplished woman of her time; C. pays a glowing tribute to her in the *Cortegiano.*

Atque aliquis tali captus dulcedine sentit
  elabi ex imo pectore sensim animam;   10
flebile nescio quid tacite in praecordia serpit,
  cogit et invitos illacrimare oculos. . . .

123 *To the poet, from his wife*

Hippolyte mittit mandata haec Castilioni,
  addideram imprudens, hei mihi, paene 'suo'.
Te tua Roma tenet, mihi quam narrare solebas
  unam delicias esse hominum atque deum:
hoc quoque nunc maior quod magno est aucta Leone   5
  tam bene pacati qui imperium orbis habet.
Hic tibi nec desunt celeberrima turba sodales,
  apta oculos etiam multa tenere tuos.
Nam modo tot priscae spectas miracula gentis,
  heroum et titulis clara tropaea suis;   10
nunc Vaticani surgentia marmore templa,
  et quae porticibus aurea tecta nitent;
irriguos fontes hortosque et amoena vireta
  plurima quae umbroso margine Thybris habet.

123 *Carm. Quinq.* p. 71: Hippolyte Balthassari Castilioni coniugi   C., writing in
  Rome, assumes the person of his wife, Ippolita Torelli, waiting impatiently at
  Mantua, with their infant son, for his return. Castiglione stayed in Rome, as representative of the Gonzaga at the court of Leo X, from May until November, 1519
  (see Cartwright, *Baldassare Castiglione*, London 1908, II, pp. 31–65), and it must have
  been during that stay that this poem was written, for it was his first visit to Rome
  after the birth in August 1517 of his only son, Camillo, and within a few weeks of
  his arrival on his next visit, in July 1520, Ippolita died, in child-birth.   27 Raphael
  painted two portraits of C. (besides introducing his head into one of the Stanze
  frescoes, executed in 1510); one of these portraits (referred to by Bembo in a letter
  dated 19 April 1516; see J. Pope-Hennessy, *The Portrait in the Renaissance*, 1966,
  p. 316) must have been painted while the sitter was in Rome in the autumn and
  winter of 1515 (Cartwright *op. cit.*, II, p. 58); the other was still unfinished in
  September 1519 (see Pope-Hennessy, *loc. cit.*). The portrait here referred to, since
  it was already in Mantua when the poem was written, can hardly be the latter, and
  must therefore (unless Raphael painted yet a third) be the portrait mentioned by
  Bembo.   29 *arrideoque*: metre demands either the shortening of the *i* or a synizesis
  of *eo*.   102 *Hippolyte* Aldus, Carm. Quinq. 1549: *Hippolytae* Carm. Quinq. 1548.

Utque ferunt, coetu convivia laeta frequenti   15
   et celebras lentis otia mixta iocis,
aut cithara aestivum attenuas cantuque calorem—
   hei mihi, quam dispar nunc mea vita tuae est!
Nec mihi displiceant quae sunt tibi grata, sed ipsa est
   te sine lux oculis paene inimica meis.   20
Non auro aut gemma caput exornare nitenti
   me iuvat, aut Arabo spargere odore comas;
non celebres ludos festis spectare diebus
   cum populi complet densa corona forum,
et ferus in media exultat gladiator harena   25
   hasta concurrit vel cataphractus eques.
Sola tuos vultus referens Raphaëlis imago
   picta manu curas allevat usque meas.
Huic ego delicias facio arrideoque iocorque;
   alloquor, et, tamquam reddere verba queat,   30
assensu nutuque mihi saepe illa videtur
   dicere velle aliquid, et tua verba loqui.
Agnoscit, balboque patrem puer ore salutat;
   hoc solor longos decipioque dies.
At quicumque istinc ad nos accesserit hospes,   35
   hunc ego quid dicas quid faciasve rogo;
cuncta mihi de te incutiunt audita timorem;
   vano etiam absentes saepe timore pavent.
Sed mihi nescio quis narravit saepe tumultus
   miscerique neces per fora perque vias,   40
cum populi pars haec Ursum, pars illa Columnam
   invocat, et trepida corripit arma manu.
Ne tu, ne, quaeso, tantis te immitte periclis;
   sat tibi sit tuto posse redire domum.
Romae etiam fama est cultas habitare puellas,   45
   sed quae lascivo turpiter igne calent;
illis venalis forma est corpusque pudorque;
   his tu blanditiis ne capiare, cave.
Sed nisi iam captum blanda haec te vincla tenerent
   tam longas absens non paterere moras;   50

nam memini, cum te vivum iurare solebas
    non me, si cupias, posse carere diu.
Vivis, Castilion, vivasque beatius, opto,
    nec tibi iam durum est me caruisse diu.
Cur tua mutata est igitur mens? cur prior ille,   55
    ille tuo nostri corde refrixit amor?
cur tibi nunc videor vilis, nec, ut ante solebam,
    digna tori sociam quam patiare tui?
Scilicet in ventos promissa abiere fidesque
    a nostris simulac vestri abiere oculi.   60
Et tibi nunc forsan subeunt fastidia nostri,
    et grave iam Hippolytes nomen in aure tua est.
Verum ut me fugias, patriam fugis, improbe? nec te
    cara parens, nati nec pia cura tenet?
Quid queror? en tua scribenti mihi epistola venit,   65
    grata quidem, dictis si modo certa fides;
te nostri desiderio languere, pedemque
    quam primum ad patrios velle referre lares,
torquerique mora, sed magni iussa Leonis
    iamdudum reditus detinuisse tuos.   70
His ego perlectis sic ad tua verba revixi
    surgere ut aestivis imbribus herba solet.
Quae licet ex toto non ausim vera fateri,
    qualiacumque tamen credulitate iuvant.
Credam ego quod fieri cupio, votisque favebo   75
    ipsa meis: vera haec quis vetet esse tamen?
Nec tibi sunt praecordia ferrea, nec tibi dura
    ubera in Alpinis cautibus ursa dedit.
Nec culpanda tua est mora: nam praecepta deorum
    non fas nec tutum est spernere velle homini.   80
Esse tamen fertur clementia tanta Leonis
    ut facili humanas audiat aure preces.
Tu modo et illius numen veneratus adora,
    pronaque sacratis oscula da pedibus;
cumque tua attuleris supplex vota, adice nostra,   85
    atque meo largas nomine funde preces.

Aut iubeat te iam properare ad moenia Mantus,
 aut me Romanas tecum habitare domos.
Namque ego sum sine te veluti spoliata magistro
 cymba procellosi quam rapit unda maris;   90
et, data cum tibi sim utroque orba puella parente,
 solus tu mihi vir, solus uterque parens.
Nunc nimis ingrata est vita haec mihi; namque ego tantum
 tecum vivere amem, tecum obeamque libens.
Praestabit veniam mitis deus ille roganti,   95
 'Auspiciisque bonis et bene' dicet 'eas.'
Ocius huc celeres mannos conscende viator,
 atque moras omnes rumpe viamque vora.
Te laeta excipiet, festisque ornata coronis,
 et domini adventum sentiet ipsa domus.   100
Vota ego persolvam templo, inscribamque tabellae:
 Hippolyte salvi coniugis ob reditum.

124   *The ghost of Pico*

Credite mortales, animae post fata supersunt,
 diraque mors nostri nil nisi corpus habet;
fabula nec manes vana est exire sepulcris
 per noctem, tenebris et volitare vagos.
Nam modo, dum nostro Mirandula milite cincta est,   5
 vidi ego vera quidem, sed caritura fide.

124 *Carm. Quinq.* p. 66: Prosopopoeia Ludovici Pici Mirandulani   Written in the winter of 1510–11 when C. was serving with Francesco della Rovere, Guidobaldo's successor as Duke of Urbino, in Julius II's campaign against Bologna. The Pope (who conducted the campaign in person) directed the attack upon Mirandola, which was holding out with a French garrison under Francesca, widow of Lodovico Pico, who while he lived had been a faithful henchman of the Pope.   19 Lodovico is addressing Julius II.   69 *impius hostis*: the speaker's brother Gianfrancesco, who was suspected of instigating the Pope to attack Mirandola.   70 More than twenty years later, Lodovico's prophecy was fulfilled: Gianfrancesco, installed as governor of Mirandola after the fall of the city, was in 1533 assassinated by Lodovico's son Galeotto.

Nox erat, et noctem superans candore nivali
    clara repercusso lumine luna magis;
ipse ego sub muris fossa defensus opaca
    scrutabar tutum qua magis esset iter: 10
astitit hic subito manifestus moenibus ipsis
    ante oculos Picus visus adesse meos.
Tristis erat facies, atroque inspersa cruore,
    et lacerum ambusto tunc quoque crine caput.
Obstupui, gelidusque tremor per membra cucurrit,   15
    et subito arrecta est hirta timore coma.
Ille autem torvum despectans castra repente
    infremuit, gemitu solvit et ora gravi:
'O Pater, o pastor populorum, o maxime mundi
    arbiter, humanum qui genus omne regis,   20
iustitiae pacisque dator placidaeque quietis,
    credita cui soli est vita salusque hominum,
quem deus ipse Erebi fecit Caelique potentem,
    ut nutu pateant utraque regna tuo,
quid potui tantum infelix committere? culpa   25
    aut mea quaenam in te tam gravis esse potest
ut patriam natumque meum uxoremque laresque
    perdere, et excidio vertere cuncta velis?
Certe ego te propter caput obiectare periclis
    nec timui toties velle subire necem.   30
Felsina cum imperium iam detrectaret, et in te
    tristia civilis sumeret arma furor,
haec mea dextra tuos armis compescuit hostes
    et leto multos sanguinolenta dedit.
Denique, dum innumeris cupio te ornare triumphis,   35
    sanguinis ipse mei prodigus occubui.
Vulnera testantur nostros haec saeva labores
    implorantque tuam, nomen inane, fidem.
Flens tener in cunis vagitu natus amaro
    pollicitis queritur pondus abesse tuis;   40
tot perpessa graves coniunx miseranda labores
    supplicibus veniam maesta petit lacrimis;

stant miseri squalore patres trepidaeque puellae,
    et matrum passis flet pia turba comis;
omnes in te animum iam convertere, rogantque   45
    ut tua det fessis dextera rebus opem.
Aspice captivis vacuos cultoribus agros,
    abductas pecudes agricolasque boves,
disiectasque domos passim, populataque raptis
    arboribus late et frugibus arva suis.   50
Tu vero ulterius lacrimis, dulcissima coniunx,
    et gemitu manes laedere parce meos:
postquam nulla potest mitis clementia dirae
    consilium mentis flectere nec pietas,
effuge, quodque unum est nostri tibi pignus amoris,   55
    dulce onus, hinc ulnis fer puerum ipsa tuis.
Nec mea discedens saxo hic clausa ossa relinque
    condita, sed caro tecum habeas gremio;
ne rabie immani tumulo sint eruta avito
    et iaceant media semisepulta via.   60
Haec speranda mihi, postquam sectatur et umbram
    saevit et in cineres mens male grata meos,
nec sinit inferias nostro te ferre sepulcro
    annuaque exstincto reddere iusta viro.
Sed tamen et superi cernunt mortalia, habetque   65
    iustitiae ultorem dextra minax gladium;
inque malos, sit lenta licet, certa ira deorum est,
    poenaque tam gravior, quam mage sera venit.
Nec longum nostro laetabitur impius hostis
    sanguine: fata illum non leviora manent.'   70
Haec ille, et plura his; sed verba extrema loquentis
    terribilis nostro rupit in aure sonus;
nam subito ingenti tormenta impulsa ruina
    increpuere; gravi terra tremit sonitu;
fulminei ingeminant ictus, volat impete diro   75
    ferrea sulphureo concita ab igne pila;
moenia tum nutant labefacta; at tristis imago
    in tenebras querulo maesta abiit gemitu.

125   *On the death of Raphael*

Quod lacerum corpus medica sanaverit arte
   Hippolytum Stygiis et revocarit aquis,
ad Stygias ipse est raptus Epidaurius undas:
   sic pretium vitae mors fuit artifici.
Tu quoque, dum toto laniatam corpore Romam   5
   componis miro, Raphael, ingenio,
atque urbis lacerum ferro, igni, annisque cadaver
   ad vitam antiquum iam revocasque decus,
movisti superum invidiam; indignataque mors est
   te dudum exstinctis reddere posse animam,   10
et, quod longa dies paulatim aboleverat, hoc te
   mortali spreta lege parare iterum.
Sic, miser, heu! prima cadis intercepte iuventa,
   deberi et morti nostraque nosque mones.

125 *Carm. Quinq.* p. 83: De morte Raphaelis pictoris   Raphael died, aged 37, in 1520.
3 *Epidaurius*: Aesculapius.   5 Raphael was at the time of his death engaged in compiling for Leo X a census of the ancient buildings and monuments of Rome.

CELIO CALCAGNINI

CELIO CALCAGNINI (Caelius Calcagninus: 1479–1541) was a native of Ferrara. From his infancy he applied himself to the study of literature under the guidance of Battista Guarini. He served in the army of the Emperor Maximilian and later in that of Pope Julius II, and was present at the capture of Bologna in 1506. Taking orders, he obtained various benefices, and became a canon of Ferrara. He was a protégé of the House of Este, who sent him on various embassies, notably to the Vatican. In 1517 he accompanied Ippolito d'Este to Hungary, visiting Germany and eastern Europe. On his return, he dedicated himself to literature and teaching in the University of Ferrara.

Calcagnini was a polymath: his range included science, botany, and astronomy, and he wrote on archaeology, rhetoric and philosophy. Following in the footsteps of Erasmus (whose acquaintance he made at Ferrara in 1508) he published at Basel in 1525 a little work *De libero arbitrio,* inspired by strong anti-Lutheran feelings. A collection of his prose works appeared at Basel in 1544, and his three books of *Carmina* were brought out, together with the *Carmina* of Ariosto and four books of his own *Carmina,* by G. B. Pigna in Venice in 1553.

TEXTS from *Carmina* 1553.

126   *The Call to Arms*

Haec olim fuerant blandis accommoda ludis,
    iocis, choreis, tempora,
cum personatis errare impune licebat
    aedes, theatra, regiam;
fas erat et faciles manibus tractare papillas   5
    mollemque palpum obtrudere,

126 *Carm.* p. 180: Perturbatio temporum genialium   This epode was evidently composed at Ferrara during the Carnival of 1509, when Alfonso d'Este, having declared his adhesion to the League of Cambrai, was preparing to join Pope Julius II in his war against the Venetians, and the city was in a fervour of military preparation for the expedition.   6 *palpum obtrudere*: a Plautine phrase (*Pseud.* 945).   8 *sub versipelli schemate*: wearing masks (cf. *personatis*, l.3)   28 *speculoque*] speculaque ed.

et se simplicibus blande insinuare puellis
  sub versipelli schemate.
Quas ego, quas toties memini traducere, cum me
  consuetum amantem crederent,   10
et sine fuco omnes animi secreta moverent
  ceu conscius plane forem ;
et quamvis risus vix dissimulare liceret
  tamen annuebam callide,
atque an furtivas mihi possem asciscere noctes   15
  non desinebam quaerere
omnia quae dulci demum narrare sodali
  quam dulce, quam laetum fuit !
Ipsa etiam in summo cum nos spectaret Olympo
  ridebat argutum Venus.   20
At nunc arma omnes, omnes infensa paramus
  tormenta, pila, cassides,
tela omnes, vexilla omnes, aciesque loquuntur,
  optantque caedem et sanguinem.
Proh superi, quanta est, quanta immutatio rerum   25
  vicissitudoque omnium !
Qui modo delicias tantum affectabat amicae
  speculoque adaptabat comas,
nunc et blanditias, nunc aspernatur amores
  sudore litus et pulvere.   30

127 *A battle in the snow*

Nuper hyperboreis Aquilo de cautibus haustas
  irriguo late sparserat ore nives.

127 *Carm.* p. 230: Ludus nympharum nivis tempore   7 sqq. The names chosen by C.
for the troop of nymphs taking part in this winter *divertissement* are derived from a
variety of Greek and Latin sources (e.g. Virgil, Ovid, Pliny, Pausanias, Hesiod),
though sometimes the poet has slightly altered their form or chosen a name without
any classical precedent.   20 *tela*] *sela* ed.   35 *Eurymene*: perhaps *Eurynome*?

Horrida nocturnis canebat terra pruinis,
   flumen concretis omne rigebat aquis,
atque astricta gelu labentia vellera caelo   5
   sublustris circum causa nitoris erant.
Hoc igitur blande candore allecta Melaenis
   'Huc' inquit 'comites, huc, Galatea, voca.
Huc agite, o nymphae, seu stagna liquentia curae,
   seu mage furtivis culta fovetis aquis,   10
huc, nymphae Aonides, quaeque inter lustra ferarum
   montivagae colitis innuba signa deae,
in numerum hibernas iuvat exercere palaestras,
   et nive suffartas conseruisse manus.'
Haec vix fata, et iam linquunt spelaea Napeae,   15
   decurrunt Dryades Naïadesque iugis,
liquentesque globos volucrem meditantur in orbem
   et compacta gelu protinus arma parant.
Inque vicem nymphae gelidos luctantur in ictus
   perque sinus fluidos lubrica tela cadunt.   20
Tespia florentes suras evincta cothurno
   concreto Aegeriae perculit imbre genas,
percussaeque genae dulcem traxere ruborem,
   scilicet in niveo plus decet ore rubor.
Tum vero Aegeria 'Non hoc impune feremus'   25
   dixit, et ultrices tendit in ora manus.
Tespia sed fugiens sibi quo nova tela pararet,
   labitur et retegit nobile lapsa femur.
Riserunt nymphae, risit nemus omne propinquum,
   assurgit celeri protinus illa pede.   30
Tum festinantem moles glomerare nivosas
   Aegeriam rapida Cyrrha morata manu est;
illa autem in Cyrrham totum iacit agmen aquarum
   et 'Munus' dixit 'hoc pietatis habe!'
Tum docta Eurymene certamen triste diremit: 35
   dum dirimit, pressit fluxa ruina comas,
disiecitque omnes sublimi a vertice crines.
   disiectis Aquilo suavia mille dedit.

Concitaque Eurymene nunc hanc, nunc provocat illam,
  atque hostem, quoniam nescit, ubique putat.   40
Nec minus Aedone proles generosa Calypeus
  deturbat Clio, clam pede adorta pedem.
Nysa inter corylos, inter myrteta Lycoris,
  se Nemesis lauro, se salice Hyla tegit.
Atque locum nactae modo in hanc iaculantur et illam   45
  et iaciunt furtim, seque deinde tegunt,
dum socia Dryades arbusta indagine cingunt
  atque illas latebris devoluere suis.
At tunc praecipiti prorumpunt agmine nymphae,
  atque omnes propere mutuus ardor habet: 50
Hybla Thoën, Charitessa Nedam, Lydam appetit Aegle,
  et post se longum quaelibet agmen agit.
Certatim fugiunt, certatim deinde sequuntur,
  alternoque errat Laurea utrimque gradu:
ecce vides victas, modo quas vicisse putaras,   55
  nec sors una manet, nec manet unus honor.
Dumque ita decertant, dum ludicra proelia miscent,
  misceri audierunt omne fragore nemus.
Protinus arrexere aures atque omnia lustrant,
  congestaeque manu procubuere nives.   60
Ecce adsultantes Satyros de vertice montis
  atque hilares Panas prosiluisse vident.
Nec mora: festino complerunt omnia cursu
  et raptim instructos deseruere choros.
Tum rupes propere et solitos petiere recessus   65
  et trepidae latebris delituere suis.

LILIO GREGORIO GIRALDI

LILIO GREGORIO GIRALDI (Lilius Gregorius Giraldus: 1479–1552) was born at Ferrara. In his youth he visited Naples and made friends in the circle of Pontano and Sannazaro; he enjoyed the patronage of Alberto Pio of Carpi and his cousin Gian Francesco Pico of Mirandola, spent a year (1507) studying Greek under Chalcondylas in Milan, and was employed as a tutor by the Rangone family in Modena. Coming to Rome with his pupil, the future Cardinal Ercole Rangone, he was made a protonotary apostolic by Leo X and was friendly with the leading literary figures of the day. He described their misfortunes in the sack of the city (and his own – he lost all his possessions, including a valuable library) in a long hexameter poem *De incommodis urbanae direptionis*. He sought refuge from Rome with his protector Pico, returning on Pico's death in 1533 to join his old friend Celio Calcagnini in Ferrara, where he spent the rest of his life, publishing learned works which won him a European reputation as an antiquary. A martyr to gout from youth, he was completely paralysed during his last six years, but went on writing and publishing to the end. His two dialogues *De poetis nostrorum temporum* (Florence 1551) provide a unique survey of contemporary literature. His poems, the first collection of which was printed by Gryphius at Lyon in 1536, were the by-product of a life of learning. We print two poems which were not in Gryphius' collection.

TEXTS as noted below.

128   *To the Muses*

Musae, quae vario mulcetis sidera cantu
  et Iovis ad solium dulce movetis ebur,
aspicite has famulas, vestro quae numine fretae
  evolitant: placidum carpere detis iter.

128 *Herculis Vita*, Basel 1539, p. 81: Ad caelestes Musas   These lines are prefixed to *De Musis Syntagma*, a short treatise written by G. in his youth and included, 'reconcinnatum et auctum', in this miscellany, which takes its name from another treatise by G. which stands first in the collection.

Non hae Pieridum temeraria fata secutae 5
vos cantu sperant aequiparare suo;
degener—ah!—tantum ne vobis turba putetur;
hoc sat erit: placidum carpere detis iter.

129   *His own epitaph*

Quid hospes astas? Tumbion
vides Giraldi Lilii,
fortunae utramque paginam
qui pertulit, sed pessima
est usus altera, nihil 5
opis ferente Apolline.
Nil scire refert amplius
tua aut sua: in tuam rem abi.

129 *L. G. Gyraldi Dialogismi XXX*, Venice 1553, p. 166   To these Dialogues the
editor, Lorenzo Frizzoli, appended a 'Dialogismus' of his own containing a biography of G. with a vivid account of his last days. Frizzoli prints this epitaph with
the heading 'D.M.', saying that G. composed it for his own tomb in 1550.

NICCOLÒ D'ARCO

NICCOLÒ D'ARCO (Nicolaus Archius Comes: 1479–c.1546) came of a noble family from Arco at the head of the Lago di Garda. After serving as a page under Maximilian I and spending some years in study at Pavia, Niccolò retired to lead a life of literary leisure on his family estate. Among his friends were Marcantonio Flaminio, Paolo Giovio and Fracastoro, and he was himself an accomplished linguist and a fluent versifier. A collection of his Latin poems was purloined by a friend shortly before his death and published without his consent at Mantua in 1546. The book, *Nicolai Archi Comitis Numeri*, was ill edited and rudely printed, and it became very rare. A selection, in three books, was appended by the brothers Volpi to the second edition of their collection of Fracastoro's Works (Comino, Padua 1739). In 1762 Zaccaria Betti published at Verona a new edition, checking the text with a MS belonging to Marchese Giulio Saibante (now Laur. Ashb. 266) and adding a fourth book containing unpublished poems from the MS and appending some poems from *Numeri* not reprinted by Volpi. For a thorough collation of Laur. Ashb. 266, see G. Papaleoni in *Archivio Trentino* v (1886). Niccolò awaits, and deserves, a scholarly modern edition.

TEXTS: for no. 132, *Ubaldini*; for the rest, *Numeri*, Mantua 1546, checked, except for nos. 131 and 132, with Laur. Ashb. 266; numeration from Betti.

130   *Homage to the portrait of Pontano*

Salve, magne senex, cui tam felicia caeli
   sidera fulserunt risit et Uranie,
cui sese Natura parens in lumine claro
   quanta est, cui totum se patefecit Amor;
salve: nulla tuos inhonestent saecula vultus   5
   nec caries formae ne noceatve situs,

130 *Carm.* II i: Salutat Pontani effigiem   *Carm.* II i–v are all on this subject; from the title appended in the MS to II iii it appears that the portrait belonged to Niccolò Maffei. It must have been posthumous, for Titian never went to Naples and was still a boy when Pontano paid his only visit to N. Italy.   2–5 The reff. are to Pontano's astronomical poem *Urania* and his love-poetry.   10 *invito tempore*: 'defying the power of time.'   12 *Ocnaei*: Ocnus was the legendary founder of Mantua (Virgil,

nec frontem turpet pulvis canosve capillos,
   sed viva aeternum sit color in tabula,
quam modo Tutiani plus uni ostendere saeclo
   ausa est invito tempore docta manus;   10
teque hospes, quo non melior virtutis alumnus
   incolit Ocnaei regna beata soli,
flore novo variisque ornet pro tempore sertis
   nectens puniceis alba ligustra rosis,
vivacesque hederas immortalesque amaranthos   15
   praemia honorato digna ferat capiti.
Nos tibi pro meritis, pro doctae munere chartae,
   texemus facili carmina iuncta pede;
seu me colle humili assurgens Capriana tenebit
   seu patrio excipiet Sarcias unda sinu,   20
adveniam Minci ripam laetusque sacellum
   constituam et votis mixta ego tura feram.
Nec te tum pudeat mecum illic, Strozza, sub alno
   propter aquam herboso ponere membra solo;
illic ingratis ubi dulces solibus umbras   25
   porrigit alta salix et saliunca frequens;
ipse canes, vocem nemorum ingeminabit imago,
   garrula populeis obstrepet aura comis;
ipse canes, tollens Pontani nomen ad astra,
   miscebit liquido gutture carmen olor.   30
Tunc aderit Gonsaga, aderit de more Calandra,
   Aonidum pleno qui levat amne sitim;

Aen. x 198).   19 *Capriana*: the Gonzaga had a country house on the heights
overlooking the Valle Cavriana.   20 *Sarcias unda*: the Sarca, which flows into
Garda near Arco, is often mentioned in N.'s poems.   23 *Strozza*: N.'s friend
Lodovico Strozzi of Mantua.   31 *Calandra*: Gian Giacomo Calandra was librarian
at the court of the Gonzaga and, according to Betti, 'Mantuanis Arcis Praefectus'.
N. addressed to him a verse-epistle (*Carm.* II xxv) of condolence on the death of his
nephew Ippolito, 'Ducalis Aulae Magister'.   34 *Lupi*: the brothers Lelio and
Camillo Capilupi figure frequently in N's poems.   35–6 *Marnus . . . Pretus*:
coupled together in *Carm.* II xxvii; II lxii is addressed 'Ad Dionysium Pretum.'
According to Betti, Preti was 'Hieronymi filius, elegantissimus poeta'.   37
Battus: apparently Giambattista, brother of Marcantonio della Torre: *Carm.* II vi–viii
are poems lamenting the death of Marcantonio; IV xlvii is addressed to Giambattista
on the anniversary of his brother's death.

tu Latiis, Pontane, modis, cantabere Tuscis,
    quales dant gemini, docta caterva, Lupi,
qualibus assiduos Marnus meditatur amores   35
    aut Veneris Pretus bella proterva canit;
Battus et ipse tui studiosus nominis aras
    e vivo sacras caespite tollet humo,
instituetque tuo dictos de nomine ludos;
    illic fundet ovans rustica turba merum,   40
invergetque aris spirans beneolentia fraga
    antiqua e patera fagineoque scypho;
in numerum ducet choreas viridante sub ulmo
    artifices Hyale docta movere pedes;
festivi circum pueri mixtaeque puellae   45
    casta incompositis verba canent numeris;
et, velut Andini dant munera certa nepotes
    Virgilio, tibi sic annua vota ferent.
Pontanum liquidique lacus vallesque sonabunt
    Mincius et tremulis cinctus harundinibus;   50
at pater Eridanus Stellae haud oblitus amorum
    afferet ipse sua succina lecta manu;
audiet hos longe felix Sebethus honores
    et laetus tumidis in mare curret aquis.

131 *Against pedants*

Abite hinc pedagoguli infaceti,
istinc ferte pedem, invenusti, inepti,

---

131 *Carm.* III iv: In Paedagogos ad Camillum Capilupum   *Carm.* III ix and x are epigrams attacking 'Boreas'; save for this, the pedants are unidentified.   1 Here and in l.19 N.'s metrical error is corrected by Betti, who reads 'Paedagoguli, abite, abite, pestes', and '(Ut vester solet esse mos)'.   8 *Scopaeque et Boreae*] Scopae et *Boreaeque* 1546 (followed by Betti): the 'que' must have been omitted and then inserted in the wrong place.   21 *rude* Betti: *unde* 1546.   22 *Romulum*: Romolo Amaseo (1489–1552), a classical scholar who taught at Bologna and published translations of Xenophon and Pausanias.   25 In 'Ad Stephanum Laureum, ut auferat Martianum Capellam' (*Carm.* III iii) N. attacks Quintianus Stoa for slavish admiration of Martianus Capella and invokes Sadoleto as the patron of humanistic poetry.

invisi pueris bonis malisque,
abite in miseram crucem, exsecrati,
saecli perniciesque litterarum,   5
Lymprandi, Metriique, Fusiique,
Prandini, Ochinari, atque Iuliani,
Scopae que, et Boreae, et Rutiliani.
Quid vos, quid iuvat, hinc et inde nomen
heroum lacerare, blaterones?   10
Qui vos vel minimo asse venditarent,
immo nec minimo asse venditarent,
venales neque enim estis, impudici,
digni nec minima aestimatione,
viles, queis neque campus est neque hortus.   15
Iam per compita, per fora, et theatra
scisso palliolo togaque trita
pexi candidulam comam irretortam
(ut mos est pedagogicus) per urbes
grave inceditis, ore gannientes   20
foedo nescio quid rude atque ineptum.
Bembum, Flaminiumque, Romulumque,
Frastorumque meum, undequaque doctos,
fucos dicitis esse litterarum?
Solum Quintianum atque Martianum   25
Capellam omnibus esse praeferendos?
Papae! o iudicium omnibus probatum!
Papae! o iudicium acre et aestimandum!
Quid? quod dicitis esse rhetores vos,
solos dicitis esse vos poetas?   30
Et nunc audio quod meum Catullum
ausi incessere morsibus caninis
estis vos, temerarii cinaedi,
quod sint carmina inusitata doctis!
Quod fragosa ruant, cadant, ferantur   35
instar praecipitis ruentis undae
altis montibus atque saltuosis,
illa incomposita esse iudicatis?

vestris auribus illa dissonare?
Non haec dentibus esca digna vestris, 40
non has olfaciunt rosas aselli.
Proh di! progenies male ominata!
Fertis toxica quanta monstruosi,
implentes pueros malis venenis!
Fertis quanta aconita! quanta nec fert 45
tellus Thessala Bosporive pontus.
Quis tandem manet exitus scelestos?
Vos Ixionas esse Sisyphosque
omnes crediderim, et magis nefandos;
poena Ixionis esse Sisyphique 50
dignos crediderim, atque saeviore.
Ergo insurge tuis, Camille, iambis,
doctum qui numeris refers Catullum,
insurge hendecasyllabis trecentis,
illos exagita ad necem crucemque 55
labe omni scelerum omnium inquinatos
quam non Eridani unda Minciive
nec quanta est queat abluisse Tethys.

132 *The poet's apostrophe to his feet*

Amabo, quo me, lassuli pedes, fertis,
vix sustinentes semimortuum corpus?
an ad cruentum limen, ad fores illas
ubi hanc miselli paene liquimus vitam?
Quid, ah, quid ultro convolatis ad mortem? 5
quid sponte in acres ponitis manum flammas?
Ni vos (sed olim viderit sator divum)
tot eiulatus lacrimasque pertaesi,
utcumque tantis quaeritis malis finem.

132 *Carm.* III lxi: Pedibus suis   This and a companion piece 'Ad suos oculos' were
first printed by Ubaldini.   4 *liquimus* Betti: *linquimus* Ubaldini.

133 *To Lyciscus*

Ne tu, ne amplius, obsecro,
ne tu, care Lycisce, excrucies tui
   corpus dulcis amiculi!
Ah, quid saevus agis? nonne vides uti
   virus nescio quod meo   5
dirum continuo stillet ab inguine?
   paulatimque meo effluat
vitalis calor et pectore spiritus?
   Poenarum satis et super
exhausto dedimus sanguine; iam malos   10
   cantus amoveas, meam
factam in perniciem subtrahe imaginem!
   Has artes potius tuas
vertas in fugitivum et tenerum Lycem, aut
   rivalem in furias age   15
carpentem nitidae basia Persiae.

134 *Lovers' tears*

Alternas lacrimas et mutua gaudia, amantes,
   vestra referre libet: quis tacuisse queat?
Quis tacuisse queat gemitus dulcesve querelas,
   vestrum alter longas dum parat ire vias?
Vidi ego vos arctis pariter pendere lacertis   5
   et trahere in longas verba proterva moras;
vidi ego anhelantes linguis certare trisulcis
   et fugientem alterno excipere ore animam.

---

133 *Numeri* f.78: Ode ad Lyciscum   Not printed by Betti; another version occurs in
    Laur. Ashb. 266 f.154.
134 *Numeri* f.15: reprinted by Betti, p. 261: De lacrimis amantum   An early version
    of this poem, attributed to 'NCA' (i.e. Nicolaus Comes Archius), was included in
    the miscellany appended to the 1533 edition of Sannazaro's *De partu Virginis*.

Oscula quis numeret toties iterata labellis?
    Quanta fuit vestris laetitia in lacrimis!   10
Ut fons prosiliens muscoso vertice saxi
    nulli interceptus mollia prata rigat,
labitur et fugiens tremulas furtivus in herbas
    vicino ubertim flumine miscet aquam,
sic lacrimae mixtaeque genis oculisque fluebant   15
    amborum, atque sinus alter in alterius
plorabat; Cytherea suos miscebat amores
    sub tunica exercens dulcius officium.
Felices lacrimae, dulci quas tinxit amaro
    alma Venus, laetae conscia tristitiae;   20
carmine vos semper nostro ventura loquentur
    saecula, nec rarum fama tacebit opus.

135   *Elegy on the death of his mother*

Et merito has lacrimas, hos spargo veris honores,
cara, tui, genetrix, dignissima praemia partus,
muneraque extremis nunc exsequor annua votis
maternam sacris veneratus honoribus umbram.
Alter ab octavo undecimoque revolvitur annus   5
cum tua marmoreo sunt ossa reposta sepulcro.
Illa tempestate meae nutricis alebar
complexu in molli; me tertia viderat aestas
vix bene firmantem gressum et blaeso ore loquentem,
cum te pallida Mors tenebris involvit opacis   10
iniecitque manum viridi sub flore iuventae.
Vidi ego cum tristi procederet ordine pompa,
horrenda extremum caneret cum voce sacerdos,
ingentis turbae gemitus; nam turba gemebat
subiecti populi et fatum damnabat avarum   15
iustitia et placida vivens quam pace fovebas.

135 *Carm.* II x: Naenia de morte matris   Evidently (ll. 5–8) composed when the poet was twenty-three years old.

Tunc parvi flebant fratres, passisque capillis
pectora tundebant fletu madidae ora sorores,
quarum etiam silvas reor ingemuisse dolore.
Attonitus visu immani agnovisse videbar   20
ipse nefas, querulis implens vagitibus auras
nutricis gremio; tunc illa nocte papillas
(sedula namque olim mihi retulit omnia nutrix)
non ego libavi, digitis non ubera pressi.
seu natura aliud seu quid divinitus esset,   25
tantum praesago suspiria corde trahebam,
haerebamque genis pendens nutricis amatae;
quae mihi linteolo madidos dum tergit ocellos
singultusque ciet, trepidantem ad pectora pressit,
et 'Taceas, mellite puer, puer optime,' dixit   30
'mater enim spirat; Mors illi saeva pepercit;
rus abiit, dixitque mihi "Cito laeta redibo".'
At postquam surgente efferri sole cadaver
coeperat, et toto sonuerunt aethere planctus,
ipse pater gemitu circum atria longa sonabat,   35
ipse pater querulis implebat vocibus auras,
quantum fecisset iacturae mente revolvens
quamque minaretur domus inclinata ruinam
te sine; vixque potest tantum perferre dolorem.
Crudeles superos testatus et impia fata   40
optavit certae quoties occumbere morti!
Ut fuit in votis nihil illi optatius unquam!
Sed revocant animos nati, solantur et aegrum
impliciti collo; curas modo ponit inanes,
et modo conquestus cara pro coniuge rapta   45
integrat incoeptos luctus; virtusque recursat
nobilitasque animo, et tanti matrona pudoris
fixa manet menti et fovet insanabile vulnus.
Sola domus maeret, plangunt tua funera matres,
quas Athesis rigat et sinuoso Sarca reflexu.   50
Sarca illo (ut fama est) dum tempore fertur in alveum
Benaci, Nymphas turbavit sedibus imis,

signavitque undis turbatum albentibus aequor.
At soboles tua maesta ferit socio aethera luctu:
non aliter quam cum percussit harundine pastor   55
servantem nidum volucrem, quae fixa repente
ad terram cadit, et natos vitamque relinquit;
inscia progenies stupet, et iam vespere sero
implumis matrem e pastu, praedamque moratur
ore avido, et rostro nequiquam clamat aperto.   60
Praecipue infelix ego te per tecta vocabam
ut poteram, balba interrumpens verba loquela.
Nam mihi fingebas lusus, et grata canebas
ad cunas, blandum invitabas voce soporem;
tu flores intertexens et mixta corollis   65
lilia puniceaque rosa rubroque hyacintho
ornabas caput et fulgentia tempora sertis;
nectebasque meo ramosa coralia collo.
Nonnunquam flenti arridens blandiris alumno;
ubere nonnunquam exserto perfundis ocellos;   70
te modo fingis anum simulata et imagine terres
dum cohibes flentem falsae formidine formae.
Heu matris sortem et nati infelicis acerbam!
Tunc mihi te rapuit fatum, cum solvere iusta,
nec matris fugientem animam excipere ore liceret,   75
oscula nec pia ferre genis, nec more parentum
claudere languentes oculos, aut dicere amato
extremum ore 'Vale', meritosque intendere honores
manibus. At mihi nunc liceat lustrare quotannis
ture sacro tumulum et Syrios adolere liquores,   80
acceptae ingratus quocumque in tempore vitae
ne ferar officii aut materni oblitus amoris;
nam te (sic certum est) dum vivam, oblivio nulla,
nulla dies memori servatam pectore vellet.

GIOVANNI COTTA

GIOVANNI COTTA (Ioannes Cotta: 1480–1510), was born near Legnago, in the neighbourhood of Verona. After studying in Verona and, it appears, attempting to set up a school at Lodi, he went to Naples in 1503, just before the death of Pontano, and spent some years there, making friends with Giano and Cosimo Anisio, Sannazaro, and other members of the Accademia Pontaniana. In 1507 he returned to the North and attached himself to the Venetian general Bartolomeo d'Alviano, an enlightened soldier who assembled at Pordenone a sort of literary court of which Fracastoro and Navagero were also members. Cotta was with Alviano on his campaign in Friuli against the Emperor and the French, and after the defeat at Agnadello he accompanied his leader into captivity. In the following year he was sent by Alviano on a mission to Pope Julius II at Viterbo, where he died of an infectious disease.

Before his early death Cotta was evidently well known in literary circles as a poet, and his verses circulated in manuscript. Only a dozen or so poems, running to some 300 lines, have survived; they are all in the manner (and the metres) of Catullus. Most of them were first printed in a miscellany appended to some early editions of Sannazaro's Latin poems (1528–33) and were reprinted in *Carm. Quinq.*, *Leriche* and *Toscano*.

A carefully revised text is printed by V. Mistruzzi in *Giorn. stor. lett. ital.*, Suppl. 22–3 (1924), pp. 1–131, based on an examination of manuscript as well as printed sources.

TEXTS from Mistruzzi, checked with earlier printed texts.

136 *The flames of love*

Amo, quod fateor, meam Lycorim,
ut pulchras iuvenes amant puellas,
amat me mea, quod reor, Lycoris,
ut bonae iuvenes amant puellae.

136 Mistruzzi p. 119: Ad Lycorim   28 *valete* Vat. Lat. 5383 (corrected from *venite*) and Sannazaro, Aldus 1533 f.89: *venite* all other texts.

Huic ego, ut semel hanc videre visus   5
sese ostendere fixiore ocello,
'Quando,' inquam¡'mea lux, mei laboris
das mi praemiolum meique cordis
tot incendia mitigas, Lycori?'
Hic illa erubuit simulque risit;   10
ridebat simul et simul pudebat;
dumque molliculos colens amores
simul virgineum colit pudorem,
'Quid negem tibi?' dixit; et capillum
qui pendens levibus vibratur auris   15
et formosa vagus per ora ludit,
hunc secans trepida implicansque in auro,
'Haec fila aurea et aureum capillum
pignus' inquit 'habe meique amoris
meique ipsius; hoc tuum puellae   20
tuae pignore lenias calorem.'
Eheu, quid facis? hei mihi, Lycori,
haec sunt flammea texta, non capilli:
sunt haec ignea vincla: ni relaxes,
qui tanto valeam valere ab aestu?   25
Anne ignem iuvat ignibus perire?
Comae flammeolae, subite flammas;
crines igneoli, valete in ignes;
sat me, flammea vincla, nexuistis:
nunc vos solvimini et subite flammas;   30
ussistis nimis, ignei capilli:
nunc vos urimini et valete in ignes.
Hos meos age laetus ignis ignes
perge exstinguere, tuque, flamma, flammam
exedas, mea corda quae exedebat.   35
At tu, sic reliqui tui capilli
vernent perpetuum tibi, Lycori,
quod tuos ferus usserim capillos,
parce: nam volo amare, non peruri.

137 *Farewell to friends*

Iam valete, boni mei sodales,
Naugeri optime, tuque, amice Turri,
vere candidi et optimi sodales,
quos numquam sat amaverim, licet vos
quam fratres mage quamque me ipsum amarim.   5
Quibus perpetuum frui per aevum,
vota si mea di audiant benigni,
sit una ampla animi mei voluptas.
Quod quanto cumulatius futurum est
una si liceat mihi beatis   10
vestri colloquiis adesse Bembi!
Verum dura necessitas repugnat
invitumque alias adire terras
cogit atque alios parare amicos.
Vos ergo, memores mihi esse vestri   15
fixam in pectore imaginem bonamque
vobis partem animae meae relinqui,
iam valete, boni mei sodales.

137 Mistruzzi p. 129: Ad Sodales   C.'s 'sodales' were Navagero and G. B. della Torre. The latter belonged to a Veronese family whose members figure frequently in the writings of Fracastoro, Flaminio, Navagero, and their circle, cf. nos. 179, 182.   7 *di* Mistruzzi: *Dii* all earlier texts.   9–11 All printed texts before *Carm. Quinq.* and some MSS omit these lines, and also present an inferior version of ll. 15–18 (reading *este* in 15 and *reliqui* in 17), apparently not understanding that *esse* and *relinqui* are dependent upon *memores*.

PAOLO BELMESSERI

PAOLO BELMESSERI (Paulus Belmisserus: c.1480– after 1534) was born at Pontremoli. He studied at Bologna, where he taught medicine and logic. In 1533 he gave up his lecturing post and followed the Papal court to attend the marriage of the Dauphin at Marseilles, writing an epithalamium for the occasion which won him a laureate crown at the hands of Francis I. At the King's invitation he then moved to Paris, where he remained for about a year teaching in the University. In 1534 he settled in Rome, where he obtained a Chair of Medicine at the Sapienza and became physician to Paul III.

Belmesseri's *Opera Poetica* were published in Paris in 1534; they comprise *Heptas*, a poem in two books on the number seven, and five books of elegies, epigrams and occasional poems; the title-page shows him with Pope Clement VII and Francis I, who is crowning him with laurel.

TEXT from *Opera Poetica* 1534.

138   *A wicked Pope*

Quis iacet hic? Sextus. Qui Sextus? Qui mare caelo,
    qui caelum terris, miscuit arte, dolo;
qui nunc Tartareas vexat crudelius umbras;
    a quo se vinctam saeva Megaera refert.
Cur moles tam magna loci? Quia condita sunt hic   5
    furta, doli, fraudes, bella, famesque, Venus.
Quod genus oppressit leti? Quae noxia sparsit
    lingua venena diu, haec bibit ore senex.
Semper enim divum iustissima numina: namque
    haud alia dignus morte perire fuit.   10

---

138 *Op. poet.* f.97: Epitaphium Alexandri sexti pontificis   Pope Alexander VI died, after a short illness, on 18 August 1503; poison was suspected, but the suspicion seems to have been unfounded.

GIROLAMO ANGERIANO

GIROLAMO ANGERIANO (Hieronymus Angerianus: c.1480–1535) was born almost certainly at Ariano Irpino in the province of Avellino. Not much is known for certain about his career: it seems that he settled in Naples c. 1495 and spent most of his life there, studying Greek and Latin literature and frequenting the Accademia Pontaniana; in 1512 he was, apparently, in Rome, where he met Ariosto and belonged to the circle of Johann Goritz (to whom he addressed two distiches published in *Coryciana* in 1524). In 1521 he was summoned by the Comune to Lucca, 'ad publice docendum et legendum', and stayed there till 1526, publishing in Florence in 1522 a pungent verse-satire in two books, *De miseria principum*. His most important work was Ἐρωτοπαίγνιον, a collection of nearly 200 short love-poems in elegiac couplets, treating themes drawn from the Greek Anthology and from contemporary courtly Italian poetry. It appeared in 1512 in Florence, and was reprinted in Naples in 1520 with an elegy *De vero poeta* and half-a-dozen other pieces. The collection was several times reprinted in Italy and in France, where it exercised an influence upon, among others, du Bellay. Half a century after his death, Angeriano was still popular enough to be chosen, together with Marullus and Joannes Secundus, as one of the *Poetae tres elegantissimi* republished in Paris in 1582.

TEXTS from Ἐρωτοπαίγνιον 1512, checked with 1520.

139   *The poem's complaint*

Quae te dira premit toties et vexat Erinnys?
  Nonne pudet, quae sunt ore tacenda loqui?
Vera putat populus; nam stultos esse poetas
  inquit: ego testis sum modo, stulta facis.
Et scribis, deles; et deles, scribis; et illa   5
  quae servas non sunt carmina digna legi.
Nescis, quicquid agis, nescis: sic labitur aevum,
  sic manet in nullo mens tua firma gradu.

139 Ἐρωτοπαίγνιον sig. [A vi]: De libelli querela

Iure queror : ferior cultro feriorque lituris,
   et patior calamo vulnera mille tuo.   10
Non curas, video, quid sit dementia; sed te
   delectat praeceps et sine mente furor.
Hoc solum doleo : claras si mittar in auras,
   quid dicam, si quis tam mala verba leget?
Non meus hic error, clara tua voce fatebor   15
   crimina, nam venient in caput illa tuum;
clamabo in triviis 'Vellem nunc posse placere;
   o nequeo! insanus talia scripsit amans.'

140   *On his own portrait*

Quis mihi te similem sic fecit, dulcis imago?
   Quam vere vultus exprimis ipsa meos!
Tu palles, me pallor habet; tu lumine caeco,
   caecus ego; nulla (heu!) mens tibi, nulla mihi.
Vita tuos artus, et nostros vita reliquit;   5
   muta taces, muta est haec mea lingua : tacet.
Tu sine corde manes, maneo sine corde; moraris
   hic sola, hic solus nocte dieque moror.
Membra geris tenui et fragili contexta papyro,
   in tenui et fragili cortice figor inops.   10
Nil nisi vana mei tu corporis umbra vel aura,
   corporibus par est umbra vel aura meis.
Non multo duras tu tempore, tempore multo
   non duro; fies tu cinis, ipse cinis.
Ambo pares; at laeta magis tu degis : amorem   15
   non sentis, miserum me facit asper amor.

---

140 Ἐρωτοπαίγνιον sig. [A viii]: Ad imaginem suam   1 *Quis mihi* 1520: *Qui mihi*
1512.

ANTONIO TELESIO

Antonio Telesio (Antonius Thylesius: 1482–1534), a native of Cosenza, studied and taught the humanities as a young man in Milan and Rome, where in 1524 he published a slim collection of *Poemata*. On the fall of the city in 1527 he escaped to Venice, where in 1528 he published (from the press of Bernardino dei Vitali) a treatise *De coloribus* (many times reprinted in the sixteenth century) and a tragedy, *Imber aureus*, before returning in 1529 to his birth-place. He divided the last five years of his life between Cosenza and Naples, which were competing, with Venice, Rome, Milan and Ragusa, for his services as a teacher.

Telesio—in Toscano's words 'dum parva canit, poeta magnus'—writes charming and original sketches in verse of birds, animals, insects and natural objects.

In 1762 Francesco Daniele, then in his early twenties, published in Naples a scholarly edition of Telesio's Works, with a life and bibliography, including a score of poems from manuscript sources; he supplemented this with *Carmina et epistolae quae ab editione Neapolitana exulant* (Naples 1808).

TEXTS and numeration from *Opera* 1762, checked for no. 141 with *De coloribus* 1528 (to which were appended *Cicindela* and a poem on spiders).

141 *The firefly*

Tantula nocte volans volucris micat aëre tantum,
ardenti similis scintillae, quam puer olim
aequales inter metuebam tangere, ne me
ureret, infirma est aetas cum nescia rerum.
Quae quoniam noctu lucet cognomen adepta est,   5
aut incensa nitet quoniam, velut ignea lampas,
cauda: sit una licet, nomen non est tamen unum.
Haec modo summa petens commotis emicat alis,

141 *Carm.* I viii: Cicindela   6–7 *lampas, cauda: sit una* 1528: *lampas, cauda sit una* 1762.
7 *nomen non est . . . unum*: it is called both 'cicindela' and 'noctiluca'.   17 *ex quo*:
'ever since'.

224

rursus et adductis fulvum decus aurea condit
ardentique procul fugiens levis igne coruscat;   10
et quocumque volat, secum sua lumina gestat,
lumina, quae tenebras arcent, quae flamina temnunt.
Nunc, velut obsequiosa videntibus, advolat, atque
fit magis atque propinqua magis, scintillat et ante
ora, minuta velut candentis frustula ferri   15
verbere quae assiduo fornacibus excutiuntur.
Ex quo rapta Iovi Stygio Proserpina (namque
una fuit comitum), veterem mutata figuram
quaerit adhuc dominae vestigia, et omnia lustrat.
Omniparens Natura, hominum rerumque creatrix,   20
difficilis, facilis, similis tibi, dissimilisque,
nulligena, indefessa, ferax, te pulchrior ipsa,
solaque quae tecum certas, te et victa revincis!
Omnia me nimis afficiunt, quo lumina cumque
verto libens: nihil est non mirum daedala quod tu   25
effingis, rebusque animam simul omnibus afflas
unde vigent quaecumque videntur—pabula, frondes,
et genus aligerum, pecudesque et squamea turba.

142 *A duck*

Gaudet anas fluvii frigentibus umida ripis
dum furit incumbens terris sol acrius aequo
et querulis frondosa fremit iam silva cicadis.
Haec suspensa modo summa se sustinet unda
et refovet gelidis obstantia pectora lymphis;   5
nec potis est vis ulla retrorsum pellere; quisquis
praecipitatur aquae lapsus, stat fixa nec hilum
cedit in immenso cautes velut edita ponto—
parvula namque licet rebus componere magnis.

142 *Carm.* I XXIV: Anas   Printed by Daniele from a MS in his own possession.

Nunc fluitat vitreisque ultro se fluctibus abdit,   10
ter cadit inque caput praeceps, rursusque sub auras
tollitur, et croceum defigens flumine rostrum
turbat aquas, gestitque recenti spargier unda;
interdumque immota secundum lata per amnem
labitur, ut compulsa fluit levis aequore cymba   15
cum mare contractis velis secat incita vento.
Saepe etiam adverso contendit vertice nitens
contra nare, pedesque urgens simul obvia fluctu
remigat et geminis pellit retro vada palmis,
queis intenta ligans digitos membrana coercet;   20
traiicit hac vastosque lacus fluviosque rapaces,
nam si fissa foret manus unguibus interscissis
discretos levis umor aquae interrumperet usque,
atque pedum, validus quamvis, vanesceret ictus.
Haec operae pretium est spectare, et ludere versu   25
sic gracili, quando rerum Natura creatrix
me tenet attonitum, quo lumina cumque locorum
verto libens nihil hac quicquam mihi dulcius una est.
Sed satis haec: iam iungit equos, iam fusca resurgit
oceano tenebrisque polum nox inficit atris.   30

ANDREA NAVAGERO

ANDREA NAVAGERO (Andreas Naugerius: 1483–1529) came of a good Venetian family; he studied at Padua, learning Greek under Musurus and philosophy under Pomponazzi. The friends of his youth included Bembo, de Longueil, and Fracastoro, who wrote a dialogue *Naugerius de re poetica*, in which Navagero is made to commend the study of the classics not only for their own sake but as a means of improving the reader's Italian literary style. Navagero was a friend of Aldus, and helped him in constituting his texts. In 1506 he was appointed librarian of the Biblioteca Marciana in succession to Marcantonio Sabellico, and he was commissioned to write the official history of the Venetian Republic, in both of which capacities he was succeeded by Bembo. He frequented Alviano's 'academy' at Pordenone, 1507–9. He was celebrated as an orator, and was appointed in 1523 to go on a diplomatic mission to Charles V, spending four years at the Emperor's court in Spain. Returning to Venice in 1528, he was sent on a mission to Francis I, but died at Blois shortly after reaching the French court.

Navagero is said to have destroyed a number of his own works, including his unfinished history of the Venetian Republic and two books in verse *De venatione* and one *De orbis situ*. His surviving works consist of a few Latin speeches and epistles, a few poems and letters in the vernacular, and a collection of less than fifty Latin poems, mostly short pastoral pieces. A collection consisting of his Latin poems, *Lusus*, together with two *Orationes* was published in Venice by Tacuino in 1530; this was reprinted by Giunta in 1555, together with the works of Fracastoro, 'ut eorum scripta [says the editor] qui arcta inter se viventes necessitudine coniuncti fuerunt in hominum quoque manus post eorum mortem iuncta pariter pervenirent'. The Latin poems had meanwhile been included in *Carm. Quinq.* in 1548 and 1552. Navagero's complete works were edited by the brothers Volpi and published by Comino (Padua 1718).

TEXTS from *Orationes duae Carminaque nonnulla* 1530; titles and numeration from Comino.

143 *The winnower to the winds*

Aurae, quae levibus percurritis aëra pennis
et strepitis blando per nemora alta sono,
serta dat haec vobis, vobis haec rusticus Idmon
spargit odorato plena canistra croco:
vos lenite aestum, et paleas seiungite inanes, 5
dum medio fruges ventilat ille die.

144 *A road-side spring*

Er gelidus fons est, et nulla salubrior unda,
et molli circum gramine terra viret;
et ramis arcent soles frondentibus alni,
et levis in nullo gratior aura loco est;
et medio Titan nunc ardentissimus axe est, 5
exustusque gravi sidere fervet ager.
Siste, viator, iter, nimio iam torridus aestu es,
iam nequeunt lassi longius ire pedes.
Accubitu languorem, aestum aura umbraque virenti,
perspicuo poteris fonte levare sitim. 10

145 *To Venus, to be kind to lovers*

Illi in amore pares, vicini cultor agelli
Thyrsis cumque suo Thyrside fida Nape,
ponimus hos tibi, Cypri, immortales amaranthos
liliaque in sacras serta parata comas.

---

143 *Carm.* ii: Vota ad Auras   This piece is famous in the French version of Joachim du Bellay, 'Le vanneur de blé aux vents'.
144 *Carm.* ix: Invitatio ad amoenum fontem
145 *Carm.* xiii: Vota Veneri ut amantibus faveat

Scilicet exemplo hoc, nullo delebilis aevo   5
  floreat aeternum fac, dea, noster amor.
Sit purus talisque utriusque in pectore candor
  in foliis qualem lilia cana ferunt;
utque duo hi flores serto nectuntur in uno
  sic animos nectat una catena duos.   10

146 *To Night*

Nox bona, quae tacitis terras amplexa tenebris
  dulcia iucundae furta tegis Veneris,
dum propero in carae amplexus et mollia Hyellae
  oscula, tu nostrae sis comes una viae,
neve aliquis nostros possit deprendere amores   5
  aëra coge atras densius in nebulas.
Gaudia qui credit cuiquam sua, dignus ut unquam
  dicier illius nulla puella velit.
Non sola occultanda cavis sunt orgia cistis
  solave Eleusinae sacra silenda deae;   10
ipse etiam sua celari vult furta Cupido,
  saepius et poenas garrula lingua dedit.
Una meos, quos et miserata est, novit amores
  officiis nutrix cognita fida suis,
haec quae me foribus vigilans exspectat in ipsis   15
  inque sinum dominae sedula ducit anus.
Hanc praeter, tu, sancta, latent qua cuncta silentque,
  tu, dea, sis flammae conscia sola meae,
quaeque libens astat nostrorum testis amorum
  nobiscum tota nocte lucerna vigil.   20

146 *Carm.* xxii: Ad Noctem

147 *To Sleep*

Beate Somne, nocte qui hesterna mihi
    tot attulisti gaudia,
utinam deorum rector ille caelitum
    te e coetu eorum miserit,
quae saepius mortalibus vera assolent   5
    mitti futuri nuntia.
Tu, quae furenti surdior freto meas
    superba contemnit preces,
facilem Neaeram praebuisti, quin mihi
    mille obtulit sponte oscula,   10
oscula quae Hymetti dulciora sint favis,
    quae suaviora nectare.
Vere beate Somne, quod si saepius
    his, dive, me afficias bonis,
felicior caelestibus deis ero,   15
    summo nec inferior Iove.
At tu, proterva, quolibet fuge, eripe
    complexibus te te meis,
si somnus iste me frequens reviserit,
    tenebo te, invitam licet.   20
Quin dura sis, sis quamlibet ferox, eris
    et mitis et facilis tamen.

148 *An offering to Vulcan*

Has, Vulcane, dicat silvas tibi vilicus Acmon,
    tu sacris illas ignibus ure, pater.

---

147 *Carm.* xxix: Ad Somnum
148 *Carm.* xvi: Vota Acmonis Vulcano   Acmon's sacrifice symbolises N.'s burning of
his own youthful poems written under the influence of Statius. The preface to *1530*,
after saying that on his deathbed he destroyed all the works he had with him, as
being unfinished and unworthy of their author, goes on to say 'adolescens adhuc,
quum se ad bonorum poetarum, ac cum primis Virgilii, imitationem traduceret
(ut eius *Ad Vulcanum* epigramma testatur), *Silvas* suas Statii imitatione factas, exussit'.

Crescebant ducta e Stati propagine silvis,
    iamque erat ipsa bonis frugibus umbra nocens.
Ure simul silvas : terra simul igne soluta   5
    fertilior largo faenore messis eat.
Ure istas ; Phrygio nuper mihi consita colle
    fac, pater, a flammis tuta sit illa tuis.

149   *On a portrait of himself in armour*

Quid magis adversum bello est bellique tumultu
    quam Venus? ad teneros aptior illa iocos.
Et tamen armatam hanc magni pinxere Lacones
    imbellique data est bellica parma deae.
Quippe erat in signum, forti Lacedaemone natum   5
    saepe et femineum bella decere genus.
Sic quoque, non quod sim pugna versatus in ulla,
    haec umeris pictor induit arma meis,
verum hoc quod bello, hoc patriae quod tempore iniquo,
    ferre vel imbellem quemlibet arma decet.   10

150   *An unspeaking likeness*

Quem toties vixisse anima redeunte renatum
    mutato fama est corpore Pythagoram,
cerne iterum ut docti caelo generatus Asylae
    vivat, ut antiquum servet in ore decus.

---

149 *Carm.* xlii: De imagine sui armata   5 *in signum . . . natum* 1718: *id signum . . . natum* earlier edd.: 'It was intended to be a symbol, signifying that often it befitted even womankind to go to the wars, if they were of stern Spartan stock.'

150 *Carm.* xxiv: De Pythagorae simulacro   3 *Asylae*: Presumably a contemporary sculptor; no identification has been suggested.

Dignum aliquid certe volvit, sic fronte severa est,   5
   sic in se magno pectore totus abit;
posset et ille altos animi depromere sensus—
   sed, veteri obstrictus religione, silet.

GIROLAMO FRACASTORO

GIROLAMO FRACASTORO (Hieronymus Fracastorius: 1483–1553) came of an old Veronese family; after studying mathematics and philosophy at Padua under Pomponazzi, he turned to medicine and was soon appointed to the principal medical Chair in the University. Among his fellow-students at Padua were Andrea Navagero, Marcantonio and Gasparo (afterwards Cardinal) Contarini, and three brothers of the noble Veronese family of della Torre: Marcantonio, Giovanni Battista and Raimondo. When studies at Padua were interrupted by war, Fracastoro was invited by Bartolomeo d'Alviano to his 'academy' at Pordenone, where he stayed until the general's defeat at Agnadello in 1509; he then returned home, to divide his time between his town house in Verona and his mountain villa at Incaffi, looking over the Lago di Garda. There he spent the rest of his days, devoting himself to the writing of verse, the study of philosophy and astronomy, and the practice of medicine, in which he achieved a European reputation: Paul III made him honorary physician to the Council of Trent.

Fracastoro was a universally popular man, of amiable manners and appearance: 'naso' (says his contemporary biographer) 'ab diutissime contemplandis stellis contracto simoque'; he was without literary or professional ambition, and seems to have taken little care about the preservation or the publication of his writings.

He brought out his principal poem, *Syphilis sive Morbus Gallicus*, at Verona in 1530, in three books, in a slim and unpretentious quarto without name of printer, preface or dedication, apart from the words 'Ad P. Bembum' at the head of the text. The poem was praised by Sannazaro and by Bembo (to whom Fracastoro had shown five years before a version in two books which Bembo begged him not to extend); it was often reprinted, alone or with other poems. In spite of its uninviting title, *Syphilis* is no mere treatise, but a lively and variegated poem—Virgil treating discursively a Lucretian theme. Fracastoro left unpublished at his death two books of an unfinished Biblical epic, *Joseph*, and a number of miscellaneous pieces: *Alcon*, a poem of 180 hexameters on the care of hounds, a dozen or so long epistles and elegies, and some twenty shorter poems, most of them in hexameters.

After Fracastoro's death, Paolo Ramusio collected his *Opera Omnia*, prefixing to them an anonymous *Vita*, and brought them out (together with a reprint of Navagero's poems) in a handsome quarto (Giunta, Venice 1555); they include, besides *Carminum liber unus*, three prose dialogues (*Naugerius, de re poetica*; *Fracastorius, de anima*; and *Turrianus, de intellectione*) and several astronomical and medical tracts, in which pieces of verse are embedded.

A revised text of Fracastoro's poems, with testimonia and a reprint of the *Vita*, appeared at Padua in 1718, edited by G. A. Volpi, together with the poetical remains of four other *poetae Veronenses* (Cotta, Bonfadio, Fumano and Niccolò d'Arco). The publisher was Comino, who in 1739 brought out a large two-volume quarto edition of Fracastoro's poems and letters, reprinting the text of 1718 and adding from MSS some 500 lines of unpublished verse. Meanwhile, in 1731 Friderich Mencke had published at Leipzig an exhaustive study, *De vita moribus scriptisque meritisque Fracastorii*, containing a full bibliography which was reprinted by Comino.

TEXTS from *Opera Omnia* 1555, checked for *Syphilis* with *ed. princ.* 1530; numeration from Comino 1739.

151 *Psyche to Cupid*

Huc, Amor o dilecte, ades, o dilecte Cupido!
Formosum tua te Psyche formosa requirit,
et poscit te dia deum, puerumque puella.
O tibi tam similis si te peramatque cupitque,   5
nonne et amabis, Amor, illam, cupiesque, Cupido?
Est eadem nobis patria; est caelestis origo
ab Iove; nos terris pariter, nos aethere in alto
versamur pariter, coniunctaque munera obimus.
Ipsa bonum pulchrumque modis in pectora miris
insinuo, tu corda feris, tu suggeris ignes,   10
accendisque ardore novo, genus unde animantum
concipitur crescitque sua et conubia iungit.
Me miseram, quod et ipsa meis in me artibus usa,
ah nimium tenera et pulchro nimis apta moveri,
ut te conspexi, ut novi, pulcherrime rerum,   15
continuo facibusque tuis et Amoris amore
exarsi: iuvat hoc, paribus si et tu ignibus ardes.
Tolle, puer, vittas, atque in me lumina solve,

151 *Opera* f.216: Psyche. A song introduced into the dialogue *De anima*.

nempe et amabis, Amor, pulchram cupiesque, Cupido.
Ipsa tibi tenuem qua cingas tempora vittam   20
intertextam auro et molli bombyce laboro,
pictus ubi Narcissus hiat, Maeander oberrat.
Hic ego te latas terras atque alta volatu
nubila tranantem fingo et maria uda secantem,
cuncta tibi imperio subdentem, hominesque ferasque   25
et pictas volucres et quae nant aequore monstra.
Dis quoque nec parcis: curru rex Iuppiter aureo
invehitur, cinctus umeros et bracchia ferro.
Quos inter tua Psyche etiam religata catenis
it maerens sequiturque tuos captiva triumphos.   30

152   *The farmer's fire-side*

At nemora et liquidis manantia fontibus arva,
et placidus myrteta inter laurosque virentes
vicinus nitido Benacus labitur amne.
At focus et circum pueri vernaeque canentes
dum cena undanti coquitur silvestris aëno   5
grandiaque exurunt crepitantes robora flammae,
suspensae e summis pendent laquearibus uvae
malaque castaneaeque et passo fistula ventre,
hiberna de nocte boum stabula alta petuntur.
Una omnes matresque virique omnisque iuventus   10
insomnem exercent noctem: pars pensa fatigat,
pars texit teneros Amerino vimine qualos;
atque anus hic aliqua interea, dum vellera carpit
et teretem tremulo propellit pollice fusum,
languentes oculos fabella fallit inani.   15

---

152 *Carm.* xix: Aliud incidens ad eundem [sc. Ioannem Baptistam Turrianum]   One
of F.'s half-dozen brief 'incidentia'—'Augenblickbilder', as Ellinger calls them, of
country life.

153 *Science, Poetry and Philosophy*

Quid dicam miserum me agere et quam ducere vitam   5
irrequietum animi et quaerentem indagine vana
Naturam semper fugientem, quae se, ubi paulum
ostendit mihi, mox facies in mille repente,
ceu Proteus, conversa sequentem eludit et angit
maerentem seniique horas cassumque laborem?   10
   Nuper enim tenues species simulacraque rerum,
quae fluere ex ipsis dicuntur perque meare
omnia, dum sector meditans tacitusque requiro
avia silvarum et secreta silentia solus,
cognovi tamen his spectris illudier ipsis: 15
ut sensus feriant nostros semperque lacessant,
perque fores caulasque animae ludantque meentque
ac remeent, ipsamque nec inter somnia linquant.
Ergo hoc elusum studio fessumque labore
tandem me miserata suos abduxit in hortos   20
Musa memor, tetricumque animum somno atque quiete
curavit numerisque et blando carmine fovit.
Tum mihi: 'Quo tandem, o semper mortalia quaerens
hanc colere usque voles terram? nunquamne relinques
has tenebras, nunquamne in lucem lumina tolles?   25
An nescis, quaecumque hic sunt quae hac nocte teguntur,
omnia res prorsus veras non esse, sed umbras
aut specula, unde ad nos aliena elucet imago?
Terra quidem et maria alta atque his circumfluus aër
et quae consistunt ex is, haec omnia tenues   30
sunt umbrae, humanos quae tamquam somnia quaedam

153 *Carm.* vii: Ad M. Antonium Flaminium et Galeatium Florimontium   Galeazzo
Florimonte was a scholar and friend of writers. He was made Bishop of Aquinas by
Paul III and translated by Julius III to the see of his native place, Sessa Aurunca in
Campania; after being sent by Paul IV to Carpentras to help to compose ecclesiastical
differences in France, he returned to Sessa, where he died in 1567.   40 *secum*
Comino (probably an editorial conjecture): *auens* 1555, plainly wrong.   41 *circum*
haec Comino, probably another conjecture; 1555 prints an asterisk, presumably
indicating a gap, or something illegible, in the MS.

pertingunt animos fallaci et imagine ludunt,
nunquam eadem, fluxu semper variata perenni.
Sol autem lunaeque globus fulgentiaque astra
cetera, sint quamvis meliori praedita vita   35
et donata aevo immortali, haec ipsa tamen sunt
aeterni specula, in quae animus qui est inde profectus
inspiciens, patriae quodam quasi tactus amore,
ardescit; sed enim, quoniam hic non perstat at ultra
nescio quid sequitur secum tacitusque requirit,   40
nosse licet circum haec ipsum consistere verum
non finem: verum esse aliud quid, cuius imago
splendet in is quod per se ipsum est, et principium esse
omnibus aeternum, ante omnem numerumque diemque;
in quo alium solem atque aliam splendescere lunam   45
aspicias, aliosque orbes, alia astra manere,
terramque fluviosque alios atque aëra et ignem
et nemora, atque aliis errare animalia silvis:
denique cuncta alia cernas vegetantia vita.

    Ergo, umbras cum iam satis et specula illa superque   50
spectaris, longa iamdudum in nocte pererrans,
fas tandem lucem atque ipsum perquirere verum.
Quod quoniam longe seiunctum est corpore ab omni
nec nexus habet, aut affinem sensibus ullis
naturam, scito esse animum tibi dissociandum   55
corpore, purgandumque omni contage recepta,
terrena labe, et mortalis luminis haustu;
quaerendaeque aliae silvae, callesque tenendi
sunt alii, meliorque Deum quae semita monstrat.'...

154 *On the death of Aliprando Madruzio*

Impositum cum te feretro, miserande Madruti,
cerneret illacrimans Caesar, circumque videret

---

154 *Carm.* ix: In mortem Aliprandi Madrutii   Madruzio was a native of Trento
(cf. l.11) and a trusted commander under Charles V ('Caesar').

et spolia et victis erepta ex hostibus arma,
et modo victrices iuxta maerere phalanges,
'Quantum' inquit 'tua mors nostris inimica triumphis   5
laetitiae decorisque adimit! Spes quanta futuri
tecum, Aliprande, cadit! Sed non tua vivida virtus,
ut te hunc aspicerem, tua non promiserat aetas;
sed fore, qui Solymis mecum atque Oriente subacto,
barbaricis regum spoliis et mille tropaeis   10
olim magna tui decorares templa Tridenti.
Invidit Mors tanta tibi. Vos nobile corpus
ferte ducis vestri, iuvenes, et reddite matri
exanimi: sed et haec miserae solatia ferte,
se tantum peperisse virum, qui Caesaris usque   15
et comes, et bene gestarum pars maxima rerum,
Caesaris ex animo nullo delebitur aevo.'

155   *A tragic case*

Ipse ego Cenomanum memini, qua pinguia dives
pascua Sebina praeterfluit Ollius unda,
vidisse insignem iuvenem, quo clarior alter
non fuit, Ausonia nec fortunatior omni: 385
vix pubescentis florebat vere iuventae
divitiis proavisque potens et corpore pulchro,
cui studia aut pernicis equi compescere cursum
aut galeam induere et pictis splendescere in armis
aut iuvenile gravi corpus durare palaestra   390
venatuque feras agere et praevertere cervos:
illum omnes Ollique deae Eridanique puellae
optarunt, nemorumque deae rurisque puellae
omnes optatos suspiravere hymenaeos.

155 *Syphilis* I   382 The Cenomani were a N. Italian tribe   383 *Sebina . . . Ollius*:
the Oglio flows out of the Lago d'Iseo.   407–8 om. 1530, 1555: first printed by
Volpi in 1718.

Forsan et ultores superos neglecta vocavit   395
non nequiquam aliqua et votis pia numina movit:
nam nimium fidentem animis nec tanta timentem
invasit miserum labes, qua saevior usquam
nulla fuit, nulla unquam aliis spectabitur annis.
Paulatim ver id nitidum, flos ille iuventae,   400
disperiit, vis illa animi: tum squalida tabes
artus (horrendum!) miseros obduxit, et alte
grandia turgebant foedis abscessibus ossa.
Ulcera (proh divum pietatem!) informia pulchros
pascebant oculos et diae lucis amorem,   405
pascebantque acri corrosas vulnere nares;
quo tandem infelix fato post tempore parvo
aetheris invisas auras lucemque reliquit.
Illum Alpes vicinae, illum vaga flumina flerunt,
illum omnes Ollique deae Eridanique puellae   410
fleverunt nemorumque deae rurisque puellae,
Sebinusque alto gemitum lacus edidit amne. . . .

156   *The tribulations of Italy*

Di patrii, quorum Ausonia est sub numine, tuque,
tu Latii, Saturne, pater, quid gens tua tantum
est merita? an quicquam superest dirique gravisque

156 *Syphilis* I   426 *funera regum*: Ferdinand I of Naples died in 1493; Alfonso II abdicated in 1494; Ferdinand II died in 1495.   428–32 The *strages infanda* was the battle fought in 1495 at Fornovo, in the valley of the Taro, between Charles VIII and a coalition of Italian states.   434 *Abdua*: the river Adda, near which was fought in 1509 the battle of Agnadello, between the Venetians and the League of Cambrai.   443 *Erethenus*: the Retrone, which joins the Bacchiglione west of Vicenza and flows through the Euganean hills.   448 *Athesi*: the Adige; *Benacide lympha*: the Mincio, which flows out of the Lago di Garda.   458–9 *Marce Antoni*: F.'s great friend Marcantonio della Torre, whose untimely death followed fast upon that of Cotta in 1510; Fracastoro mourned them both in a touching elegy addressed to Marcantonio's brother Giovanni Battista (*Opera* f.269).   461 *Sarca*: a river in the Trentino which flows into the Lago di Garda.

quod sit inexhaustum nobis? ecquod genus usquam
aversum usque adeo caelum tulit? Ipsa labores, 425
Parthenope, dic prima tuos; dic funera regum
et spolia et praedas captivaque colla tuorum.
An stragem infandam memorem, sparsumque cruorem
Gallorumque Italumque pari discrimine; cum iam
sanguineum et defuncta virum defunctaque equorum 430
corpora volventem, cristasque atque arma trahentem
Eridanus pater acciperet rapido agmine Tarum?
Te quoque spumantem et nostrorum caede tumentem.
Abdua, non multo post tempore, te pater idem
Eridanus gremio infelix suscepit, et altum 435
indoluit tecum et fluvio solatus amico est.
 Ausonia infelix! en quo discordia priscam
virtutem et mundi imperium perduxit avitum!
Angulus anne tui est aliquis qui barbara non sit
servitia et praedas et tristia funera passus? 440
Dicite vos, nullos soliti sentire tumultus,
vitiferi colles, qua flumine pulcher amoeno
Erethenus fluit et, plenis lapsurus in aequor
cornibus, Euganeis properat se iungere lymphis.
O patria, o longum felix, longumque quieta 445
ante alias, patria o divum sanctissima tellus,
dives opum, fecunda viris, laetissima campis
uberibus, rapidoque Athesi, et Benacide lympha,
aerumnas memorare tuas summamque malorum
quis queat, et dictis nostros aequare dolores, 450
et turpes ignominias et barbara iussa?
Abde caput, Benace, tuo et te conde sub amne,
victrices nec iam deus interlabere lauros.
 En etiam, ceu nos agerent crudelia nulla
nec lacrimae planctusve forent, en dura tot inter, 455
spes Latii, spes et studiorum et Palladis illa
occidit. Ereptum Musarum e dulcibus ulnis
te miserum ante diem crudeli funere, Marce
Antoni, aetatis primo sub flore cadentem,

vidimus extrema positum Benacide ripa,   460
quam media inter saxa sonans Sarca abluit unda.
Te ripae flevere Athesis; te voce vocare
auditae per noctem umbrae manesque Catulli,
et patrios mulcere nova dulcedine lucos. . . .

GIANO VITALE

GIANO (or GIOVANNI) VITALE (Ianus Vitalis: c. 1485–c. 1560) came from Palermo. Not much is known about him except what can be gathered from his poems. After living for some time in Naples and Bologna, he settled in Rome, where between 1512 and 1525 he published some half-dozen 'occasional' pieces, celebrating, for instance, the accession of Leo X and the coronation of Charles V, and mourning the deaths of the courtesan Imperia and Francesco Davalo, Marchese of Pescara. He contributed to *Coryciana* (1524), was a friend of L. G. Giraldi and G. P. Valeriano, and was included by Arsilli among his 'poetae urbani'. Though he was in orders and wrote hymns and paraphases of the Psalms, and though in 1553 he published a collection of some sixty fulsome *elogia* addressed to Julius III and his College of Cardinals, Vitale does not seem to have received any preferment, apart from being created 'comes Palatinus' by Leo X. His most considerable effort in verse seems to have been *Teratorizon*, a hexameter poem deploring the dangers besetting Italy. He is best known for a series of twenty-seven epigrams, included in Paolo Giovio's *Elogia* (Venice 1546). No collected edition of his poems seems ever to have been published.

TEXTS: for no. 157, *Del. Ital.*; for the rest, Giovio's *Elogia* 1546, checked with *Del. Ital.*

157   *To Christopher Columbus*

Tu maris et terrae trans cognita claustra, Columbe,
    vectus nave cita penetrasti
ignotos populos atque abdita maxima regna
    antipodumque orbem extremorum.
Hic aliae ventorum animae tua lintea leni   5
    implerunt Aquilone nec alto

157 *Del. Ital.* II p.1434: In Christophorum Columbum   Columbus died in 1506.
  11 *quarum*: perhaps *quorum*?   16 This line lacks a foot.

fulserunt Helices, clarissima lumina, caelo
    nec vertit mare tristis Orion.
Hic legem accipiunt mitem Zephyrique Notique,
    aequora nec tolluntur in altum.   10
Tu gentem incultam, quarum vel pomifera arbor
    numen erat vel purpureus flos
vel fons irriguus liquidis manantibus undis,
    formas vera religione.
Tu vitam humanam instituis, tu moenia et urbes   15
    stare doces opulentas
et parere gravidam non uno e semine terram
    et conubia iungere certa.
Unde etiam extremi laetis cum vocibus Indi
    te memorant patremque salutant.   20
Salve, non Ligurum modo, sed decus orbis honorque
    nostri saecli, magne Columbe,
cui merito Iovius heroas dedicat inter
    nominis aeterni monumentum.

158   *On Flavio Biondo*

Eruis e tenebris Romam dum, Blonde, sepultam,
    es novus ingenio Romulus atque Remus.
Illi urbem struxere rudem; celeberrima surgit
    haec eadem studiis, ingeniose, tuis.
Barbarus illam hostis ruituram evertit; at isti   5
    nulla unquam poterunt tempora obesse tuae.
Iure triumphalis tibi facta est Roma sepulcrum,
    illi ut tu vivas, vivat ut illa tibi.

158 *Elogia* f.11: In obitum Flavii Blondi   Biondo died in 1463.

159 *Linacre's tribute*

Dum Linacrus adit Morinos patriosque Britannos,
    artibus egregiis dives ab Italia,
ingentem molem saxorum in rupibus altis
    congerit ad fauces, alte Gebenna, tuas.
Floribus hinc viridique struem dum fronde coronat,   5
    et sacer Assyrias pascitur ignis opes,
'Hoc tibi,' ait 'mater studiorum o sancta meorum,
    templum Linacrus dedicat, Italia.
Tu modo, cui docta assurgunt cum Pallade Athenae,
    hoc de me pretium sedulitatis habe!'   10

160 *Blessed Thomas More*

Dum Morus immeritae submittit colla securi
    et flent occasum pignora cara patris,
'Immo,' ait 'infandi vitam deflete tyranni:
    non moritur, facinus qui grave morte fugit.'

---

159 *Elogia* f.39: De Thoma Linacro   Linacre, after about six years in Italy, returned to England c. 1491. The story of his building an altar on the slopes of the Alps, as an expression of his devotion to Italy, is alluded to also in some verses of Johannes Latomus printed in the edition of Giovio's *Elogia* published at Antwerp in 1557. 1 *Morinos*: Linacre returned to England *via* the Low Countries.   4 *Sebenna*: the Cevennes.
160 *Elogia* f.56: De Thoma Moro   More was executed in July 1535.   2 *patris*, Del. Ital: *suum*, Elogia; V. *may* have written *suum* (for *eius*).

MARCO GIROLAMO VIDA

MARCO GIROLAMO VIDA (Marcus Hieronymus Vida: 1485–1566) came of a noble but impoverished family from Cremona. After studying at Padua, Bologna, and Mantua, he went to Rome, where he became a canon of St. John Lateran. He wrote Latin verse easily and elegantly, and his ingenious hexameter poems on the silk-worm (*De bombyce*) and the game of chess (*Scacchia ludus*) attracted the notice of Leo X, who presented him with the priory of S. Silvestro at Frascati, a rustic retreat where he spent much time in literary study, and where he wrote his moving poem on the deaths of his parents. In 1520 Vida completed the first draft of his *De arte poetica*, the final version of which came out, in three books, in Rome in 1527, together with the works already mentioned and a dozen other poems—hymns, eclogues, odes and epistles. In 1535 there appeared in Cremona *Christias*, a Virgilian epic telling in six books the story of the life and death of Christ, which he had started at the suggestion of Leo X, and which he brought out, after prolonged revising and polishing, at the instigation of Leo's successor. Clement VII made him, in 1532, Bishop of Alba in Piedmont; he retired there two or three years later and spent the rest of his life attending conscientiously to the affairs of his diocese.

Besides the poems mentioned above, Vida wrote more than thirty *Hymni*, most of them long hexameter invocations of the saints, filling more than 200 pages in *Poemata*, 1550, where they were first collected and printed together with his other Latin poems. His only literary work in prose was a Ciceronian dialogue in two books, *De reipublicae dignitate* (1556), in which he, Marcantonio Flaminio, Alvise Priuli, and one or two other friends attending the Council of Trent, discuss with Cardinal Pole the foundations and limits of constitutional authority.

Vida enjoyed immense critical and literary prestige on the Continent, where many editions and translations of his poems were published during the sixteenth and seventeenth centuries; an 'editio omnium emendatissima', edited by the brothers Volpi, with a life, notes, *testimonia* and a list of earlier editions, was published in two quarto volumes by Comino at Padua in 1731. In England, it seems, he was not much regarded until the eighteenth century; a finely printed edition of his poems appeared in Oxford in four volumes (1722–33); in 1725 Christopher Pitt translated the *De arte poetica* into English verse; and Pope included *Bombyx*, *Scacchia ludus*, and *De arte poetica* in his *Selecta Poemata Italorum* (1740).

Vida has been stigmatised as 'correct', cold, and unfeeling; but in his *Poetics* he not only tells but shows how to write lively and effective Latin verses; his elegy on his parents proves the tenderness of his heart; and his *Christias*, if it lacks the emotional intensity of Sannazaro's religious poetry, presents a series of dramatic scenes with inventiveness and homely realism, without the embarrassing Pagan mythological apparatus of the *De partu Virginis*, and at some points (as in the account of the Crucifixion) it is irresistibly moving.

TEXTS from *Poemata*, 2 vols, Cremona 1550 (text supervised by the author), checked with *De arte poetica*, Rome 1527, and *Christias*, Cremona 1535.

161 *Provision against dearth*

Has tibi, Terra, fabas, Albae contermina muris,
    dat Vida: in facili tu bona conde sinu.
Has serit, esuriem populi miseratus egentis,
    pallida dum capta saevit in urbe fames.
Hoc ieiuna famem solari turba paratu   5
    et teneras poterit carpere dente fabas.
Ille, sua aspectans campum sublimis ab aula,
    concipiet dulcem pectore laetitiam:
hos legere, hos lectis vesci, praedamque virentem
    vectam humero aspiciet ferre domum saturos.   10
Quam iuvet his sua vastari populatibus arva
    et messes condi in horrea viva suas!
Tu bona, tu interea, Tellus, ne defice iactis
    seminibus; nusquam sit prior ulla seges.

162 *Poetic diction*

Iamque age, verborum qui sit delectus habendus,   170
quae ratio; nam nec sunt omnia versibus apta

161 *Poemata* II f.74: Telluri   V. played a leading part in the resistance when Alba, the seat of his bishopric, was besieged by the French in 1542.   9 *hos . . . hos: has . . . his* some modern edd.
162 *De arte poetica* III   185 *Quo* 1527, 1550: *qui* some modern edd.

omnia nec pariter tibi sunt uno ordine habenda.
Versibus ipsa etiam divisa, et carmina quantum
carminibus distant, tantum distantia verba
sunt etiam inter se, quamvis communia multa   175
interdum invenies versus diffusa per omnes.
Multa decent scenam, quae sunt fugienda canenti
aut divum laudes aut heroum inclita facta.
Ergo alte vestiga oculis aciemque voluta
verborum silva in magna; tum accommoda Musis   180
selige et insignes vocum depascere honores,
ut nitidus puro versus tibi fulgeat auro.
Reice degenerem turbam, nil lucis habentem,
indecoresque notas, ne sit non digna supellex.
Quo fieri id possit veterum te semita vatum   185
observata docebit: adi monumenta priorum
crebra oculis animoque legens, et multa voluta. . . .

163   'Je prends mon bien où je le trouve'

Aspice, ut exuvias veterumque insignia nobis
aptemus; rerum accipimus nunc clara reperta,
nunc seriem atque animum verborum, verba quoque ipsa; 215
nec pudet interdum alterius nos ore locutos.
Cum vero cultis moliris furta poetis
cautius ingredere, et raptus memor occule versis
verborum indiciis, atque ordine falle legentes
mutato; nova sit facies, nova prorsus imago.   220
Munere (nec longum tempus) vix ipse peracto
dicta recognosces veteris mutata poetae.
Saepe palam quidam rapiunt, cupiuntque videri
omnibus intrepidi, ac furto laetantur in ipso
deprensi; seu cum dictis, nihil ordine verso,   225
longe alios isdem sensus mira arte dedere,

163 *De arte poetica* III

exueruntque animos verborum impune priores;
seu cum certandi priscis succensa libido,
et possessa diu, sed enim male condita, victis
extorquere manu iuvat, in meliusque referre. . . .   230
    Ergo agite o! mecum securi accingite furtis
una omnes, pueri, passimque avertite praedam.
Infelix autem (quidam nam saepe reperti)   245
viribus ipse suis temere qui fisus et arti
externae quasi opis nihil indigus, abnegat audax
fida sequi veterum vestigia, dum sibi praeda
temperat heu! nimium, atque alienis parcere crevit,
vana superstitio! Phoebi sine numine cura!   250
Haud longum tales ideo laetantur, et ipsi
saepe suis superant monumentis, illaudatique
extremum ante diem fetus flevere caducos
viventesque suae viderunt funera famae.
Quam cuperent vano potius caruisse labore,   255
eque suis alias didicisse parentibus artes! . . .

164 *Word-making*

Verba etiam tum bina iuvat coniungere in unum   305
molliter inter se vinclo sociata iugali.
Verum plura nefas vulgo congesta coire,
ipsaque quadrifidis subniti carmina membris;
Itala nec passim fert monstra tricorpora tellus.
Horresco diros sonitus, ac levia fundo   310
invitus perterricrepas per carmina voces.
Argolici, quos ista decet concessa libido,
talia conubia et tales celebrent Hymenaeos;
tergeminas immane struant ad sidera moles,
Pelion addentes Ossae et Pelio Olympum.   315
At verbis etiam partes ingentia in ambas

164 *De arte poetica* III   322 *putantes*: pruning.

verba interpositis proscindere seque parare,
deterere interdum licet atque abstraxe secando
exiguam partem et strinxisse fluentia membra.
Idcirco si quando ducum referenda virumque   320
nomina dura nimis dictu atque asperrima cultu,
illa aliqui, nunc addentes, nunc inde putantes
pauca minutatim, levant ac mollia reddunt,
Sichaeumque vocant mutata parte Sicarbam. . . .

165 *The Revised Version*

Quod superest, quae postremo peragenda poetae,   455
expediam. Postquam casus evaserit omnes
signaque perpetuum deduxit ad ultima carmen
exultans animo victor laetusque laborum,
non totam subito praeceps secura per urbem
carmina vulgabit: ah! ne sit gloria tanti,   460
et dulcis famae quondam malesuada cupido;
at patiens operum semper metuensque pericli
exspectet donec sedata mente calorem
paulatim exuerit fetusque abolerit amorem
ipse sui curamque alio traduxerit omnem.   465
Interea fidos adit haud securus amicos;
utque velint inimicum animum frontisque severae
dura supercilia induere, et non parcere culpae,
hos iterum atque iterum rogat; admonitusque latentis
grates laetus agit vitii et peccata fatetur   470
sponte sua, quamvis etiam damnetur iniquo
iudicio et falsum queat ore refellere crimen.
Tum demum redit et post longa oblivia per se
incipit hic illic veterem explorare laborem.
Ecce! autem ante oculos nova se fert undique imago, 475
longe alia heu! facies rerum, mutataque ab illis

165 *De arte poetica* III

carmina, quae tantum ante, recens confecta, placebant.
Miratur tacitus, nec se cognoscit in illis
immemor, atque operum piget ac sese increpat ultro.
Tum retractat opus, commissa piacula doctae   480
Palladis arte luens; nunc haec, nunc reiicit illa,
omnia tuta timens, melioraque sufficit illis,
attondetque comas stringens silvamque fluentem
luxuriemque minutatim depascit inanem,
exercens durum imperium; dum funditus omnem,   485
nocturnis instans operis, operisque diurnis,
versibus eluerit labem, et commissa piarit.
Arduus hic labor; hic autem durate, poetae,
gloria quos movet aeternae pulcherrima famae. . . .

166   *Virgil*

Virgilii ante omnes laeti hic super astra feremus
carminibus patriis laudes; decus unde Latinum,   555
unde mihi vires, animus mihi ducitur unde:
primus ut Aoniis Musas deduxerit oris,
Argolicum resonans Romana per oppida carmen;
ut iuvenis Siculas silvis inflarit avenas;
utque idem, Ausonios animi miseratus agrestes,   560
extulerit sacros ruris super aethera honores,
Triptolemi invectus volucri per sidera curru;
res demum ingressus Romanae laudis, ad arma
excierit Latium omne, Phrygumque instruxerit alas,
verba deo similis: decus a te principe nostrum   565
omne, pater; tibi Graiugenum de gente tropaea
suspendunt Itali vates, tua signa secuti;
omnis in Elysiis unum te Graecia campis
miraturque auditque ultro assurgitque canenti.
Te sine nil nobis pulchrum; omnes ora Latini   570

166 *De arte poetica* III   576 *fama* 1527, 1550: *famae* some modern edd.

in te oculosque ferunt versi; tua maxima virtus
omnibus auxilio est; tua libant carmina passim
assidui, primis et te venerantur ab annis.
Ne tibi quis vatum certaverit; omnia cedant
saecla, nec invideant primos tibi laudis honores.   575
Fortunate operum! tua praestans gloria fama,
quo quemquam aspirare nefas, sese extulit alis.
Nil adeo mortale sonas; tibi captus amore
ipse suos animos, sua munera laetus Apollo
addidit, ac multa praestantem insigniit arte.   580
Quodcumque hoc opis atque artis nostrique reperti,
uni grata tibi debet praeclara iuventus,
quam docui et rupis sacrae super ardua duxi,
dum tua fida lego vestigia, te sequor unum,
o decus Italiae! lux o clarissima vatum!   585
Te colimus, tibi serta damus, tibi tura, tibi aras,
et tibi rite sacrum semper dicemus honorem
carminibus memores. Salve, sanctissime vates!
Laudibus augeri tua gloria nil potis ultra,
et nostrae nil vocis eget; nos aspice praesens,   590
pectoribusque tuos castis infunde calores
adveniens, pater, atque animis tete insere nostris.

167   *A son's tribute to his parents*

Hic tamen umbrosum nactus nemus, hic loca sola,
ne mea quis carpsit nimium lamenta severus
et nimium teneros fletus irriserit asper,

---

167 *Poemata* II f.69: Gelelmi Vidae et Leonae Oscasalae parentum manibus   V.'s
parents evidently died while he was still enjoying the favour of Leo X, and this
poem was presumably written before 1527, but it was not among the poems he
published in that year.   70 *volucrem*: the stork.   75 *positis . . . fascibus*: either a
metaphor indicating humility or, more realistically, 'putting off my clerical attire';
cf. *De reipublicae dignitate* I *ad init.*: 'Tum ecce Reginaldum Polum video, positis
relictisque ante fores fascibus, quasi e domesticis unum familiarissime ingredientem.'

mecum indulgebo luctu sub Tusculo alto,
et lacrimis oculos explebo et pectora planctu:　　　　　　5
luce querar, noctemque meis ploratibus addam.
Quod solum reputans praesaga mente verebar
unde meis posset fortuna illudere rebus,
accidit! Acta ratis prope iam mea tuta tenebat,
tot pelagi e scopulis victrix, portuque subibat;　　　　10
non ego Palladias nequiquam industrius artes
tentaram; abstrusas iam rerum accedere causas,
iam poteram varios caeli deprendere motus,
et liquidos radio mundi describere tractus;
iamque canebam animis superans audaxque iuventa　　15
quae nulli cecinere; Leo iam carmina nostra
ipse libens relegebat; ego illi carus et auctus
muneribusque opibusque et honoribus insignitus;
omnia erant mihi laeta; animo nihil amplius ultra
optabam; cunctis sat erat factum undique votis,　　　20
et digito caeli contingere summa videbar—
Ecce! repente autem stridens insibilat Eurus,
aequora turbantur portuque avellor ab ipso.
Ecce! repente ruens mihi acerbus vulnerat aures
nuntius atque ambos docet amisisse parentes;　　　　25
ante quidem genitorem, aegram subito inde parentem.
Fulmine quo duplici afflatus iaceo: omnis abit mens,
omnis et exanimi fugit de corpore sensus.
Heu genitor mihi adempte repens! heu mater adempta!
Non ego vos posthac, non amplius ora videbo　　　　30
cara! semel saltem ah! licuisset utrumque tueri
ante obitus, vestraque oculos saturare figura,
congressuque frui, farique novissima verba!
Ah dolor! ah pietas! non flens morientia pressi
lumina, funereum non sum comitatus honorem!　　　35
non potui vestro vobis in tempore adesse
gratus luce magis, vita iucundior ipsa!
non potui vobis spectabilis affulsisse,
cum mihi mutato cursu fortuna veniret

laetior, et nunquam optatos offerret honores!   40
quos adii vestri tantum memor, haud mihi parcens,
cui placitam Musis potius traducere vitam
fixum erat, atque humilem rerum altas discere causas.
Vobis conspicuos unis ingressus honores,
subdere colla iugo potui male sueta, manusque   45
victus sponte dedi, haud onus aversatus iniquum;
quae mihi cuncta olim (tibi enim commercia divum)
praedixti toties, venturi praescia, mater.
Vos unos agitabam animo, vestraque fruebar
laetitia exultans, et gaudia vestra fovebam,   50
mecum animo versans, quam vobis illa futura
laeta dies, qua me vestris amplexibus urgens
irruerem improvisus ad oscula, vix bene utrique
agnitus, insolitis titulis et honoribus auctus
scilicet, et longo tandem post tempore visus,   55
dum tenuit me Roma, humili vos sede Cremona.
Una erat haec merces tantorum digna laborum:
mens erat in gremiis studio iacere omnia vestris
parta meo, et tantum vestros exponere in usus,
ut fuerat par: vos claras me scilicet artes,   60
re licet angusta, potius voluistis adire,
quam genere indignis studiis incumbere nostro.
Atque ideo doctas docilem misistis ad urbes,
quamvis in nostris lusisset lubrica rebus
iampridem fortuna et opes vertisset avitas,   65
et res fluxa alias potius revocaret ad artes.
Quicquid opum hinc, quicquid nobis accessit honorum
vestrum est iure: fuisset sat mihi cernere coram
laetos, atque meis gaudere laboribus ambos;
ut volucrem perhibent inimicam sontibus hydris   70
esse piam, memoremque parentibus indulgere,
invalidisque suo venatu tendere vitam.
In tota nihil esse domo me dulce fuisset,
et nutus servare, et iussa capessere vestra
subiectum, ac positis famulari fascibus ultro.   75

Nil unquam nisi quae vestris placitura fuissent
auribus effari potuissem ; saepe ego ficto
tristia celassem mentitus gaudia vultu,
ne vos afficeret si quid me carperet intus ;
quicquid amarum in me latuisset, quicquid acerbum ;   80
ad vos arte pia transissent dulcia tantum.
Taedia me vestrae cepissent nulla senectae,
nec quae multa solent vitia atque incommoda in illa
esse aetate meos poterant avertere sensus.
Cum spueret vestrum alteruter gravis exque crearet   85
plurimus, et rauca conspergeret omnia tussi,
nulla horrescentis vultu asper signa dedissem,
cuncta ferens : vos aetatis namque ante tulistis
plura immunda meae, cum cultus nescius infans
foedarem toties in cunis umida strata.   90
Siqua autem vobis cassa atque incondita verba
exciderent—quando rerum illa est immemor aetas—
riderem mecum : omnia pro puerilibus essent
lusibus illa mihi, ceu vos risistis et ipsi
ad teneros lusus nati imperfectaque verba,   95
cum primas vix inciperem rudis edere voces.
Et quando mihi religio sobolem abnuit, ambo
cara fuissetis mihi pignora, dulcis uterque,
ceu puer in nostra qui parvus luderet aula :
cuncta, utcumque forent, mihi dulcia vestra fuissent. ...   100
Non me adeo fugit quantis, pater optime, curis   120
anxius, aut quanto indulgebas sponte labori,
ut mihi res tenues per tot discrimina rerum
eriperes tantis bellorum fluctibus, ut nil
detractum, licet irent tempora dura, periret.
Tu quoque, sancta parens, variis exercita curis   125
pro nato quas non aras, quae non sacra adibas
templa ? quibus non tunc onerabas aethera votis,
caro cuncta timens capiti, bona cuncta precata ?
Ut mihi ad ingenuas nitenti desuper artes
auxilium foret et favor omnipotentis Olympi ;   130

et fors usque comes crescenti innexa veniret
virtuti, quae nos ad opes efferret avitas;
praecipue, mihi ne maculae ob contagia turpes
aut animi pestes commerciave ulla nocerent,
sed mihi mens puro foret usque in corpore pura   135
ductaque ad extremum inculpata adolesceret aetas,
omnibus ornatum dum vis excellere rebus.
Quae vobis meritis pro tantis mutua contra
persolvam infelix? quae vobis digna rependam,
cum mihi sint et opes, animus quoque et ampla voluntas, 140
idque unum affectarem? Ast o mortalia nunquam
gaudia plena satis, nunquam secura voluptas!
Aut aliquid cumulo semper deest, aut revocat se
fors infida repente, oculosque avertit amicos.
Fallaces hominum spes! heu nostra irrita vota!   145
Nil firmum satis aut stabili munimine tutum!
Omnia in humanis rebus dubia, omnia nutant!
Vos mihi, laeta forent cum cetera, fata tulerunt,
queis sine dulce mihi nihil est nec amabile quicquam!
Accipite has saltem lacrimas, haec carmina maesta,   150
quae longum nati absentis testentur amorem.
Salvete aeternum cari atque valete parentes!
Vida Gelelme, vale! vale, Oscasala Leona!
Sit precor o vobis requies aeterna sepultis,
sit lux quae vestris aeternum affulgeat umbris!   155

168 *In the Beginning was the Word*

Principio pater omnipotens, rerum sator et fons,   20
ingens, immensus, solus regnabat ubique:
nondum sidereos mundi procuderat orbes,
nondum mundus erat, necdum ibant tempora in orbem,

---

168 *Christias* IV   The exordium of a long oration put into the mouth of St. John,
pleading for Christ before Pontius Pilate.

nullaque caeruleo radiabant lumina caelo.
Quicquid erat, Deus illud erat, quodcumque, ubicumque 25
complexus circum, penitus sese omnis in ipso.
Filius huic tantum, quem non effuderat ulla
vel dea vel solito mortalis femina partu,
ipse sed aeterna genitor conceperat illum
aeternum aeternus (dictu mirabile!) mente. 30
Haud olli terreni artus moribundave membra,
sed sine corpore erat, patris alta ut mente supremi
conceptum arcanoque latens in pectore Verbum,
quod nondum in volucres vox edita protulit auras,
omnipotens Verbum, finisque et originis expers, 35
quo mare, quo tellus, quo constat maximus aether:
utque pater Deus, aeque etiam Deus unica proles.
At geminos tu proinde Deos fuge credere porro,
numen idem simul ambobus, Deus unus uterque est.
Quinetiam, quo inter se ambo iunguntur, amorem 40
(namque ab utroque venit conspirans mutuus ardor)
omnipotens aeque numenque Deumque vocamus
afflantem maria ac terras caelique profunda,
afflatu quo cuncta vigent, quo cuncta moventur,
tresque unum esse Deum, ter numen dicimus unum. 45
Quove magis mirere, Deus, quem cernimus ipsi
factum hominem atque hominum mortali corpore cretum,
non minus ac prius aetherea nunc regnat in aula
cum genitore pari simul omnia numine torquens;
nempe locis nullis, spatiis non clauditur ullis, 50
omnibus inque locis idem omni tempore praesens
suffugiens nostras acies sensuque remotus
cuncta replet Deus ac molem se fundit in omnem.
Lux humiles veluti perfundens lumine terras
solis ab orbe venit suppostaque circuit arva, 55
non tamen aethereo divisa ab sole recedit
illa usquam, quamvis longinquas ambiat oras,
nec sine sole suo est lux, nec sine luce sua sol. . . .

169 *The kiss of Judas*

Hortator vero scelerisque inventor Iudas   765
composito interea vocat hostes vertice ab alto,
seque ultro comitem atque ducem venientibus offert.
Ergo adsunt improvisi illum in vincla petentes:
longius aera micant tremulai lumine lunae,
iam clipei resonant, iam ferri stridit acumen,   770
pinguiaque exsuperant noctem funalia longo
ordine multifidaeque faces quas unguine supra
obduxit manus et ferro inspicavit acuto.
Fit strepitus: vasto circum mons undique pulsu
armorum sonat atque virum clamoribus omnis: 775
quos his nil trepidus compellans vocibus heros
'Heus,' inquit 'iam state viri: quem quaeritis, adsum:
quo ferrum flammaeque? palam conspectus in urbe
conventu cecini magno praecepta parentis:
cur non una omnes vos tunc tenuistis inermem?   780
ista sub obscurum noctis cur agmina cerno?
Quod si me tamen ad mortem deposcitis armis
insontem, et vobis adeo obstat gloria nostra,
hos sinite illaesos: nihil hi meruere, nec ausi:
tantum dilecti comitis mandata facessunt: 785
unus ego vestras explebo deditus iras.'
Haec ait, et bis se quaerentibus obtulit ultro.
Illi autem ad vocem toties (mirabile visu!)
procubuere, soloque ingentem fusa dedere
arma sonum, atque oculis subito nox plurima oborta est.   790
Consurgunt tandem somno vinoque gravatis
assimiles, haerentque obliti, donec Iudas,
qui nusquam somno noctu se straverat illa,
signa dedit manifesta hostique obiecit amicum:
namque pii scelus id praetexens nomine amoris   795

---

169 *Christias* II   V. follows the account of Christ's betrayal given in John, xviii.
787 *bis*: John xviii 5, 8.   789 *procubuere*: John xviii 6: As soon then as he had said
unto them, I am he, they went backward and fell to the ground.

composuit sese, et ficto dedit oscula vultu.
Ille dolum praesensit, et haec presso edidit ore:
'Haec vero meruit, comitum fidissime, noster
oscula amor? tanton' scelere ulla ad praemia tendis?
Haud equidem haec tecum pepigi commercia quondam.'... 800

170 *The Crucifixion*

Vix ea, nam vitae labentis fine sub ipso,   945
dum luctante anima fessos mors exuat artus,
aestuat; it toto semper de corpore sudor
largior, et siccas torret sitis arida fauces.
Tum vix attollens oculos iam morte gravatos
exiguum sitiens laticem suprema poposcit   950
munera; vix tandem corrupti pocula Bacchi
inficiunt felle et tristi perfusa veneno,
ingratosque haustu succos, inamabile virus,
arenti admorunt morientis harundine linguae;
quae, simul extremo libans tenus attigit ore,   955
respuit, atque diu labris insedit amaror.
    Interea magno lis est exorta tumultu,
dum tunicam, nato genetrix quam neverat olim,
partiri inter se famuli certamine tendunt,
exuviasque petunt; sed erat haud sutilis ipsa   960
vestis, et in partes ideo non apta secari;
sorte trahunt igitur concordes: sic fore quondam
praedixere sacri, corda haud improvida, vates.
    Iamque fere medium cursu traiecerat orbem,
cum subito ecce! polo tenebris caput occulit ortis   965
sol pallens, medioque die (trepidabile visu!)
omnibus incubuit nox orta nigerrima terris,
et clausus latuit densis in nubibus aether

---

170 *Christias* v   960 *haud* 1535, 1550: *non* some modern edd., to save the metre.

prospectum eripiens oculis mortalibus omnem.
Hic credam, nisi caelo absint gemitusque dolorque,   970
aeternum genitorem alto ingemuisse dolore,
sidereosque oculos terra avertisse nefanda;
signa quidem edit, et luctum testatus ab alto est.
Emicuere ignes; diffulsit conscius aether;
concussuque tonat vasto domus ardua Olympi   975
et caeca immensum percurrunt murmura caelum:
dissiluisse putes divulsi moenia mundi.
Sub pedibus mugit tellus; sola vasta moventur;
tecta labant; nutant succussae vertice turres;
obstupuere humiles subita formidine gentes   980
et positae extremis terrarum partibus urbes
(causa latet, cunctis magnum ac mirabile visum!)
et populi aeternas mundo timuere tenebras
attoniti, dum stare vident caligine caelum.
Ipsam autem propior Solymorum perculit urbem   985
ac trepidas stravit mentes pavor; undique clamor
tollitur in caelum; sceleris mens conscia cuique est.
Templa adeunt subito castae longo ordine matres;
incedunt mixti pueri intactaeque puellae;
perque aras pacem exquirunt, quas ture vaporant   990
suppliciter, sacrisque adolent altaria donis.
Ecce! aliud caelo signum praesentius alto
dat pater altitonans et templum saevit in ipsum:
velum latum, ingens, quod vulgi lumina sacris
arcet inaccessis, in partes finditur ambas,   995
et templi ruptae crepuere immane columnae.
   Iamque Deus rumpens cum voce novissima verba
ingenti, horrendumque sonans, 'En! cuncta peracta:
hanc insontem animam tecum, pater, accipe!' dixit,
supremamque auram ponens caput exspiravit.   1000

FRANCESCO MARIA MOLZA

FRANCESCO MARIA MOLZA (Franciscus Marius Molsa: 1489–1544) was born in Modena; he was sent to Rome as a boy for his education, returning in about 1512 to his native city, where he married and had four children. In 1516 Molza deserted his family for Rome, where he joined the literary circle that surrounded Leo X. After spending some years at Bologna, under the patronage of Camilla Gonzaga, he returned (c. 1525) to Rome and was there during the sack of the city. He then attached himself to the suite of Cardinal Ippolito de' Medici, in whose service he spent some ten active and agitated years. On the death of Ippolito in 1535 he settled again in Rome, procured, through Sadoleto, the patronage of Cardinal Alessandro Farnese, nephew of Pope Paul III, and became a member of the Accademia Romana. Molza had always been a gay and dissolute spendthrift—Berni called him 'gaglioffacio' —and for the last six years of his life he suffered from an incurable venereal disease. He returned at the last to Modena to die in the bosom of his family.

Molza was popular wherever he went (Aretino said that he was 'spirito dei begli spiriti et ingegno di chiari ingegni'), and his friends included all the literary figures of his day, several of whom (e.g. Paolo Giovio and Annibale Caro) have left vivid descriptions of him. He wrote in Italian and Latin, in prose and poetry; his best things—apart from his famous pastoral *La Ninfa Tiberina*—are his Latin poems, most of them love-poems, elegies, or epigrams, full of classical reminiscences, but vivid and sincere. Most of his early poems are addressed to 'Furnia', a love of his youth; a later passion is celebrated in several elegies addressed 'Ad Beatricem' (or, in the printed texts, 'Ad Lycorim'), i.e. Beatrice Paregia, a celebrated courtesan.

Very few of Molza's Latin poems were printed in his lifetime; during the succeeding half-century groups of them were frequently transcribed and were published in several anthologies: Leriche (Paris [1548]) printed two major and seventeen minor pieces; Dolce, in *L. Pascalis et aliorum Carmina* (Venice 1551), printed one major piece; Duchesne (Paris 1560) reprinted Leriche's pieces; Ubaldini (Milan 1563) printed eight major and two minor pieces; Taglietti (Brescia 1565) printed two pieces; Toscano (Paris 1576) reprinted Ubaldini's pieces and added thirty-three minor pieces.

Molza's collected works were edited by Pierantonio Serassi (3 vols, Bergamo 1747–54). Serassi printed, besides already published poems, a dozen Latin poems from MS sources, but he did not have access to Borg. lat. 367, a revised selection made by Molza towards the end of his life. Borg. lat. may be in the poet's hand; but it contains variants that look like errors of a copyist.

TEXTS: for no. 171, *Ubaldini*, checked with *Toscano* and Borg. lat. (which omits several couplets, and offers several variants which seem inferior); for no. 172, *Leriche*, checked with Borg. lat., *Ubaldini*, and *Toscano*.

171 *Catherine of Aragon to Henry VIII*

Scilicet hoc titulis deerat, Rex maxime, nostris,
    coniugio pactam non tenuisse fidem,
et quae nos sancti vinxerunt foedera lecti
    pellicis indigno posthabuisse toro?
Di bene! longinquis tantum quod saevus in oris   5
    aggrederis dira conditione nefas,
haec semota orbi vasto tibi regna recessu
    cinctaque dant animos fluctibus arva truces.
Est aliquid, fateor, ventos audire furentes
    et quae perpetuo murmura pontus habet;   10
larga tui quocumque olim se audacia iactet,
    ingenio similis diceris esse loci.
Non sic Penelopen Ithaca digressus Ulysses
    oblito potuit linquere coniugio;
illum non saevae mutarunt pocula Circes   15
    tristia nec longae tempora militiae,

171 *Ubaldini* f.41: Ad Henricum Britanniae Regem; *Toscano* adds 'Uxoris repudiatae nomine.'   14 *oblito* Borg.: *abrupto* Ubald., Tosc. For 'oblitus' passive, cf. Virgil, *Ecl.* ix 53 oblita carmina.   25 *nescio quae: nescio quid* Serassi.   31–4; 37–40 Catherine's first husband, Arthur, Prince of Wales, died within a few months of his marriage to her in 1501; she swore that the marriage had never been consummated.   45–50 In March 1534 Pope Clement VII pronounced in favour of the validity of Henry's marriage to Catherine.   83 *comere sueta capillos*: Anne Boleyn was one of Catherine's Maids of Honour.   133 *caeruleis*: alluding presumably to the colour of their eyes.   137 *natae*: Catherine's daughter, afterwards Queen Mary Tudor.   140 *viscera nostra*: 'my child'; cf. Ovid, *Her.* XI 118 diripiunt avidae viscera nostra ferae (which may explain *feris*, Borg., for *lupis*).   183 *deiectas . . . oculos*: 'both with downcast eyes', *oculos* acc. of respect.   195–6 *ut . . . possit*: dependent on *audiat*: 'Let him hear . . . that he may have grounds for exultation . . .' 196 *de . . . nominibus*: a difficult phrase.   197 *dedisse*: sc. *te*.   199 *Sorores*] *sorores* Borg., Ubald., Tosc.

sed divum acceptus mensis et divite lecto
    praetulit his vultus, Penelopea, tuos,
cumque olim posset caelestia templa tenere
    maluit optato coniugis ore frui.   20
Affixam saxis patriam sic maximus heros,
    parva lapis quamvis nil nisi nudus erat,
praetulerat caelo, longis erroribus actus
    ut posset casto membra levare toro.
At mihi nescio quae, titulis non aequa maritis,   25
    subducit lecti dulcia vincla mei
possidet et stupro dotalia regna nefando
    et gerit in gremio commoda nostra suo.
Tu tamen hanc falso praetexens nomine culpam
    iam famae narras consuluisse tuae,   30
et fratris mihi saepe torum taedasque priores
    obicis et vani nomina coniugii,
cui quondam primis fueram desponsa hymenaeis
    concordi heu nimium nupta futura domo.
Invidere meis contraria numina votis,   35
    numina ad humanas semper avara preces;
nam ruit ad taedas properans dum laeta iuventus
    araque Corycio fulget odora croco,
illibata tibi linquens sua gaudia, Manes
    ante diem indigno funere mersus adit.   40
Sic fratri frater, sic taedis impia flamma
    sicque toro obrepsit igne micante rogus.
Crede mihi, vanas frustra te vertis ad artes,
    si speras tantum posse latere scelus.
Arbiter ipse orbis Clemens, quo sospite terris   45
    pax viget et sancto reddita iura foro,
criminis admonitus tanti 'Crudelia' dixit
    'vota foves nostro terra aliena solo,'
priscorum et volvens veneranda volumina Patrum
    subscripsit causae Maximus ille meae.   50
Perge pater, sanctique pius defende pudoris
    vincula, non ulli dissoluenda viro. . . .

At tu quam praefers, saevo male saucius arcu,
  dum censes animo cuncta licere tuo?
Nempe illam, nostros quae comere sueta capillos
  saepius abrepta vulnera sensit acu,
quae nobis toties liquidis vestigia lymphis   85
  permulsit dura nec satis apta manu,
credita cui fuerat lecti custodia nostri
  cum te non puduit dicier esse meum....
Qui tamen es tu, quem nostri sic paenitet oris
  congressu ut perstes abstinuisse meo,
reginam thalamis qui sic excludis et ipsa   125
  conubii exagitas iura fidemque premis?
Tecum ego florentes potero sic turpiter annos
  exegisse doli nec meminisse tui?
Aut ego te in castum polluto corpore florem
  invasisse viri nomine sustineam,   130
pellicis ut vano tandem correptus amore
  exsultes spoliis, impie, virgineis,
ipsaque caeruleis sim fabula nota Britannis
  et vivo vivens sic ferar orba viro?
O mihi terra satis quaenam nunc ima dehiscat   135
  quodque petat summa hoc fulmen ab arce caput?
Debueram natae iugulo demissa cruoris
  flumina luminibus supposuisse tuis,
et patriis artus sparsos apponere mensis
  obicere et saevis viscera nostra lupis.   140
Sed, quae nulla tibi est, pietas crudelibus ausis
  obstitit et saevum dextra refugit opus;
vestra decent tales animorum pectora motus,
  conveniens nostro est mitior ira solo.
Haec potius vivat, plenis et nubilis annis   145
  matris ad exemplum nubere cauta neget.
Nata, vides, patriis genitor te pellere regnis
  nititur, unde gravis sit tibi inusta nota:
et matrem fraudare toro iustisque hymenaeis—
  heu nimium turpi victus amore!—parat.   150

Si tamen hic positis mitescat litibus olim
    saevaque det rapidis vota ferenda Notis,
sola tibi et tantis servatis sedibus heres
    suscipias tenera sceptra regenda manu;
tu faciles sine lite toros, sine lite hymenaeos   155
    perpetuo summum carmine posce Iovem,
maternumque animo repetens persaepe dolorem
    in nostro discas cuncta timere malo. . . .
At precibus si quis superest locus et tua possunt
    inflecti blandis pectora dura sonis,
deiectas hinc natam oculos, hinc aspice matrem,
    nec pigeat tantis ingemuisse malis.
Aeternum sic laeta viris, sic laeta puellis   185
    tellus subiecto floreat ista mari,
et mala cuncta ferant per terras irrita venti
    deprompsit laeso quae mihi corde dolor.
Quod si sola tuo videor non digna cubili
    et tristi perstas vivere dissidio,   190
nec te iura movent, precibus nec flecteris ullis,
    nec furiis obstat filia parva tuis,
me duce laeta tuae mittantur nuntia genti:
    Henricum titulum mortis habere meae;
sedibus utque tuus genitor gestire sub imis   195
    possit deque tuis surgere nominibus,
audiat uxoris spoliis et caede superbum
    pellicis indigno colla dedisse iugo.
Vos vero ultrices mecum properate Sorores
    et miserum diris pellite imaginibus,   200
ut neque iam dulci declinet lumina somno
    nec valeat sanae mentis habere modum,
sed flammis cinctae, quoquo vestigia vertet,
    illuc Tartarea lumina ferte face.

172 *The dying poet to his friends*

Ultima iam properant, video, mea fata, sodales,
　　meque aevi metas iam tetigisse monent.
Si foret hic lectis morbus sanabilis herbis,
　　sensissem medicae iam miser artis opem;
si lacrimis, vestrum quis me non luxit et ultro　　　　　　　5
　　languentem toties non miseratus abit?
Obstruxere aures nostris contraria votis
　　numina, et haec ventos irrita ferre iubent.
Vos mihi, quos olim colui, dum fata sinebant,
　　ultima iam cineri dona parate meo.　　　　　　　　　　10
Vobiscum labor hic fuerit, quando his procul oris,
　　ignara heu nostri funeris, uxor abest;
uxor abest nostrique diu studiosa videndi
　　pro reditu patriis dona vovet laribus.
Haec potuit praesens, nato comitata, feretrum　　　　　　15
　　floribus et multa composuisse rosa;
et nivei lactis fontes libasse merique,
　　coniugis ut manes spargere maesta queat.
Atqui me extrema compellet voce sodalem
　　et claudat tenera lumina nostra manu　　　　　　　　　20
et fugientem animam suprema exceperit hora,
　　hoc vos communi pro pietate rogo:
non operosa peto titulos mihi marmora ponant,
　　nostra sed accipiat fictilis ossa cadus;

---

172 *Leriche* f.35: Ad sodales cum morbo gravi et mortifero premeretur　　3 *lectis*
Borg.: *certis* edd.　　11–12 *procul . . . uxor abest*: the poem was written in (or
before) the summer of 1542, two years before M. returned to Modena to die.
15 *nato*: M's son Camillo, father of Tarquinia Molza, a learned lady some of whose
writings were published by Serassi with those of her grandfather.　　35 *disiectis*
Borg.: *abruptis* edd.　　65 *et* Toscano, Borg.: *ut* Leriche, Ubaldini.　　68 *ritibus*:
perhaps *retibus*, expanding the metaphor latent in *implicui*.　　69–70 M. was with
Ippolito de' Medici when he died, at Itri, in August 1535: it was generally supposed
that the Cardinal was poisoned by order of his cousin Alessandro.　　71–6 M.
alludes to the part played by Ippolito in the expedition against the Turks organised
by Charles V in 1532.　　76 *sibi* Borg.: *tibi* edd.

exceptet gremio quae mox placidissima tellus,   25
  immites possint ne nocuisse ferae.
Rivulus haec circum dissectus obambulet, unda
  clivoso qualis tramite ducta sonat;
exiguis stet caesa notis super ossa sepulta
  nomen et his servet parva tabella meum: 30
Hic iacet ante annos crudeli tabe peremptus
  Molsa; ter iniecto pulvere, pastor, abi.
Forsitan in putrem longo post tempore glebam
  vertar et haec flores induet urna novos;
populus aut potius disiectis artubus alba   35
  formosa exsurgam conspicienda coma.
Quicquid ero, vestra haec pariter descendet in imam
  tellurem pietas Elysiumque nemus.
Quod mihi si tumulo vobis curantibus arbor
  ingruat et virides explicet alta comas,   40
quae circum nitidis, aestus dum saevit, obumbret
  frondibus et scissam tegmine opacet humum,
iam mihi pyramides, regum monumenta, valete,
  et quicquid miri barbara Memphis habet.
Scilicet huc, diti pecoris comitata magistro,   45
  conveniet festo pulchra puella die,
quae molles ductet choreas et veste recincta
  ad certos norit membra movere modos.
Quin erit illa dies, frigus cum captet opacum
  hic aliquis flavo cum Corydone Mycon,   50
et cantare pares et respondere parati
  alternis certent vincere carminibus;
quorum aliquis forsan crudeli funere raptum
  me gemat et lacrimis polluat ora piis,
ac misero instauret funus sternatque sepulcrum   55
  floribus et nomen tollat in astra meum;
et dulci referat Musarum ut captus amore
  sustinui patriae linquere tecta puer,
mollibus utque olim vitam dum degimus hortis
  regales potui deseruisse domos,   60

utque sub umbrosae quercus platanique virentis
   maluerim densa delituisse coma
quam Tyria pictum chlamyde auroque intertextum
   captatis vulgi plausibus urbe vehi.
Tum faciles memoret mores et puriter acta   65
   percurrat vitae tempora quaeque meae:
non ego Lutheri volvens monumenta nefandis
   Germanûm populos ritibus implicui;
non mea mortiferos porxit tibi dextera succos,
   Hippolyte, Ausonii flenda ruina soli,   70
auspicio externas cuius tandem Itala tellus
   abiectas Medica cuspide sensit opes;
te rigidi stupuere Getae Rhenusque bicornis
   et tremuit famulis frigidus Ister aquis,
miles ab Eoo veniens cum litore Nili   75
   ingemuit latebras tam procul esse sibi.
Ultorem nobis talem tete affore, pensa
   ferrea quae ducunt, praemonuere deae,
sed tantum terris quis te ostensura putasset
   numina tamque brevi tot peritura bona?   80
Itala res tecum periit, tecum Itala virtus;
   o nimis immiti stamina rupta manu!
Cuncta ego quae Latii dulces vulgare per oras
   dum propero et laudes dicere, magne, tuas,
ante diem Elysios cogor cognoscere campos,   85
   implet odoratum qua pia turba nemus.
Illic, ne incerta ludar regione viarum,
   occurras vati nobilis umbra tuo,
et myrto cinctum caput aut Daphneïde fronde
   in tibi vicino me velis esse loco.   90
Interea dulces coetus valeatis amici;
   iam vocat in nigros mors tenebrosa lacus,
increpitatque moras Lethaeae portitor undae,
   et remi auditus per loca senta fragor.
Di tamen in melius vertant haec omina, si quem   95
   humanis precibus non pudet esse locum.

FRANCESCO FRANCHINI

FRANCESCO FRANCHINI (Franciscus Franchinus: 1495–1554) was a native of Cosenza. He seems to have placed himself in youth under the protection of the Farnese, and to have served as a soldier under Charles V all over Europe, and in the diastrous Algerian campaign of 1541. After returning from Algeria he took orders and became a Bishop, first of Massa and then of Piombino. His *Poemata*, comprising elegies, miscellaneous descriptive pieces in hexameters, and five books of *Epigrammata*, appeared in Rome in 1554; they were reprinted at Basel, with a sixth book of *Epigrammata*, in 1558.

Franchini's verse is lively, natural, and fluent; he is at his best when describing his own experiences or surroundings.

TEXTS: for no. 173, *Coryciana*; for nos. 174, 175, *Poemata* 1554.

173 *A group by Sansovino*

Virgo sedet, sedet Anna; sinu genetricis in imo
est puer; huic natae laeva de parte iocatur
dulcis anus, laeva plantas dum suscitat apte
dextra dumque manu imposita per Virginis armos
eripere ostendit vivam cum fraude volucrem;   90
ille cavet, perstringit avem, tum forte repugnat;
Virgo resultantem moderatis continet ulnis,
cuncta tuens, gravitate tamen subridet utrique,
et—tantum si scire licet—plus pectore in imo
gaudet cum genito coram lusisse parentem. ...   95

---

173 *Coryciana* sig. [Z iii]: Hymnus   This poem stands first in the second book of *Coryciana*, among the hymns in praise of Andrea Sansovino's statuary group representing the Virgin and Child with St. Anne (cf. no. 104).

174 *The Emperor's fleet destroyed*

Appulerat validam Numidarum ad litora classem
    Caesar et exposito milite laetus erat;
cum nox terrificis tenebrosa supervenit alis
    cum tonitru et mixtis turbine fulminibus,
et subito venti verrunt mare et aequora volvunt   5
    commotasque gravis verberat unda rates;
ipse gubernator detorquens Auria clavum
    non potuit levibus tendere'vela Notis;
spirabat tumidus Boreas atque impete vasto
    urgebat raucis robora litoribus,   10
nec laeva dextrave patens per litora remis
    quem validis posset prendere portus erat;
ferre igitur fluctus et ventos cogitur, et quo
    tempestas dederat turbida stare loco.
Tunc ego, qui volui demens non linquere puppem   15
    cincta prius vallo quam nova castra forent,
indolui, me ipsum incusans carosque sodales
    assensere meo qui male consilio.
Iam magis atque magis tumidum mare fluctibus atris
    extollit dirum nubila ad alta caput;   20
ictibus assiduis ventorum flamina classem
    crebraque de caelo fulgura lapsa petunt;
unicuique labor primus fuit undique iacta
    ancora aberrantem continuisse ratem;
proxima cura, mari naves agitante, cavere   25
    conflictu peteret ne ratis ulla ratem.
Sed quid ad ingentes undarum haec omnia montes
    ventorumque animos atque hiemis rabiem?
Multae illa validae perierunt nocte carinae,
    unaque nox, clades non tamen una fuit.   30

174 *Poemata* p.100: De suo naufragio   The disaster to the Emperor's fleet took place
in November 1541.   7 *Auria*: Andrea Doria, the famous Genoese admiral, who
was in command of Charles's fleet.   26 *conflictu*] *confluctu* 1554.   40 *turba*:
surely corrupt?   62 *algore . . . Algeria*: a play on words.   96 *Iovi*: Paolo Giovio.
150 *invitis omnibus*: the phrase seems pointless; perhaps the text is faulty.

In scopulos aliae rapidis Aquilonibus actae,
    pressae aliae immensa mole fuere maris;
haec vento concussa ruit, quassa illa fatiscit,
    haec rabido absorpta est vortice, et illa freto.
Verum, ut vera canam, fuerit nox horrida quamvis,   35
    ipsa nocte sequens lux fuit horridior;
namque suis stragem occuluit nox atra tenebris,
    ante oculos posuit cuncta videnda dies;
cuius in adventu spem omnem quae paverat omnes
    misimus, exitio turba futura novo;   40
tam sese Boreas horrenda fronte ferebat
    tamque trucis facies aspera visa maris.
Credo equidem nullis unquam spectacula terris
    tempestate alia saeva fuisse magis:
apparent tabulae fractaeque per aequora puppes—   45
    hei mihi, nunc horrent commeminisse comae—
spectantur toto dispersa cadavera ponto
    armaque et Hesperius quas tulit orbis opes;
aspicimus quantis maneant nos fata periclis
    et prope quam nigrae bracchia mortis erant.   50
Omnia quae postquam manifesto in lumine vidi,
    invasit gelidus pectora maesta tremor.
Adde quod hoc etiam durae sub moenibus urbis
    tempore cernere erat proelia dira geri;
visus et in pugnam magnus succedere Caesar   55
    ante alios niveo conspiciendus equo;
Toletoque Avilaque suo comitatus, et acri
    Farnesio, adversam sternere barbariem.
Cumque agili stans puppe procul vidisse putarem
    hac nostros, Nomades hac dare terga fugae,   60
exclamavi amens 'Heu nos terraque marique
    quanto algore rigens enecat Algeria!
Ille tamen felix qui Martia vulnera passus
    pugnando ante oculos Caesaris, ense cadit;
felix ille magis, qui dans cava vulnera passim,   65
    pugnando ante oculos Caesaris, ense furit.

Me miserum, quem non hoc vivere fata nec illo
    in numero saltem posse dedere mori.
Hic una morior decies inglorius hora,
    fixus in horrenda membra retorta cruce;   70
mox nulla cum laude cadam; vivusque vidensque
    mergor aquis; mersus piscibus esca dabor,
sive lupis terrae proiectus sive leaenis,
    seu quascumque feras Africa terra parit.
Care pater, pater infelix, pater optime, luctus   75
    quos nati audito funere saepe dabis!
Hoc equidem doleo mortis genus, at magis ipso
    quem tibi do, doleo care dolore pater.
Pone tamen tumulum, sed non sine carmine, inanem:
    carmine quod madido qui leget ore legat;   80
Musarum et Phoebi iacet hic Franchinus alumnus
    qui periit Libycis obrutus aequoribus.
Non haec ulla colit pietas loca, nemo movetur
    fletibus, ossa humili quo mea condat humo;
hostili praetenta manu sunt omnia; late   85
    Maurus atrox duri possidet arva soli.
Ah Frastore, tuis quantum distare camenis
    me video! quantum, candide Bembe, tuis!
Non hic Vida mihi est, mihi non hic Zanchius, orent
    qui mea Pieriis funera carminibus.   90
Hic neque Flaminius, neque clarus nomine Molsa,
    flebilibus celebrent qui mea fata modis.
Quae mecum gessi, mecum mea carmina perdent
    aequora, et inferni cuncta Acherontis erunt.
Tu succurre mihi, potis es, succurre cadenti   95
    magne Iovi, aeternae conditor historiae:
da dextram, et dextra miserum, precor, eripe ab alto,
    fac vivam invitis vel Phlegethontis aquis.
Verba loquor, sed quisnam ad amicas deferet aures?
    vos Cauri, qui me perditis, et Boreae.'   100
Vix haec edideram, cum fluctibus obruta pinus
    paene erat, et clamor maximus exoritur;

vota Deo ingeminans tota lacrimosa triremi
 auxiliumque et opem dum sibi quisque vocat.
Ipse salo luctantem animam effudisse putavi   105
 et penitus Stygios me penetrasse lacus;
emersit navis tamen, et se reddidit aurae
 spumea, pulsat adhuc fervida corda pavor;
iam caput ut delphin demersum tollit ad auras
 obruta tollebat sic caput illa suum.   110
Ast, ubi non aliud nisi fata extrema moramur,
 sumpsi animum et nautis talia dicta dedi:
'Ecquid erit, Caspar, tandem? moriemur inertes?
 nec quicquam audendum fortiter esse putas?
Fortunae mandare tuos tuaque omnia, turpe est;   115
 fas est cum magno Marte movere manum.
Aspice quam montes concurrant montibus altis,
 inter se fluctus quam fera bella gerant;
panda carina bibit laxis compagibus undas,
 ancora quae reliqua est, vix tenet una ratem;   120
nox ruit, et quantum fas sit te credere nocti,
 scimus, sitque poli quanta ruina vides;
quod tibi sperandum nihil est, spes nulla salutis,
 nulla fugae, praeter quae mihi sola subit:
ancora solvatur, dentur cava lintea vento,   125
 quisque sua capiat fortia tela manu;
in scopulos immissa ratis prius illidatur
 quam rapido pereat dilaniata mari;
quod tacta tellure, ruet si barbarus in nos,
 nos contra, et ferro fas aperire viam est: 130
sin aliter, mors clara viris erit, ipseque Caesar
 auxilium nobis aut dabit aut lacrimas.'
Assensere omnes, Boreas cum turbine magno
 perflat et ingenti mole procella furit,
abruptaque trabem superas evexit ad auras   135
 ancora, et immanes impulit in scopulos.
Rostra abeunt per dorsa maris, tunc poplite flexo
 quisque Deo rursus vota precesque damus.

FRANCESCO FRANCHINI

Strident transtra, tumet velum, vi clavus aenus
    excutitur, puppis dat revoluta latus;   140
hic antenna ruit, perfracto perdita malo,
    multorumque quatit pondere membra suo;
franguntur tonsae, spumis involvimur, omnes
    aestus agit, fluctus aerea prora secat,
et cita litus adit; magno concussa fragore   145
    aggere harenoso cincta carina iacet.
Egredimur, colloque tenus percurrimus aequor
    cum madida fluido corpore veste graves,
et strictis medios gladiis ad castra per hostes
    tendimus invitis omnibus incolumes.   150
Hanc igitur Neptune tibi, quae sola relicta est,
    do tunicam; Mavors, naufragus, arma tibi.

175   *To his horse Liparus*

Lipare, qui longo formosas crine puellas
quique auri flavo rutilum candore metallum
et rapidos anteis animosis cursibus Euros,
vade, age, carpe viam laetanti pectore; non tu
successore alio nostris ex aedibus actus   5
spretus abis, non tu numerato venditus auro:
Octavi coniux, et magno Caesare nata
Austria, te fama laudum commota tuarum
deposcit, mandatque dari pulcherrima mater
crescenti decus eximium et nova gaudia nato.   10
Ipse negem tene huic? cui quantum et quicquid honorum,
quicquid opum est in me, deberi iure fatendum est:

175 *Poemata* p. 61: Ad Liparum equum suum   8 *Austria*: Margaret of Austria, daughter
of Charles V and wife of Ottavio Farnese, who succeeded his father as duke of Parma
and Piacenza in 1547. Liparus was sent as a present for their son Alessandro (cf. l.35),
who was born in 1546. This must have been one of Franchini's latest poems.   43
Tari Antiaeque: the rivers Taro and Enza.   90 *Himera*: a mistress of Franchini,
to whom many of his poems were addressed.

illa sibi tradi iubeat si ruris aviti
iugera, si tribui poscat sibi luminis orbes,
rura, domosque mihi, mora non erit ulla, paternas   15
tradere, et e cara divellere lumina fronte.
Fortunate, coles regali splendida gaza
atria et excelsis sublimia tecta columnis,
plena viris, plena egregiis heroibus et dis.
Excipient te plausu omnes, te laudibus omnes   20
ornabunt, tollentque tuum super aethera nomen,
commoda quaeque velis vitae iucunda dabuntur,
nec tibi deliciae deerunt, nec praemia laudum.
Magna parens, matrona potens, dea candida terris
Austria, saepe tua pascet sua lumina forma,   25
laetaque mulcebit niveis tua pectora palmis.
Auricomos famulae centum persaepe capillos
iam crurum tenus e dextra cervice fluentes
depectent certatim alacres, textosque retexent;
haec nectet prisco Aethiopum de more solutos,   30
illa Sicambreo sinuosa volumnia nexu
intorquens, triplici ornabit tua tempora nodo:
istius arte, iuba intortas imitabitur undas,
illius, implicitos referent tua colla colubros.
Dulcis Alexandri genitor Farnesius heros,   35
vilibus ex umero phaleris utroque reiectis
quas geris exiguo fortunae munere nostrae,
aurea frena dabit, dabit aurea cingula, cultus
nunc tibi purpureos, niveos nunc mittet, et auro
argentoque graves phaleras gemmisque micantes.   40
Hinc puer ante alios quos educat Itala tellus
pulchrior, impositus formoso, Lipare, tergo,
ad Tari Anitiaeque et curvae ad flumina Parmae
longe erit insignis magis et longe altior, et vos
spectandi studio accurrent per strata viarum   45
matres atque viri passim, puerique senesque;
ille deo similis fulgenti fronte nitebit
ante leves currus et clara ante ora parentum,

Lucifer ut roseus liquidis cum surgit ab undis
Aurorae solisque citas nitet ante quadrigas. 50
Nec dubita, quod dira locis his bella gerantur
Boiorumque ferus totis Mars saeviat arvis;
non te ad bella vocant, nec ad ulla pericla, nec ullos
ancipites casus aut taedia longa laborum,
quamvis militiae duros perferre labores 55
et sis Martis opus, sis bella capessere suetus,
multaque Sarmaticos per campos gesseris orbe
in patrio inque Italis dignissima laudibus oris.
Hi te ad delicias, ad lucida templa deorum,
muneraque et laetae poscunt sollemnia pompae. 60
Unum oro, ne dona ducum studiumque favorque
immemorem te forte mei, pulcherrime, reddant,
Lipare, care mihi magis o quam Xanthus Achilli,
care magis Glauci nato quam Pegasus, Aethon
Priamidae, fratri Pollucis Cyllarus olim. 65
Saepe, precor, subeant tibi nostri pignora amoris,
ornarim quoties tua colla comantia sertis,
quot capiti aptarim viridi de fronde corollas,
quotque tuae dederim laudes et carmina formae.
In mentem veniat nimbos densantibus Austris, 70
frigoraque Alpinis spirantibus horrida Cauris,
caenosove solo aut horrenti nocte tenebris,
te nunquam eductum stabulis et limine nostro;
me quoque non unquam gravibus saevisse flagellis
tristibus aut loris aut lentae verbere virgae, 75
nec fodisse tuos duris calcaribus armos;
non nisi me festis te conscendisse diebus
sis memor, et clara iucundae lucis in hora,
admirante hominum infusorum plebe per urbem,
Romulidumque choro et patrum ridente corona. 80
Quid referam qua laetitia plausuque puellae
spectabant longe e speculis et turribus altis
te calidis ardentem animis, spumam ore cientem,
ora indignantem duris obsessa lupatis,

luxuriante coma et rutila cervice superbum?   85
Matres atque nurus, nuptae innuptaeque flagrantes
invidia captaeque iubae flaventis amore—
optabat sibi quaeque tuos in fronte capillos,
suspirans speciem pariter crinemque comantem.
Una tuo dolet ante alias meus ignis Himera,   90
Lipare, discessu, lacrimasque effundit amaras,
et queritur, postquam sperat non amplius unquam
posse vehi nitido per prata virentia dorso.
Illa habitu quoties Nymphas referebat agrestes,
nuda genu tunicaque umeros velata recincta,   95
te vectore, nova superabat candida forma
formosam Harpalicen, Phialenque Hyalenque Rhaninque.
I tamen, i felix, luctu fletuque puella
ut lubet assiduo teneros corrumpat ocellos;
perge, age, et in primo, posito pede, limine regum   100
hinnitu cava tecta reple sublimis acuto,
adventu fremituque tuo domus alta resultet.
Hinc umeris puerum placidissimus accipe firmis;
mollia crura move; stet recta, sit ardua cervix;
ungula non ullis offendat cornea saxis;   105
difficiles aditus cautus vita, effuge saltus;
teque tuosque pedes oculis vigilantibus infer.
Quin super haec animis nova gaudia concipe laetis,
namque ubi adhuc validum invadet te prima senectus,
non te reicient, non te praesepibus altis   110
extrudent, verum inter equas ad pascua amorum,
ad Veneris castra et gratissima pabula mittent;
tutus ages ubi semper ovans aevum omne per arva
florida, et irriguos undis properantibus amnes,
mollibus illecebris nitidarum illectus equarum;   115
nunc placidos recubans herboso in gramine somnos,
nunc errans viridi in campo sata dulcia carpes,
totaque ductorem passim te armenta sequentur;
tuque tibi similesque tuae formaeque iubaeque
aspicies natos, claraque e stirpe nepotes.   120

BENEDETTO ACCOLTI

BENEDETTO ACCOLTI (Benedictus Accoltus: 1497–1549) was born in Florence and educated at Pisa; he made the Church his career, held the sees of Cremona and Ravenna, and became a Cardinal in 1527. Though friendly with Sadoleto, Bembo, Ariosto, Flaminio and other scholars and men of letters, he chose to devote himself to politics, and obtained from Clement VII in 1532 the legateship for life of the Marches. By subtle manoeuvres he took control of Ancona, in opposition to the designs of the Pope. Thrown into prison by Paul III, he was in 1535 condemned to death for treachery and then reprieved. He ended his days in his native city.

Besides being the author of several juridical and devotional works, Accolti was a graceful writer of verse: his *Epigrammata*, a collection of nineteen short poems, all in elegiacs, were included in *Carmina quinque Hetruscorum Poetarum*, Florence, Giunta, 1562.

TEXT from *Carmina quinque Hetruscorum Poetarum*.

176 *An appeal to the Muses for Molza*

Musae, quae virides saltus quaeque abdita Pindi
   humano colitis non adeunda pede,
ne vos, ne pigeat densis discedere ab umbris
   antraque muscoso linquere picta solo,
letifer immiti quamvis nunc sidere passim   5
   usta premat longa Sirius arva siti:
Molsa meus, vestros coluit qui semper honores
   cuique dedit sacros Phoebus inire choros,
iamdudum graciles morbo tenuatus in artus
   extremam in mortis limine poscit opem.   10
Ergo herbas succosque simul properate salubres
   et medicae quicquid Cynthius artis habet,
non levis exiguis aderit nam gloria factis
   vos uno incolumi restituisse duos.

176 *Carmina* p. 132: Musis   *Molsa*: For Molza's illness and death, cf. no. 172.

MARCANTONIO FLAMINIO

MARCANTONIO FLAMINIO (Marcus Antonius Flaminius 1498–1550) was born at Serravalle (now Vittorio Veneto), where he was educated by his father, Giovanni Antonio, a schoolmaster and himself a poet and man of letters. In 1514 he was sent to Rome, where he was introduced into the humanistic society of the papal court. After staying in 1515 with Castiglione at Urbino, he became a pupil of Pomponazzi at Bologna; and after another brief stay in Rome in 1519 he joined the household of a young Genovese protonotary, Stefano Sauli, in Padua. Sauli left Padua in 1521, taking Flaminio with him, first to Genoa and then to Rome. In 1523 Flaminio transferred himself to the service of Gianmatteo Giberti. Giberti was a particular friend of Clement VII, who appointed him Bishop of Verona in 1524. Flaminio remained with Giberti for nearly fourteen years, first in Rome (1524–8) and then at Verona (1528–38), with occasional brief visits for his health to his native Serravalle and to the Priorato of S. Colombano on the Lago di Garda, a benefice conferred on him by Giberti. In 1538 he left Giberti and went to Naples, where his contact with the Spanish reformer Juan Valdes intensified his interest in the problems then confronting the Papacy. Already in the Veneto and in Rome, where he frequented the Oratorio del Divino Amore, Flaminio had aligned himself with those Catholics who, like Giberti, while remaining faithful to the Church, were not unsympathetic to some of the principles of reform that inspired the protestant movement. Leaving Naples in 1541, Flaminio attached himself to Cardinal Reginald Pole, another liberal churchman, who had recently been nominated by Paul III 'legato del patrimonio' at Viterbo. In 1545 Pole took Flaminio with him to the Council of Trent, where Flaminio remained for more than a year, declining the post of Secretary of the Council and the offer of a bishopric. He passed his last years in Rome, in poor health, dying in Pole's house in the presence of Cardinal Carafa.

Apart from one or two prose theological treatises and an interesting collection of letters in the vernacular, Flaminio wrote little besides his Latin poems. Some of these were published at Fano in 1515, with the *Neniae* of Marullo, others at Venice in 1529 with the *Odae* of Sannazaro; his *Paraphrasis in triginta Psalmos* came out in Venice in 1546, and a collection of *Carmina* in two books at Lyon in 1548, in which year a larger collection, in four books, was included in *Carm. Quinq.* The 1552 edition of *Carm. Quinq.* contained a collection of Flaminio's poems consisting of (i) the four already published books of *Carmina*; (ii) a fifth book, dedicated to Alessandro Farnese; (iii) the *Paraphrasis in triginta Psalmos*; and (iv) an enlarged edition of *Sacrorum Car-*

minum Libellus, published in Paris, 1551. This was the most complete sixteenth-century edition of Flaminio's poems; on it were based the two editions edited for Comino by F. M. Mancurti (Padua 1727, 1743).

Flaminio's literary life may be divided into two periods: in the first (1515–c. 1539) he is the love-poet and the humanist man of letters; in the second he turns to rendering the Psalms in Latin metres and makes poetry out of his religious emotions, seeking to clothe in classical forms the fresh, spontaneous feelings expressed in the hymns of the Church. Flaminio, the friend of de Longueil, was in theory an intransigent Ciceronian; but in practice he succeeded, by virtue of his passion for poetry, in creating a language of his own, suffused with tenderness and Petrarchan melancholy. The influence of Horace, Catullus, and other classical models still makes itself felt; but Flaminio's place is with the 'Neo-Latins' (Marullo, Sannazaro, Navagero) and, in the religious poetry of his later years, with the Christian hymnographers. Flaminio was celebrated and admired in Italy and abroad and his poems were widely imitated (especially by the Pléiade) and frequently translated.

TEXTS from *Carm. Quinq.* 1552; numeration from Comino 1727.

177 *A hymn to Aurora*

Ecce ab extremo veniens Eoö
roscidas Aurora refert quadrigas
et sinu lucem roseo nitentem
   candida portat.

Ite, pallentes tenebrae, sub Orcum,   5
ite, quae tota mihi nocte diros
Manium vultus, mihi dira semper
   somnia fertis.

Da lyram vati, puer; ipse flores
sparge, dum canto. Bona diva, salve,   10
quae tuo furvas radiante terras
   lumine lustras:

177 *Carm.* I v: Hymnus in Auroram   This poem, first published in the collection accompanying Sannazaro's *Odae* printed in Venice in 1529, inspired Bernardo Tasso's ode 'All' Aurora'.

en tibi suaves violas crocumque,
en odorati calathos amomi;
surgit et nostros tibi dulcis aura
    portat odores.   15

Deferat laudes utinam precesque,
quas tibi supplex mea Musa fundit,
iam pio sanctos bene docta divos
    tollere cantu.   20

Quis tuam digne celebrare lucem
possit, o almae genetrix diei?
quis tuam formam, o dea ante divas
    pulchrior omnes?

Ut genas caelo roseas comamque   25
auream profers, tibi fulva cedunt
astra, decedit rutilante victa
    luna decore.

Te sine aeterna iaceant sepulti
nocte mortales, sine te nec ullus   30
sit color rebus neque vita doctas
    culta per artes.

Tu gravem pigris oculis soporem
excutis—leti sopor est imago—
evocans tectis sua quemque laetum ad   35
    munia mittis.

Exsilit stratis rapidus viator,
ad iugum fortes redeunt iuvenci,
laetus in silvas properat citato
    cum grege pastor.   40

Ast amans carae thalamum puellae
deserit flens et tibi verba dicit
aspera, amplexu tenerae cupito a-
    vulsus amicae.

Ipse amet noctis latebras dolosae, 45
me iuvet semper bona lux: nitentem
da mihi lucem, dea magna, longos
    cernere in annos!

178 *On leaving home*

Formosa silva, vosque lucidi fontes,
et candidarum templa sancta Nympharum,
quam me beatum quamque dis putem acceptum,
si vivere et mori in sinu queam vestro!
Nunc me necessitas acerba longinquas 5
adire terras cogit et peregrinis
corpusculum laboribus fatigare.
At tu Diana, montis istius custos,
si saepe dulci fistula tuas laudes
cantavi et aram floribus coronavi, 10
da cito, dea, ad tuos redire secessus.
Sed seu redibo seu negaverint Parcae,
dum meminero mei, tui memor vivam,
formosa silva, vosque lucidi fontes,
et candidarum templa sancta Nympharum. 15

179 *A day in the country: to Francesco della Torre*

Per tui Ciceronis et Terenti
scripta te rogo, Turriane docte,

---

178 *Carm.* I x: Ad agellum suum   F. has been recalled by Giberti to Rome from Serravalle, where he spent a great part of 1526 in convalescence.   *7 corpusculum*: 'my weakened frame.'
179 *Carm.* V xxv: Ad Franciscum Turrianum   F. is inviting his friend Francesco della Torre, Giberti's secretary, to join him, in the summer of 1537, at S. Colombano on the Lago di Garda. F. dedicated to della Torre the two 1548 collections of his *Carmina.*   28 *lusus Virgilii et Syracusani*: the eclogues of Virgil and Theocritus.

ut postridie adhuc rubente mane,
cum fecundat humum decorus almo
rore Lucifer, exiens Giberti 5
domo ad me venias equo citato,
ne tibi igneus antevertat aestus.
Hic fontem prope vitreum sub umbra
formosi nemoris tibi parabo
prandium Iove dignum : habebis et lac 10
dulce et caseolum recentem et ova
et suaves pepones novaque cera
magis lutea pruna ; delicatos
addam pisciculos, nitens salubri
quos alit mihi rivulus sub unda. 15
Ad mensam vetulus canet colonus
iocosissima carmina, et coloni
quinque filiolae simul choreas
plaudent virgineo pede. Inde ocellos
ut primum sopor incubans gravabit, 20
iucundissime amice, te sub antrum
ducam, quod croceis tegunt corymbis
serpentes hederae, imminensque laurus
suaviter foliis susurrat. At tu
ne febrim metuas gravedinemve : 25
est enim locus innocens. Ubi ergo
hic satis requieveris, legentur
lusus Virgilii et Syracusani
vatis, quo nihil est magis venustum,
nihil dulcius, ut mihi videtur. 30
Cum se fregerit aestus, in virenti
convalle spatiabimur ; sequetur
brevis cena ; redibis inde ad urbem.

180 *Learned leisure: to Christophe de Longueil*

Dum tu Naugerio optimoque Bembo,
Longoli, frueris, tuique Tulli
laudes aequiparare tendis; ipse,
ubi molibus arduis ad astra
se tollit Genua, hortulis amoenis   5
abditus Stephani mei tuique,
nunc Aristotelis lego libellos,
caelestem sapientiam virique
mirans ingenium; modo ad Catulli
dulces versiculos relapsus, inter   10
argutas volucres cano sub umbra
silvae lauricomae iacens; modo ipse
ludo carmina, qualia in Lycaei
nigris saltibus Arcades canebant,
antequam fera gens profecta ab oris   15
incultae Scythiae procul Menalcas
Tityrosque fugaret. Ipse vero
Saulius, tua dum laborat ire
per vestigia, Tullium urget; uno
in illo stupet, et nimis beatum,   20
Longoli, putat esse te, benignus
cui dat Iuppiter esse tam propinquum
scriptori egregio. Ast ubi remisit
aestus, nec querulis sonant cicadis
arbusta amplius, igneusque iam sol   25
abit, nos pelagi propinqui ad undam
imus; hic scopulo sedens uterque

---

180 *Carm.* v xxix: Ad Christophorum Longolium   Evidently written in the summer
of 1521, inviting de Longueil, then in Venice, to join him with Sauli in Genoa. Some
years before this F., when in Rome, had got to know the famous Flemish humanist
and Ciceronian, who was forced, by the violent disputes that arose concerning the
grant to him of Roman citizenship, to leave Rome in 1519 for the Veneto, where
(cf. l.1) he enjoyed the friendship of Bembo and Navagero.   13 *ludo carmina*: an
allusion to the series of 'Lusus Pastorales' in books III and IV of his *Carmina*.   15
fera gens: the Turks had overrun the Peloponnese.

pisces captat harundine, et videre
cymbas purpureo mari volantes
iuvat. Flaminii tui tuique 30
Sauli, candide amice, vita qualis
sit, vides; ea si placet, venito,
et vitae cumulum addito beatae
tui Flaminii tuique Sauli.

181 *Sailing to Naples*

Pausilypi colles, et candida Mergillina,
    et myrteta sacris consita litoribus,
si mihi post tantos terraeque marisque labores
    contigerit vestrae limina adire deae,
limina quae vates specula fundavit in alta 5
    Actius Eois clarus et Hesperiis,
his ego pilleolum figam et calcaria et ensem
    et quaecumque vagus arma viator habet;
nec mihi iam quisquam vel prudentissimus ullas
    aut pelagi aut terrae suaserit ire vias, 10
non mihi Persarum si detur regia gaza,
    non mihi si rubri serviat unda maris.
Quis furor est, nullis unquam requiescere terris
    atque alia ex aliis semper adire loca,
nec vitare graves aestus nec frigora saeva 15
    nec timuisse vagae mille pericla viae?
Felix, qui parvo contentus vivit agello
    nec linquit patriae dulcia tecta domus;
quem versare iuvat fecunda ligonibus arva
    et nitidam vitis fingere falce comam, 20

---

181 *Carm.* II vii: De se proficiscente Neapolim   Evidently written in the autumn of 1538, when F. left Giberti at Verona to go and live in Naples   5–6 F. alludes in these lines to the church built by Sannazaro ('Actius Sincerus') on a hillside near his villa at Mergellina.   105 *Benaci . . . litora*: F. spent much time at the Priorato di S. Colombano, near Bardolino on the shores of Garda.   106 *Mesulus*: the Mischio, which flows through F.'s native Serravalle.

aut gelidam summo lympham deducere clivo
    aestibus ut mediis arida prata bibant,
aut tondere gregem lucenti vellere amictum
    et tonsum liquidis mergere fluminibus.
Hic laribus certis certisque sodalibus utens   25
    magnorum vita caelicolum potitur;
nec violentus eum crudeli vulnere latro
    nec fera caeruleo perdidit unda mari.
Ille suis moriens suprema dat oscula natis
    deficiens casto coniugis in gremio;   30
illa viri fugientem animam dulci excipit ore,
    et claudit tenera lumina cara manu:
dehinc tumulum viridi componit margine fontis,
    qua vetus arboreis decidit umbra comis.
Huc madefacta piis lacrimis fert liba quotannis   35
    cum pueris veniens maesta puella suis,
et magna manes compellat voce mariti
    spargens fictilibus lac niveum calathis,
nec potis est dulci tumulo se avellere donec
    Hesperus invitam cogit abire domum.   40
O fortunati cineres umbraeque beatae,
    morte obita si quem talia fata manent!
At me, dum terras et vasta per aequora curro,
    si vocet in Stygiam pallidus Orcus aquam,
quis tumulum faciet? tumulo quis tristia libans   45
    dona peregrinas flebit ad inferias?
Iam valeant Alpes et nimbifer Apenninus,
    tuque maris nostri litus utrumque vale!
Me iuvat umbrosis vitam nunc degere in hortis
    et Phoebo et Musis otia digna sequi;   50
tum rerum causas eventaque dicere: qua sint
    lege colenda homini nomina sancta deum,
qui deceant mores, faciat quae vita beatum,
    quid verum falsis distet imaginibus.
In primis celebrare Patrem fidibus iuvat, a quo   55
    ex nihilo vates omnia facta canunt;

caelicolae quem Tergeminum venerantur et Unum,
   qui mare, qui terras, qui supera alta regit.
O utinam ille suo me sistat numine sancto
   ad fortunati litora Pausilypi,   60
litora divino quondam celebrata Maroni
   et patrio Minci flumine cara magis,
litora quae toties viderunt Calliopeam
   dictantem vati carmina docta suo! ...
Ille canit: celso properant de vertice lauri   95
   et prata omnigeno flore colorat humus.
Tune sacrum felix aluisti terra Maronem?
   Tune pio celas ossa beata sinu?
Anne etiam, ut fama est, vatis placidissima saepe
   inter odoratum cernitur umbra nemus?   100
Felices oculi, fortunatissima silva,
   et quicquid sancto nascitur in nemore!
Cui non sit dulci patria tua dulcior ora?
   quis non te lucis praeferat Elysiis?
Iam mihi Benaci laetissima litora sordent,   105
   iam formosus aquis Mesulus irriguis.
Me tibi, terra beata, dico; tu meta laborum,
   iamque senescentis grata quies animi.
Tu, dum fata sinunt, lucemque auramque ministra:
   tu, precor, exstincti corporis ossa tege!   110

182   *To Raimondo della Torre:*
'When assault was intended on the city'

Venimus, bone Turriane, ad Urbem
salvi et incolumes, nec ulla passi

---

182 *Carm.* v xxxvi: Ad Raimundum Turrianum de Francisco fratris eius filio   Raimondo della Torre, Patriarch of Aquileia, was uncle of F.'s friend Francesco (cf. no. 179). The poem was written when the sack of Rome was imminent.   *7 miles barbarus*: the 'lanzichenecchi' serving as mercenaries of Charles V.

viae incommoda; verum in Urbe posthac
salvi et incolumes utrum futuri
simus, nescio; nam tremit tumultu   5
tellus Romula maximo: propinquat
miles barbarus et ferox minatur
caedem, incendia; nec satis videmus
tantorum effugium periculorum.
Sed cum multa animo meo recursent   10
molestissima, nil ita ad dolorem
accidit grave, ut hic videre fratris
tui filium. Acerba sicne fata
tulisse, ut puer hic ad Urbem adiret
isto tempore tam periculoso?   15
Mene, quod nimis ingravat dolorem,
exstitisse profectionis huius
auctorem? Bone Iuppiter, malorum
quicquid huic puero imminet, redundet
in meum caput, obsecro! Quid iste   20
puer commeruit? puer bonarum
cura Pieridum, puer Catullo
suo municipi futurus olim
par aut maior? Et hunc, Apollo sancte,
sines ludibrium esse barbarorum?   25
Huc ades, bone dive, seu fluenta
Xanthi, seu retinent amoena Cynthi
te iuga; huc ades, o pharetra et arcu
insignis; fera fata si Quirini
urbem evertere destinant, misellum   30
ah saltem puerum tuum, tuumque,
oro, Flaminium tuere! uterque
est tuus famulus, uterque sese
a primis tibi dedicavit annis.

183 *The Cardinal's pet dog*

Cur me, Pole, tua venire ad urbem
lectica prohibes? tuae quid, oro,
summae participem benignitatis
esse non pateris? Canes bonorum
heroum comites fuere semper;   5
et caelum Canis incolit supremum
inter sidera; nec polus, beata
sedes caelicolum, suam catellam
dedignatur habere secum: at ipsa
sum despecta tibi, nec unum apud te   10
angulum valeo impetrare. Verum,
si nostram vacet aestimare formam,
non indigna tuo favore credar.
Est pilus mihi lucidus, venustae
pendent auriculae, nigris ocellis   15
et caudae placeo iubis comatae;
nec sum corpore vasta, nec figura
tam brevi ut videar puellularum
comes dignior esse quam virorum;
nec turpi scabie laboro, nec sunt   20
invisi pulices mihi molesti;
nec sum prorsus inutilis futura,
si lassam recreas vehisque tecum;
nam pedes tibi suaviter fovebo,
qui iam frigoribus rigent acutis;   25
nec vero timeas, luto referta
quod via assidue ambularim; amicus,
et cliens tuus optimus, Morilla
me suis manibus pie ac benigne

---

183 *Carm.* I xxxv: Catella ad Reginaldum Polum   Written presumably on the occasion of a journey of the Cardinal to Rome from Viterbo, which was Pole's headquarters as 'legato del patrimonio', i.e. the secular governor of a portion of the States of the Church.   5 sqq. F. plays upon the Cardinal's surname: if the skies have room for a dog (the constellation so called), Polus (which means 'sky') should not disdain a lap-dog's company.   28 *Morilla*: presumably the Cardinal's steward.

puro flumine ter quaterque lavit,   30
et munda dedit esse mundiorem
sponsa, quam bona mater ad maritum
vult deducere nuptiis paratis.
Quod si non satis haec videntur esse
ad flectendum animum tuum: catelli   35
(ah nimis miseri mei catelli!)
te, precor, moveant, tenella pleno
quos gestans utero pedes movere
vix queo amplius; et tamen necesse est,
miliaria singulis diebus   40
multa conficiam misella, ni te
volo linquere. Sed prius vel istis
optem filiolis meis sepulcrum
fiant viscera matris, ipsa praeda
optarim prius esse vel luporum,   45
quam te, maxime Pole, derelinquam.

184 *Cerberus tamed*

Cum misera ante diem fida comitata capella
    iret ad infernas candida Hyella domos,
ille malus saevis redimitus colla colubris
    Cerberus, invisas qui cubat ante fores,
non pavidam horribili tremefecit voce puellam   5
    nec rabidis illam dentibus appetiit;
sed, tremulo blandae gannitu vocis adulans
    et lingua lambens crura pedesque fera,
aetherias voluisset eam remeare sub auras
    et tam formosae virginis ire comes;   10
quique tot heroum magnas latraverat umbras
    optavit parvi nunc gregis esse canis.

184 *Carm.* IV xiii: Lusus pastoralis

185 *Invitation to the fire-side*

Sic tibi perpetuam donet Venus alma iuventam
    nec faciem nitidam ruga senilis aret,
post cenam cum matre tua dulcique Lycinna
    ad matrem, Pholoë cara, venito meam.
Hic simul ad magnum laeti vigilabimus ignem;   5
    candidior pulchra nox erit ista die;
fabellas vetulae referent; nos laeta canemus
    carmina; castaneas parva Lycinna coquet.
Sic noctem tenerisque iocis risuque trahemus,
    dum gravet incumbens lumina nostra sopor.   10

186 *To Girolamo Fracastoro: the doctor's aid*

Frastori venerande, cui medendi
usum pulcher Apollo carminisque
artem donat habere, nonne cernis
tuum Flaminium perire dira
tabe? Non recreat cibus misellum,   5
non grata vigiles quiete ocelli
teguntur; macie vides suprema
corpus confici, ut umbra inanis esse
iam plane videar, modisque miris
pallor occupat ora languidosque   10
artus vix traho, nec iuvare possunt
dulci carmine candidae Camenae
nec blando alloquio boni sodales:
ipsa sed mihi lux amara et atrae

185 *Carm.* III ix: Lusus pastoralis.
186 *Carm.* v li: Ad Hieronymum Fracastorium. Probably belongs to the winter of 1525–6, when F. fell ill and retired to Serravalle, there to spend almost a year in poetry and study. The *Carmina* of Fracastoro include an epistle to F., encouraging him to sing the praises of their patron Giberti and to continue his paraphrases of the Psalms.   35–6 *tenent... plectro* Comino: *tenens... plecto* 1552.

noctis tempora sunt amariora   15
felle et Thessaliae malis venenis.
At tu, candide amice, vel sodali
fer tuo auxilium, vel ipsa morbi
si vis tabifici recepta venis
humanis opibus magistrae et arti   20
nescit cedere, carminum tuorum
lepore advoca Apollinem, rogaque
ne prima miserum sinat iuventa
tam crudeliter interire. Cur ah
cultorem patitur suum sub ipso   25
flore aetatis abire maestum ad umbras
pallentes Erebi? quid ergo prodest
ipsi et Aoniis suis puellis
cuncta posthabuisse? quidve prodest
vita puriter acta? Nunc misello,   30
nunc o subvenias, Apollo sancte,
et preces teneri tui poetae
audi dexter: opaca sive Cynthi
umbra, sive Heliconii recessus
te tenent nemora aureo sonantem   35
plectro carmina, quae beata lauri
discit silva; ades, o deum voluptas,
ades numine dextro et imminentem
Orcum iam capiti meo repelle;
ut Frastorius ob suum sodalem   40
salvum et incolumem tibi rependat
mille carmina, te canens tuamque
matrem et virgineos tuae sororis
mores et studia et pharetram et arcum et
currum noctivagum aurea inter astra,   45
quo se candida diva fert Olympi
per campos, lavis ipse cum rubente
fessas oceano tuas quadrigas.

187 *To Aloisio Priuli: in prospect of death*

Ah cur me lacrimis tuis, Priule
care, conficis? Hoc tuo dolore
mors mihi fit amara, quam benigno
deus numine donat esse dulcem.
Una viximus arcto amore iuncti,   5
qualem sol radians ab ultimo Indo
vix cernebat ad ultimum Britannum.
Nos unum studium, una nos voluntas
fecit unanimes; nihil placebat
uni, quin idem amaret alter; una   10
nos domus tenuit, alebat una
mensa: laetitiae, dolor, secunda,
adversa unius alterum movebant,
ut nunquam minus hic doleret illo
gauderetve. Sed haec prius fuere: 15
nunc caeli vocor ad domos beatas,
ubi me vario labore functum
manent gaudia sempiterna. Quare,
si cordi tuus est tibi sodalis,
pone flebilibus modum querelis   20
et plausu aethereas euntem ad arces
laeto prosequere, et piam labora
vitam vivere, mox simul futurus.

---

187 *Carm.* VI xxxvii: Ad Aloysium Priulum. Aloisio Priuli, of a famous Venetian family, an old friend of F.'s; he was one of those moderate reformers who was associated with Cardinal Contarini, Carafa, Giberti and the other members of the Oratory of the Divine Love. He was for twenty years the faithful companion and servant of Pole, who made him his executor.

188 *Leucippe takes the veil*

Candida Leucippe, gratissimus ardor amantum,
    mille sibi matres quam cupiere nurum,
se, dea Clara, tuis secretis sedibus abdit,
    seque tibi famulam tempus in omne dicat;
pro crinali auro tenui circumdata velo   5
    flaventesque sacra forcipe tonsa comas,
ut quae non casto mortales ussit amore
    nunc casto sanctos urat amore deos.

189 *His father's death-bed*

Vixisti, genitor, bene ac beate,
nec pauper neque dives, eruditus
satis et satis eloquens, valente
semper corpore, mente sana, amicis
iucundus, pietate singulari.   5
Nunc lustris bene sexdecim peractis
ad divum proficisceris beatas
oras: i, genitor, tuumque natum
Olympi cito siste tecum in arce!

188 *Carm.* II xii: De Leucippe   3 *dea Clara*: S. Chiara of Assisi, foundress of the Franciscan order of the 'Poor Clares'.

189 *Carm.* I xx: Ad Ioannem Antonium Flaminium patrem morientem   The poet's father died at Bologna in 1536. He must (l.6) have been born c. 1464. His letters, edited by D. J. Capponi (Bologna 1744), throw much light on the earlier years of Marcantonio.

190 *On his paraphrase of the Psalms*

*'I remember thee upon my bed, and
meditate on thee in the night watches'*

Dum nigra iucundos per languida membra sopores
    nox irrigat mortalium,
tu mecum tacitis hymnos meditare sub umbris
    cantu Latino, barbite
Iesseo quondam heroi modulate, tyranno   5
    qui sive pulsus a fero
montibus in solis erraret, sive reversus
    in patriam ditissimas
urbes et latos populos ditione teneret,
    noctes diesque maximo   10
caelicolum Regi laudes cantare solebat.
    At vos, beati caelites,
est tutela quibus vatum commissa piorum,
    adeste, quaeso, dexteri;
et quaecumque Syros docuit rex optimus olim,   15
    per Italas urbes lyra
dum memorare iuvat, facilem concedite cantum
    rebusque dignum maximis.

---

190 *Carm.* VII: Introductory verses to *Paraphrasis in triginta Psalmos*   In a dedicatory
letter addressed to Cardinal Alessandro Farnese, F. says that he composed his paraphrases at the instance of Aloisio Priuli, explaining that his 'ratio ingenii' was such
that 'non nisi de nocte in tenebris versus facere possim', and that he had chosen only
Psalms short enough to be translated in a single night.

MARCELLO PALINGENIO STELLATO

MARCELLO PALINGENIO (Marcellus Palingenius: c. 1500–c. 1540) was, as Facciolati divined, the anagrammatic pseudonym of Pier Angelo Manzolli (or Manzoli), who was born at Stellata (hence 'Stellato') in the province of Ferrara. Not much is known about his life. He was in Rome during the pontificate of Leo X, and he seems to have practised medicine in about 1530 in the neighbourhood of Rimini. He studied also the Neoplatonic philosophers and dabbled in astrology, magic, and alchemy.

His one surviving work is the *Zodiacus Vitae*, a didactic poem in hexameters, 'De hominis vita, studio, ac moribus optime instituendis', some 10,000 lines long, divided into twelve books, each of which bears the name of one of the signs of the Zodiac. Composed between 1520 and 1534, it was brought out by Bernardino Vitale at Venice in about 1535, with a dedication to Ercole II d'Este. Within a decade or so of Palingenio's death, the *Zodiacus Vitae* was declared heretical and placed on the Index, on account of its doctrinal unorthodoxy and its bitter criticisms of the clergy, and its author's body was disinterred and burned. The poem was read and admired in Protestant countries (and, in Italy, by the free-thinking Giordano Bruno); there were some sixty editions and many translations, among them a translation into English made between 1560 and 1565 by Barnabe Googe, which was a popular Elizabethan school book.

Palingenio's poem, which brings together many diverse philosophies, ranging from the Neoplatonists to Lucretius, from Ficino to the Hermetic philosophers, is remarkable not only as a product of Italian thought in the Reformation period, but also for its poetic quality, in spite of occasional failures of inspiration and tedious didactic *excursus*.

TEXTS from the edition of C. H. Weise (Leipzig 1832), checked with the *ed. princ.*

191 *The Muse on Death*

'Mors omnes finit poenas, mors omnia solvit
vincula, morte fugit metus omnis et omne periclum.

191 *Zod. Vitae* VI (Virgo)   821 The speaker is Calliope, 'Musarum maxima' (l.994).
832 *pravam* ed. princ.: *parvam* Weise.

Utque dolor nullus, te nulla urgebat egestas,
cum, patrios nondum lumbos ingressus, eras nil,
sic postquam extrema fueris iam morte solutus   825
te nullus dolor et te nulla urgebit egestas.
Quis damnosa sibi, quis perniciosa fuisse
tempora crediderit quae tunc fluxere fuit cum
ipse nihil, nondum materna conditus alvo?
Quis queritur nocuisse sibi mensesve diesve   830
quos nunquam vidit vel quos nunquam ipse videbit?
Vel quis noctem illam ut pravam miseramque gravemque
vituperet, qua nil sensit, somnoque profundo
obrutus ut lignum iacuit gelidumque cadaver?
Quid mors? aeternus somnus; somnus? brevis est mors. . . . 835
Quare qui mortem metuit valde insipiens est,
cum mala tot tantosque pati sine fine labores
corporis atque animi malit quam vel cruciatum   985
omnem cum carne exuere et requiescere semper,
aeternaque frui ac tranquilla pace, vel, ipsis
depositis membris, nulla re prorsus egentem
vivere, nec sentire aliquem iam posse dolorem.' . . .
Postquam sic fata est Musarum maxima, surgit,
et me Phoebea renuentem fronde coronat: 995
deinde abiens per inane amplum sese abdidit astris.

192   *The Poet addresses his Maker*

Talibus auditis, facie manibusque supinis
et genibus flexis, effudi has pectore voces:
'Magne pater divum, mundi suprema potestas,
quo nihil esse potest nec fingi maius, ab omni
corporea stans mole procul, tamen omnia fingens   40
corpora, vel prorsus mutari nescia vel quae
temporis anfractu longo labefacta fatiscunt:

---

192 *Zod. Vitae* IX (Sagittarius).

principium sine principio, fons unde bonorum
effluit omne genus, naturae rector et auctor,
omnia comprendens at non comprensus ab ullo,   45
maiestas immensa, bonum, sapientia, vita,
ordo, decus, finis, mens, verum, lux, via, virtus;
nusquam habitans et ubique habitans; immobilis, et dans
assidue motum cunctis; a quo omnia, et in quem
omnia, per quem etiam sunt omnia: semper eadem   50
conditione manens, nullo mutabilis aevo:
maxima causarum, quae certa lege revolvens
sideream molem fatorum iura gubernas;
Rex regum, cui mille adstant et mille ministrant
agmina divorum laetantum hymnosque canentum,   55
lucis in immensae campis extra extima mundi
moenia, ubi est veris sedes aptissima rebus:
te colo, te veneror, te nunc reverenter adoro,
atque precor supplex ut me spectare benigno
digneris vultu, vocemque audire precantis.   60
Mitte tuae lucis radios mihi, pelle tenebras
oppressae (heu) nimium moribundo in corpore mentis;
da rectam reperire viam, ne noxius error
vanaque credulitas et opinio caeca trahat me
praecipitem in salebras rerum et contagia vitae.   65
Nam sine te ingenium mortale humanaque virtus
dum se tollere humo sperat, velut Icarus olim,
disiuncta compage ruit pennisque solutis;
nec potis est sine te occulti penetralia veri
cernere, nec qua parte salus aut arte petatur.   70
Largire ergo mihi, Rex o dignissime regum,
ut te cognoscam et placeam tibi; deinde sciam me,
quid sim, qua in terris causa productus, et unde
huc veni, ac tandem quo vita functus abibo;
quid mihi dum vivo sit agendum, sitque cavendum: 75
ut cum finierit Lachesis mea fila, diesque
ultimus abdiderit membra haec exhausta sepulcro,
mors fiat mihi grata quies portusque salutis.' . . .

BENEDETTO LAMPRIDIO

BENEDETTO LAMPRIDIO (Benedictus Lampridius: c. 1500–1540) was born in Cremona. He went as a young man to Rome, studying under Paolo Cortese and teaching Greek under Lascaris. On the death of Leo X he removed to Padua and set up a school where he taught Greek and Latin literature, 'maiore quaestu' (according to Giovio) 'quam gloria'. In 1536, Federico Gonzaga summoned him to Mantua to be tutor to his son Francesco, and he gave lessons also to Bembo's son. His passion for Greek induced him to attempt a new *genre*, the Pindaric ode in Latin: sixteen such odes of his survive, some of them inordinately long; they comprise two-thirds of his surviving output. The ode here given—strophe, antistrophe, and epode, each of nine lines, thrice repeated—is a favourable specimen of his Pindaric efforts. Lodovico Dolce edited his *Carmina* in 1550, and they were evidently much admired: Toscano (1576) allotted Lampridio nearly 150 pages, and Gruter (1608) over 100.

TEXT from *Carmina* 1550, checked with *Toscano* and *Del. Ital.*

193   *To Pietro Bembo, on the death of his son*

Nunc tibi, cui nigra parent Tartara,
Pluto, et tibi, Persephone,
dilecta torum Stygio quae ornas Iovi,
ne displiceam precor, udis
optimo dum flebile Bembo oculis   5
carmen requiro.
Tu mone, tu, diva, Ceis
nos aliquid lacrimis funestius.
Nam puer virtutis heres insolentis,

193 *Carmina* f.52: Petro Bembo, in filii obitu   When he came to Rome in 1512, Bembo took as his mistress a girl of sixteen, Morosina, by whom (after entering Holy Orders in 1522) he had three children, Lucilio (b. 1523), Torquato (b. 1525), and Elena (b. 1528). Lucilio, on whose death Bembo himself wrote a touching quatrain (printed in his *Carminum Libellus* 1552, p. 50), died in 1532.   1 *Nunc* Del. Ital.: *Hunc* 1550.   7–8 *Ceis . . . lacrimis*: 'Simonidean elegies.'   24 *prome* Toscano Del. Ital.: *Pro me* 1550.   38 *princeps . . . beasti*: the boy was Bembo's eldest child.   54 *decens*: apparently used as a present participle, to mean 'decking'. 57 *notas* Toscano Del. Ital.: *notus* 1550.   62 *avus*: presumably Bembo's father Bernardo, who died in 1519.   78 *in infernis* E. L. Hussey: *infernis* 1550.

 debitus haud minus ac rerum quibus   10
fulget domus omnis, abit;
heu purpureos abit obscurae mala
noctis vice tectus ocellos.
Lumen heu quando solitum in tenero
splendescet ore?   15
Balba nunc quando parenti
verba alacris repetes atque afferens
osculum iussum in sinus curres apertos?
 Non labello te micante
carmina Virgilii   20
audio reddentem. 'Age, pollicitus
magnum puer nobis decus,
spem fuge deserere altam;
prome age Maeonii quicquam senis
Graiaque verba Latino profer ore,   25
non secus atque solet
siquis est in Thesei prognatus urbe'—
 anxius en pater hoc orat; memor
cui sollicitudine mens
disrumpitur assidua, cui dividit   30
cor immeritum dolor urgens.
Tune, Lucili, hoc patiere? tua
sentit tumultus
hos pater causa, vocatus
quod ter et amplius exaudis nihil: 35
mitte patri, mitte vocem, quid morare?
 Laetitia patrii quem nominis
princeps fugiente bea⁄
sti aevo cito linquis eundem eheu nimis.
Matrem aspice, quae fovet ore   40
os madenti pallidulum, usque tuum
complexa corpus;
passa nam longum est laborem
ante suum puerum quam cerneret
candido de ventris egressum tumore. 45

Vocibus, mater, vocare
desine maesta piis,
audit eheu nunc nihil : ille procul
transmisit atros gurgites,
linaque pollice saevo 50
rupit atrox Lachesis fatalia.
Desine, Bembe, vocas frustra ; ille campis
ludit in Elysiis
florida crinem decens flavum corolla,
  et modo litora per fulgentia 55
gemmas legit in superis
oris homini minime notas, modo
laetatur in arbore fulva
considens decerpere rara manu
splendente poma ; 60
tristi ubi dius tuetur
lumine avus sobolem, maerens novam
arborem Phoebi in sacra elanguere ripa ;
  quam posuere Heliconis praesides
Musae genito haud procul ab 65
illa, caput unde beatum Deliis
ornas foliis tu, et in orbe
nobilis magno, invidiam pedibus
calcas minorem ;
sive quid faris solutus, 70
sive modos lepida pangis lyra
qualis aut cantus Lini aut lugentis Orphei.
  Aret ergo parva laurus,
cessit et egregia
indoles nullo reditura die. 75
At terque, Lucili, vale
et quater ; heu puer, heu heu,
summus et hic et in infernis locis
es dolor, atque tua partum deabus
lanificis odium 80
morte, nunquam saeculis delebile ullis.

ELIO GIULIO CROTTI

ELIO GIULIO CROTTI (Aelius Iulius Crottus: ?–after 1564) was a native of
Cremona. Little is known of him apart from what can be gathered from his
poems. Giraldi, in his second Dialogue *De poetis nostrorum temporum*, calls
him 'non in poetica solum cognitum, sed in aliis plerisque artibus ingenuis'
and says that (in 1551) 'quotidie aliqua componit . . . Iambica, Hendecasyllabos, Eclogas, aliaque diversi generis carmina'. He evidently frequented the
court of the Gonzaga at Mantua, where in 1545 he published a collection of
love poems, *Hermione*, together with a miscellany called *Floraliorum Spicilegia*.
From Mantua Crotti moved to Ferrara, where in 1564 the publisher Mam-
marelli brought out a collection of his poems under the title *Opuscula*, which
includes pastoral poems, sacred idylls (almost his only attempt at religious
verse), four books of *Farragines* and three of *Stromata*. These comprise many
short poems to friends in the manner of Catullus or Martial, many vivid
descriptions of gardens and the countryside, and much love-poetry, a good
deal of it obscene. Crotti's poems were not reprinted either collectively or in
the early anthologies (save for a few pieces in *Del. Ital.* and *Carm. Ital.*).

TEXTS from *Opuscula* 1564.

194   *To Psecas, at daybreak*

Exsurgit alma de rutilo mari dies
et nox gelatis cedit irrepens equis;
cristata cecinit pluries, Psecas, avis;
sustolle tandem somno oculos pigro graves,
aperi sopitos tacita gynaecii fores!   5
En ipse torpens aspero gelu miser,
rapido sub axe dum furit praeceps Notus,
torqueor, aduror, conqueror, doleo, gemo.

194 *Opuscula* p. 169: Ad Psecam   Psecas was the name of one of Diana's handmaids:
Ovid *Met.* III 172 Et Psecas et Phiale. C. is careless about his quantities (sŏpitus 5,
23; Psēcas . . . Psĕcas 22), and he evidently allows himself an anapaest in the second
foot (9, 19) and in the fourth (1, 4, 5, 15, 16, 18, 22).

Eheu nimium proterva, nimium eheu improba,
audi dolentem, mea aperi Venus modo!　　　　　10
Maria silent, silent et in silvis ferae,
homines, volucres alta concepit quies,
et luna terris menstruas faces negat;
horrent ubique frigore insano nives
ventisque contrahitur glacialibus solum;　　　　15
tu surda dormis in tepido iacens toro
levibusque plumis candidum pectus foves
et ducis altos per tenebras somnos cavas.
Ego heu glacie contractus alpina modo
lacrimis amaris ferreum limen rigo　　　　　　20
et spargo rimis flebiles mutis sonos.
Heu surda Psecas, somniculosa eheu Psecas,
exsere sopitum mollibus plumis caput!
audi dolentem, mea aperi Venus modo!

195　*Harvest time: to Borso Muzarelli*

Dum te, Borse, tenet laeto Ferraria vultu
　　amplexuque fovet et placido et tenero,
Borse agedum, cui Pegasides, cui dexter Apollo,
　　cui blandae arrident et Paphiae et Charites;
invicti Martis forti dum cingeris urbe,　　　　　5
　　quam propter praeceps labitur Eridanus,
inter nobilium coetus Musasque canentes
　　dum testudineis plectra moves fidibus,
accipe quid flavis operosus molior agris,
　　et procul a Musis et procul a fidibus.　　　　10

---

195 *Opuscula* p. 190: Ad Borsum Muzarellum　　　Several of C.'s poems are addressed
to Borso, who belonged to an old Ferrarese family.　　　25 *hirtipilum*: 'hirtipili' is
recorded by Festus as meaning 'durorum pilorum homines'. Perhaps it should here
be a proper name: C. elsewhere calls a peasant girl 'Hirtipile', and uses the name as
the title of one of his pastorals.　　　34 *Gargara*: cf. Virgil, *Georg.* I 103.　　　40
iuscaque: iusca is a *vox nihili*; perhaps *frustaque*?　　　47 *haustus . . . dat cornua Bacchus*:
'draughts of wine give strength' (cf. Horace, *Od.* III xxi 18); *tōrosae* is a false quantity.

Subdita velatus Cereali tempora culmo
    provehor, ut saltu Bassaris Aemonio;
et modo per campos et opertas arbore valles,
    mox etiam saltus efferor in vacuos.
Hinc spectare licet florentes ruris honores   15
    et non cedentes agricolas operi,
dum messor crinem foeno praecinctus agresti
    roscida procurvo prata ferit chalybe;
gramen odoratum maturis caeditur arvis,
    et reboant numeris avia simplicibus.   20
Non desunt pagana Nape, non vilica Molphe,
    utraque nigra oculos, utraque fulva genas,
deciduas quae furcillis et ventilet herbas
    pictaque vernanti gramina verset humo.
Fossorem hirtipilum tenet hic seges aspera, late   25
    dum gravida hostili saucia Marte cadit.
Sternitur in praeceps anni labor; ipsa calentes
    exercet choreas pulverulenta Ceres.
Interea effetos exurit Sirius amnes
    aegraque flagranti terra Leone rubet.   30
Praesum ego fecundi non impiger accola ruris
    agricolae et campis et segeti et Cereri.
Iam videas montes spicarum ad sidera tolli
    ut stupeant ipsis Gargara mergitibus,
et foeno gravidos ad caelum ascendere colles   35
    ut pariter spernas Mincium et Eridanum;
ditia compositas capiunt vix horrea messes
    et sub non aequo pondere plaustra gemunt.
Rector ego prati atque arvi, messoribus offas
    iuscaque virgatis congero scirpiculis,   40
dum molles acri lactucas spargit aceto
    et salis atque olei partem adhibet Cybale.
Herba torum, fessis praebent aulaea comantes
    ramorum frondes et coryli et salices.
Inde cava pinu spumantia pocula vernae   45
    ubertim impuris proripiunt manibus;

haustus torosae pubi dat cornua Bacchus
  et vires lassis suscitat indomitas.
Interea herbosis lascivit bucula campis
  aut sub nodosis ruminat ilicibus,   50
perque rubos et per florentes smilace dumos
  ingemit Ismarium Daulias ales Ityn. . . .

196 *Narcissus*

Hicne amor est? hicne est furor? aut insania mentis?
  Nolo, volo, atque iterum nolo, iterumque volo.
Hicne gelu est? hicne est ignis? nam spiritus aeque
  mi ignescit, gelido et torpet in ore anima.
Verum non amor aut furor est, ignisve geluve: 5
  ipse ego sum, qui me mi eripui ac rapui.

196 *Opuscula* p. 133: Narcissus

BASILIO ZANCHI

Basilio Zanchi (Basilius Zanchius: 1501–1558) came of a distinguished family in Bergamo; his baptismal name was Pietro. He was a precocious scholar in Greek and Latin, and having migrated to Rome (it seems, in 1519) he was soon admitted a member of the Accademia Pontaniana with the sobriquet Lucius Petreius Zanchius, under which name a dozen or so of his poems (*Poemata Varia*) were published, without his knowledge, by Georg von Logau in Vienna, probably in 1535. Von Logau says that he had known Zanchi intimately in Bologna twelve years previously, and that the *Poemata Varia* were written between Zanchi's seventeenth and his twenty-third year. In 1524 Zanchi became a canon of the Lateran, assuming the name Basilius. We hear of him in Padua, Ravenna, and Bologna in the 1520s and 30s and, according to von Logau, he was in Venice c. 1532. Most of the rest of his life seems to have been spent in Rome.

In 1540 Blado reprinted the contents of *Poemata Varia*, prefixing to them *De horto sophiae*, a theological fantasy in two books in hexameters, which had won the praise of Bembo. An *editio copiosior* of Zanchi's *Poemata*, in four books, came out in Rome, in a small octavo, in 1550, followed by two supplements (each of a few leaves only, evidently intended to be bound up with the main volume) in 1551 and 1552. Another edition, in seven books, followed in 1553, and a further enlarged collection in eight books was published by Oporinus in Basel in 1555.

Zanchi published also a supplement to Nizolius' Lexicon and several scriptural commentaries, and in 1554 he was appointed Keeper of the Vatican Library. It seems that he was imprisoned in the Castel S. Angelo in 1558 and died there two years later.

Zanchi wrote with equal fluency on religious, literary, and personal themes, and could plausibly lament the death of people he had never known (e.g. Pontano, Marullo, and Cotta); but, though his poetry lacks depth of feeling, he had an ear, and some of his elegiac *tumuli* are beautiful.

Oporinus' edition was reprinted, with the addition of one or two poems and a life and *testimonia*, by P. A. Serassi at Bergamo in 1747.

TEXTS from *Poemata* 1555.

197 An epitaph for Andrea Navagero

Naugeri, tibi Nereides statuere sepulcrum
   aequoris Adriaci qua levis unda silet,
qua solitae in numerum, numeros dum pectine ducis,
   concinere et virides ducere saepe choros ;
et Doris tumulo conchas et lucida texit   5
   coralia, et placidis marmora lambit aquis.
Ipse etiam circum affusis pater Adria lymphis
   ingemit, et maestum litora murmur habent.
Parva loquor ; tete amisso dolet Itala virtus,
   maeret et infractis Faunus harundinibus.   10

198 'And thou, my Muse, aspire to higher things'

Hactenus, ah male caute, iuvet lusisse iuventa,
   barbite, carminibus ;
et Paphia incinctum myrto lauruque virenti
   concinuisse toros,

197 *Poemata* p. 226: Tumulus Andreae Naugerii   Navagero died in 1529, when on a mission to the French court; his body was brought home and buried, by his own direction, near his home on the island of Murano.   8 *habent: habet* conj. R. Jenkyns.   10 *infractis*] *in fractis* 1555.

198 *Poemata* p. 111: Ad Barbiton   Bembo, in a letter prefixed to the 1540 *Poemata*, welcomes Zanchi's return 'ad poetices studia . . . atque ad Musas delicatiores' and reminds him that he had renounced poetry 'Monachorum vitam multis ab hinc ingressus annis' (i.e. in 1524)—words which Oporinus' editor altered in 1555 to 'postea quam poemata tua sub Petrei nomine edidisti' (i.e. c. 1535). In this poem Z. reviews his unregenerate verse, mentioning not only several of the *Poemata Varia* (all of which were written, according to von Logau, before 1524) but also pieces which must be dated as late as 1535 (cf. ll.5–7 and 8–9).   5–7 Z's epithalamia for Pan and for Isabella Marini, and his panegyric of Leo X (*Poemata* 1555, pp. 127, 133, and 138) had been printed in *Poemata Varia* 1535.   8–9 Cinyphio . . . *solo*: i.e. Libya. The poem referred to ('Carolus V Imp': *Poemata* 1555, p. 142) cannot ante-date the Emperor's African campaign of 1535.   9–10 refer to Z's 'Defectio Solis' (*Poemata* 1555, p. 145), the subject of which must be the solar eclipse visible in central Italy on 8 June 1518.   11–12 *tristia fata virum*: Z. wrote elegies on (among others) his predecessors Pontano, Marullo, and Cotta, as well as on his contemporaries Castiglione, Navagero and Sannazaro.   41 Books I–III and VIII of *Poemata* 1555 consist almost entirely of religious poetry.

sive tuos Isabella, tuos seu, rustica proles,
    Pan deus Arcadiae;   5
et laudes celebrasse virum, modo saecla Leontis,
    nunc tua Cinyphio
horrida castra solo, Caesar; modo, Phoebe, labores,
    pulchraque Luna, tuos   10
flebilibus cantasse modis, et tristia fata
    funeraque atra virum.
Iam pudet insanos dixisse licentius ignes
    marmoreosque sinus
et crines, vaga Phylli, tuos atque ora Lycinnae   15
    aureolumque pedem,
totque alios frustra lusus et inania verba
    et sine mente sonos.
Hactenus, ah male caute, iuvet lusisse iuventa,
    barbite, carminibus!   20
Felix ille animi, quem primo a flore iuventae
    concelebrasse iuvat
Tergeminum rerum Artificem; nunc culta dicasse
    carmina caelitibus;
nunc veterum mores laudasse et facta piorum   25
    inclita nominibus.
Ergo age, care, mihi teneris dilecte sub annis,
    dic meliore sono:
dic rerum causam, vario quae sidere caelum
    daedala composuit,   30
et liquidum teneris complexibus aëra fudit
    velivolumque mare;
per quam terrarum spatia ampla immensus uterque
    alluit oceanus;
per quam firma manent legi subiecta Paternae   35
    ordine quaeque suo;
quae novit memorare pios, quae praemia cuique
    reddere digna solet.
Ergo age, care, mihi teneris dilecte sub annis,
    iam meliora cane!   40

Te stellis Pater aetheriis pro talibus astrum
   inseret Omnipotens,
et tua perspicuo fulgebunt candida caelo
   lumina perpetuo.

AONIO PALEARIO

AONIO PALEARIO (Aonius Palearius; his real name was Antonio della Paglia: 1503–1570) was born at Veroli near Rome, where he embarked on a career of letters with Sadoleto for his patron. He taught rhetoric at Siena and Lucca—'qui nunc publice Lucae profitetur bonas literas' (L. G. Giraldi, writing c. 1550, in his *Dialogi de poetis nostrorum temporum*)—and later at Milan. When the Council of Trent was being assembled, he had put out in manuscript a defence of Lutheran doctrines which marked him as an enemy of orthodoxy; he was in trouble with the Inquisition more than once during his time in Milan; and shortly after the accession of Pius V he was summoned to Rome, where he was convicted of heresy and executed.

Paleario's reputation depends upon *De animorum immortalitate*, a Lucretian poem in three books which appeared in 1536. This poem invites comparison with Scipione Capece's *De principiis rerum*, the other celebrated Lucretian pastiche of the Cinquecento, which appeared (Aldus 1546) ten years after Paleario's.

TEXT from *De animorum immortalitate*, Lyon 1536.

199 *The Eye of God*

Ergo agite illustres animi, quos vivida virtus   175
evehit ex humili liquidum super aethera terra,
dicamus, nam scire licet quibus integra mens est,
quî Pater Omnipotens mortales lumine sancto
despiciat, spectansque vacet tamen ille labore.
Qualis praerupto in Latmo sub nocte serena   180
aërium gyrum aspectans caelumque profundum
una acie iam mille faces, mille ignea cernit
sidera convexo late fulgentia caelo :

199 *De anim. immort.* I   178–9 *quî despiciat*: 'how he is able to look down upon.'
188–90 *Qui vero labor, hic, qui . . . temperat, si videt . . .?*: 'what effort is it, for him
who controls, to observe . . . ?'

sic decus aeternum, decus admirabile rerum,
et longe ex alto seductas aethere terras   185
et mare ventosum caecisque offusa tenebris
Tartara despectat, dum se circumspicit unum.
Qui vero labor, hic, pulchrum qui temperat orbem
absque labore aliquo et magno se corpore miscet,
si videt impositas lapidosis montibus urbes   190
humanumque genus magnis prope dis aequale?
Adde quod immensas vires non ulla fatigant
tempora, non ulli possunt superare labores.
Illi aeterna quies, nec divini imminuit quid,
praebeat etsi aegris faciles mortalibus aures.   195
Ut sol aequoreas radiis cum corripit undas
multa deo similis (componam maxima parvis)
si latum oceanum fulgenti lampade lustret,
non madet, haud salso suscepit in aequore labem,
mane novo surgens isdem iubar ignibus ardet,   200
purpurei referens radiatum insigne diei.
An verum summumque bonum dum voce vocatur
ante aras, variis late florentia sertis
cum delubra petit cumulatque altaria donis
integer et multa insignis pietate sacerdos,   205
non videt, oblatosque aris non sentit honores?...

GIROLAMO AMALTEO

Girolamo Amalteo (Hieronymus Amaltheus: 1507–1574), was born at Oderzo, near Treviso, and studied at the University of Padua where, after taking his degree, he taught moral philosophy. He practised as a doctor at Ceneda and Serravalle. He died at Oderzo.

Half a century after his death, his kinsman, Girolamo Aleandro the younger, brought out a collection of Amalteo's poems together with those of his brothers Giovanni Battista and Cornelio, and some poems of his own (*Trium fratrum Amaltheorum Carmina*, Venice 1627). In 1817 a descendant, Francesco Amalteo, printed at Treviso, together with the already published poems of the Amaltei, twenty-one unpublished Latin poems by Girolamo and eight by Cornelio, from a manuscript belonging to the family.

TEXT from *Ubaldini* (apparently the first printing of the poem, untitled and attributed to Basilio Zanchi), checked with *Toscano, Del. Ital.*, and *Trium fratrum Amaltheorum Carmina* 1627.

200 *Acon and Leonilla*

Lumine Acon dextro, capta est Leonilla sinistro,
    et potis est forma vincere uterque deos.
Blande puer, lumen quod habes concede sorori:
    sic tu caecus Amor, sic erit illa Venus.

200 *Ubaldini* f.29   This epigram was imitated by Jean Passerat, and became famous: Hallam declares, in his *Introduction to the Literature of Europe*, that 'Most know the lines by heart'. It is the subject of an article by A. Lazzarini (*Rivista letteraria* IX (1937), pp. 19–21) 'Su di un celebre epigramma latino di Gerolamo Amalteo'. F. Amalteo (v. supr.) printed a version in which Acon and Leonilla, to provide an apter parallel with Cupid and Venus, were son and mother.   3 *sorori* Ubaldini, Toscano, Del. Ital.: *puellae* Aleandro; *parenti* Francesco Amalteo's MS.

IPPOLITO CAPILUPI

IPPOLITO CAPILUPI (Hippolytus Capilupus: 1511–1580) was born in Mantua, of a family of poets. His brother Lelio published in 1540 a satire on the monasteries in the form of a Virgilian cento, a genre which he went on to exploit with great success. Ippolito himself (who became Bishop of Fano in 1560, but never achieved the Cardinalate which some thought his due) contributed a few poems to anthologies, but no collected edition of his poems was published until his *Carmina* was brought out by Plantin at Antwerp in 1574. In 1590 there appeared in Rome a family collection, *Capiluporum Carmina*, containing an expanded collection of Ippolito's poems, an expurgated edition of Lelio's *Centones* (which had for a quarter of a century been on the Index), and a handful of poems by two other brothers, Camillo and Alfonso (who had died in his youth); to these were added a sizeable collection of *Carmina* and *Centones* by another Capilupi, Giulio (evidently a son of Camillo), who was responsible for revising his uncles' poems so that their text should comply with the dictates of the Church.

Ippolito, though by no means inspired, was the best poet in the family; his *Carmina* include many epigrams, epitaphs, and odes and epistles addressed to friends and patrons in Mantua and Rome.

TEXT from *Carmina* 1574.

201 *To Paolo Manuzio, on his retirement*

Canas, Manuti, iam senex receptui
librosque amicos colligas tandem tuos,
cumque iis paternae villulae optato in sinu,

---

201 *Carmina* p. 96: Ad Paulum Manutium   In 1570, after ten years in Rome, Paolo Manuzio, ill and weary, returned with his wife to his home in the Veneto. There he rejoined his son Aldo, and looked forward to enjoying the company of his daughter, then in a convent in Rome. It must have been at this juncture that Capilupi's poem was written. Paolo's hopes of an unbroken retirement were disappointed: returning to Rome in 1572 to bring his daughter home, he was persuaded by Gregory XIII to stay in the city, and died there in April 1574.

uxore casta et filiis carissimis
saeptus, perenni perfruare gloria   5
quam comparasti dulcibus laboribus
in officina et arte, Marci Tullii
sermoneque educatus et sententiis.
Tu de tenebris eruisti plurima
confecta turpi iam situ volumina   10
vatum priorum et reddidisti pristinum
illis nitorem pumice et verum decus;
quae mox parentis optimi vestigia
secutus edidisti, ut iis e fontibus
possimus omnes dicta prisco sumere   15
lepore tincta, haurire et artes aureas.
Hoc te liquore nutrierunt parvulum
Musae elegantes nutriuntque nunc senem;
quo tu refertus melle dulci dulcius
effingis ore quod diserto concinis   20
chartisve mandas: haec vetustas non teret
nec vincet unquam, signa quamvis aenea
effringat, et potentium palatia
aequata caelo diruens aequet solo.
Hoc es beatis regibus beatior,   25
tui labores quod perire non queunt,
et laude vulgus quicquid effert negligis;
nam, spreto honore vano et auro et omnibus
quaecumque ab Indo huc nauta vexit divite,
iam conquiesces in tuorum amplexibus   30
parvoque honestum rure duces otium
securus aestuantis aulae a fluctibus,
tuaque nobis otiosus intima
ex arte promes usque et usque munera
quae sunt nitenti digniora purpura.   35
Eas beatus et mei semper memor,
ut pars amoris aequa sit tecum mihi;
tu namque nostra mente nunquam decides.

PAOLO MANUZIO

PAOLO MANUZIO (Paulus Manutius: 1512–1574) was a son of Aldo Pio
Manuzio (Aldus), founder of the Aldine press, to the management of which
he succeeded in 1533. Paolo carried on the family business with success and
energy, in Rome and Venice, until his death. He was himself a scholar, and
among the many learned works published by his press were his own edition
of Cicero's works and his excellent commentary on some of Cicero's speeches
and letters. It seems, however, that no verse of his has survived except this
moving poem, first printed by Ubaldini, and an epigram printed together
with it in *Del. Ital.* and *Carm. Ital.*

TEXT from *Ubaldini.*

202 *Friends in need*

Dilectae Musis animae, Iovis unica cura,
in quibus et rectum et longos exstincta per annos
nunc demum exoriens virtus antiqua relucet;
et tu, qui docti dux inclitus agminis anteis,
magnanime o iuvenis, Grimoalde, quis ille, quis esse 5
tam culto ingenio possit, tam divite vena,
officium vestrum qui versibus exprimat aptis?
Lapsus erat miser in culpam Bonfadius: index

202 *Ubaldini* f.94: Ad eos qui pro Bonfadii salute laborarunt   Iacopo Bonfadio (c.
1500–1550), after a restless life in search of permanent academic or literary employment, settled in 1544 in Genoa as a professor, and was given the task of writing the
official history of the city. In 1550 he was charged with unnatural crimes (perhaps
his real offence was holding heretical opinions) condemned to death, and executed in
July in the circumstances here described.   5 *Grimoalde*: Giambattista Grimaldi,
member of a leading Genoese family, a friend and patron of Bonfadio.   58–60
Bonfadio's history of Genoa, from 1528, was left unfinished at his death and first
published in 1586.   61–2 Mazzuchelli, in his edition of Bonfadio's letters and his
Annales Genuenses (Brescia 1747–8, 2nd ed. 1758–9), prints this touching letter,
written from prison; it begins 'Mi pesa il morire, perchè non mi pare di meritar
tanto' and ends 'Seppellirano il corpo mio in S. Lorenzo; e, se da quel mondo di là
si potrà dar qualche amico segno senza spavento, lo farò'.

detulerat patribus, nec inani teste probarat.
Quid facerent legum custodes? Legibus uti   10
coguntur; dignum est; servantur legibus urbes.
Continuo infelix in carcere conditur atro.
Nuntius interea tristis percusserat aures
omnium amicorum. Vestris dolor haesit acerbus
mentibus; afflicti propere concurritis omnes.   15
O pietas, o prisca fides! Vos crimine duro
oppressum et multis invisum, non tamen ipsi
pendentem extremo casu liquistis amicum.
Pugnastis precibus, fletu pugnastis amaro,
si possent flecti sensus mentesque severae.   20
Est etiam minime dubio sermone relatum
argento atque auro multos cupiisse redemptum.
Docta cohors, quid agis? Turbatis navigat Euris
spes tua; vana petis portuque salutis aberras.
Ne lacrimas, ne funde ultra; desiste precari;   25
suscipis ingratum studium sterilemque laborem.
Fixa manet duris sententia legibus atrox:
Si fecit, pereat; factum patet, ergo peribit.
Horrendum carmen, tamen immutabile; quod non
frangere vis hominum, non flectere gratia possit.   30
Exprimitur tandem hoc invito a iudice, vivus
ne comburatur crepitanti deditus igni.
Tum se carnifici saevo Bonfadius ultro,
mente Deum spectans, animo imperterritus offert;
ille ministerio propere functurus iniquo   35
terribilis rigidam suspendit ad alta securim.
Quem feris, ah! scelerata manus? quam nobile collum
percutis ignoras, et quo te sanguine tingis?
Hic, qui prostratus iugulum tibi porrigit, a te
fortiter exspectans extremi vulneris ictum,   40
dulcibus et numeris et molli doctus avena,
cum caneret versus Musis et Apolline dignos,
aërio sacras descendere monte Camenas
atque habitare tuo, Benace, in litore iussit.

Hic et Romano eloquio et praecellit Etrusco,   45
mansuetus, facilis, dulci sermone disertus.
Haec tu non audis; sed inanibus irrita ventis
mandantur quaecumque loquor; tu parcere nescis:
eximios humilesque feris discrimine nullo.
Sic visum est superis; mutari fata nequibant.   50
Fixum erat ut damnatus et acri iudice victus,
Bonfadi, ante diem Ligurum morereris in urbe.
Urbs praeclara viris, urbs classe insignis et armis,
barbaricae gentis magnis decorata tropaeis,
cur veterem a nobis, cur fidum avellis amicum?   55
Non tamen obscurus perit aut inglorius; exstant
scripta viri, quae posteritas mirabitur omnis.
Tu quoque in historiis seros memorata per annos,
Genua, florebis viridi cum laude, et ab illo
quem tu exstinxisti tibi lucida gloria surget.   60
At tu, cui miser extrema Bonfadius hora
aspersam lacrimis misit per scripta salutem,
flos Ligurum, Grimoalde, tuae decus urbis et orbis,
et vos, o Phoebo sacri studiisque decoris,
egregii iuvenes, maestum lenite dolorem: 65
iam sat honorifico celebrastis funera fletu,
iam satis officio, satis et tribuistis amori.
Nec vestrum studium, pietas nec vestra latebit,
sed clarorum hominum semper notescet ab ore;
et quas ille truci correptus morte nequivit   70
officio studioque pares persolvere grates,
has qui perpetua vobis cum laude rependat
forsitan alter erit, vel iam est; multique sequentur.
Vive diu, studiosa manus, doctamque Minervam
excole, quae vestras divino nectare mentes   75
pascet et extremum tribuet per saecula nomen.

GIOVANNI BATTISTA AMALTEO

GIOVANNI BATTISTA AMALTEO (Ioannes Baptista Amaltheus: 1525–1573), a brother of Girolamo, came of a family of poets and humanists. He was born at Oderzo. After studying law, literature, philosophy and theology at Padua and Venice, he turned to public affairs and was active in the service of several powerful Venetian families. In 1556 he was in England, where he presented to Queen Mary his eclogue *Doris*, written for the occasion of her marriage to Philip II of Spain. He was Secretary to the Republic of Ragusa from 1558 till 1562, when he moved to Rome, where he ended his days in the Cistercian monastery of S. Salvatore in Lauro.

Besides some interesting Latin and Italian letters, Amalteo left many poems in Latin, Italian and Greek. The first collection of his *Carmina*—six eclogues, three elegies and four more short pieces, 'pauca quaedam a me collecta', according to the editor, Lodovico Dolce—was brought out by Giolito in Venice in 1550, together with the Latin poems of Lampridio.

TEXT from *Carmina* 1550, checked with *Trium fratrum Amaltheorum Carmina* 1627.

203 *The dangers of bathing*

Tune igitur multa defessus membra palaestra
   non parces vastis, Lygdame, fluminibus;
nec te caeruleo latitantes gurgite Nymphae
   nec terrent dubiae mille pericla viae?
Ah, quoties, amne in medio dum bracchia iactas,   5
   extimui ne cui grata rapina fores,
aut, cum perspicuis miraris membra sub undis,
   arderes formae captus amore tuae:

203 *Carmina* f.81: Ad Lygdamum   sqq. Amalteo departs from Theocritus and his other classical originals by blending the story of Hylas with that of Narcissus.   18 *Eurytion*: Apollonius Rhodius and Valerius Flaccus mention him as one of the Argonauts; but there seems to be no classical authority for the detail supplied by Amalteo about the engraved cup given by him to Hercules.   31 *Ille tamen* 1627: *Attamen* 1550.

talis, ubi Mysorum agros celsa attigit Argo,
    Theodamanteum luserat error Hylan.   10
Fons erat et circum surgebat myrtea silva
    quam saliens liquidis rivus alebat aquis;
quin etiam aeterni pingebant gramina flores
    fragrabatque Arabo semper odore nemus.
Huc puer ad gelidos properabat forte liquores   15
    et teneram implebat fictilis urna manum;
urna manum implebat variis distincta figuris,
    quam quondam Alcidae fecerat Eurycion.
Illic Geryonem triplici caelaverat auro
    et monstrum Nemees et Diomedis equos;   20
stabant Lernaei linguis vibrantibus angues
    et terror silvae sus, Erymanthe, tuae.
Ille autem vario texens e flore corollas
    incustoditum saepe moratur iter:
nunc nova formosa decerpit lilia dextra,   25
    nunc teneris ornat serta papaveribus;
nunc etiam placidos invitat carmine ventos
    ut levis aestivum temperet aura diem;
interdum auditis avium concentibus haeret
    tentat et argutos voce referre modos.   30
Ille tamen prope fontis aquas incautus et amens
    constitit et vanis arsit imaginibus;
miratur nigros oculos, miratur et ora,
    et desiderio deperit ipse sui.
'Quae te,' inquit 'formose puer, iam fata retardant   35
    complexuque meo saepius eripiunt?
Quid prohibet socio coniungere corpora lusu
    mutuaque alternis oscula ferre genis?
Intueor dum pronus aquas et bracchia tendo,
    surgis et haec eadem tu quoque signa refers,   40
et, tamquam nostri solitus miserescere luctus,
    confundis maestis lumina lacrimulis.'
Audierant miseras liquido sub fonte querelas
    Naiades, atque imis exsiluere vadis;

tum puerum magni clamantem nomen amici 45
    certatim cupidis corripiunt manibus.
Sed quid iam Alcides prosit, contraria quando
    fata obstant, tanti conscia fata mali?
Illum Nymphae arctis retinent complexibus omnes
    et cohibent fusis undique fluminibus; 50
fulgebant nitidis argentea membra sub undis,
    ut micat e magno Lucifer oceano.
Solantur lacrimantem atque oscula dulcia figunt,
    ille tamen nescit cedere blanditiis;
interea iratusque sibi plenusque timoris 55
    implorat crebris vocibus auxilium.
Parte alia quaerebat Hylan Tirynthius heros
    et planctu implebat concava saxa suo:
vallis Hylan resonabat, Hylan nemora avia circum
    et consors gemitus ripa iterabat Hylan; 60
tunc urgere deos questu, tunc omnia passim
    lustrare et cari quaerere signa pedis.
At puer, ut notas conatur reddere voces,
    saxorum vastis clauditur obicibus,
nec potis est vox ulla leves erumpere in auras 65
    nec petere absentis praesidium domini.
His tua nunc primum metire pericula damnis,
    Lygdame, et exemplo cautior esse velis;
et, seu luctantes sudore rigaveris artus
    seu longam in silvis iuverit ire viam, 70
effuge Nympharum accessus neu crede repostis
    te fluviis, quoties occupat ossa calor;
et potius non ulla habeant hae flumina ripae
    quam tu umquam Herculei fata sequaris Hylae.

HUNGARY

IANUS PANNONIUS

IANUS PANNONIUS (János Csezmiczei: 1434–1472) was born near Cszék (now Ossiak) in Croatia. When he was thirteen, his uncle, who was Bishop of Varad and later Archbishop of Esztergom, sent him to Ferrara, where he studied under Guarino and made friends with many Italian humanists. In 1454, after a short stay in Hungary, he went to Padua, where, in 1458, he graduated in canon law. After visiting Rome, Mantua, and Florence he returned to Hungary, where he enjoyed the patronage of his uncle and the King, Matthias Corvinus, and was appointed Bishop of Pécs (Quinqueecclesiae). Matthias sent him to Rome in 1465 to do homage to the new Pope, Paul II, and to appeal for military aid against the Turks. In 1471 he became involved in a conspiracy against the King and was forced to flee to Croatia, where he died.

Pannonius is famous for having introduced humanistic learning into Hungary and for the help he gave to Matthias in his cultural reforms. Besides a number of speeches, letters and translations from the Greek, he wrote many Latin poems—epigrams, elegies, epithalamia, panegyrics, etc., including *Silva panegyrica ad Guarinum*, a heart-felt tribute to his old teacher, and *Annales*, a historical epic which has not survived.

Pannonius' poems were printed several times in the sixteenth-century, e.g. by Scotti, Venice 1553, and by Sambucus, Vienna 1569.

TEXTS from *Poemata*, in *Opuscula*, 2 vols, Utrecht 1784, the most complete collection, founded on a MS that belonged to Corvinus; checked with 1553, 1569.

204 *To Mantegna: a double portrait*

Qualem Pellaeo fidum cum rege sodalem
   pinxit Apelleae gratia mira manus,
talis cum Iano tabula Galeottus in una
   spirat, inabruptae nodus amicitiae.

204 *Eleg.* I ii: Laus Andreae Mantegnae, pictoris Patavini   Composed in 1458, just before Pannonius left Padua.   1–2 Apelles is said to have painted several portraits of Alexander, and also portraits of several of his friends; but there seems to be no

Quas, Mantegna, igitur tanto pro munere grates 5
    quasve canet laudes nostra Thalia tibi?
Tu facis ut nostri vivant in saecula vultus,
    quamvis amborum corpora terra tegat;
tu facis, immensus cum nos disterminet orbis,
    alter in alterius possit ut esse sinu. 10
Nam quantum a veris distant haec ora figuris?
    quid nisi vox istis desit imaginibus?
Non adeo similes speculi nos lumina reddunt
    nec certans puro splendida lympha vitro:
tam bene respondet paribus distantia membris, 15
    singula tam proprio ducta colore nitent.
Num te Mercurius divina stirpe creavit,
    num tibi lac, quamvis virgo, Minerva dedit?
Nobilis ingenio est et nobilis arte vetustas,
    ingenio veteres vincis et arte viros: 20
edere tu possis spumas ex ore fluentes,
    tu Veneris Coae perficere effigiem,
nec natura valet quicquam producere rerum
    non valeant digiti quod simulare tui.
Postremo tam tu picturae gloria prima es, 25
    quam tuus historiae gloria prima Titus.
Ergo operum cultu terras cum impleveris omnes
    sparseris et toto nomen in orbe tuum,
ilicet accitus superas transibis ad arces,
    qua patet astriferae lactea zona viae, 30
scilicet ut vasti pingas palatia caeli,
    stellarum flammis sint variata licet.

---

record of a portrait of him with his closest friend, Hephaestion, such as is apparently
here alluded to.   3 *Galeottus*: Galeotto Marzio di Narni (1427–c. 1497), a humanist
who made a name for himself in medicine and philosophy, whom Pannonius got to
know in Guarino's school at Ferrara, and under whom he studied either at Padua or at
Montagnana. Pannonius invited Marzio in 1461 to the court of Matthias Corvinus,
where he stayed several times, and where he composed an amusing miscellany, *De
egregie, sapienter, iocose dictis ac factis regis Mathiae*. Mantegna's double portrait of
Galeotto and Pannonius has not, it seems, survived.   3–4 *in una spirat, inabruptae
nodus*: perhaps we should read *talis cum Iano tabula Galeottus in una: spira et inabruptae
nodus amicitiae.*   21 *spumas*: sc. *equorum.*   26 *Titus*: Livy, also born in Padua.

Cum caelum ornaris, caelum tibi praemia fiet,
    pictorum et magno sub Iove numen eris.
Nec tamen his fratres cedent pietate poetae,   35
    sed tibi post Musas proxima sacra ferent ;
nos duo praesertim, quorum tua dextera formas
    perpetua nosci posteritate facit.
Interea haec gratam testentur carmina mentem :
    vilior his Arabi turis acervus erit.   40

205 *Sleepless nights*

Cimmeria seu valle iaces seu noctis opacae
    axe sub occiduo mollia strata premis,
seu tua gentili madidum te nectare Lemnos
    Pasitheae tepido detinet in gremio,
seu Iovis ad mensas resides conviva supernas   5
    inter siderei numina sancta poli—
nam quis tam mitem crudelibus inserat umbris,
    Orci qua fauces horrida monstra tenent ?—
huc ades, o hominum simul et rex, Somne, deorum,
    huc ades et placidus languida membra leva !   10
Septima iam fulget pulsis aurora tenebris,
    pectora ut in duro volvimus aegra toro ;
multum equidem morbus sed plus insomnia torquet :
    ante diem vires obruit illa meas.

205 *Eleg.* I xi: Ad Somnum cum dormire nequiret   Written early in 1466, when P. was seriously ill (as appears from *Eleg.* I xii, composed in March of that year). 1 sqq. Various abodes were attributed by the ancients to the god Somnus: he was said to live in a cave in the land of the Cimmerians on the confines of the Ocean (cf. Ovid, *Met.* XI 593 sqq.); on the island of Lemnos, with Pasithae, one of the Graces, bestowed upon him by Hera as his bride (cf. Homer, *Il.* XIV 231 sqq.); and (cf. 7–8) in the depths of Tartarus with his twin brother Death (cf. Hesiod, *Theog.* 755 sqq.). 21 *Alcmaeon*: son of Amphiaraus, pursued and driven mad by the Furies as a punishment for murdering his mother Eriphyle.   34 *hyoscyamus*: a medicinal herb with powerful narcotic properties.   35 *aloe* 1553, 1569: *alce* 1784.   42 *Aeaeis . . . graminibus*: magic herbs from Aeaea, the island of Circe.   *Aeaeis* 1784: *Eois* 1553, 1569.   44 *tactu quo, vigil* 1784: *qua tu pervigil* 1553, 1569.

Quod modo corpus erat nunc est cutis ossibus haerens,   15
   nunc tantum larva est qui modo vultus erat;
comprimo saepe genas et lentum invito soporem,
   nec tamen in pressas labitur ille genas:
tantum dira meis monstra obversantur ocellis,
   queis nasi ingentes et Stygiae effigies,   20
quales Alcmaeon, quales cernebat Orestes,
   quales tu caeso, Romule maeste, Remo.
Immites Superi, faciles per litora phocas
   sternitis et gliri tota cubatur hiems;
iam pecudum vobis maior quam cura virorum: 25
   at genus hoc vestrae semina stirpis habet.
Si tamen Endymion triginta dormiit annos,
   causa erat ut Lunae gaudia longa forent.
Huc ades, o hominum simul et rex, Somne, deorum,
   huc ades et placidus languida membra leva!   30
Quod fuit humanae totum tentavimus artis,
   inventa est nostri nulla medela mali:
nil rosa, nil violae, nil semina lactucarum,
   nil me cum lolio iuvit hyoscyamus;
frustra aloe, frustra nobis fragravit anethum,   35
   nec gelidis linier profuit unguinibus;
non habuere suas in me ulla papavera vires,
   in me mandragorae non habuere suas:
ergo ego vel Phariae possim perferre venenum
   aspidis, unde tibi mors, Cleopatra, fuit;   40
blanda nec arguta Siren me voce resolvat,
   nec Circe Aeaeis daedala graminibus,
nec si pollenti tangat mea corpora virga
   Mercurius, tactu quo, vigil Arge, iaces.
Huc ades o hominum simul et rex, Somne, deorum,   45
   huc ades et placidus languida membra leva!
Te Lethaea parens ad flumina progenuit Nox
   cyaneos multo sidere picta sinus,
praebuit et plantis alas et cornua fronti
   ac ferrugineam texuit ipsa togam.   50

Addidit et comites totis tibi moribus aptos,
　　in quibus est segnis Torpor et uda Quies,
sunt et mordaces pulsura Oblivia curas,
　　sunt testudineos Otia nacta pedes;
muta sed in primis tibi adesse Silentia iussit,　　　　　55
　　assidue murmur quae procul omne fugent.
His tu quicquid agis semper stipare ministris,
　　his quicquid toto vivit in orbe domas.
Huc ades, o hominum simul et rex, Somne, deorum,
　　huc ades et placidus languida membra leva!　　　　60

206　*Bad company*

Quo me, quo trahitis, mei sodales?
Ad foedum, puto, vadimus lupanar.
Nam quis tam procul hic locus recessit
post pomeria sacra, post tot hortos,
cellis vilibus et frequens cathedris,　　　　　　　　5
fucatae quibus insident puellae,
structuris caput arduae superbis,
collo pendula vela gestitantes,
nec pressae teretes sinu mamillas?
Quidnam hoc? Ille manu manum retractat,　　　　　10
ille amplectitur, hic perosculatur,
in cellam praeit ille subsequentem.
Ite hinc, ite malam in crucem, scelesti:
non vos ducere me deambulatum
dixistis simul ire cum negarem?　　　　　　　　　　15
Hoc iam me indice resciet Guarinus.

---

206 *Epigr.* I cclxiii: Conqueritur quod eum socii ad lupanar seduxerant　　Written at
Ferrara, when Pannonius was a pupil of Guarino (cf. l.16). Vespasiano da Bisticci
(*Vite di uomini illustri*, Bologna 1892, I. p. 244) says that P. was 'alieno da ogni vizio
. . . e per quanto s'intendeva de'sua costumi, era fama che fussi vergine'.

207 *Argyropylus at the Gate of Learning*

Iure dedit clarum tibi porta argentea nomen,
  qui nitidum ad sophiam tam bene pandis iter.

---

207 *Epigr.* I clxxxiii: De Argyropylo philosopho   Pannonius got to know Argyropulus in 1458 in Florence (see Vespasiano, *op. cit.*, pp. 245 sqq.), where he had been for two years teaching with great success in the University. P. praises Argyropylus' translations of Aristotle in another epigram (*Epigr.* I ccxxxvii).   1 *porta argentea*: the poet is playing on the significance of Argyropylus' name in Greek.

DALMATIA

GEORGIUS SISGOREUS

GEORGIUS SISGOREUS (Jurai Šižgorić: c. 1440–1509) was born at Sebenico in Dalmatia. He took his degree in law at Padua, where he made many friends among the humanists of the Veneto. Returning to his own country, he became a canon of the cathedral of his native city, where he spent his life in studious retirement and attention to ecclesiastical business.

Sisgoreus is best known for his three books of *Elegiae* and *Carmina*, but he wrote also on history, geography, and folk-lore; his essay *De situ Illyriae et civitate Sibenici* was printed by M. Šrepel (*Grada za Povjest Kniževnosti Hrvatske* etc., II, Zagreb 1899).

TEXT from *Elegiarum et carminum libri tres*, Venice 1477.

208 *A vision of Trieste*

Vidi ego dormitans plenis me currere velis
  et per Tergestes nave salire sinus.
Navita Tergestae pelagus cantabat amoenae
  et cecinit pisces quos fovet ille sinus.
Dum canit, aura fugit, dum ponunt carbasa malo,   15
  en tangit sospes litora nostra ratis.
Vidi ego tunc madidus pergrati rore soporis
  Tergestam, quae nam collibus alta sedet:
'Urbs Tergesta decens, salve, salveteque' dixi
  'vos quoque Martigenae terque quaterque viri!'   20
Ipse triumphantem felici sidere terram
  vidi vel doctis multa canenda viris.

208 *Eleg. et carm.* f.[9]: Ad Raphaelem Zovenzonium poetam   Raffaele Zovenzoni (1434–1485?) a humanist of Trieste, was an intimate friend of S.: for years they conducted a poetical correspondence; three verse-letters from S. to Z. and one from Z. to S. are included among S.'s *Carmina*, and four from Z. to S. in Z.'s *Istrias* (see B. Ziliotto, *Raffaele Zovenzoni, La vita, i carmi*, Trieste 1950; but cf. A. Perosa, 'Note al testo di Zovenzoni', in *Rinascimento*, IV (1953), pp. 277 sqq.); one of these last (Ziliotto, p. 87) refers to the poem of S. here printed:

Vidimus hortorum, Raphael, pulcherrima laeti:
sunt pira, sanguineo mora colore, nuces,
cerea pruna quidem; cerasos quoque vidimus omnes,   25
grata puellarum Punica mala genis;
vidimus et rigido sed molli cortice mala
Persica vel ficus dente premente bonas.
Nec, Raphael, stupeas: haec uno tempore vidi,
quamvis diverso tempore cuncta vigent.   30
Aequora camporum viridi patuere capillo,
quem ferit aspirans saepius aura levis.
Hoc seges in campo surgit pulcherrima visu,
unde corolla tibi texitur, alma Ceres;
hoc tumet in campo perpulchris uva racemis,   35
nascitur hic nectar, candide Bacche, tuum;
hic florent oleae ramis viridantibus altae,
paciferum donum, virgo Minerva, tuum.
Est nemus umbrosum, nebulis quod vertice certat:
hic abies, quercus vel siler alta viret.   40

Gorgidi Dalmatae poetae clarissimo.
Gorgi, poetarum volt quisquis amarier a me,
conflabit patriae carmina plena meae:
laudabit positam laetis in collibus urbem
Tergestam, quae sub Marte triumphat avo,
laudabit pisces, pelagus laudabit amicum,
laudabit niveos quos parit unda sales,
laudabit nitidos vivo de pumice fontes,
laudabit silvas, pascua, rura, pecus,
laudabit dulces ipsis cum vitibus uvas,
laudabit pepones, Phacia poma, nuces,
laudabit pingues, divinum munus, olivas,
laudabit Dryades Panaque capripedem,
laudabit teneras vultu praestante puellas,
laudabit pueros Andromachasque nurus.
Postremo quisquis, volt quisquis amarier a me,
laudet Martigenas, Gorgi poeta, viros.

12 *Tergestes*: an adjective.   13 *Tergestae*: S. uses both *Tergesta*, fem., and (l.47)
Tergeste, neut.   14 *ille*] illa 1477.   29 *uno tempore*] tempore uno 1477.   46 *siler*]
silex 1477.   50 *sectantes* ('in search of')] *seccantes* 1477.   66 *Actorides . . . Peri-*
thousque: Patroclus and Pirithous (Perithous is a late, corrupt, form of the name) were
the friends, respectively, of Achilles and Theseus: the classic examples of male
friendship.   71 *cantabant*] cantabat 1477.   73 *ita*] itaque 1477.

Vidimus hic tenues cytisos, tenues quoque myrtos,
    vidimus hic toto pascua grata gregi.
Rustica caseolos stringebat, rusticus haedos
    coeperat et maius connumerare pecus.
Argento similem vidi cum caespite fontem,   45
    quem claudit laurus, rosmaris atque siler :
hunc circum pictae cantant 'Tergeste' volucres,
    hoc sedant Dryades Pieridesque sitim ;
huc veniunt vestrae forma praestante puellae
    lilia sectantes purpureamque rosam.   50
Haec violis implet calathos, haec altera gaudet
    flore papavereo et flore, Hyacinthe, tuo :
saepe Iovem timui ne formam mutet in illas
    florum delicias, ut solet, ipse suam.
Parte alia pueri currentes gramine gaudent,   55
    quisque suum comitem vel superare studet ;
exercentur equis alii, qui colla recurvant
    et flectunt modico semper in orbe pedes ;
complures telum discunt torquere lacerto
    atque pila palmas candida turba ferit.   60
Pergebant multi flavum cingendo capillum
    et Veneris myrto purpureisve rosis ;
hos iuvat interdum castas mordere puellas
    deque sinu gaudent surripuisse rosas ;
innuit hic : alios cupiens nescire sodales,   65
    Actorides nullus Perithousque foret.
Praeterea plures grato sub tegmine fagi
    cantabant doctos, clare poeta, viros :
Maeonidem et magnum genuit quem Mantua vatem,
    Nasonem doctum teque, Catulle, sacrum.   70
Te quoque cantabant, Raphael, clarissime vates,
    patria nam per te nomen habere cupit ;
cumque ita cantarent, placidis sopor evolat alis
    visaque volventem scribere cogit amor.

MARCUS MARULUS

MARCUS MARULUS (Marko Marulić: 1450–1524) was born at Spalato of a patrician family. His friend and biographer Francesco Natale (Božičević) tells us that he spent his life in solitude, dedicated to philosophical studies and ascetic meditation. In his youth he had been a disciple (1469–71) of Tideo Acciarini, who taught the humanities at Spalato; he seems then to have pursued these studies at Padua. About 1510 he retired for two years or so to the monastery of St. Peter at Necujam on the island of Šolta, returning to his native city to spend there the last days of his life.

Marulus wrote a great deal of verse and prose, both in Croatian and in Latin, mostly on religious subjects. His Croatian writings include *Iudit* (Venice 1521) a biblical poem, and lives of saints and *sacre rappresentazioni* in verse and prose. His Latin works include several edifying compilations (e.g. *De institutione bene vivendi per exempla sanctorum*, Venice 1506) which were immensely popular with Catholic and Protestant readers alike (collected in *Opera omnia*, Antwerp 1601), and also *Davidias*, an epic in 14 books, edited by M. Marcović from cod G VI 40 in the National Library in Turin (Merida 1957). A collected edition of his other Latin poems was published at Zagreb on the fifth centenary of his birth (*Zbornik Marka Marulića 1450–1950*, edited by J. Badalić, in *Djela Jugoslavenske Akademije Znanosti i Umjetnosti*, 39, Zagreb 1950). Besides his original compositions, Marulo translated Petrarch's *canzone* 'Vergine bella' into elegiac couplets and the first canto of Dante's *Divina Commedia* into hexameters (cf. C. Dionisotti, 'Marco Marulo traduttore di Dante', in *Miscellanea di scritti . . . in memoria di Luigi Ferrari*, Florence 1952, pp. 233 sqq).

TEXTS from Badalić, *Zbornik*, checked for no. 209 with Marcović's edition of Natale (*v. infr.*).

209 *A pleasant refuge*

Grata salutatrix a te mihi littera venit,
 o Francisce, meae cultor amicitiae!
Haec docuit, quanto est absentia nostra dolori
 his quibus exstiteram semper in urbe comes;
tum quod tristitiae cumulus superadditur isti,   5
 dum pecus in praedam ferri hominesque vident.
Ferre utrumque malum mentique mederier aegrae
 dicere conabor qua ratione decet.
Insula me retinet quae, scis, non amplius ista
 quam stadiis decies distat ab urbe decem.   10
Quod si forte velint mecum simul esse sodales
 et nostra cupiunt rusticitate frui,
acta ratis remo septenis ocius horis
 sistet in hoc illos quo moror ipse loco.
Excipiam laetus venientes, bracchia collo   15
 advolvam, labris labra genisque genas.
Inde recumbentes oleae viridantis in umbra,
 placati iuxta murmura blanda freti,
alterno dulces miscebimus ore profatus,
 dum pueri mensas prandiolumque parant.   20
Mox invitati pergemus sumere non quas
 dicitur Antoni mensa vorasse dapes,
nec patinas, Luculle, tuas pinguesve capones,
 sive papillatae sumina grata suis,

---

209 *Zbornik* p. 18: Francisco Natali Marci Maruli in Valle Surda commorantis responsio
M. is answering a verse-epistle addressed to him by Natale from Spalato. Natale
included his epistle and this answer of M.'s in a large collection of his Latin verses
preserved (in autograph) in cod. 35 in the Library at Spalato and recently published by M. Marcović (Belgrade 1958). Marcović's text ('M') at some points
corrects that printed by Badalić in 1950 ('B').   9 *Insula*: Šolta, not far from
Spalato.   17 *viridantis* M: *viridentis* B.   24 *sive* M: sint B.   25 *Serranus*:
Attilius Regulus, who was summoned from the plough to take office as consul.
31 *quam* M: *quod* B.   33 *vobis* M: *nobis* B.   53 *Martis . . . maligni*: the incursions
of the Turks and the dissensions among their opponents, vividly described in
Natale's letter.   74 *patriae* M: *praemia* B.   75 *tamen* M: *tam* B.

sed cenam, cui dimisso Serranus aratro   25
   vellet honoratas applicuisse manus,
et qua contentus Samnitum sperneret aurum
   vir praestans animo Curius atque fide.
Pulmento satiare famem potuque levare
   simpliciore sitim creditur esse satis,   30
laudeque tam dignum quam prorsus turpe putatur
   esse suae servum mancipiumque gulae.
Cena tamen vobis dabitur magis ampla, sodales,
   nostri ruris opes, brassica, beta, cicer,
et de vicino capti modo gurgite pisces: 35
   sargus, maena, canis, sepia, salpa, lupus;
pocula non deerunt Baccho saturata rubello
   quaeque solet rigidum lympha domare merum;
denique quae mensae donat Pomona secundae,
   vel pira vel ficos vel melimela dabo.   40
Ergo si qua meos nunc cura fatigat amicos
   visendique mei si qua cupido tenet,
dic veniant—iter est modici, Francisce, laboris—
   cumque illis, si me diligis, ipse veni. . . .
Solari interea Martis, Francisce, maligni
   casibus afflictos hac ratione potes:
nec frangi adversis nec laetis fidere rebus   55
   egregium quiddam magnificumque putent.
Terrarum nihil orbis habet firmumve ratumve:
   omnia non stabili fertque refertque rota. . . .
Illo igitur nostrae mentes et vota ferantur,   65
   est ubi perpetui mansio certa boni,
Christicolas immensa beant ubi gaudia fidos,
   gaudia non ulla deperitura die.
Nil hostile timent nec quicquam triste verentur
   conspectum summi qui meruere Dei.   70
Ipse quidem nobis caelesti in lumine sedem
   esse iubet, non quam nunc habitamus humum.
Propterea quicumque gemit dispendia terrae,
   fallitur haec patriae si putat esse suae.

Hic lugenda tamen pravae sunt crimina mentis,   75
    ut dolor iratum mitiget iste Iovem;
hic culpas deflere decet, scandamus ut illo,
    illo ubi tristities non habet ulla locum,
illo ubi laeta salus, pax candida, vita perennis,
    et sine lite quies, et sine nocte dies. . . .   80

210   *The miseries of old age*

Sum quoniam, Francisce, tibi carissimus unus,
    optas me multas vivere Olympiadas,
hoc propter votis divos precibusque fatigas
    nec cessas sacris tura cremare focis.
Accipe sed quare longaevae tempora vitae   5
    despiciam: vitii est plena senecta sui.
Curvatur dorsum, titubat pes, membra tremiscunt,
    caligant oculi, dens cadit, ora rigent;
laxa cutis fluitat, calvum caput ictibus urgent
    crabro, vespa, culex, musca, tabanus, apis,   10
et languent visus nec quicquam dulce palato est,
    inque cava assiduus tintinat aure sonus;
crebrescunt morbi, quatit artus tussis anhelos,
    consumit tabes et mala multa premunt.
Inde etiam mentem solet infestare phrenesis   15
    et fit delirus qui catus ante fuit.
Adde quod et mortes et plurima damna suorum
    cogitur exhausto lumine flere senex:
non natos nolens spectasset ab hoste peremptos,
    consumptus senium si foret ante suum,   20
non versa in cineres vidisset Pergama, si non
    aetate Anchises praeteriisset avos.

210 *Zbornik* p. 6: Ad Franciscum Martiniacum   Franjo Martinčić, a humanist poet of Spalato, was a friend both of Natale (who addressed several poems to him and wrote an elegy lamenting his death from the plague) and of M., on whom he wrote an epitaph.

Nolo mihi toties, Lachesis, tua stamina laxes,
    ut pigeat soles me numerare meos:
sit validum corpus, mens sana et criminis expers,   25
    cum nos de terris cedere fata volent.
Tunc neque me corvis, neque me cornice fatebor
    vivacem, nec te, corve, fuisse minus.
Hinc tu, qui multos optas me vivere in annos,
    sat multos annos esse valere puta.   30

AELIUS LAMPRIDIUS CERVA

Aelius Lampridius Cerva (Ilija Crijević: 1463–1520) was born at Ragusa. In 1476 his uncle Stefano Zamagna, the Ragusan ambassador at the court of Sixtus IV, took him to Rome, where he became a member of the Accademia Pomponiana, which in 1484 awarded him its laureate crown. He returned home c. 1485, and occupied himself with politics and administration, until in 1510 he was made Headmaster of the school at Ragusa, a post which he held until his death.

Cerva published hardly anything in his lifetime, but left at his death, besides a bulky encyclopaedia compiled during his time in Rome, a large quantity of Latin verse (elegies, epigrams, odes, hymns and an unfinished epic *De Epidauro*) and prose (letters, speeches, etc.), almost all of which is to be found in Vat. lat. 1678 and 2939, and most of which was edited by S. Hegedüs (*Analecta recentiora ad historiam renascentium in Hungaria litterarum spectantia*, Budapest 1906, pp. 42 sqq.), by F. Racki (*Starine na sviet izdaje Jugoslavenska Akademija Znanosti i Umjetnosti*, IV (1872), pp. 155 sqq.) and by G. N. Sola (*Archivio storico per la Dalmazia*, XVI–XIX, 1934–35).

Cerva was greatly admired by his contemporaries, and is accounted one of the chief propagators of humanism in Dalmatia, though his own poetic and literary gifts are disappointing.

TEXTS: for nos. 211 and 213, Sola; for no. 212, Racki; all checked with Vat. lat. 1678.

211 *A just award*

Civica servatae fuerant monumenta salutis,
erepti magnum civis ab hoste decus;

211 Sola XIX p. 183: untitled   C., together with Lorenzo Bonincontri, was crowned laureate 'in die Natalis Urbis', 21 April 1484.   3 *cincta*] *cuncta* cod., Sola.   13 *neglectae*: 'aliter recidivae' in marg. cod.   14 *Blonde*: Gaspare, eldest son of Flavio Biondo, a lawyer and 'scrittore' at the Vatican, presided in that year (with Pomponio Leto, Sulpicio da Veroli, and Pietro Marso) over those members of the Academy who had to award the laurel crown.   19–20 omitted by Sola through homoeoteleuton.   299 *luctu*: C. alludes to the death, which had occurred late in 1483, of Giovanni Battista Capranica (called 'Pantagato'), Bishop of Fermo, a leading member of the Roman Academy.

at qui cincta gravi castra obsidione levasset
   gramineo victor munere dignus erat:
sed simul egregios vatumque ducumque labores   5
   pendebant donis laurea serta suis.
Nunc tibi quae placidas Academia cessit habenas,
   qua respirarunt dogmata prisca duce,
urbica quae celebrat cunabula rite quotannis,
   moenia quae coetu nobiliore colit,   10
vatibus ornandis ritus instaurat avitos
   et redimunt priscum laurea serta decus.
Hinc desueta diu neglectae munera frondis
   digneris sancta nectere, Blonde, manu,
nec vereor vani insimuler quaesitor honoris,   15
   a patriis cuius solvimus ergo iugis.
Non votis, non hoc precibus venamur iniquis,
   captamus non hoc ambitione decus:
poscimus inviti—neque vera refellere fas est—
   poscere quod vitium est, ut meruisse decus;   20
turpe negare tamen non poscere, si modo iustos
   exploratores pagina nostra tulit.
Vulnera transversi nec formidavimus unguis,
   dedecorat lusus cera nec ulla meos,
censerique iuvat doctorum examine tanto,   25
   quod mihi iudicii pluris honore fuit.
Utque sodalitii delectus et optio praecox,
   pars ego nunc vestri nuncupor una chori,
sic viridi lauro teneris donandus in annis
   praedicor et placeo paene poeta puer,   30
nec nota me damnat censoria, iudice Roma,
   iure petit quisquis praemia digna petit. . . .
Eia age, deposito si fas est dicere luctu,
   nostra coronatis Musa triumphet equis: 300
qualem laetitiam cupiunt doctique probique,
   qualem laeta suum cernere Roma diem!
Fallor, an, ut video, mihi serta virentia nectis
   dignarisque meas cingere, Blonde, comas?

Vinceris, en tandem mihi palma poetica venit,   305
    iudicio maior palma futura tuo;
vinceris et pariter solvis quod gratia poscit,
    quod meritum vatis: das quod utrumque petit.

212   *A prayer for Ragusa*

Ocelle mi Rhacusa, ocelle mi patria,
soli marisque, quod solum omne circuit,
propago vera, verior colonia
    bis prolesque Quiritium:

tibi optimae quid optimum precer deos?   5
Perennis et beata caelitum cohors
te in optimo statu usque et usque sospitent
    et te perpetuo augeant,

quod interire me nec emori sinis,
febriculosa in arce praesidem Isthmii,   10
sole aërisque pestilentia obsitum
    et Stagni bimaris lue,

tibique reddis Aelium et tibi unico
favore debilemque alumnulum allevas
tuoque rursus educatulum in sinu,   15
    ut Bacchus gremio Iovis.

Quod ergo mortis ore et inferis miser
reducor, hoc tibi referre gaudeo,
ut Herculi pudica Thessala, ut deo
    Thesides Epidaurio.   20

212 Racki p. 170: Ode in Rhacusam   Written at Stagno (Ston), a fortress of which
C. was made governor in 1495.   6 *Perennis et* cod.: *Perennisque et* Racki.   10–12
Stagno is about 50 km. from Ragusa on an isthmus which joins the peninsula of
Peljesac to the mainland. In C.'s time the fortress was surrounded by malarial salt-
marshes.   16 *Bacchus gremio Iovis*: Jupiter, when Semele was consumed by fire,
plucked the embryo Bacchus from her womb and hid him in his own thigh until
the period of his gestation was completed.   19 *Thessala*: Alcestis.   20 *Thesides*:
Hippolytus.

213 *A learned library*

Aspice quid possit scriptorum industria sollers
    signandisque manus officiosa notis:
indeleta suis mandantur dicta figuris
    nec memores possunt consenuisse notae;
hinc exstant dirae secura volumina mortis,   5
    multaque librorum milia ubique scatent.
Pars quota nos quorum? Delectus et optio tantum,
    non tamen usque adeo copia parva sumus
librorum, proceres qui leges, iura docemus,
    quodque homines vel quod tradidit ipse Deus.   10
Ergo proficias libris, studiose, legendis
    et vitae summos rite sequare duces.

213 Sola XVII p. 36: In Bibliothecam   3 *dicta* cod.: *signa* Sola   7 *delectuse t optio*: a
curious echo of no. 211, l.27.

LUDOVICUS PASCALIS

LUDOVICUS PASCALIS (Ludovik Paskalić: c. 1500–1551) came from Cattaro in Dalmatia; he seems to have studied, like so many of his compatriots, at the University of Padua. Little is known of his life, but it appears from his poems that he was captured by Barbary pirates and taken to Africa. Regaining his liberty, he served as a soldier in the pay of Venice and was sent (apparently about 1537) to Crete, to protect the island from invasion by the Turks. He seems to have spent his last years in his native land.

Pascalis' *Rime volgari* (Venice 1549) contains a large number of Petrarchan sonnets, madrigals, and love-poems; they were very popular, some of them being translated into English by Thomas Lodge. His other (posthumous) volume, *Ludovici Pascalis, Iulii Camilli, Molsae et aliorum illustrium poetarum Carmina* (Venice 1551), which was edited by his friend Lodovico Dolce, contains three books of *Elegiae, Silvae,* and *Epigrammata.* His Latin poems, like his Italian, are full of praise for Venice and Italian humanism.

TEXT from *Carmina* 1551, checked with Marc. ital. IX, 291 (6320), an autograph MS which contains many of Pascalis' Latin and Italian poems.

214   *Farewell to friends*

Vos mihi nunc veteres paulisper adeste sodales,
　　dum feror in longas per freta vasta vias,
quos mihi adhuc teneris aeterno foedere ab annis
　　una semel iunxit tempus in omne fides.
Abstrahor a vobis et vix mihi cognita fama　　　　　　5
　　sponte sequor veteris Gnosia regna Iovis,
quo mea me fortuna vocat: vos omine laeto
　　laeta mihi et nostrae dicite verba viae.

214 *Carm.* f.16: Ad amicos   P. addresses his friends when setting out for Crete. On his return, he composed a poem (*In reditu ex Creta:* 1551 f. 26) describing the impressive ruins of the ancient Cretan civilisation.   6 *veteris* 1551: *summi* cod. 9 *nostri* 1551: *certi* cod.   20–2 *Ad patrios . . . solvitur ora manu* 1551: *reddite hic, unde mea solvitur ora manu* cod.

343

Iungite complexus et nostri pignus amoris
    accipite haec lacrimis oscula mixta meis.   10
Este mei memores, nec vos via longa moretur,
    et quo non poterunt membra sequatur amor.
Et vos Illyrides silvae montesque, valete,
    cunctaque carminibus flumina nota meis ;
iam valeant patriique lares patriique penates   15
    et loca quae studiis culta fuere meis.
At vos, caelicolae, faciles in carbasa ventos
    mittite, Dictaea dum potiamur humo,
et, cum tempus erit, pelago mea vela remenso
    ad patrios referant numina vestra sinus.   20
Sed iam quisquis adest mihi vota faventia fundat,
    ultima dum nostra solvitur ora manu.

FRANCE

ROBERT GAGUIN

ROBERT GAGUIN (Robertus Gaguinus: 1433–1501) was born at Calonne-sur-Lys in Artois. As a young man he joined the Order of the Trinitarians (known also as the Mathurins). In 1457 he came to Paris, where he studied under Gregorio da Città di Castello, who introduced him to the classics and the works of the Italian humanists. He made friends with Guillaume Fichet, and collaborated with him in the 1460s in setting up in the Sorbonne the first Parisian printing-press. In 1473 Gaguin became General of his Order, which employed him, as did the Court, on a number of important diplomatic missions on the Continent and in England. In 1480, having become a Doctor of Canon Law, he set up as a teacher at the Sorbonne, where he gave lectures which had a widespread influence.

Gaguin's principal work was his *Compendium de origine et gestis Francorum* (Paris 1495, often reprinted), which won praise from Erasmus; he published also, in the 1480s and 90s, translations of Caesar and of Livy, wrote several religious treatises and poems in the vernacular, and left a large collection of letters, published in 1498. His interest in poetry is revealed by his treatise *De arte metrificandi* and by a handful of Latin poems, some of them appended to early editions of the *De arte*, others surviving individually in print or manuscript.

Gaguin's correspondence was edited in two volumes by L. Thuasne (*Epistolae et Orationes*, Paris 1903–4), with an extensive historical commentary which throws much light on the beginnings of Humanism in France.

Religion, diplomacy, literature—Gaguin played a part in all three fields; he tried to realise in his own person that ideal of a universal culture dear to the hearts of the Italian humanists; but he was unequal to the task, whether as a thinker or a writer, and has left nothing that is worth reading for its own sake: his Latin verses are crude and without value as poetry. None the less, his efforts had an important influence on the progress of humanistic studies in France towards the end of the fifteenth century.

TEXTS: for nos. 215 and 216, Thuasne; for no. 217, *De arte metrificandi*, Paris, s.a.

215 To Francis of Toledo,
with a translation of Alain Chartier

Quamvis Ausoniis satis oblectare Camenis
non, pater, invitus Gallica plectra feras,
non ego laudis amans Romana ad compita carmen
ordior hoc, maius quam lyra nostra sonet;
quae tua fortunis nostris fuit ancora virtus   5
hanc sequor, hanc miror, hanc veneratus amo.
Illi si quid erit quod ludere fistula tentet,
venimus et laudes ferre per astra tuas.
Primitias igitur nostri iam sume laboris
et mox augendus non sit inanis honor.   10
Italus ex Gallo factus praecurrit Alanus
in te qui nostri testis amoris eat.

216 The ruses of the beggars

Nescio quid mecum poteris ridere parumper
dum cano qui surgunt a pietate dolos.
Ad questum pietas aditus patefecit et artes
et docuit nummis abdere muscipulas.

215 Thuasne II p. 206: Ad reverendum patrem Dominum Franciscum Tolletanum
Printed by Thuasne from Bibl. Nat. nouv. acq. lat. 711, where it is dated 12 Dec.
1473. The poem accompanied a letter presenting G.'s translation of Alain Chartier's
Curial to Francis of Toledo, a distinguished Papal diplomatist who had become a
friend of G. during the ten years he spent in the University of Paris before settling
in Rome. G. says that a copy of the *Curial* had recently fallen into his hands, and he
had translated it 'exercitationis causa.'   7 *Illi*: sc. *virtuti*.
216 Thuasne II p. 174: De validorum per Franciam mendicantium varia astucia
Printed by Thuasne from Bibl. Nat. 8772 and Bibl. Troyes 2471, and attributed by
him to the early 1460s.   9 *forte adversa*: bad luck at the gaming-table.   15
Iacobo: St. James of Compostella (Thuasne I p. 204 n.1)   16 The reference is
obscure.   79–84 The Order of S. Eulalia *de mercede captivorum* was founded in
Spain by Don Jaime I of Aragon; Thuasne (II pp. 179–83) describes how its members
spread into France and trespassed on the preserves of the Mathurins.   93–4 'Charity
begins at home'.

Aspice dum coeunt plebes sollemnibus aris   5
    aut grandi emporio mercibus explicitis :
mille hominum fletus falso maerore parantur
    plangitur et totis callibus ut doleas ;
hic forte adversa quem fecit tessera nudum
    causatur fures surripuisse togam ;   10
ille, teges cui nulla fuit, succendia plorat
    seque unum ex totis vix superesse focis ;
hic patrem mentitus agit cum pellice natos
    alterius, cui sit pars tribuenda lucri ;
naufragus exposcit quae perferat aera Iacobo   15
    solstitioque uno vadit ab urbe diem ;
ostendunt alii vulnus miserabile cruris,
    nec medicum invalidi sed sibi dona volunt ;
est quoque qui nervis pro tempore sponte coactis
    arentem dextram porrigit et digitos ;   20
hic scabie modica aut parva prurigine segnis
    assidue scalpit et novat ungue cutem ;
par alius fatuo delirus ab arte cachinnos
    elicit. Est horum plurima ubique lues ;
educat hos magna urbs et dives principis aula,   25
    risus ubi multos provehit officio.
Alter ab inguinibus, velut hernia torqueat atrox,
    callidus haerenti sustinet exta manu.
Sunt qui robusti baculis nituntur euntes
    dum stipem accipiunt, stant pede post alacres.   30
Aspice quam multis sua turget sarcina frustis,
    calceus et crater, sacculus, urna, chlamys ;
haec simul ex umeris non parvo pondere pendent,
    tanta mole gravis anxius iret equus. . . .
Non una est nummis fallacia texta parandis
    otia, dum vita deside scurra terit :   60
ille lyra aut plectro per compita cantitat orbus
    lumine, quem pone ductor avarus adest ;
hinc orditur anus conubia ficta puellis
    quas circumducit quaerere dona toro ;

altera lactantem genetricis ab ubere natum 65
    fert gemebunda petens lucra puerperio;
et plerique sibi venantur carcere nummos
    et mendicat iners presbyter exsequias. ...
Scilicet exportet quaesturam Barchinon audax
    longinque e populo frater et Eulalius, 80
qui levis ut cursor, quamvis insignia gestet
    regis Aragonei quem facit ordo patrem,
lilia Franca petens dimittit apostata signum
    ne frustra nummos advena quaestor agat.
Talibus inventis pietas emungitur auro 85
    quod nocturna vorat alea, cena, Venus.
Claudite, pontifices, externis ritibus aurem
    a grege pastoris est cohibere lupos.
Tot passim occurrunt exili tegmine cives
    tot ruiturae aedes, tot pia, tot gemitus; 90
lex humana regat fontis laxare fluenta
    ut vicina riges, dum tuus aret ager.
Sic iubet alma fides curare domestica primum
    praeque aliis natos ferre, fovere, alere.
Haec risu admixto consulto seria lusi: 95
    lector, si rides, ludicra falsa cave.

217   *The bell speaks*

Me sacer antistes ut signem tempora Milo
flavit. Ago lites, prandia, concubitum;
praesulis egressum cunctis praenuntia signo:
sic ego Milonem saepius icta canam.

---

217 *De arte*, sig . . . : De tintinnabulo domini Milonis Dillers Carnutensis episcopi
Milon d'Illiers was Bishop of Chartres from 1459 till 1492; Thuasne prints (1 p. 358)
a letter from G. (dated 26 Dec. s.a.) sending him these verses.

JEAN SALMON MACRIN

JEAN SALMON MACRIN (1490–1557; he called himself first 'Maternus', then, after 1516, 'Macrinus', and so became known as 'Macrin') was born in Loudun. He studied in Paris, learning Greek under Aleandro and himself teaching at the Collège du Cardinal Lemoine; during his twenties he published two or three slight collections of Latin verse; in 1520 he was given a post at Court as tutor to the young sons of René, Duc de Savoie, and later (between 1531 and 1534) became a Gentleman of the Bed-chamber to the King.

In 1528 Macrin married Guillonne Boursault, a girl of eighteen, and published (after more than a decade of silence) *Carminum libellus*, consisting of a score of lyrics, most of them addressed to 'Gelonis' and celebrating his courtship and marriage. Gelonis plays a prominent part in *Carminum libri IV*, a much larger and more varied collection published two years later.

Much of Macrin's verse is Court poetry; some of it is religious and reflects the Evangelical tendency of the time. His outpourings of lyrics, hymns, and epithalamia won him the title 'Horace français'. As the *sobriquet* suggests, he kept to the traditional lyrical metres, but he was an innovator in vocabulary, his descriptions are vivid, and his feelings are genuine, especially in the poems addressed to his wife. He never ceased to worship 'Gelonis', and he mourned her death (she died of consumption in 1550, having borne him twelve children) in a series of elegies published in *Naeniarum libri tres*, a collection containing contributions from Dorat, du Bellay, and other of his friends.

For a full study and bibliography of Macrin's Latin poetry, see I. D. McFarlane in *Humanisme et Renaissance*, XXI (1959), pp. 55–84, 311–349; XXII (1960), pp. 73–89.

TEXTS as noted below.

218 *The Re-birth of Letters*

Salmoniani carminis arbiter,
facunde Langi, dulce decus meum,
  quem cauta Aristarchum libellis
Musa meis merito probavit:

haec cum priori saecula saeculo   5
ceu curiosus confero libripens
  et nare odoror non obesa
haec nova quam vetus antecedant,

summae ipse grates omnipotentiae
persolvo supplex, me hisce potissimum   10
  nasci quod annis ordinarit
queis genus ingenia omne florent,

queis litterarum scabrities fugit,
omnino abactis barbarie ac situ,
  artesque passim levigantur   15
ingenuae potiore lima.

Aevi prioris dicere dispudet
sordes loquendi turpeque dedecus,
  cum omnis soloecismis scateret
plusquam opicis cariosa lingua;   20

218 *Hymnorum selectorum Libri Tres*, Paris 1540, p. 75: Ad Hilermum Bellaium Langium apud Taurinos satrapem regium   Guillaume du Bellay, seigneur de Langey, was a life-long friend and patron of M.   21 *Tartaretus . . . Bricotius*: mediaeval scholastic commentators on Aristotle.   31 *Vallam*: the *De elegantia Latinae linguae* of Lorenzo Valla (1407–1457), which passed through fifty-nine editions between 1471 and 1536, was a powerful agent in displacing the barbarous Latin of the Middle Ages.   37–40 M. names some of the greatest of the Italian neo-Latinists—Ermolao Barbaro, Pico della Mirandola, Poliziano, the elder and the younger Beroaldo of Bologna (*Felsinenses*), Vida, Sannazaro, Marullo and Pontano.   50–2 Among French neo-Latinists M. names Lazare de Baif, Christophe de Longueil, Budé, and 'Simon de Villa nova'. For the last-named, Simon de Villeneuve, v. infr. no. 240. 59–60 Du Bellay's translations of Virgil and Livy do not seem to have been published.

cum Tartaretus cumque Bricotius
Sorbonicorum et turba sodalium
   perplexa acutis syllogismis
Socraticas temeraret artes.

Has nos coacti tempore plurimo   25
sorbere faeces taetraque pocula
   sermonis impuri saliva
fluximus, heu, sanieque putri.

Tandem diebus sancta novissimis
miserta nostri numina taetricum   30
   Vallam excitarunt, purulentam
qui scabiem eximeret loquendi;

post insecutus grex vigilantium
densus virorum, rem qui Heliconiam
   pro parte iuverunt virili,   35
barbariem Italia exigentes.

Namque Hermolaus, Picus et Angelus
et Felsinenses Vidaque et Actius,
   cum vate Bisanti, solique
grande decus Iovianus Umbri,   40

confoederati pectore masculo
sic dimicarunt Gothica in agmina,
   sint hoste prorsum exterminato
ut celebrem meriti triumphum.

Nec vindicandis non mea contulit,   45
o docte Langi, Gallia litteris,
   squalore quae taetro situque
marcuerant veluti sepultae;

illa Italorum nam studii aemula
te Lazarumque et Longolium tulit   50
   magnumque Budaeum ac Simonem
villa cui nova nomen indit,

multosque quorum iam celeberrima
toto orbe fama est, seu quis amet pedum
    orationem lege vinctam,   55
seu magis amplivagam ac solutam.

Miratur at te hoc iure potissimum,
Hilerme, musae quod geminae sciens
    versu repraesentes Maronem
Livium et historiis disertis;   60

cui forte chartae si placeant meae
susque invidorum deque ferens male⸗
    dicta omnia et caecas sagittas
tutus ero clipeo sub isto.

219   *A vain warning*

Suadebam, memini, Telephe, ut otia
praeclaris veterum deditus artibus
vitares, neque ferres choreis pedem
    pexa conspicuus coma:

ne te qui iaculis cuncta puer domat   5
inter lacteolas ludere virgines
gaudentem tacito vulnere subderet
    formosae imperiis erae;

angorum unde tibi flebilis Ilias
praematura foret, tu nisi providus   10
damnosa effugeres pabula et abditas
    obiecta insidias dape.

At tu, de nihilo fabula ceu foret,
surdis praeteriens auribus utiles
collegae monitus, irrevocabili   15
    praeceps quam cito abis gradu!

219 *Lyricorum Libri Duo*, Paris 1531, sig. [Dvii]: Ad Telephum   18 *Morinae*: Belgian.
27–8 *heu* ... *nequeunt* ... *ossibus!*] *sed* ... *nequeant* ... *ossibus.* 1531.

Nam dum nardi onyches textaque Serica,
dum donas Morinae prodigus Alcimae
quaecumque a pelago navibus Anglico
    Flandrus devehit institor,   20

dum noctes Tyria pervigil in rosa
ducis blandidicis cum meretricibus,
Medis caesariem sparsus odoribus
    ac multo irriguus mero,

effluxere et opes, et iuvenilium   25
morbis succubuit heu vigor artuum,
heu morbis medicae quos nequeunt manus
    imis eruere ossibus!

Exactum quereris tempus amoribus
et sero nimium poscis opem malis;   30
atqui hoc est vacuum, Telephe, claudere
    amisso stabulum grege.

220   *The distractions of life at Court*

Viginti modo quattuorque luces
tecum exegimus, o Geloni coniunx,
coniunx blanda et amabilis Geloni;
et iam sex prope transiere menses
ex quo te mihi fax marita iunxit   5
clamavitque chorus Thalassionem.
Quid me delicias ad has vocasti,
vivendum fuerat, Geloni, si sic?
Vel libata mihi fuisse nunquam
vel certe cupiam esse longiora   10
   ·   haec tu gaudia quae mihi dedisti;
nam mentem quoties subit novarum

220 *Carminum Libri Quatuor*, Paris 1530, f. 56: Ad Gelonidem   Evidently written
within six months of M.'s marriage in 1528.

recordatio grata nuptiarum,
et felix torus et lucerna testis
nostrarum unica velitationum, 15
aulam nae cane et angue peius odi,
quae me amplexibus a tuis revellit
et cogit neonymphon esse anymphon.

221 'Tears of the widower . . .'

Lux centena agitur mihi
maerenti in tenebris semper et abdito—
nam qui compare gaudeam
amissa vacuis solus in aedibus
hortatrice Gelonide, 5
illa inquam et studii signifera mei?—
ex quo te rapuit fera
mors fatique gravis summa necessitas.
Tu saltem interea memor
nostri coniugii taedae et amabilis 10
visisses viduum virum!
Tu solata tuo colloquio fores
curis anxium edacibus
in somnis, medio vel referens die
te nota sub imagine. 15
Non noctes tacitae grataque somnia,
non reddit mihi te dies;
hunc umbra in thalamum non tua ventitat
blandis vocibus admonens
me, sint quanta tibi gaudiaque indicans 20
stellata aetheris in domo
laetisve Elysii florigeri locis.

---

221 *Naeniarum Libri Tres de Gelonide*, Paris 1550, p. 21: untitled   Evidently written three months or so after the death of Guillonne.   26 For M.'s children, see McFarlane, *op. cit*, pp. 332, 338: Théophile had died in 1537.   50 *Phylacides*: Protesilaus, who returned from the under-world to comfort his widow Laodamia.

An quem flere vides virum
spernis, deliciis ebria iugibus
    et divum addita coetui?   25
An te parva Helene, parvus Honorius,
    prima alvi duo pondera, et
dulcis coniugii primitiae tui,
    at nobis nimium breves?
An cum Dorothea cumque Theophilo   30
    in cunis Helenus puer
exstinctus propera morte, Philippus et
    horum maximus omnium,
tecum in floricomo gramine lusitant
    ac ducunt choreas leves   35
aeternis hilares in viridariis?
    An si istic volucres canunt
mulcent mellifluoque aëra gutture,
    et lactis liquor et favi
istic et latices nectarei fluunt   40
    nunquam deficientibus
rivis ad nemoris frondicomi latus,
    iucundoque virentia
cursu prata secant, manibus et piis
    praebent obvia gaudia,   45
tu secura tui coniugis interim
    solati nihil afferas,
nec grata facie tristitiam leves
    cor pressum mihi quae comest?
Fac quod Phylacides et cupidum tui   50
    me tecum rape ea in loca
quae felix colis, in regna perennia,
    ut tandem hos gemitus graves,
haec vitae fugiam taedia languidae.

222 *The Horace of Loudun*

Qui Ligeris ripas colitis flavique Viennae
   herbida olorigera prata secantis aqua,
tuque, urbs magnanimus Caesar quam condidit olim
   gentis Aquitanae dum loca Marte domat,
indigetae vatis ne fastidite, precamur,   5
   haec succisiva carmina scripta mora,
quae genuere inter mordaces otia curas
   rapta, animum alterna quando quiete levo.
Si mentem affertis caeco livore carentem,
   fors fuat ingratum non sit ut istud opus;   10
pace mihi verum liceat modo dicere vestra
   'A musis patriae est fama futura meis.'
Et sunt qui Flaccum vocitent me temporis huius,
   cum ferio argutae fila Latina lyrae,
cumque animi causa deducta epigrammata torno,   15
   opponor vati, Bilbili Ibera, tuo.
Non tamen assumo tantum mihi aniliter amens,
   meque meo tantum metior ipse pede:
ergo satis fuerit si quem haud dixisse pigebit
   'Natali confert non nihil iste solo.'   20

222 *Hymnorum Selectorum Libri Tres*, Paris 1540, p. 115: Ad municipes suos   1 *Viennae*:
the Vienne, a tributary of the Loire ('Liger').   3 *urbs*: Loudun, believed to have
been founded by Julius Caesar, and hence called Juliodunum.   16 *vati, Bilbili Ibera,
tuo*: Martial was born at Bilbilis in Hispania Tarraconensis.

GERMAIN DE BRIE

GERMAIN DE BRIE (or 'Brice'; Germanus Brixius: c.1490–1538) was born at Auxerre. He studied Greek in Paris with Lascaris, whom he accompanied to Venice, attending the University of Padua and visiting Rome before he returned to France; he was made a canon of Notre Dame de Paris in 1519.

De Brie was one of the first Frenchmen to become famous as a writer of Latin verse, and was much praised by his younger contemporaries. In 1513 he published *Herveus sive Chordigerae navis conflagratio*, a poem describing, in 350 Virgilian hexameters, the fight in 1512 between the French ship 'La Cordelière' and the British 'Regent'. His poem evoked from Thomas More a series of sarcastic epigrams, published among the *Epigrammata* appended to *Utopia* (Basel 1518); de Brie replied in *Antimorus In Thomam Morum Anglum Chordigerae Calumniatorem silva* (Paris 1519), a poem of 220 couplets, scathingly exposing More's deficiencies in grammar and metrics. More reacted to these criticisms in the 1520 ed. of his *Epigrammata*. Erasmus was a friend of both the disputants, and vainly tried to keep the peace between them (see P. S. Allen, *Opus Epistolarum D. Erasmi*, 1 p. 447).

TEXTS from *Farrago*.

223 *An appeal to the reader: against Thomas More*

> Lector candide, si vacat, serena
> nobis lumina commodes, precamur,
> atque aures simul applices benignas,
> tantisper tibi dum poema lectum hoc;
> parvo e carmine sedulo legenti,   5
> spero, magna aderit tibi voluptas.
> Scripsi Chordigerae et Regentis (illa
> Francorum ratis, haec fuit Britannum)
> pugnam in aequore mutuasque flammas;
> nec quemquam mea Musa provocavit,   10

223 *Farrago* f.273   This address 'Lectori' was prefixed to de B.'s *Antimorus*, 1519.

olivam mediis gerens in armis.
At Morus tamen ore virulento—
dum Mori induit unus atque Momi
personam simul et locutionem—
carmen dilacerat meum, haud petitus, 15
ignotusque mihi sibique vates.
Qui quamquam—ut facile est tibi videre
ex insulsi hominis protervitate—
infirmae similis cani, latrare
non mordere etiam ac nocere possit 20
(et convicia iacta per malorum
linguas non minuunt bonis, sed augent
famam saepius integrantque nomen,
ut si palmam oneres premasque, contra
haec obnititur altiorque surgit), 25
respondere tamen decens putavi
tui luminis aequitate et auris
castitate tuae meaeque solum
fretus robore viribusque causae.

224 *Antimorus*

Me nimium veteres dicis redolere poetas:
  nimirum hoc de te dicere nemo potest;
nam quae effutisti, nisi fallor, carmina vates
  hos redolent, tua quos protulit Utopia.
Quam bene quae brevis est tibi sit producta canenti 5
  et quae longa tamen syllaba curta tibi est!
Has tibi praescribis, qui scribis carmina, leges?
  Usurpas tales, belle poeta, modos?
In media cursor quando unquam vincat harena
  qui toties pedibus claudicet ipse suis? 10

224 *Farrago* f.273 The opening lines of *Antimorus*. 15 *Anglum*: presumably
because English verse takes no account of quantity.

Quam te multa pedis latuere errata Latini
    invenies libri calce notata mei;
sunt quoque plura eadem quae nunc intacta relinquo,
    nam criticum in nugis me pudet esse tuis.
Versificatorem quis te non dixerit Anglum,   15
    cui numerus numero pangitur absque suo?
Ut sileam et foedos lapsus, quos nulla Latinae
    sustinuisse queat regula grammaticae.
Quippe soloecismis passim tua carmina abundant
    pluribus exundet quam mare fluminibus.   20
At numerare tropos et schemata barbara, quaeque
    scommata nil Graium, nil Latiale sonant,
tam facile est quam si numeres vel gramina veris
    vel folia autumni poma vel Alcinoi. . . .

JEAN DAMPIERRE

JEAN DAMPIERRE (Ioannes Dampetrus: c. 1500–c. 1550) was born at Blois. He gave up a successful practice as a lawyer in Paris to become (c.1537) Director of the Madeleine near Orléans, a convent of nuns of the Order of Fontevrault. Dampierre was evidently on friendly terms with Dolet and de Bèze (who called him 'in scribendis Hendecasyllabis facile princeps'), and his contemporaries often praise him in their Latin verses as a poet and a critic. His most considerable work was a hendecasyllabic poem in four books, *De regimine virginum*, the fruit of his experience as a spiritual director of the nuns of the Madeleine; it is ill-planned and too long (nearly 4,000 lines), but full of vivid psychological *aperçus* (see J. Boussard in *Bulletin philologique et historique* for 1946–7 (1950), pp. 33–58). It remains in MS, as does a series of hendeca-syllabic letters, running to some 1500 lines, which passed between him and his friends Truchon and Viart, preserved in a MS, at Orléans described by Boussard in *Humanisme et Renaissance* v (1944), pp. 346–60.

Nothing of Dampierre's, it seems, was published in his lifetime; but Gruter, who evidently had access to manuscripts, printed in *Del. Gall.* an elegy of more than 800 hendecasyllables on the death of Erasmus, and half-a-dozen shorter poems: 'multis,' he said, 'siquidem gratum accidet aestimare posse, veluti ex ungue, Leonem illum, quem nemo non laudavit supra modum.'

TEXTS as noted below: line-numbers for no. 225 supplied.

225 *Hints for a confessor*

Possent hic tibi, Petre, plura dici
sed scribi nihil est necesse ; verum
hoc ascribere nil tamen pigebit :
non audire modo esse te necesse
sua quae tibi sponte dictitabunt,   5
verum et dicere quae volunt nec audent,
sed quae cor graviter premunt earum,

225 *De regimine virginum*, Bibl.Nat.Lat.8349, ff. 73–4   Boussard dates *De regimine* 1539–40. Petrus Pylades, to whom the poem is addressed, was evidently a friend not only of D. but of Visagier and Macrin, and in 1537 Confessor of a convent near Paris; possibly he was Pierre de Pilles, who was a Canon of Auxerre in 1513 (Boussard, *op. cit.*, p. 48).   22 *quod has*] *quos has* MS.

expiscarier arte multa. . . .
Immo sunt sibi quae nihil videntur
hic egisse, nisi has frequenter inter-
pelles nonnihil et roges ab illis,
atque id tum quoque cum nihil necesse est   15
sat suumque negotium explicarunt;
quaedam non satis explicare possunt,
certe non faciunt sibi sat unquam.
Iuva qua potes. Attamen caveto
hac in re nimis esse curiosus,   20
illis ne facias id esse notum
quod norunt minus, et quod has latere
quam sciri utilius magisque tutum est.
Nec cognoscere plura quam necesse est
velis, ni iuvat una et illa nosse   25
quae nescire tua magis sit e re,
ut si forsitan audies quod ad te
spectabit poterisve suspicari—
id quod si esse animo voles quieto
abs te ne temere, videto, fiat—   30
de te dici. Etenim, licet placebis
his et quamlibet ipse diligere,
at non perpetuo placere possis,
omni in re facere his satis negatum est
summus undique et absolutus ut sis. . . .   35

226   *The friendly critic*

Quae nuper de obitu eruditi Erasmi
scripsi carmina misimus Viartio,

226 *Del. Gall.* 1 p. 833: Ioanni Truchio   Erasmus died in July 1536. This poem no
doubt refers to D.'s elegy on him also preserved in *Del. Gall.* 'Truchius', to whom
this poem and no. 227 are addressed, was Jean Truchon (1507–1578), a Canon of St.
Aignan and a lawyer (cf. the reference to the jurist Bartolus). Of Viart little is known;
he, Truchon, and Dampierre seem to have been the centre of a group of humanists
at Orléans.   9 *vacavit*] *vocavit Del.* Gall.

amico eximio tuo Viartio.
Horum participem fuisse ab illo
factum te reor, ut solent amicis   5
non magnae modo res gravesque verum
communes etiam invicem esse nugae ;
si factus neque dum es tibive nondum
illa evolvere forsitan vacavit,
unam te rogo Bartolo alteramve   10
suffurare tuo horulam mihique
dona, quam tribuas eis legendis,
accuratius immo corrigendis.
Nam lima nisi sint tua polita
suo ne artifici quidem placere   15
possint, nedum ea praestet ille cuiquam
amico, licet intimo, legenda.
Hoc si abs te fuerit, Truchi, impetratum,
horae huius vice Dampetrus rependet
non horam modo, sed diem, sed ipsam   20
totam (haud sic tamen ut suo Corinna
Nasoni dabat) integramque noctem,
immo annum magis— integram immo vitam.
Cur enim libeat negare quicquam,
cum quod dat tibi vel tuis legendis   25
tempus, non tibi sed sibi dat ipsi,
cuius ut pote commodum atque fructus
non ad te redeat, Truchi, immo ad ipsum?
Hoc pacto tibi dando sumat abs te,
tu contra accipiendo largiaris.   30

227 *A safe way to serve mushrooms*

Olim Rex Ludovicus, ille qui ante hunc
rem Francam tenuit, Truchi, rogabat
Burgense a medico, istius parente
qui nunc est Ducis huius archiatros,
qua fungos ratione praeparare   5
oporteret uti nihil nocerent.
'In pura' inquit 'aqua diu coquantur,
caepae cui graveolentia addi oportet,
dein tollantur atque simul caepae
in sartagine postmodum recenti   10
frigantur butyro, novaeque caepae
concisae tamen antea minutim
addantur, nec aromata interim absint.
Frixi cum fuerint satis, repente
effudi in cineres focumque totos   15
aut certe canibus dari iubeto.
Sic, Rex, ne noceant tibi nec ulli,
ni forsan canibus quoque hoc modo obsint.'

227 J. Bernier, *Histoire de Blois*, 1682, p. 438: Dampetrus Truchio de fungorum prae-
paratione   Bernier took these verses, he says, from a MS made available to him
by Pierre de Sainte Marthe.   1 *Rex Ludovicus*: Louis XII.   3 *Burgense . . .
medico*: Jean Burgensis, a doctor belonging to a leading family of Blois.   6 *nihil*]
nil Bernier.   7–8 *coquantur, caepae*] *coquantur caepae* Bernier.   9 Something has
gone wrong here: *dein tollantur aqua, simulque caepae*; would restore the metre, but
hardly gives a satisfactory meaning.   14 *Frixi*: sc. *fungi*.

NICOLAS BOURBON

NICOLAS BOURBON (Nicolaus Borbonius: 1503–c.1551) was born at Vandeuvre near Bar-sur-Aube and educated at the Collège de Montaigu in Paris. In the early 1530s he was employed as tutor by several noble families. On the publication of his *Nugae* in Paris in 1533 he was suspected of heresy and thrown into prison. He was soon released, probably through the influence of Marguerite of Navarre, and visited England (1534–5), where he was given a place in Anne Boleyn's household. He knew Cromwell, Cranmer, and Latimer, and was painted by Holbein. Returning to France, Bourbon spent two or three years (1536–8) in Lyon, where he became acquainted with Dolet, and he was a friend of Budé, Germain de Brie, St. Gelais, Macrin and other literary figures, including Erasmus, who praised his verses very highly. From c. 1539 to c. 1549, he was tutor to Jeanne d'Albret, daughter of Marguerite de Navarre. Little is known of his later years; he was in the service of Marguerite in 1549 and contributed to her *Tombeau* in 1551.

A greatly enlarged edition of the *Nugae*, divided into eight books, appeared in Lyon in 1538; the collection consists mainly of occasional epigrams, with a few love-poems addressed to 'Rubella'. For a full account of Bourbon's life and writings, see G. Carré, *De vita et scriptis Nicolai Borbonii Vandoperani* (Paris 1888), and V. L. Saulnier, 'Recherches sur Nicolas Bourbon l'ancien', *Humanisme et Renaissance*, XVI (1954), pp. 172–91.

TEXTS from *Nugarum libri octo* 1538, checked, for nos. 228, 229, 231, with *Nugae* 1533.

228 *Germain de Brie and Jean Salmon Macrin*

Aetas egregios duos poetas
haec fert aurea, Brixium et Macrinum.
Felix Gallia, tali utroque Gallo!
Lingua maximus est uterque utraque
ex aequoque beata vena utrique est.   5
Mellitas cithara Macrinus odas

228 *Nugae* I ccxv: De Germano Brixio et Salmonio Macrino poetis nobilibus

Flacci personat instar, et pudicos
mores coniugis optimae atque amores
effert laudibus, et suos et omnes
doctos quique bonas amant Camenas;   10
atque hoc ingeniose et eleganter
festiveque adeo facit poeta, ut
huic dicas Veneres Cupidinesque
omnes et Charites Apollinemque et
Musas omnia et affatim et volentes   15
dictare, utque suo favere alumno.
Alter, Brixius, aptus et politus,
emunctus, lepidus, facetus, acer,
scribendis epigrammaton libellis
primam dicitur obtinere palmam;   20
nec molles elegos inerudite
tornat nec male surgit hexametris;
pulchre, apte, bene, dextere, Maronem
Nasonemque refert Propertiumque
imprimisque sales Catullianos.   25
Ecquisnam est hodie poeta toto
qui sic fulminet et triumphet orbe?
Aetas o optima, talibus poetis,
aetas aurea saeculumque felix,
dives Gallia, Brixio et Macrino!   30

229   *To Erasmus*

Quam fulgent hodie divina humanaque scripta,
    quam fulgent studio, Roterodame, tuo!
Huc docti indoctique, senes iuvenesque, venite,
    aspera quae fuerat plana et amoena via est:
has gemmas olim scioli calcare fuerunt   5
    barbarieque ausi dedecorare sua;

---

229 *Nugae* I xxxvi: Ad Desiderium Erasmum Roterodamum

polluerant foedi tam sacra rosaria porci,
    putruerat longo lingua Latina situ.
Reddita res verbis et rebus reddita verba,
    omnia sunt claro lucidiora vitro;   10
prisca bonis rediit virtus et gratia libris;
    o quantum haec aetas debet, Erasme, tibi!
Sis felix, venerande senex, caelestia cuius
    scripta docent doctos erudiuntque rudes!

230　*An epitaph for Erasmus*

Lis oritur: 'Meus est' Germania dicit 'Erasmus';
    Gallia, stans contra, clamitat esse suum.
Hanc interveniens litem mala Parca diremit:
    'Neutrius hic vestrum, sed meus' inquit 'erit.'

231　*A misadventure*

Si vacat atque placet casum cognoscere nostrum
quem referam paucis, audi, carissime frater,
quamquam animus meminisse stupet concussus et horret.
Dum furit horrificis agitatus flatibus aër
et sternit segetes, vellit radicitus ornos,   5
sublimesque aedes et summas deicit arces,
et glomerat densas immani turbine nubes,
aequoraque et fluvios vexat, saevoque boatu

---

230 *Nugae* I iii: Desiderii Erasmi Roterodami, quem falso rumore obiisse audieram, epitaphion　　Erasmus wrote to Bourbon from Freiburg in Breisgau on 10 April 1533 'Vehementer gaudeo falsum de obitu meo rumorem tibi dedisse occasionem scribendi mihi epitaphion' (Allen, no. 2789).

231 *Nugae* II clxiv: Ad fratrem Ioannem Borbonium, praetorem Musseianum　　B.'s brother was a magistrate at Mussy-sur-Seine.　　11 *Vienna*: Vienne, on the Rhône. 44 *Condria*: Condrieux, on the Rhône.

mortales omnes et murmure territat, orbem
dilacerat, naves involvit et obruit undis—   10
solus eram antiqua digressus ab urbe Vienna
Massiliam rediens; tumido indomitoque vehebar
laetus equo; Rhodanus solito magis imbribus atris
auctus inundarat, secum mala plurima volvens
barbarior Scylla, Syrti vastaque Charybdi.   15
Ipse equitans fluctusque et vim mirabar aquarum
e summaque rates pereuntes rupe videbam
eque via angusta subito ecce mihi obvia capra:
restat equus revocatque gradum et se attollit in auras
territus, ac tandem resupinus labitur ipsum   20
spumantem in Rhodanum ac me secum traxit in undas
per spinas durosque rubos praeruptaque saxa.
At Pater Omnipotens, quem magna voce cadendo,
spemque fidemque tenens, iterumque iterumque vocaram,
me extricavit equo nandique repente peritum   25
reddidit atque dedit vires et bracchia movit.
Paulatim adnavi terrae, sed veste gravatus
non poteram madida saxosam scandere ripam,
et biberam egregie et casu stupefactus acerbo
atque oblitus equi poteram nihil edere vocis.   30
Praeteriens illac humanus forte viator
'Esto animo magno, nam te' inquit 'amice, iuvabo';
descendit, dextraque trahit prensatque sinistra
aspera saxa unca; rupem superamus anheli
semianimisque viae reddor; tremor occupat artus,   35
horreo despiciens magnum et fatale periclum,
attollensque oculos geminasque ad sidera palmas
ex imo superis effundo pectore grates,
quod nisi servasset Deus auxiliumque tulisset
fluctibus in mediis nunc essem piscibus esca,   40
nunc vel in ignota ventis versarer harena.
Interea robustus equus fortisque natando
enatat incolumemque mihi se mitior offert.
Conscendo, oppidulumque peto cui Condria nomen;

hospita me excepit mulier pulcherrima forma 45
atque pudicitia praeclara et fida marito;
haec ubi me vidit tantos miserata labores
suppeditat vestes alias, solatur, et ignem
excitat ingentem, lectum concinnat et ipsa
vina dapesque parat; sic me pia femina fovit. 50
Hinc me hilarem surgens et pulchra luce corusca
excussit somno atque toro Tithonia coniunx.

232 *Vive la France!*

Natus ego illic sum tellus ubi fertilis omnes
delicias profert, ubi mira est undique caeli
temperies, ubi sunt fontes et amoena vireta
et nemora et saltus, ubi sedem Bacchus et ipsa
alma Ceres posuere, ubi sunt pulcherrima mundi 5
lumina, ab antiquis fundatae regibus urbes,
turresque arcesque et castella minantia caelo.
Quid dicam maria et portus? quid gentis honestos
mores? quid leges? quid fortia pectora bello?
quid regem fama et meritis super aethera notum 10
Franciscum, antiquo Priami de sanguine cretum?
totque duces et tot populos? Sed iam ecce molestus
ut tibi sim, vereor: tu parce mihi, optime praesul.
Dixi, at tu mecum dic, oro, 'Gallia vivat!'

---

232 *Nugae* VII lxxxvii: Galliae laus, ad D. Menaldum Marthorium Coseranum, pontificem amplissimum   11 *Priami de sanguine*: cf. note on *Hectoride*, no. 321, l. 134.

MICHEL DE L'HÔPITAL

MICHEL DE L'HÔPITAL (Michael Hospitalius: c. 1504–1573) was born at Aigueperse in Auvergne. After studying law at Toulouse he went in 1522 to Italy, where he continued his studies at Padua, Bologna, and Rome. Returning to France in the early 1530s, de l'Hôpital became 'conseiller au parlement de Paris'; however, he cared less for the practice of the law than for literature, philosophy, and affairs of state; in 1553 he became Chancellor to Marguerite de Valois, and in 1554 principal minister of finance to Henri II. In 1560 François II, at the insistence of his mother, Catherine de' Medici, made him Chancellor of France. As Chancellor, de l'Hôpital did all he could to compose the differences between Catholics and Calvinists which continually threatened to plunge France into civil war. His own wife and daughter were Protestants, and the Catholics accused him of favouring the Protestant cause and of being secretly a Protestant himself. He displayed wisdom, courage and selflessness in politics and in the cause of law reform. His efforts to save France from the effects of its internecine divisions were unavailing, and in 1568 he gave up the seals and retired to his estate at Vignay, near Étampes, where he cultivated literature, especially Latin poetry, which he had written in the intervals of business throughout his life.

Most of de l'Hôpital's poems were Horatian epistles—fluent and colloquial disquisitions giving expression to the lofty ideals, the humane outlook, and the practical wisdom that made him revered as a great and good Chancellor. Several of his encomiastic pieces were published separately in the 1550s, and a selection of his Latin verse, running to over 1,000 lines, was included in *Farrago*, and appended to C. Utenhove's edition of Buchanan's poems (Basel 1568). In 1585 his grandson brought out a splendid edition of his *Epistolae seu Sermones*, in six books. A much more complete edition of his Latin poetry appeared in Amsterdam in 1732, edited, with additions from MS sources, by P. Vlaming.

TEXTS from *Epistolae seu Sermones*, Paris 1585, checked with Vlaming and, for no. 234, with the first edition of that poem (Paris 1560) and *Farrago*.

233 *A French Cardinal in Rome*

Musae, progenies magni Iovis aurea, flavum
quae Tiberim colitis, fugitivum reddite nobis,
reddite Bellaium; qui nomine captus inani
urbis nunc habitat desertae moenia Romae,
oblitus patriae veterumque oblitus amorum;   5
nec iam Parisios nec iam Praetoria curat
Sammoriana, nemusque suis plantaverat ipse
quod manibus, virides nec quos sacraverat hortos
obscoeno truncoque deo; nec pone fluentem
perque latus laevum sinuosis flexibus amnem;   10
nec scenae speciem quam circumductus in orbem
perpetuus collis subiectique aequora campi
ostendunt, nec quae illo sunt miracula tractu.
Fama vetustatis praeiudiciumque facessat
nominis, ecquid habet tantum nova Roma? quibusve   15
aequiparat nostram studiis et laudibus urbem?
num populi censu, domibus templisque deorum
vincimur? aut Regis quicquam speciosius aula?
num pietas ergaque deos ergaque parentes
est minor in nobis? minor est aut sensus honesti?   20
Hic leges et iura, magistratusque regendis
moribus, ac suaves inter convictus amicos,
fidaque coniugia, et soboles non credita falso;
non alio divina loco sapientia tantum
floruit, aut studia innuptae viguere Minervae. . . .   25
His illum retrahi causis, et posse teneri
sperabam in patria, quamvis externa placerent;

---

233 *Ep. seu Serm.* p. 1: Ad Musas Romanas, ut Bellaium Cardinalem, Romae commoran-
tem, in patriam remittant   3 *Bellaium*: Jean du Bellay (1492–1560), who had been
created Cardinal by Pope Paul III during an earlier stay in Rome, retired there on the
death of François I in 1547 and spent the rest of his life, apart from occasional visits
to Paris, in voluntary exile.   6–7 *Praetoria . . . Sammoriana*: the abbey of the
Benedictines of St. Maur.   24 *divina sapientia*: the study of the Scriptures.
84 *ubi*] *uti* 1585, Vlaming.   85 *tria . . . oppida*: Paris, Le Mans, and Bordeaux.
89 *Brixia*: Brescia was founded by colonists from Le Mans.

nec quia rumor erat magno conquirere sumptu 40
insignes statuas, auroque rependere signa,
perfodere ingentes tumulos, veterumque labores
eruere artificum terrae penetralibus imis,
idcirco metui; quin nescius illa putabam
ornamenta deis cogi pulcherrima nostris, 45
quae secum in patriam rediens ablata referret.
Sed nulla est constans hominum stabilisque voluntas:
mutantur studia atque animi, mutantur amores.
Nunc struit ille domos, nunc dicitur alta locare
fundamenta novae Pario de marmore villae 50
ad Tiberis ripam et Claudi monumenta Neronis,
Romano in portu dum Roma antiqua manebat.
Haec adeo non sunt redeuntis signa. Quis amens
aedificat quibus ipse locis consistere nolit,
aut laureta serit quae mox viduata relinquat?... 55
    Stant causae reditus multae magnaeque volenti
Bellaio, rerum cui pleno copia cornu
atque domi facilis sine cura suppetit usus;
cui sua tot virtus et praemia tanta merenti 80
detulit in patria, tantos cumulavit honores,
quantos mens sperare potest humana, deorum
munere; cui fortuna benigne praebuit agros,
et nemora et silvas, ubi molles condere posset
versiculos; tria Gallorum dedit oppida gentis 85
maxima: Parisios, insignem regibus urbem;
Cenomanos, clarum bello genus, unde coloni
auctoresque tui generis venisse feruntur,
Brixia, Tyrsenis vacuo cedentibus agro;
nec non Burdigalam, terraque marique potentem 90
Burdigalam, portus ubi fluminis unda capaces
mille carinarum facit, aestu inflata marino:
nec tamen illa suo minus olim cognita cive
Ausonio, Ausoniis contendere vatibus auso.
    Ergo Bellaium patriae, precibusque suorum 95
reddite Bellaium, Musae, si ducitis aequum

nempe suos patriae repetenti reddere cives:
non est, non adeo est vestri retinere pudoris
externa de gente virum; nec poscitis aequa
nec concessa deae; liceat sua cuique tenere;   100
fas sit quamque suis habitari civibus urbem,
ni vobis diversa animo sententia sedit
erectasque tenet triplicis spes alma coronae.
Forsitan et vestrum iam prospexistis alumnum
regnaturum olim Romae, legesque daturum   105
gentibus. O felix genus illo tempore vatum!

234 *Advice to a young Prince*

Caelesti est oleo Mariae puer unctus ad aram
Virginis; hoc felix ut sit faustumque precamur:
Tithoni longos superet vel Nestoris annos.
Talibus interea discat regnare magistris
quales non alios regum prior extulit aetas,   5
nec quondam puero delegit mater Achilli.
Discat difficilem longe plus omnibus artem,
antiquos ut amet regere et defendere fines
imperii; dominis quae sunt aliena relinquat.
Illum vicini reges venerentur, ut alto   10
sanctum aliquod terris demissum numen Olympo;
illius externi cupiant componere lites

---

234 *Ep. seu Serm.* p. 255: De sacra Francisci II Galliarum Regis initiatione, regnique ipsius administratione providentia, sermo   1 François II was anointed King, at the age of fifteen, in September 1559; he was of a sickly disposition, and died in December 1560.   30 *equisve citatis*: the upright king will not let himself be rushed into taking a decision.   214–5 *Poto . . . Hirrus*: Poton de Saintrailles (c. 1390–1461) and Étienne de Vignolles, known as La Hire (c. 1390–1443), were notable commanders whose exploits are described in his *Chroniques* by Monstrelet, who does not, however, record this incident.   217 *Regem*: Charles VII.   340 *genitore . . . avo*: his father Henri II and his grandfather François I.   343 *genetrice*: Catherine de' Medici.   345 *caeso . . . marito*: Henri II was killed accidentally by the Comte de Montgomery in a tournament.   349–50 *fratres*: François de Lorraine (1519–63), second Duc de Guise, and his brother Charles (1524–74), Cardinal de Lorraine, to whom many of de l'Hôpital's poems (e.g. no. 235) are addressed.

arbitrio populi, cupiant discedere bello.
Nec tam fortis amet dici, quam iustus, et armis
parta per humanas fugiat cognomina caedes.   15
Observet promissa, fidemque immobilis hosti;
nec pacem in bello, neque bellum in pace requirat.
Aut quid discipulos Christi nos esse fatemur,
si nulla in nobis expressa illius imago est?
Haud minor in patriam pietas, civesque tuendos   20
cura sit, ut patrium bonus illis praestet amorem.
Tardus et ad poenam dubiis, idem acer apertis
criminibus vindex, rigidus legumque minister.
Nec res iudicio finitasque ordine lites
rescindat; nec supplicio poenave nocentes   25
damnatosque levet, legum nec vincula solvat.
Sive magistratus, sacrorum sive legendi
pontifices, secum ipse diu multumque requirat
ecquis apud cives tanto sit dignus honore;
nec precibus pretiove locum det equisve citatis,   30
more sed antiquo lecti proscribat aperte
pontificis nomen vel iudicis. Audiat omnes
quorumcumque hominum voces et dicta. Morando
consilium melius capiet, neque sero pigebit
agnovisse malum re denique turpiter acta.   35
At noster faciles aditus venientibus ultro
praebebit populis: oblatos ipse libellos
accipiet manibus, lacrimosas ipse querelas
audiet, et responsa dabit poscentibus ipse.
Quam iucunda, putas, facies est regia, civi   170
et quam grata suo? Tanti nihil esse videtur.
Nunquam, dura licet, gravis illius ore repulsa est.
Annuit: hoc quodcumque etiam debebimus ipsi;
respuit: audivit prius is tamen, inde negavit—
atque ita nemo fere tristis discedit ab illo.   175
    Et patrum fama est aetate fuisse, iuberent
qui mollem reges et inertem ducere vitam,
nil agere, et levibus traducere tempora nugis;

nullum congressu, nullum sermone petentem
dignari, celso tenues contemnere vultu;   180
abicere imperii curam, nullamque suarum
luce voluptatum, nullam intermittere nocte—
is fructus regni tamquam si maximus esset!...
Nec vero ludis reges prohibemus honestis,
venatuque pilaque, virilibus insuper armis;
idque adeo si forte vacabit, et omnibus ante   205
defuncti curis fuerint, operumque soluti.
At si continuo pergent assuescere ludis,
post aegre redeunt et tardi ad seria, cum res
exigit. Idcirco pueri iuvenesque docendi
ante annos atque ante diem supponere duro   210
colla iugo, ne ferre laborem forte recusent
insolitum, gravior cum post accesserit aetas.

    Anglus Aquitano Francos eiecerat agro,
et desperatis iam rebus Poto redibat,
Hirrus et, insignes armorum laudibus ambo.   215
Atque, ut dura nimis belli fortuna ferebat,
tectum ingens maesti subeunt Regemque salutant.
Ille choros media ridens agitabat in aula
permixtus niveo candentibus ore puellis;
et procul ut vidit, 'Scitene' exclamat 'amici,   220
exercere pedes videor?' Cui Poto vel Hirrus,
tristia ducentes suspiria pectore ab imo,
'Nae tu inter ludos choreasque, sepultus amore
femineo, perdis pulchrum hoc et nobile regnum.'
At non incassum iuvenes ea dicta dedere: 225
nam subito memorant ex illo tempore Regem
mutatum et positis conversum ad seria ludis....

    Tu vero cui summa Deo delata potestas,
quique etiam praestas aliis tam regibus unus   325
quam reges alios plebi praestare videmus,
tu bonus et clemens esto, similisque deorum
qui caelos habitant. Propria est clementia regum.
Tu malis servare tuos quam perdere cives,

et quam olim veniam expectas a rege deorum,   330
impertire aliis hominum rex. Utere parce,
aut nunquam, horribili gladio, nisi paene coactus
in desperatos, medicorum more, secantum
arida quae modo sunt et putrida corpore membra.
Est quiddam medium : nec laus quaerenda severi   335
suppliciis hominum, nec laus clementis et aequi
est venia passim tribuenda, et dissoluendis
legibus. Exemplum non longe extraque petetur
lenis mansuetique animi ; fer lumina retro :
vel genitore tuo, vel avo, clementius unquam   340
nil sumus experti. Facilis vel promptus ad iram
neuter erat ; iecur et placabile pectus utrique.
At genetrice tua quae femina mitior ulla est
omnibus in terris ? Quae cum excandescere nuper
iure videretur caeso potuisse marito,   345
non solum non ulta suos est illa dolores,
sponte sed ignovit, suaque iis permisit habere
a quibus atroces animis exceperat ictus.
Ignovere suis obtrectatoribus ipsi,
quorum consilio stat adhuc res Gallica, fratres.   350
Multa novi quae ferre solent exordia regni—
damna, fugas, raptusque bonorum, vincula, caedes—
nec sumus a quoquam passi neque principe nostro
sensimus : inversus sonitum vix reddidit axis.

    Ergo sis, Francisce, tuis et mitis et aequus   355
civibus, ac mandata Dei cultumque perennem
iam meditare puer, curam meditare tuorum ;
namque haec prima tuae virtutis semina surgent
paulatim, pariterque tuo cum corpore crescent,
et super alta suos extendent sidera ramos.   360
Tunc neque nos puero sub rege fuisse pigebit,
nec te discipulum tales habuisse magistros
imperii, et iuvenem laudes aequasse parentum.

235 *The lessons of sickness*

Ut biduo plane perii, biduoque revixi!
Nam tum qualis erat mea mens, quam fracta pavore,
nobis fama tui venit cum nuntia morbi!
Ut se collegit, nullum simul esse periclum
audiit, alternaque levari membra quiete!   5
Nunc Regi superum merito persolvimus omnes
vota pii, nostras pro quo formidine mentes
solvit; nunc precibus votisque reposcimus illum
huius reliquias a te depellere morbi.
Te vero cui parta salus est munere divum,   10
et quem laetari decuit plus omnibus unum,
conturbare tuo narrant communia vultu
gaudia, te referunt nil visum tristius unquam.
Et quae causa tui maeroris tanta? quid ipse,
quid, male tam de te meritus, data munera caelo   15
respuis, et suavem tibi rerum subtrahis usum
invidus? atqui nulla videtur causa dolendi.
Omnia sunt belleque foris pacata domique,
consilioque tuo atque Errici principis armis.
Venimus, et tantum sine sanguine vicimus hostem;   20
et Regi veteres cessit Germania fines
libera crudelis manibusque erepta tyranni.
Nec minus arridet privatis sors bona rebus:
nam quaecumque homini contingere maxima possunt
a superis, et quanta vel ausit poscere nemo,   25
in gremium delapsa tuum profusius omni
imbre fluunt. Tu vivis, et omnibus esse beatus
crederis; at quid possideas tamen intus et extra,
et quae circumstent bona te, nescire videris.

235 *Ep. seu Serm.* p. 51: Ad illustrissimum principem Carolum Cardinalem Lotharingensem: Consolatio adversus reliquias diuturni morbi   Vlaming gives a variant title, which describes the illness as a tertian ague and dates the poem 1552. 18–19 *Omnia . . . armis*: this refers to the hasty withdrawal from Germany forced upon Charles V in 1552 by an alliance of the Princes, instigated by French diplomacy. 22 *tyranni*: the Emperor Charles V.

Verum hae reliquiae, morbi velut umbra prioris,   30
contristant animum, spes vana, metusque futuri. . . .
   'At magnum quamvis possim perferre dolorem
si brevis et cito praeteriens, sin longior, haurit
paulatim vires animumque.' Sed, o bone, maior   115
cernitur utilitas in eo qui longius haeret;
nam brevis ille prius fugit quam sensibus imis
acceptus penitus desederit; ut bene multa
cum simul in terram subitoque effunditur unda,
non alte penetrat, sed tantum summa rigando   120
praeterit; at longo distillans tempore, quamvis
paucior, ima subit sitientis viscera terrae.
Cernis ut ipsa recens a partu femina, tanti
vix soleat meminisse dies post quinque doloris,
et thalamum repetat quem paulo abiecerat ante.   125
Sic quibus imposuit plagam divina potestas,
si dolor ex illa brevis exstitit, atque recedens
reliquias aegro nullas in corpore liquit,
audebunt etiam foedare prioribus illi
flagitiis animas, turpique revolvere caeno;   130
at qui longus erit, duros emolliet artus
paulatim, et menti pugnantia membra domabit.
Proderit et conferre tuis aliena, vicemque
illorum, simili qui fato et sorte premuntur.
Diversis quot ubique iacent regionibus aegra   135
corpora, nullius cura servata ministri,
nec medicas experta manus? quot milia cogit
pauperibus miseranda fames excedere tectis
et circum vicos atrum male quaerere panem?
Tu molli in strato depictis inque tapetis,   140
seu calor est aestum flabris et frigore pellis,
seu rigor est multa propulsas veste rigorem,
et variis ingrata cibis fastidia tollis.
Atque haec non parcis manibus tibi cuncta benigne
porrigit Omnipotens, aliis non porrigit aeque.   145
Quo debes tu plura Deo qui contulit uni

plurima, cum posset tamen isti plura, vel illi.
Nemo deos unquam fuit ausus poscere tantum,
quamvis confidens, tibi quantum fata dederunt:
nunc si febre levi tentant iuvenilia membra, 150
despondes animum! Nota est patientia Iobi,
quem neque magnorum fregit iactura bonorum,
interitusque sui generis, neque dira superbae
coniugis indigno convicia dicta marito,
non immunda lues, grassansque per omnia morbus 155
viscera: tantum illam est auditus reddere vocem
'Nudus in hunc mundum veni puer, exeo nudus;
ista Deus nobis dederat, Deus abstulit idem.'
Ut discant homines etiam pendere caduca
ex illo, neque spes in vanis ponere rebus!... 160

236 *A statesman in retirement*

Ergo nemo meam sortem miserabitur ullo
privato proprioque malo, nostramque dolebit
nemo vicem, tamquam solio prolapsus ab alto
deciderim. Miserum aerumnis communibus esse 200
me fateor, nec posse suis confidere rebus
quemquam hominum patriae cupidum vel regis amantem,
eversa patria. Sed quando occurrere tantis
ipse malis nequeo, tentavique omnia frustra
auxilia: ut quondam medicus reiectus ab aegro, 205
non clausis foribus, non circumstantibus illum,
vim faciet, sed multa deos testatus abibit:
utque gubernator caelique marisque peritus,
stultus et imprudens manibus cui navita clavum
eripuit, caecisque vadis illidere pergit: 210

236 *Ep. seu Serm.* p. 353: Ad Vidum Fabrum   Title in Vlaming: *De se ipso sermo*
The concluding lines of a poem containing de l'H.'s noble and moving reflections on
his retirement to Vignay after his deposition from office in 1568.

postquam multa nihil profecerit ante monendo,
cedet, utramque tamen fortunam ferre paratus :
sic ego consiliis deiectus sede malignis,
quam tenui rexique diu cum laude bonorum
latronumque odio, non diris atque nefandis   215
prosequar ominibus patriam, potiusque precabor
omnia fausta novis rectoribus atque magistris.
Hic tamen interea eventus casusque futuros
opperiar, laetus mala tanta quod aeger et absens
non videam. At nostras siquis deus obseret aures,   220
hoc quoque me vitio miserum minus esse putarim.

ÉTIENNE DOLET

ÉTIENNE DOLET (Stephanus Doletus: 1509–1546) was born at Orléans. After early schooling in Paris, he spent three years (1526–9) at the University of Padua and a short period as secretary to the French ambassador in Venice, where he attended Baptista Egnatius' lectures on Cicero, of whom he became a fervent admirer and imitator. Returning to France (c. 1530), he studied law at Toulouse, where his quarrelsome nature got him into difficulties in the course of which he was thrown into prison. In 1533 he set up as a printer in Lyon. Here again he was imprisoned, in 1537, for homicide; obtaining a pardon, he continued as a printer in Lyon; but his advanced opinions—he was suspected of atheism—made him many enemies; he was charged with having printed heretical works, condemned to death, and executed in Paris.

Dolet published much, championing Longolius against Erasmus (*Dialogus de imitatione Ciceroniana* 1535), defending vernacular literature (*La manière de bien traduire d'une langue en aultre* 1540), and himself translating Cicero's letters (1543). Two books of *Carmina* were printed with his *Orationes duae in Tholosam* (no date, place, or printer, but Lyon, 1534); a larger collection (*Carminum libri IV*) came out, also at Lyon, in 1538. Much of his poetry consists of rough epigrams and satires against his enemies in Toulouse. The best account of him in English is still R. C. Christie's *Étienne Dolet The Martyr of the Renaissance* (2nd ed., London 1889).

TEXTS from *Carminum libri IV* 1538, checked (except for no. 238) with *Carminum libri II* in *Orationes duae* [1534].

237   *In praise of Paris*

Diva, quae turmam gubernas virginum Libethridum,
tuque dux collis virentis semper, o vatum pater,
sume age argutam chelim atque a sede Parnasi huc pedem
confer, et chordis novos cantus move et carmen novum.

237 *Carm.* III xxxii: Ad Aegidium Iordanum Lutetiae Parisiorum laudes   *1534* omits *Ad . . . Iordanum*: 'Iordanus' remains unidentified. The metre of the poem is trochaic tetrameter catalectic. D. disregards the necessity of a caesura after the eighth syllable. He seems to have been an audacious metrist; in his preface to *1538*, he claims classical precedent for introducing dactyl, anapaest, tribrach, pyrrhic, or spondee 'indifferenter' in any foot in an iambic line.

Oppido huic assurge quod turres superbae muniunt, 5
amne quod pulchro Sequana undosa praeterlabitur
et quod ingens ambitus muro tuetur triplici,
ver quod aeternum serenique aura caeli temperat
ac diei auctor fovet Titan amico sidere.
Non sua hic urbi Lyaeus, non Cybele munera, 10
non Napeae floridos campos negarunt, nec comas
arborum, quae vim caloris sublevent, dum fervidus
sol magis candet, sitique agri dehiscunt aridi.
Huic simul, quae fontibus praesunt, puellae Naiades
fontium huic urbi dederunt non lutosos alveos. 15
Hanc sibi Musae domum olim vindicarunt, artium
nobilem cultu, bonique aequique servantissimam,
atque eo illustrem senatu, qui Catonum moribus
tetricis non cedat, aut cuivis severo iudici.
Plura quid dicam? quibus floret viris non barbara 20
aut agresti mente, sed quos ipsa Pallas sub specu
Aonis fovit velut caros alumnos molliter?
Heu, quam Athenae cesserint fama libenter, si decus
huius urbis sentiant astris poli addi! quam libens
Roma cedet nomine excelso et vetusta gloria, 25
si fretum terramque laude huius crepare exaudiat!

238 *A literary feast*

Continuo ad cenam ventum est quam docta pararat
docta cohors comitum. Accumbunt (sua lumina Galli

238 *Carm.* II i: Ad Cardinalem Turnonium. Caedis a se factae, et sui deinde Exilii
descriptio   Having escaped from imprisonment for homicide in Lyon and
reached Paris during the opening weeks of 1537, D. procured a pardon from the
King, and returned to Lyon. Before his departure from Paris, he was entertained to a
literary dinner, at which the company consisted of Budé, Nicolas Bérauld, Pierre
Danès, Jacques Toussain, Macrin, Nicolas Bourbon, Jean Dampierre, Jean Visagier,
Clément Marot and Rabelais.   76–7 The repeated *docta* seems to call for emen-
dation; but perhaps such repetition is an idiosyncrasy of D.'s—cf. *arma . . . arma* in
ll.97–8.   84 The spondaic ending is very strange: perhaps *non* should be *neque*.
100 *Arar*: the Sâone.

quos merito appellant) Budaeus maximus omni
doctrinae laude, ingenio praestante Beraldus
et facili eloquio felix, Danaesius arte   80
qualibet illustris, vero Thusanus honore
bibliotheca loquens dictus, Macrinus, Apollo
cui dedit omne genus versus, versu quoque dives
Borbonius, Dampetrus, Vulteius non parvam
de se spem praebens doctis, Maro Gallicus ille,   85
ille Marotus, habet divas qui in carmine vires,
Franciscus Rabelaesus honos et gloria certa
artis Paeoniae, qui vel de limine Ditis
exstinctos revocare potest et reddere luci.
Hos inter multos sermo tum nascitur, orae   90
externae quid docti habeant scriptoris, Erasmus:
Melanchthon, Bembus, Sadoletus, Vida, Iacobus
Sannazarus plena laudantur voce vicissim.
    Crastina lux aderat, placuit qua linquere terras
Parisias et Lugdunum remigrare citato   95
cursu; maturamus iter. Quam Sequana lambit
gentem, illac via nobis est, ubi Caesaris arma
indomitis toties fulserunt arma maniplis.
Progredimur tandem vasto qua gurgite findit
Lugdunum longinquus Arar. . . .   100

239   *Farewell to Love*

Frustra, Venus, mihi iecur tentas novo
   igne; ad tuas obdurui
flammas; nihil tecum mihi isto tempore
   commune certe est: impetus
caecae iuventae dum ferebat, et calor   5
   aetatis effrenae, tuis

239 *Carm.* II vi: Venerem a se aufugere iubet   Entitled in *1534* 'De seipso'.

plus forte quam castum decebat parui
   iussis : fuit gratum improbo
amore vinci. At alter ignis iam occupat,
   diu nimis qui canduit   10
incendio tuo : alter ignis me occupat,
   ignis pudicae Palladis
sanctusque litterarum amor ; decens amor
   mihi furit : furit mihi
ille in medullis Palladis decens amor,   15
   quem nec pharetratus puer,
nec tu dolis ullis repelles, ut locum
   spurcis relinquat lusibus.
Abi in malam crucem, dea impudica, abi
   mortalium pestis fera !   20
Quod nunc nisi actutum uspiam te conferas
   ac desinas lacessere,
erit tibi res cum cruento Gorgonis
   vultu, quem habet tectum aegide
Pallas. Quid ? an vim numinis tanti feres,   25
   imbellis et mollis dea ?

240   *On the death of Simon de Villeneuve*

O mihi quem probitas, quem vitae candor, amicum
   fecerat ! o stabili foedere iuncte mihi !
o mihi quem dederat dulcis fortuna sodalem !
   o mihi crudeli morte perempte comes !
Iamne sopor te aeternus habet, tenebraeque profundae   5
   tecum ut nunc frustra carmine maestus agam ?
Quod nos cogit amor, surdo tibi forte canemus,
   sed nimii officii non pudet esse reum.

240 *Carm.* IV ii: Ad Simonem Villanovanum defunctum   Simon de Villeneuve
(1495–1530), Ciceronian and humanist, was a teacher, and a close friend of D. at
Padua. He is an interlocutor in D.'s *Dialogus de imitatione Ciceroniana.*

Care vale, quem plus oculis dileximus unum,
  et iubet ut mage te semper amemus amor!   10
Tranquillae tibi sint noctes somnusque quietus,
  perpetuoque sile, perpetuoque vale!
Et si umbris quicquam est sensus ne sperne rogantem
  'Dilige perpetuo cui quoque carus eris.'

THÉODORE DE BÈZE

THÉODORE DE BÈZE (Theodorus Beza: 1519–1605) was born at Vézelay; after studying theology and law at Orléans, he set up in 1539 as a lawyer in Paris, where during the 1540s he was on friendly terms with Turnèbe, Buchanan, Macrin and others of their literary circle. In the summer of 1548 Beza published, at the press of Badius, his *Poemata* (later known as *Juvenilia*), a collection of licentious *sylvae*, elegies, epitaphs and epigrams; later in that year he had, it seems, a severe illness which changed the course of his life; he married Claude Desnoz and joined the Church of Calvin, at Geneva; after ten years as Professor of Greek at Lausanne he settled in Geneva, where he succeeded to the headship of the Church on Calvin's death in 1564.

The popularity of his *Juvenilia*—they were highly praised by Marcantonio Flaminio—soon became an embarrassment to Beza; he did his best to explain them away in a lengthy preface to the second (radically expurgated) edition of his poems (Stephanus, 1569); they were almost entirely omitted from later editions, but were reprinted (as 'Adeodati Sebae Juvenilia') in *Del. Gall.*, and edited, with translations, by A. Machard (Paris 1879).

TEXT from *Poemata* 1548.

241 *Friend and mistress*

Abest Candida; Beza, quid moraris?
Audebertus abest; quid hic moraris?
Tenent Parisii tuos amores,
habent Aurelii tuos lepores,
et tu Vezeliis manere pergis   5
procul Candidulaque amoribusque
et leporibus Audebertuloque?

241 *Poemata* p. 94: Theodorus Beza de sua in Candidam et Audebertum benevolentia Evidently written at Vézelay, at a time when his mistress 'Candida' was in Paris and his friend in Orléans. 'Audebertus' was Germain Audebert (1518–1598), a close friend of B., who later wrote three famous topographical Latin poems describing Rome, Venice, and Naples. 32 *uno*] *imo* all previous edd. ('un petit baiser—profond' Machard).

Immo Vezelii procul valete,
et vale pater, et valete fratres!
Namque Vezeliis carere possum   10
et carere parente, et his, et illis;
at non Candidula Audebertuloque.
　　Sed utrum, rogo, praeferam duorum?
utrum invisere me decet priorem?
An quemquam tibi, Candida, anteponam?   15
an quemquam anteferam tibi, Audeberte?
Quid si me in geminas secem ipse partes,
harum ut altera Candidam revisat,
currat altera versus Audebertum?
At est Candida sic avara, novi,   20
ut totum cupiat tenere Bezam;
sic Bezae est cupidus sui Audebertus
Beza ut gestiat integro potiri:
amplector quoque sic et hunc et illam
ut totus cupiam videre utrumque   25
integrisque frui integer duobus.
Praeferre attamen alterum necesse est:
o duram nimium necessitatem!
　　Sed postquam tamen alterum necesse est,
priores tibi defero, Audeberte: 30
quod si Candida forte conqueratur—
quid tum? basiolo tacebit uno.

JOACHIM DU BELLAY

JOACHIM DU BELLAY (Ioachimus Bellaius: c. 1525–1560) was born at Liré in Anjou. Coming to Paris as a young man, he became a friend of Ronsard, a pupil of Dorat, and a prominent member of the Pléiade, publishing in 1549 a tract which became the group's manifesto—his *Deffense et Illustration de la langue Françoyse*—and also his first book of poems, *Cinquante Sonnetz a la louange de l'Olive*. In 1553 he accompanied his uncle Cardinal Jean du Bellay to Rome, where he stayed for four years as a member of the Cardinal's household. While in Rome, du Bellay wrote a good deal of Latin verse, and on his return to Paris he published in 1558 *Poematum libri quatuor*, consisting of *Elegiae*, *Amores*, *Epigrammata*, and *Tumuli*.

TEXTS: for no. 242, *Xenia*, Paris 1569 (*v. infr.*); for the rest, *Poemata* 1558.

242   *A letter to Jean de Morel*

Quod mihi pro tantis meritis tot damna rependat
　　pectoris ingrati perfidiosa fides,
Iane, doles, sortisque pius miserescis iniquae
　　et nostris misces fletibus ipse tuos.
Agnosco amplectorque libens hoc pectus amicum,　　　5
　　tam sancte plenum pectus amicitiae,
candidius niveo pectus venerabile cycno
　　quo Charites habitant ingenuusque pudor.

242 *Xenia* f. 16: Elegia: Neminem aliena injuria miserum esse. Ad Ianum Morellum Ebredunensem Pyladem suum   This autobiographical epistle, 330 lines long, was appended to du B.'s posthumous *Xenia seu Illustrium quorundam Nominum Allusiones*, a collection of some 60 epigrams playing upon the names of distinguished contemporaries. It was reprinted in full, for the first time since 1569, in M. Hervier's edition of du B.'s *Poésies*, v, Paris 1954, pp. 12–20. The editor says of it 'Elle contient des longueurs, des flatteries—excessives, selon notre goût—à l'adresse du cardinal du Bellay. Mais l'émotion est sincère.' Jean de Morel, of Embrun, was a courtier and patron of literature, a friend of Erasmus and a champion of the Pléiade.   2 *pectoris ingrati*: the poet's kinsman, Eustache du Bellay, who evidently undermined his standing with the Cardinal.   43 *surdus*: throughout his life du B. suffered from

Sed tua te pietas fallit, dulcissime Iane,
    si miserum, si me forte dolere putas.   10
Ii potius miseri, vexat quos livor iniquus,
    quos furiae torquent, quos et avara sitis,
queis nihil est sanctum, nihil inviolabile, nulla
    quos pietas tangit, nec movet ulla fides.
Si vixi coluique deos, hominesque fidemque,   15
    ut neque me pudeat paeniteatve mei,
idem qui fueram, nunc sum quoque, semper et idem
    ut sim, quaeso deos, et puto, semper ero.
Divitiae desunt: sed nos non desumus illis,
    sint licet exiles, sint licet exiguae.   20
Est domus, est lectus, tenuis nec sordida mensa,
    et meus assiduo me fovet igne focus. . . .
Est mihi nobilitas, sunt stemmata, nec tamen unquam
    fumosis tumui vanus imaginibus;
sed mihi qua potui famae decus arte paravi,   35
    iamque aliquis volito docta per ora virum.
Non animum sordes, mentem vesana libido,
    non nostra infelix pectora livor edit;
incorrupta fides, nulla mens anxia culpa est,
    non me sollicitat vana superstitio.   40
Denique si gravius quicquam mihi contigit, illud
    qua possum efficio lenius ac levius.
Sum surdus; non surda tamen sunt pectora nobis,
    nostra suas etiam mens habet auriculas.
Et mihi sunt libri, docti fidique sodales,   45
    quorum me satias nulla tenere potest;

---

deafness.   53 *Regi, Regisque sorori*: Henri II (who died 10 July 1559) and his sister Marguerite, wife of Prince Philibert Emanuel Duke of Savoy.   55–6 *Francisco . . . Catherina*: François II and his mother Catherine de'Medici; *Lotarene*: François de Lorraine, Duc de Guise, Commander-in-Chief under François II. 59 *his*: apparently used adverbially = *his modis*.   110 For *desero* with the dative, cf. Virgil, *Aen.* IV 317 cui me . . . deseris?   118 *fidei*: the *e* should be long.   139–40 It was in 1553 that du B. accompanied his uncle the Cardinal on his journey to Rome.   140 *Laurentis . . . soli*: i.e. Latium.   167 *Paeligni . . . poetae*: Ovid. 171 *invida lingua*: du B., here and in the lines that follow, is no doubt again referring to Eustache du Bellay.

carmina sunt nobis facili manantia vena,
  et nos turba legit, nos legit aula frequens;
scribimus indoctis, doctis quoque scribimus idem,
  tractamus lepidis seria mixta iocis;   50
et nunc his numeris, numeris nunc ludimus illis,
  Gallica sive placent, sive Latina placent.
Notus eram Henrico Regi, Regisque sorori,
  nec modo notus eram, sed quoque carus eram;
Francisco ignotus, sed non ignotus et hospes   55
  seu Catharina tibi, seu Lotarene tibi.
Denique quisquis amat Phoebum Phoebique sorores
  me colit absentem, me terit atque legit;
his mihi rex videor, divumque accumbere mensis,
  iamque mea vivus posteritate frui. . . .   60
Si me fata meis voluissent vivere votis
  nec collum indigno supposuisse iugo,
non animus deerat studiis gravioribus aptus
  quique aulam posset militiamque sequi;   90
et mihi robur erat, nec prorsus inutilis armis
  dextera, dum viridis nostra iuventa fuit. . . .
Sed magnis inimica mihi sors obstitit ausis
  ne mea me virtus tollere posset humo:
vix puero mihi namque parens ereptus uterque
  fraterno miserum deserit arbitrio,   110
sub quo prima perit nobis inculta iuventa,
  quam decuit studiis excoluisse bonis;
illa mihi periit, viridi ceu flosculus horto
  quem nulla unda rigat nec manus ulla colit.
Fraterno interitu, nobis cum firmior aetas   115
  iam foret, accessit tum nova cura mihi:
pupilli nova cura fuit subeunda nepotis,
  quem fidei frater liquerat ipse meae.
Ergo onus invitus subeo puerique domusque
  accisae et variis litibus implicitae,   120
quam, velut Ionio deprensus navita ponto
  naufraga cui puppis sola relicta fuit,

ut potui rexi, caecis ignarus in undis
    nec pelago assuetus nec satis arte valens.
Hic tamen ingenium quodcumque fidemque probavi,   125
    succubuit tumidis nec mea puppis aquis.
Hoc ludo, his studiis primos transegimus annos,
    haec sunt militiae pulchra elementa meae.
Continuo excipiunt morbi saevique dolores,
    queis prope Lethaeas vidimus umbra domos.   130
Hoc solitum eripuit robur, binosque per annos
    vexavit misero detinuitque toro;
hic mihi musa fuit casus solamen acerbi,
    sola fuit nostris musa medela malis.
Tum primum Latios legi Graiosque poetas,   135
    tum coepi Aonio cognitus esse choro.
Quid facerem cui nulla quies, cui nulla voluptas,
    qui non ipse mihi paene relictus eram?
Mittitur interea Romam Bellaius ille,
    quo duce Laurentis vidimus arva soli.   140
Necdum totus erat depulsus corpore languor,
    Alpibus et duris ille sequendus erat;
sed mihi per Scythicas rupes et inhospita saxa
    illum dum sequerer molle fuisset iter.
Illic assiduus domini dum iussa capesso   145
    quarta redit messis, quarta recurrit hiems;
tum demum in patriam (sic res tunc poscere visa est)
    dimissos Roma nos remeare iubet,
et sua committit curanda negotia nobis
    expertus nostram scilicet ante fidem. . . .   150
Quam bene apud memores nostri stet gratia facti
    nec memorare libet, nec meminisse iuvat:
testetur potius missis qui saepe tabellis
    hoc probat, iratus sit licet ille mihi.
Iratum insonti nostrae fecere camenae   165
    iratum malim qui vel habere Iovem.
Hei mihi! Paeligni crudelia fata poetae
    hic etiam fatis sunt renovata meis;

eheu! sola mihi nocuit male grata camena,
    artifici nocet hic ars quoque sola suo.   170
Sed non sola nocet: gravius nocet invida lingua,
    quae nostri caput est, fons et origo, mali.
'Ergo ego' (nam tacitus mecum sic ipse loquebar)
    'hoc merui infelix sedulitate mea?
Ergo pius frustra fuerim, fidusque tot annos,   175
    et nostrae merces haec pietatis erit? . . .
At non hoc pretium nuper sperare iubebat,
    tam male pro rebus qui mihi verba dedit,
qui sibi me, fallax, carum magis omnibus unum
    iurabat, cari fratris et esse loco.   190
Heu! ubi pacta fides, missaeque utrimque tabellae,
    et male tot menses dissimulatus amor? . . .
Credere iam nulli, nulli iam fidere certum est,
    non mihi si astringat Iuppiter ipse fidem;   200
sed saevi mihi dira placet iam vita Timonis,
    atque odisse hominum iam libet omne genus.'
Haec mecum assiduis solitus iactare querelis
    optabam vitae rumpere fila meae.
Iane (fatebor enim), talem tunc mente dolorem   205
    concepi ut mirer non potuisse mori.
Certe cum medicis luctatus tempore longo,
    viribus amissis qui prope victus erat,
saevior hinc iterum morbus graviorque recurrit,
    namque ferox renuit ferre medentis opem.   210
At luctum et lacrimas maesta de mente fugavi,
    hunc fructum capiens ex pietate mea.
Nam mihi quanta fides et mens quam conscia recti
    testis es, et quisquis me bene novit erit.
Hoc mihi, Iane, sat est, rodat licet invida turba,   215
    si tibi sique mihi causa probata mea est. . . .

243 *A picture of Rome*

Non mea sollicitet saevus praecordia Mavors,
   nec rabies litis durave iactet hiems,
nec cupiam insanos aulae perferre labores,
   sed cingant nostras laurea serta comas.
Nunc iuvat aërii sacro de vertice Pindi   5
   ducere virgineos per iuga celsa choros;
nunc iuvat umbrosis lentum iacuisse sub antris
   et longum plectro concinuisse melos:
seu libuit molles flammas felicis Olivae
   Etruscae ad numeros personuisse lyrae;   10
seu potius magni laudes contexere Regis,
   dicere vel laudes, Margari diva, tuas;
vel qui nunc Romae, Bellaiae gloria gentis,
   purpureum magnus tollit ad astra caput.
Illius auspiciis duras superavimus Alpes   15
   et pulchrae campos vidimus Hesperiae;
vidimus et flavi contortas Thybridis undas
   sparsaque per campos moenia Romulidum,
moenia quae vastis passim convulsa ruinis
   antiquas spirant imperiosa minas;   20
vidimus, excelsi claves qui gestat Olympi,
   augustum mitra, purpureosque Patres.
Quid referam magni pendentia culmina Petri,
   quo nullum Ausonia pulchrius extat opus?
Aurea quid memorem pictis laquearia tectis   25
   altaque porticibus limina Pontificum?

243 *Poemata* f.3: Romae descriptio   9–10 *Olivae*: the 'half-imaginary lady' (as Pater calls her) to whom du B. addressed his *Olive* in 1549.   10 *Etruscae . . . lyrae*: sonnets modelled on Petrarch's.   12 *Margari diva*: du B. dedicated his *Recueil de Poësie* to the King's sister in 1549 and addressed to her several of the sonnets in his *Regrets*.   13–4 Jean du Bellay had been made a Cardinal in 1535.   21 The Pope referred to is Julius III.   28 *oculis . . . nomine pulchra suo*: the Villa Belvedere, built by Innocent VIII.   32 *Albula*: the Tiber.   33 *templum*: the Pantheon. 35 *Virginei . . . fontis*: the Fontana di Trevi.   44 *Tyndaridas*: Castor and Pollux, representing boxing and riding respectively.   50 Venus was the mother of Aeneas, the ancestor of Romulus and Remus.   77–96 A review of the principal statues surviving from ancient Rome.

Adde tot augustas aedes, totque atria longa,
   quaeque oculis villa est nomine pulchra suo;
adde tot aërias arces, molemque sepulcri,
   auratasque domos, pictaque templa deum.   30
Praetereo longos excelso fornice pontes
   quos subter rapidis Albula fertur aquis;
praetereo vastum lata testudine templum
   quo cunctos coluit maxima Roma deos;
mitto Virginei surgentia marmora fontis,   35
   qui sacer est summi numine Pontificis,
multaque praeterea veteris miracula Romae
   undique defosso nunc rediviva solo.
Hic quoque (nam liceat toto decurrere campo)
   dicamus mores, inclita Roma, tuos.   40
Si quis Palladias optet regnare per artes,
   dulcia Romanis Attica mella fluunt;
si placet armorum lusus, si cursus equorum,
   Tyndaridas multos urbs dabit ista tibi;
si varios regum cupias audire tumultus,   45
   hic veri et falsi nuntia Fama volat;
si spectare iuvat Fortunae iura potentis,
   non alio regnat latius illa loco;
si Venus oblectat, Veneris sunt omnia plena:
   Romani auspicium sanguinis illa fuit.   50
Hic signa, hic strepitus, vocesque, et nota vocantum
   sibila, nec tacitis gaudia mixta iocis;
hic iuvat aut varias passim saltare choreas
   aut Tuscos cithara concinuisse modos. . . .
Quicquid mollis Arabs, Aegyptus quicquid et Indi,
   aut portant Tyrii, Roma beata tulit:
quid referam laetas segetes, ac dona Lyaei?
   quid nemora et saltus, rustica turba, tuos?   70
quid gelidos fontes, quid prata recentia rivis,
   et quicquid pingit vere ineunte solum?
Quae licet Ausonia spectentur plurima terra,
   spectare in media plus tamen urbe iuvat.

Quid memorem augustis spirantia marmora tectis   75
  artificum docta vivere iussa manu?
an patris implexos squamosis orbibus artus,
  et natos isdem nexibus implicitos?
an Phoebum et Venerem, Pario de marmore signa,
  saxaque in antiquos tam bene ficta deos?   80
Hic Roma insignis galea vultuque minaci
  victorum regum colla subacta premit;
hic ludunt gemini prensantes ubera nati,
  ubera nutricis officiosa lupae;
hic plantae affixis oculis et corpore toto   85
  evellit spinam vivus in aere puer;
terribilis clava fulvo'stat nudus in auro
  Herculeum spirans Amphitryoniades;
hic bellator equus, tergum sessore premente,
  pectore flat Martem, naribus atque oculis.   90
Caesareos vultus quis non miretur, et ora
  tam multis Romae conspicienda locis?
Quis Thybrim notumque lupa, notumque gemellis,
  quis septemgemini nesciat ora dei?
Anguibus intortis cubitoque innixa recumbit   95
  Antoni coniunx fortiter ausa mori. ....
Aspice ut has moles quondamque minantia divis
  moenia luxurians herba situsque tegant.
Hic, ubi praeruptis nutantia culmina saxis
  descendunt caelo, maxima Roma fuit.
Nunc iuvat exesas passim spectare columnas   115
  et passim veterum templa sepulta deum;
nunc Martis campum, thermas, circumque forumque,
  nunc septem colles, et monumenta virum.
Hac se victores Capitolia ad alta ferebant;
  hic gemini fasces, consulis imperium;   120
hic rostris locus; hic magnus regnare solebat
  Tullius; hic plebis maxima turba fuit.
Heu! tantum imperium terrisque undisque superbum
  et ferro et flamma corruit in cineres;

quaeque fuit quondam summis urbs aemula divis   125
   barbarico potuit subdere colla iugo.
Orbis praeda fuit, totum quae exhauserat orbem,
   quaeque urbis fuerant, nunc habet orbis opes.
Cetera tempus edax longis tegit obruta saeclis,
   ipsaque nunc tumulus mortua Roma sui est.   130
Disce hinc, humanis quae sit fiducia rebus:
   hic tanti cursus tam brevis imperii.
Roma ingens periit; vivit Maro doctus ubique,
   et vivunt Latiae fila canora lyrae;
Nasonis vivunt, vivunt flammaeque Tibulli,   135
   et vivunt numeri, docte Catulle, tui.
Salvete o cineres, sancti salvete poetae,
   quos numerat vates inclita Roma suos.
Sit mihi fas Gallo vestros recludere fontes
   dum caeli genio liberiore fruor,   140
hactenus et nostris incognita carmina Musis
   dicere et insolito plectra movere sono.
Hoc mihi cum patriis Latiae indulgete Camenae,
   alteraque ingenii sit seges ista mei.
Forte etiam vivent nostri monumenta laboris,   145
   cetera cum domino sunt peritura suo:
sola virum virtus caeli super ardua tollit,
   virtutem caelo solaque Musa beat.

244   *A Roman exile*

Annua ter rapidi circum acta est orbita solis
   ex quo tam longas cogor inire vias;
ignotisque procul peregrinus degere tectis   15
   et Lyrii tantum vix meminisse mei;

244 *Poemata* f.12: Patriae Desiderium   16 *Lyrii*: his birth-place Liré; one of several echoes of *Les Regrets*: 'Plus mon petit Lyré que le mont Palatin' (*Regrets*, xxxi). 55 *Laurentes nymphae*: the Roman girls (cf. no. 242, l.140).   73 *vates praeceptor amoris*: Ovid; cf. *Ep. ex Pont.* IV xiii 19, *Trist.* III xiv 48.

atque alios ritus, aliosque ediscere mores,
    fingere et insolito verba aliena sono.
'At quid Romana' dices 'speciosius aula,
    aut quisnam toto pulchrior orbe locus? 20
Roma orbis patria est, quique altae moenia Romae
    incolit, in proprio degit et ille solo.'
Forsan et est Romae (quod non contingere cuivis
    hic solet externo) vivere dulce mihi;
est cui purpurei patruus pars magna senatus, 25
    atque idem Aonii pars quoque magna chori;
qui nostras ornetque bonus foveatque Camenas,
    arceat a nostro pauperiemque lare.
At quoties studia antiqua antiquosque sodales
    et memini caram deseruisse domum, 30
quondam ubi sollicitas Persarum temnere gazas
    et felix parvo vivere doctus eram,
ipsa mihi patriae toties occurrit imago
    et toties curis torqueor usque novis. . . .
Felix, qui mores multorum vidit et urbes, 45
    sedibus et potuit consenuisse suis.
Ortus quaeque suos cupiunt, externa placentque
    pauca diu; repetunt et sua lustra ferae.
Quando erit ut notae fumantia culmina villae
    et videam'regni iugera parva mei? 50
Non septemgemini tangunt mea pectora colles,
    nec retinet sensus Thybridis unda meos;
non mihi sunt cordi veterum monumenta Quiritum,
    nec statuae, nec me picta tabella iuvat;
non mihi Laurentes nymphae silvaeque virentes, 55
    nec mihi, quae quondam, florida rura placent.
Ipsae etiam quae me primis docuere sub annis
    ad citharam patrio flectere verba sono,
heu fugiunt Musae, refugitque aversus Apollo,
    et fugiunt digitos mollia plectra meos. 60
Aulica dum nostros gestaret turba libellos
    et tereret manibus carmina nostra suis,

dumque meos Regis soror, illa, illa inclita virgo
    afflaret sancto numine versiculos,
Margaris invicti Regis soror, aurea virtus   65
    inter mortales'cui dedit esse deam,
tunc licuit totum fecundo pectore Phoebum
    concipere et pleno pandere vela sinu;
nunc miseri ignotis caeci iactamur in undis
    credimus et Latio lintea nostra freto;   70
hoc Latium poscit, Romanae haec debita linguae
    est opera, huc genius compulit ipse loci.
Sic teneri quondam vates praeceptor amoris,
    dum procul a patriis finibus exsul agit,
barbara (nec puduit) Latiis praelata Camenis   75
    carmina non propriam condidit ad citharam.
Carmina principibus gaudent plausuque theatri,
    quique placet'paucis displicet ipse sibi.

245 *Wife and mistress*

Cum tot natorum casto sociata cubili
    Musa sit ex nobis Gallica facta parens,
miraris Latiam sic nos ardere puellam,
    et veteris, lector, rumpere iura tori?
Gallica Musa mihi est, fateor, quod nupta marito;   5
    pro domina colitur Musa Latina mihi.
'Sic igitur' dices 'praefertur adultera nuptae?'
    Illa quidem bella est, sed magis ista placet.

245 *Poemata* f.16, appended to *Lib.* i (*Elegiae*): Ad Lectorem

246　*The Loves of the Poets*

Gordi, plus oculis amate nobis,
quicquid Lesbia, Delia, et Corinna,
quicquid Cynthia, quicquid et Lycoris,
quicquid Stella, Nina, et recens Neaera,
Laura, et Candida, vel fuit Gelonis,   5
(ut nostras quoque nominem puellas)
Cassandra aemula Laureae puellae,
quicquid Pasithea, et venusta nuper
Mellina, et numeris Oliva nostris
dicta (si locus inter has Olivae):   10
hoc Faustina mea, hoc mea est Columba,
hoc Faustina tua, hoc tua est Columba.
Ob id nunc cupiam hic adesse, Gordi,
et quicquid cecinit tener Catullus,
et quicquid cecinit tener Tibullus,   15
quicquid Naso canit, Propertiusque,
Gallus, et Iovianus, Actiusque,
quicquid ipse Marullus, et Petrarca,
quicquid Beza canit, canit Macrinus,
(ut nostros quoque nominem poetas)   20
Ronsardus gravis, et gravis Thyardus,
mollis Baifius, mihique (si quis
probatos locus inter est poetas)
optarim veteres meos calores,
Gordi, ut sic melius queam referre   25
Faustinamque meam, et meam Columbam,
Faustinamque tuam, et tuam Columbam.

---

246 *Poemata* f.41: De poetarum amoribus ad Gordianum　　Fourteen 'loves' are named (besides du B.'s Oliva and Faustina), and after them, in due order, the ancient and the modern poets to whom they are respectively assignable.　　1 *Gordi*: du B.'s friend J. A. de Simiane, seigneur de Gordes, a proto-notary Apostolic, to whom he addressed also several of his vernacular poems.　　11 'Columba' was du B.'s pet name for Faustina, and it would seem ('Faustinae cognomen', *Poemata* f.37) that 'Colombes' (or something like it) was her 'nomen gentile.'

papillulas illas monili et serico   15
   lino perornabat tegens;
hic abluebat candidas illas manus,
   hic assidebat pransitans,
nunc multa lectitabat hic poemata,
   nunc cum suis puellulis   20
hic garriebat eloquentibus modis.
   Absente vero virgine
illa, dolere eheu videre—o cellula!—
   similis quidem tot grandibus
palatiorum molibus ruentium   25
   squalentibus musco undique
et arbutis crescentibus circumsitis,
   superbiores in quibus
reges tyrannorumque praefulgens manus
   quondam suo profusius   30
genio et Diones filiae litaverint. . . .

250   *To Death*

O solatiolum tristi animae, o portus ab inciti
ponti huius rabie tutus, habent quo lacerae rates
cursus; o sopor, o tuta quies, o dea candida,
ad te confugimus: pande sinus, bracchiaque explicans
me complectere, me. Quam superum provida mens fuit,   5
vitam posse homini, mortem homini non ita tollier!
Te dixere nigram, candidior sed potius nive es;
te dixere feram, sed magis es quam agna benignior;
te dixere inimicam esse viris, sed mihi amicior;
te mortem vocitant, sed magis es vita suävior;   10
nec sic ut memorant tu spolias deliciis eos,
sed maiora paris dissoluens corpora gaudia
in pluresque animas laetitias siderei poli

250 *Erot.* III xi: Ad Mortem

transfers, dasque deum plena meri pocula nectaris
exhaurire. Veni, pulchra veni, iam, 'pia Mors, veni,   15
sanansque alta meo infixa prius vulnera pectori
pande o mille vias, mille aditus, milleque semitas,
ne non mox fovear pallidulis uberibus tuis.

MARC-ANTOINE MURET

MARC-ANTOINE MURET (Marcus Antonius Muretus: 1526–1585) was born at Muret in the Limousin; he was recommended at the age of 21 by J. C. Scaliger to teach literature at the Collège de Guienne in Bordeaux; hence he transferred himself to Paris where he attracted large audiences; his lectures on Catullus had an important influence on the Pléiade. In 1552 he published his *Juvenilia*, a collection of elegies, satires, odes, epistles and epigrams, with prefatory verses by Dorat, Buchanan, J. A. de Baif, Étienne Jodelle and Nicolas Denisot. In later life he regretted the licentiousness of these youthful poems. Their success aroused jealousy; he was accused of unnatural vice and sought refuge in Toulouse, where in 1554 the accusation was renewed; he fled to Italy, and was condemned to death in his absence. Muret flourished at Ferrara, under the patronage of Cardinal Ippolito d'Este, and in Rome; his Hymns (Venice 1575; Paris 1576) were widely popular; he took orders in 1576, and bid fair, had he lived longer, to be elevated to the purple.

TEXT from *Juvenilia*, Paris 1552.

251 *Lovers' eyes*

Pande oculos, pande stellatae frontis honorem,
    queis doleat visis invideatque Venus.
Pande agedum, lasciva; quid, o, quidnam occulis illud
    quo mea versantur corda supercilium?
Saltem ebur hoc manuum interea spectare licebit—   5
    ah etiamne manus? saeva, etiamne manus?
En, iam igitur posthac nihil amplius ipse videbo:
    claudo etiam ipse meos, en tibi, claudo meos.
Iam formose dies, iam lux formosa, valeto:
    nam vos, nec dominam, cernere supplicium est.   10
Audiit, inque sinum iecit mea diva meum se,
    reclusitque oculos applicito ore meos.

251 *Juvenilia* p. 71: Lusus cum amica   6 sc. *occulis* (cf.l.3); evidently she turns her head away, so as to conceal from him not only her eyes but the hands with which she is shielding them.

GERMANY

SEBASTIAN BRANT

SEBASTIAN BRANT (1458–1521) was born and brought up in Strassburg. In 1475 he went to Basel, where in 1489 he graduated as *doctor utriusque iuris*. He remained in Basel, teaching law in the University and making friends with humanists, publishers and booksellers. In 1498 he edited the Latin works of Petrarch, one of his favourite authors. In 1500 he returned to Strassburg where he practised as an advocate and as a teacher and filled a number of important municipal posts.

Brant was the author of many juridical, political and theological works; but the book he owes his fame to is the *Narrenschiff*, a satirical didactic poem in German, published at Basel in 1494, in which he scourged the vices and follies of his age; it was translated into Latin by Jacob Locher (*Stultifera navis*, Basel 1497). His Latin poems were printed at Basel in 1498 and re-printed at Strassburg in the same year; they are mostly pious versifying, mediaeval in style and feeling.

TEXT from *Varia Carmina*, Basel 1498.

252 *The printer's art*

Quid sibi docta cohors, sibi quid studiosa caterva
    gratius, utilius, commodiusve petet,
quam sanctum et nuper compertum opus absque lituris
    quo premere edocuit grammata multa simul,
quodque prius scripsit vix ullus mille diebus,   5
    nunc uno solus hac aget arte die?
Rara fuit quondam librorum copia doctis,
    rara, inquam, et paucis bibliotheca fuit,

252 *Var. Carm.* sig. [1.8]: Ad dominum Iohannem Bergmann de Olpe de praestantia artis impressoriae a Germanis nuper inventae elogium   Bergmann was the publisher of the Basel edition of *Varia Carmina*.   3 *absque lituris* R. A. B. Mynors; *atque litturas* 1498, which neither scans nor makes sense.   5 *scripsit* Schnur: *scriptis* 1498.   11 *ingenio Rhenanae gentis*: Johann Gutenberg of Mainz, credited with having invented movable types (1455).   33 *Celsum*: not, it seems, the author of *De*

singula perque olim vix oppida pagina docta :
    nunc per quasque domos multiplicata iacet.   10
Nuper ab ingenio Rhenanae gentis et arte
    librorum emersit copia larga nimis,
et qui divitibus, vix regi, obvenerat olim,
    nunc liber in tenui cernitur esse casa.
Gratia dis primum, mox impressoribus aequa   15
    gratia, quorum opera haec prima reperta via est.
Quae doctos latuit Graecos Italosque peritos
    ars nova Germano venit ab ingenio.
Dic age, si quid habes, Latialis cultor agelli,
    quod tali invento par sit et aequivalens?   20
Gallia tuque adeo recta cervice superbam
    quae praefers frontem, par tamen exhibe opus!
Dicite si posthac videatur barbara vena
    Germanis, quorum hic prodiit arte labor?
Crede mihi, cernes (rumparis, Romule, quamvis)   25
    Pierides Rheni mox colere arva sui,
nec solum insigni probitate excellere et armis
    Germanos orbis sceptra tenere simul,
quin etiam ingenio, studiis, musisque beatis
    praestare et cunctos vincere in orbe viros.   30
Iam pridem incepit doctos nutrire Platones
    Teutonia : invenies mox quoque Maeonidas.
Mox tibi vel Celsum dabimus iurisque peritum
    Messalam aut quales Roma vetusta tulit.
Iam Cicero in nostra reperitur gente Maroque,   35
    novimus Ascraei et caecutientis opes.
Nil hodie nostram prolem latet atque iuventam,
    Rhenus et Eurotae fert modo noster aquas.

---

medicina, but the jurist P. Iuvencius Celsus, who lived c. A.D. 100–150.   34 *Messalam*:
either Valerius Messala Corvinus (64 B.C.–A.D. 8), who was famous as an orator, or
some other member of the *gens Valeria*, perhaps Messala Rufus (consul 53 B.C.).
36 *Ascraei et caecutientis*: Hesiod and Homer.   41 *Iurae si*] *Iurassi* 1498. The reference is evidently to the Jura range, which extends from the Rhine to the Rhône.
44 *beneficio*: the second *e* is arbitrarily lengthened.   48 *fragmina*: i.e. the *Varia
Carmina*.   52 *tibi*: Ovid.   *Getas*] *Gethos* 1498.

Cirrha Heliconque sacer nostras migravit ad Alpes,
    Hercynium ingressa est Delphica silva nemus.   40
Iurae si pineta ferunt laurumque hederamque,
    Rhaetica tellus habet nectar et ambrosiam;
idque impressorum processit ab arte operaque
    nostrorum, hoc fruimur quippe beneficio.
Namque volumina tot, totque exemplaria, libros   45
    praestiterant nobis: gratia multa viris.
Magna tibi hos inter debetur gratia, nostra
    fragmina qui multis fors placitura premis.
Religiosa cohors grates aget usque pudicis
    plus elegis nostris carminibusque piis   50
luxuriosa procum dederit quam turba Catullo
    vel tibi, quem pepulit musa petulca Getas.

CONRADUS CELTIS

CONRADUS CELTIS (Konrad Pickel: 1459–1508) was born at Wipfeld near Würzburg. His origins were humble; at eighteen, he left home, to study literature and theology at Cologne. Attracted by the reputation of Agricola, he moved to Heidelberg, where in 1485 he took his degree. He then embarked on a wandering life, passing through various cities first in Germany, then in Italy, Poland, Hungary and Bohemia. In the course of his travels, Celtis founded several *sodalitates*, the aim of which was to infuse new life into the study of antiquity. In 1487, the Emperor Frederic III crowned him poet laureate at Nuremberg; in 1492 he became a professor at Ingolstadt; Maximilian of Hapsburg nominated him Professor of Poetry at Vienna in 1497 and in 1501 put him in charge of the 'Collegium Poetarum et Mathematicorum' then founded in that city, where he died.

Celtis edited several classical texts and was the discoverer of the comedies of Hroswitha and of the Tabula Peutingeriana; but he is best known for his poetry, which has come down to us in three main collections: (i) four books of *Amores*, dedicated to the Emperor (Nuremberg 1502); (ii) four books of odes, one book of epodes, and a *Carmen Saeculare* (Strassburg 1513); and (iii) five books of epigrams. He wrote also a *Ludus Dianae*, produced at Linz in 1501 and an unfinished *Germania generalis* (which was to have been an extended poetical description of Germany) and various speeches and letters.

Celtis' poems reflect his vagrant life, his love-affairs, his friendships and his multifarious adventures: he has an eye for the most characteristic aspects of cities, people and landscapes. The four love stories comprised in his *Amores* (whose heroines are the Polish girl Hasilina, the Bavarian Elsula, Ursula of Mainz, and Barbara of Lubeck) are inserted (not very happily) as staging-posts in an itinerary which extends to the four most distant regions of Germany.

TEXTS from F. Pindter's critical editions of the *Amores* and *Odae* (in Juhasz's *Bibliotheca Scriptorum Medii Recentiorisque Aevorum*, Leipzig 1934 and 1937) and K. Hartfelder's of the (previously unpublished) *Epigrammata* (Berlin 1881), the latter supplemented by D. Wuttke in *Renatae Litterae* (Frankfurt on Main 1937), pp. 105–30. Both editors make use of a MS now in the Stadtbibliothek at Nuremberg (Cent v app. 3), containing annotations by the poet.

253 *Printing: a German invention*

Quid tantis strepitat Graecia laudibus
invenisse suis ingeniis canens
qua natura potens lege coerceat
    caeli fulgida sidera?

Non est inferior, credite, Daedalo   5
aut qui Cecropias protulerat notas,
ex Moguntiacis civibus editus,
    nostri gloria nominis,

qui sculpsit solidos aere characteres
et versis docuit scribere litteris,   10
quo nasci utilius non poterat magis
    cunctis, credite, saeculis.

Iam tandem Italici non poterunt viri
Germanos stolida carpere inertia,
cum nostris videant crescere ab artibus   15
    Romanis saecula litteris.

Quae tandem Aemilio gratia Maximo
solvenda est, genitus qui patre Caesare,
sub quorum imperio creverat inclito
    nostris ingenium viris?   20

---

253 *Od.* III ix: Laudat Germanum inventorem artis impressoriae   6 *Cecropiae* . . .
notae: Cadmus taught the Greeks the alphabet, which he had procured from the
Phoenicians.   7 *Moguntiacis*: Gutenberg was born at Mainz.   9 *characteres* MS,
Pindter: *citus notas* 1513, presumably to avoid C.'s false quantity.   10 *versis*: the
printer's type-face presents a reverse image of the printed letter.   16 Something
has gone wrong here: Pindter in desperation altered *Romanis* (MS, 1513) to *Romnis*.
17 *Aemilio . . . Maximo*: the Emperor Maximilian.   18 *patre*: Frederic III (d. 1493).

254 *Gunpowder: a German invention*

Primus per auras saxa volantia
ardente torquens concita pulvere
    quique igne sternaci sonoro
      aëra commovefecit ictu,

is regis olim ficta tonitrua   5
et vera struxit cum Iove fulmina,
    dum mille momento per unam
      corpora comminuit ruinam;

uno tumultu fortia moenia
molitur urbes celsaque culmina   10
    cum turribus casura, tristes
      machina dum iaculatur orbes.

Nostro sub axe indignus erat mori
Germana nullis nomina saeculis
    laturus, indignus scelestam   15
      carminibus meruisse vitam:

Riphaea dignus frigora perpeti
et saxa semper ferre natantia
    Symplegadum vel distrahendus
      Caucasiis scopulis sub Arcto   20

aut Sisypheum impellere montibus
saxum relabens impetuosius
    aut Siculis urenda flammis
      corpora contumulare in aevum. . . .

---

254 *Od.* III viii: Exsecrat Germanum inventorem bombardae, cuius pila paene traiectus
    fuisset   13–16 He does not deserve to be celebrated in verse (15–16), nor, even if
    he dies unsung, does he deserve to die on German soil (13–15).

255 *The lovers' night*

Illa quam fueram beatus hora
inter basia et osculationes,
contrectans teneras Hasae papillas
et me nunc gremio inferens venusto,
nunc stringens teneris suum lacertis   5
pectus, languidulo gemens amore,
quod me reciproco fovebat aestu
cogens deinde suos meare in artus,
dum nostros animos per ora mixtos
cum vinclis adamantinis ligavit   10
diva ex caeruleo creata ponto.
O nox perpetuis decora stellis,
quae divum facies levas coruscas
et fessis requiem refers salubrem!
nunc stes Herculeo velut sub ortu   15
aut qualis Suetiis soles sub oris,
dum Phoebus pluvium revisit Austrum
nullam per spatium bimestre lucem
fundit, perpetuas ferens tenebras—
sic fervens satiabitur voluptas.   20

255 *Od.* 1 x: De nocte et osculo Hasilinae, erotice   3 *Hasae*: Hasa, or Hasilina, was a
Polish girl whom C. met at Cracow and to whom he dedicated Book I of his
Amores.   7 *reciproco*: the e should be short. The reading in the text is that of the
Nuremberg MS; *Odae* 1513 reads 'quod me in igne reciproco movebat'; C. was no
metrist: cf. *charactĕres*, no. 253 l.9; the correction was probably made by the editor,
Thomas Resch.   11 *diva*: Venus.   15 *Herculeo . . sub ortu*: Jupiter is supposed to
have prolonged the night on which he visited Alcmene in the shape of Amphitryon
and begat Hercules.   16 *Suetiis . . . sub oris*: i.e. in the extreme north.

256 *The poet celebrates his own conception*

Candida Cretaei lustrabat sidera Tauri
    Phoebus et in Ledae sidere fecit iter,
ipse ego me riguis tunc oblectabar in hortis,
    qua garrit vitreis lubricus amnis aquis,
non longe a portu, qua se Dravena sub aequor   5
    volvit et in rigidas it taciturnus aquas.
Iamque inter laetos floresque rosasque sedebam
    et dulces risus blandaque verba iocis,
hic ubi terra suo vernali spirat odore
    et laxat gremium feta calore suum.   10
Roscida complebant patulas mihi lilia nares,
    attraxit vires et mea vita novas,
et titillabat corpus iam blanda voluptas,
    Phoebus ubi nostrum pergit adire polum.
Ergo age, solve animos roseisque recinge corollis,   15
    Barbara, flaventes, Cimbrica, laeta comas;
ergo age, solve animos solito de more faceta,
    ut releves salibus pectora nostra tuis!
Nunc disiunge pedes herboso caespite torpens
    concerpens flores, Barbara, odoriferos;   20
abice, quaeso, tuam niveo de corpore pallam
    subque umbris densis corpore nuda sede!
Cernis, ut iste locus nemorali consitus horto est,
    murmurat et tremulis herbifer amnis aquis:
has inter corylos det gaudia blanda Dione,   25
    sternantur nostris gramina lenta iocis.
Nunc diffunde tuas distentans poplite suras
    accipiens gremio gaudia verna tuo;

---

256 *Am.* IV xiii: Invitat Barbaram ad hortum, ut secum diem conceptionis suae celebret   1–2 It is 1 May (cf.l.31), and the sun, leaving the constellation Gemini (Castor and Pollux, the sons of Leda) is passing through the constellation of Taurus.   5 *portu*: Lubeck; *Dravena*: the River Trave.   16 *Barbara*: a girl from Lubeck, to whom Book IV of the *Amores* is dedicated.   25 *Dione*: Venus.   31 *Maiis* . . . *Calendis*: C. was born on 1 February, nine months after the Calends of May.

nunc diffunde animos, priscorum more virorum
    placabit genium cena superba meum.   30
Conceptus Maiis fueram qui forte Calendis,
    primae hae natalis, Barbara, origo mei.
Nunc diffunde, precor, ferventis pocula Bacchi
    et foveas placidis corpora nostra cibis;
nunc diffunde animos plantamque innectere plantae   35
    daque, age, gramineo basia grata toro;
nunc diffunde animos, iam ciscampestribus oris
    tangam nostram inter crebra salicta lyram
nostraque per totum volitabunt carmina mundum et
    nominibus nostris fama perennis erit. . . .   40

257 *Degenerate Rome*

Annos mille super tumulo hoc conclusa iacebam;
    haec nunc Romanis extumulata loquar:
non veteres video Romano more Quirites,
    iustitia insignes nec pietate viros,
sed tantum magnas tristi cum mente ruinas   5
    conspicio, veterum iam monumenta virum.
Si mihi post centum rursus revideberis annos,
    nomen Romanum vix superesse reor.

---

257 *Epigr.* III xl: De puella Romae reperta   In April 1485 excavations on the Via
Appia brought to light a marble sarcophagus containing the body of a Roman
girl. The corpse, which was perfectly preserved, was exhibited in the Campidoglio,
where it attracted a vast concourse of people, and then re-interred by the order of
Pope Innocent VIII. A full account of the discovery, which was celebrated in prose
and in verse by several humanists, is given by Bartolomeo Fonzio in a letter to
Francesco Sassetti (*Fontii epistolarum libri III*, ed. J. Juhász, Szeged 1931, pp. 32 sqq.).
1 *mille super* MS (= *supra mille*); Hartfelder's *subter tumulo hoc* and Forster's *sub hoc
tumulo* are alike unnecessary.

258 *A devout free-thinker*

Miraris nullis templis mea labra moveri
   murmure dentifrago:
est ratio, taciti quia cernunt pectoris ora
   numina magna poli.
Miraris videas raris me templa deorum   5
   passibus obterere:
est deus in nobis, non est quod numina pictis
   aedibus intuear.
Miraris campos liquidos Phoebumque calentem
   me cupidum expetere: 10
hic mihi magna Iovis subit omnipotentis imago
   templaque summa dei.
Silva placet Musis, urbs est inimica poetis
   et male sana cohors.
I nunc, et stolidis deride numina verbis   15
   nostra, procax Sepule!

259 *Roman vultures*

Bis seno struxit'quondam dum vulture Romam
   Romulus, haec fertur verba dedisse avibus:
'Ite, meae volucres, quae strata cadavera longe
   noscitis et multas accumulate dapes;
parrochias pingues et coemeteria lata   5
   quaerite, quae venter nocte dieque voret.'

---

258 *Od.* I xvi: Ad Sepulum disidaemonem   'Sepulus' is unidentifiable, and perhaps imaginary.

259 *Epigr.* III xii: De vulturibus Romae, quos curtisanos vocant   Aimed—like so many epigrams by C. and his contemporaries—at the simony of the Roman curia, which later provided a main target for Lutheran protest.

CONRADUS CELTIS

260 *Three ingenious insects*

Haec tria in ingenio pollent animalia summo,
  et tamen in minimo corpore membra gerunt.
mellis apis structor, prudens formica labore,
  et quae de telis aëre texit opus.

260 *Epigr.* III lxxxiii : De tribus ingeniosis insectis

EURICIUS CORDUS

EURICIUS CORDUS (Heinrich Solde: 1486–1535) was born at Simshausen (Hesse). After going to school at Frankenberg and Marburg he matriculated in 1505 at the University of Erfurt, then an important centre for humanist studies. After interruptions, due to poverty and family troubles, he took his M.A. at Erfurt in 1516, and taught there until 1520. He then took up medicine, and in 1521 enrolled himself at the University of Ferrara. Then, deserting Erfurt, he went first to Brunswick, where he was employed by the town as a doctor from 1523 to 1527, and then to Marburg, where he was Professor of Medicine till 1534. Cordus was a great admirer of Erasmus, but broke with him about 1525, disapproving of his temporizing tactics in his relations with Luther and the Reformation, of which he had become an ardent supporter. Cordus died at Bremen, after a short spell as headmaster of a school.

Besides medical and botanical writings, Cordus left a vast output of poetry, notably the ten eclogues comprised in his *Bucolicum ludicrum* (Erfurt 1514, 2nd ed. Leipzig 1518), inspired by Battista Mantovano and Eobanus Hessus, and thirteen Books of epigrams, which came out in ever larger collections from 1517 until, and after, his death. It is to his epigrams, which Lessing liked and imitated, that Cordus owes his reputation.

TEXTS from *Opera poetica omnia* (no place or date: c.1550).

261 *'The hungry sheep look up and are not fed . . .'*

POLYPHEMUS, SYLVIUS

Pol. Nunc audi : iustum scio te non dicere factum.
Multa licet festis opera exercere diebus,
quae differe nocet, nec fas nec iura resistunt :
ut madidum dubio faenum subspergere soli,   30

---

261 *Opera* f.19, *Ecl.* VI: Silvius et Polyphemus   C. depicts the life lived by the German peasantry at the mercy of the Catholic clergy, describing with a shrewd eye for detail the wretched conditions that were to give rise to the Peasants' Revolt of 1524–5. 32 *uvam*: a swarm of bees.   47 *buccea*: used for *bucca*, a mouthful.   C. has evidently taken the word from Suetonius, *Aug.* 76, where some MSS and printed

aegrotum curare pecus, siccare novales,
claudere migrantis fugitivam examinis uvam
et veniente aestu rumpens arcere fluentum,
sicque vel ad sanctum crates transponere Pascha,
si modo sat pingues putrent uligine glebae.   35
Quod tamen hoc sacro Mariae sub vespere feci
exiguoque meos perones unguine levi,
non aliter quam si divos Erebumque negassem,
ad fora resciscens nuper me Naso citavit,
Naso, sacerdotum nequissimus, unus agrestum   40
hoc in rure metus, nil curans numina iudex
et, nisi quinque darem gallos et quattuor agnos,
me voluit vetiti prohibere a limine templi.
Nil me flere meum, mea nil querimonia iuvit,
quin hodie hanc monitus cogebar solvere multam.   45
Quod male di vertant, ut primae morsus ofellae
mors sit et occlusas suffocet buccea fauces!
Sylv. Quid iuvat iste furor, quid tanto accenderis aestu?
Talibus adde modum—pariunt incommoda—verbis,
ne tacuisse velis: non est revocabile dictum. . . .   50
Pol. Nostra sacerdotes curare negotia credis?   80
Annua ni caperent parientis faenora nummi
quasque gemens trabibus vix sustinet exedra fruges,
nullus in aede foret cantus nullusque precatus
et nudae starent sine luce et honoribus arae.
Nostra salus minime est illis, et commoda, curae: 85
immo dolent, gravidis si campus flavet aristis,
vilia ne vendat dives frumenta colonus.
Praeterea multo quicquid sudore paramus
esuriunt et hiant ieiuni more leonis
sive lupi, e saltu qui visis imminet agnis.   90

---

texts read *bucceas* (or *buceas*) for *buccas*.   91 *caprimulgi*: goat-suckers.   *redivi*:
here, as in l. 47, C. borrowed a non-existent word from a corrupt passage: in
Columella VI ii 6 some MSS read *redini* or *redivi* for *ricini* (= ticks).   112 *subtercus*:
evidently an adverb, 'under the skin'; cf. Ps. Isidore of Seville (Migne, *Pat. Lat.* 83,
1373).   129 *praesul*: St. Nicholas of Bari.   159 *ciconia*: the figure of a stork
was used on weather-vanes.

Qui pecudes unquam caprimulgi quique redivi
acrius exsugunt? Quod eis est splendida vita
fulvaque congeries plena servatur in arca,
nos vacuos querimur loculos tenuemque culinam.
Omne quod in rure est ad eos sic confluit aurum,   95
qualis in effossas ab agro pluvia unda lacunas.
Sive obeat seu vitales homo detur in auras,
quicquid agunt, etiam sit quantumcumque pusillum,
maxima semper habent sine duro praemia callo
quoque magis capiunt minus exsatiantur avari. . . .   100

Sylv. Nulla suis voluit deus esse negotia servis
quae sacra non mundo temerarent membra labore.
Sunt quos casta decet puro mysteria cultu   105
attrectare nec in nostra se volvere sorde;
pastores nostri, quibus omnes subdimur agni,
aequo animo si nos tondent mulgentque feramus;
turpe suo adversum pecus insultare magistro.

Pol. Non adeo patiens ovis est, placidissima quamvis,   110
cui sua tondenti non subdere crura ligentur,
quae non, si pungas subtercus forcipe vivum,
calcitret et contra vi, nisu, voce laboret.
Omnia quae memoras melius te novimus ipsi;
non ego sum solis versatus semper in agris,   115
me quoque viderunt aliquando moenia civem,
et mihi sunt visae plures quam quattuor urbes.
Hic didici, ut nequeas meus ista docere magister.
Magnos, ut fateamur, eis debemus honores,
et merito nuda simul omnes fronte daremus,   120
quando bona regerent et nos ratione praeirent.
Non sunt quae fuerant in priscis tempora saeclis,
cum veteres vixere patres sanctique prophetae
totque pio Christi passi pro nomine divi,
quorum multa vides depictam gesta per aedem,   125
et quam duxerunt omni sine crimine vitam.
Hic sua pauperibus Martinus pallia scindit,
hic largus dispendit opes Laurentius, illic

aurifer obrepit nocturnis praesul in umbris
clamque maritales iacit in penetralia dotes.   130
Dic quotus haec sequitur iam nunc exempla sacerdos?
Quo videas fundant Christi patrimonia luxu,
quantis deliciis quibus illecebrisque fruantur!
Scorta tegunt, pascunt catulos volucresque ferasque,
securi quicquid miseri patiantur egeni.   135
Hi licet ante fores clament, lacrimentur et orent
per quaecumque Deus tormenta subivit Iesus,
antiquo potius Baccho servire videntur.
Nam veluti sicca fuerint a dipsade morsi,
omnia distentam dimittunt vina per alvum   140
continuaque madent noctu ebrietate diuque.
Interea in pluvia pastor sitit, esurit aura,
it, redit, arcet, agit, vertit, fugit, illinit, ungit.
Quando petit prono serus magalia sole,
illapso madidi perones imbre coaxant,   145
pilleus excutitur suspensaque paenula stillat.
Nil nisi liventi tunc mixtum lacte moretum
vel cum rancidulo, si festum, brassica lardo
ponitur, aut fissis, si autumni tempora, rapis.
Ut sua tunc habeant plorantes frustula nati,   150
non saturi surgunt e mensa saepe parentes
nec manet esuriens quod posset lingere felis,
et nisi cum sancti capimus libamina panis,
non aliquod toto vinum gustamus in anno.
Ut taceam mala quot nos infortunia sternunt: 155
nunc aegrae moriuntur oves, nunc horrida grando
sternit agrum et scabri pereunt rubigine culmi.
Nulla sacerdotes talis fortuna molestat,
qui sat habent, ad quem stet cumque ciconia ventum. . . .

262 *The shepherd's dog*

FAUNUS, DAPHNIS

Faun. Daphni, meum forsan vidisti saepe Cilindum,
    insignem bonitate canem nullique secundum,
    quotquot vestra etiam tutantur ovilia Bessi
    villosique Getae latratoresque Molossi.
Daph. Albiolo clunes aspersum et crura colore,   5
    cui mutilae auriculae nec levior hystrice millus?
Faun. Hunc illum: placuitne tibi? Robustior alter
    non fuit et potuit volucrem praevertere ventum.
    Mille mihi lepores, capreas vulpesque prehendit:
    non ut in his parvis audax animalibus esset,   10
    non timuit viso concurrere comminus urso.
    Hoc tutum custode pecus per quosque recessus
    pavit et infracta est rapidarum turba ferarum.
    Illius haec virtus certis mihi cognita signis
    a caeco catulo fuit, ut quem Gallica mater   15
    et similem fratrem, primos e quinque cubili
    intulit: ille tamen post omnes lumina cepit.
    Mortuus, heu, longam dormit sine fine quietem,
    qua Carthusiaci fruticosa cacumina montis
    exiguumque patet praerupta in rupe sacellum   20
    et vitreus flexo praelabitur Edera cursu.
    Quattuor ante dies laudata in pascua veni;
    quo puer in tractu dum venaretur Adonis
    excitus e silvis medium sus fertur in agrum
    quem gemini armabant, quanta in bove cornua, dentes. 25
    Hunc meus ut vidit, subito fervore Cilindus
    ardet et arguta tacitum dat voce latratum.
    Stricta manu teneo nequiquam vincula: currit

---

262 *Opera* f.27, *Ecl.* VIII: Faunus et Daphnis   6 *millus*: a dog-collar (cf. Paul. Fest. p. 151 M).   19 *Carthusiaci . . . montis*: the little town of Frankenberg stands on a hill; a thirteenth-century Carthusian monastery is one of its most conspicuous monuments.   21 *Edera*: the river Eder, an affluent of the Weser, which flows through Frankenberg.

meque reluctantem quasi per duo iugera tractat,
donec missa levem concedit spira volatum.   30
Irruit infelix et summos mordicus armos
arripit insultansque tenet pugnamque lacessit.
Non mora : collectam frendens fera concipit iram
dextraque lunato medii secat ilia dente.
Protinus accurro : sed quid temerarius ausim?   35
Nil fuit in manibus mihi tunc nisi flexile vimen.
Ascensa auxilium sublimis clamito quercu :
haeret adhuc hirto mordens in tergore victor,
dum prolapsa cadunt per apertam viscera rimam.
Oppetit indigno gemitu multumque cruorem   40
fundit et hinc parvo tristem post tempore vitam.
Exanime ad fagum facta scrobe condo cadaver,
hos in rugoso superaddens cortice versus :
'Fidus amansque sui custos dominique gregisque,
raptorum terror devastatorque luporum,   45
hic iacet insigni sublatus morte Cilindus :
ite canes alio, non hunc permingite grumum.'

263   *To Martin Luther*

Care mihi in Christo Iesu super omnia frater,
   immo verende magis religione pater,
quam gemo, quam doleo, tua quam discrimina plango
   et quas mille subis pro pietate vices!
Heu quotus e caecis serpens prosibilat antris   5
   tristeque vibranti virus ab ore vomit,
quanta tibi diram meditatur factio mortem,
   quam multus passim te crocodilus hiat!
Et potes hos caelo fidens contemnere rictus :
   virtutis specimen grande profecto tuae.   10
O vere fortis super omnem miles Achillem,
   firmet in haec auspex te modo bella Deus.

---

263 *Opera* f.143, *Epigr.* III [lxxiii] : Ad Martinum Lutherum.

In te iacta sator non perdit semina Christus :
    quanto luxurians faenore surgit ager!
Lividus hanc segetem zizania iudicat error :   15
    hei mihi, quam demens regnat ubique furor!

264 *Julius II at Heaven's Gate*

Mortuus ad superam divorum Iulius aulam
    venerat et clausas viderat esse fores,
insertasque diu versans hinc indeque claves
    'Non' ait 'haec caeli, quae fuit ante, sera est.'
Ianitor ut crepitum Petrus audiit, obvius exit   5
    et quare veniat, quis sit et unde, rogat.
Auratum ille pedum monstrans triplicemque coronam :
    'Non summum agnoscis, perfide, pontificem?'
Tum Petrus 'Huc' dixit 'tibi non succedere fas est :
    quod quis vendiderit, non putet esse suum.'   10

265 *The ubiquity of monks*

Quî vos exclusi mundo monachique videri
    vultis et insignes religione viri,
qui sic errantes totam percurritis urbem,
    omnibus in plateis, omnibus inque foris,
omnibus in ludis, spectaclis, conciliisque,   5
    fornicibus, thermis, denique dic ubi non?

---

264 *Opera* f.118, *Epigr.* II [xvi]: De Iulio II   Pope Julius II died on 21 February 1513.
C.'s epigrammatic sally offers a contrast to the lengthy polemical dialogue *Iulius
exclusus*, attributed to Erasmus.
265 *Opera* f.124, *Epigr.* II [lxiii]: Ad quendam monachum.

Non adeo vagus ardelio, non scurra profanus,
    et tamen in vestra credimus astra manu.
Quam timeo ne nos haec spes et opinio fallat:
    vae sua cui veniet non aliunde salus!   10

266   *Peasant poverty*

O infelices nimium, mala si sua norint,
    agricolas, venia nunc, Maro, dico tua.
Flebilius nihil est isto, quam rusticus, aevo,
    qui sua ceu servus non sibi rura colit.
Cum riguit totum miser et sudavit in annum   5
    milleque sollicito dura labore tulit,
ex tot vix quantum rursum serat accipit agris:
    quod superest, deses vindicat ara suum.

267   *Advice to the reader*

Ne te nocturni pulices pedesque fatigent,
    hunc exorcismum, candide lector, habe:
manstula correbo budigosma tarantula calpe,
    thymmula dinari golba caduna trepon.
Hos novies lectum scansurus concine versus,   5
    tresque meri calices ebibe quaque vice.

---

266 *Opera* f.130, *Epigr.* III [iii]: De infelicitate rusticorum   2 *Maro*: cf. Virgil, *Georg.* II
458.   8 *ara*: the Church.
267 *Opera* f.193, *Epigr.* VII [xiv]: Ad lectorem   1–2: C. is playing upon the word
pedes: a formula intended to save one from metrical error may be used, if supplemented with wine, to avert the attacks of vermin.   3–4 C. is apparently referring
to the mnemonics contained in Henricus Glareanus' *De Ratione syllabarum* (1516)
e.g. 'Mansla, delensteve, flinsdvirim, bodogosmo, cudrunsgumft'.

268 *The three-faced doctor*

Tres medicus facies habet: unam, quando rogatur,
angelicam; mox est, cum iuvat, ipse Deus;
post, ubi curato poscit sua praemia morbo,
horridus apparet terribilisque Satan.

269 *A previous engagement*

Quos scis infestos tecum mihi colligis hostes
et me convivam poscis adesse tuum.
Excusatum habeas, rogo, me: mea coniuge non vult
uxor nec proles patre carere suo!

268 *Opera* f.201, *Epigr.* VII [lxii]: De medicis
269 *Opera* f.248, *Epigr.* x [lxxxvi]: Ad hospitem quendam

ULRICH VON HUTTEN

ULRICH VON HUTTEN (Ulrichus Huttenus: 1488–1523) came of an old patrician family of Stockelburg near Fulda. He was born in the ancestral castle and, being intended for a religious career, entered the monastery of Fulda, but left it in 1505. Then came a chequered period, during which he wandered from one German university to another and made two visits to Italy: in 1512–13 he took part, as a common soldier, in the war against the Venetians; then (1515–1517) he went to Bologna to complete his study of the law and to Rome, where he met many Italian humanists. Returning to Germany, he was crowned Poet Laureate by Maximilian, and entered the service of Archbishop Albrecht of Mainz, having in the meantime made friends with Erasmus, whose ideals he shared. His writings became steadily more polemical and more deeply tinged with nationalistic and anti-papal feeling. He sided with Reuchlin in his clash with Pfefferkorn, collaborating with him in the second part of the *Epistolae Obscurorum Virorum* (1516), and actively supported Luther in his struggle against the Roman Curia. After the Diet of Worms (1521) he assisted his protector, Franz von Sickingen, in promoting the League of the Knights. When the revolt of von Sickingen's League was crushed, he returned to Switzerland, and died on the island of Ufenau in the lake of Zürich.

Von Hutten was a fiery and pugnacious person, and his originality of mind and satirical temperament show themselves equally in his prose (e.g. in his letters, speeches, and Lucianic dialogues) and in his many German and Latin poems (epigrams, elegies, panegyrics etc.). Von Hutten himself edited the first published collection of his poems (Augsburg 1519); in 1538 Eobanus Hessus published a larger collection at Frankfurt on Main; his complete Works were edited in seven volumes by E. Boecking (Leipzig 1859–70).

TEXTS from Boecking (III, 1862).

270 *A tragic end*

Qui misere natus miserabile transiit aevum,
  saepe malum terra saepeque passus aquis,
hic iacet Huttenus : Galli nil tale merenti
  insontem gladiis eripuere animam.
Si fuit hoc fatum, vita torquerier omni,   5
  censendum est recte procubuisse cito.
Vixi equidem Musis animum coluique per artes :
  sed reor irato me studuisse Deo.
Mens erat arma sequi et Venetum sub Caesare bellum ;
  verum alio bello concidi et hoste alio.   10
Pauperiem, morbos, spolium frigusque famemque
  vita omni, et quae sunt asperiora, tuli.
Recte actum : cecidi iuvenis miser et miser exsul,
  ne maiora feram, ne videarque meis.

270 *Ad Caes. Max. Ep*·*gr*. xlvii: Obsessus a Gallis cum salutem desperasset   In a letter
to Balthasar Fabricius dated Bologna 21 August 1512 (Boecking I 26) H. describes the
circumstances in which this poem was written: '. . . in umbilico mensis aprilis
Papiam . . . intravi, ibi ut ex instituto legibus operam darem. Quarto mense postquam
intraveram a Gallorum militibus, qui armati urbem adversos Helvetios tenebant,
tres dies integros, quamquam etiam febre laborans, in angustissimo recessu domus
obsessus sum, certusque mori hoc mihi epitaphium feci . . .' His first version of the
epitaph follows, eight lines long; the last four lines differ considerably from the
final version :

> Si fuit ex fato ut totos male viveret annos
>   optatum est quod tam corruit ille cito.
> Ipse suas coluit per mille pericula Musas
>   et quanti potuit carminis auctor erat.

He goes on to tell how on the fall of Pavia he was seized by the Swiss (who suspected
him of complicity with the French) and despoiled of all his property; in the end he
managed to regain his liberty and made his way in July to Bologna.   9–10 The
year before, H. had addressed to Maximilian a *carmen exhortatorium*, urging him 'ut
bellum in Venetos coeptum prosequeretur', and in the following year he was to take
part with the Imperial troops in the siege of Padua; at this juncture he found himself
faced, unexpectedly and much against his will, by different enemies.

271 *The better part of valour: the poet at the siege of Padua*

Erraram a castris ad clausam Antenoris urbem,
    continuo flamma missilibusque petor.
Certe (equidem fateor) timui, nec ut ante movebam
    invidiam lingua, sed bona verba dedi:
'Parcite, qui Patavi muros arcemque tenetis,   5
    in me vulnifica mittere tela manu:
parcite me, Veneti, ferro disperdere et igni,
    ne de tot pessum milibus unus eam.
Non ea fortuna est, ut nunc ego vique manuque
    horrida commoti Caesaris arma sequar: 10
huc me sola trahit vestri admiratio regni,
    noscere vos cupio, perdere non cupio;
ut videam veni, non veni evertere bello
    Altini sedes Euganeasque domos.
Alter ab arctoa vobis furor imminet Alpe,   15
    Germanum peditem ducit Iberus eques;
has ruite in vires: nam quae tum gloria parta est,
    si de tot pessum milibus unus eam?'
Nullae hostem movere preces: mihi terga relapso
    heu quam difficili consuluere fuga.   20
'Ut caeso me nullus honor fuit, haud ita vobis
    pulchrum est me claudos eripuisse pedes'
dicebam, et fessus media inter milia cursu
    tutus in effosso delitui tumulo.

---

271 *Ad Caes. Max. Epigr.* xiv: De se in obsidione Patavina   In August 1513, H., being forced by circumstances to join Maximilian's army, took part in the siege of Padua, then a Venetian stronghold.   1 *Antenoris urbem*: the mythical founder of Padua was Antenor, a Trojan noble.   14 *Altini*: a place in the Veneto, not far from Aquileia.   *Euganeasque domos*: the Euganeans, the original inhabitants of the Veneto, were supposed to have founded Verona and Padua.   16 *Iberus eques*: the Emperor's cavalry.

272   Un-Roman Rome

Vidimus Ausoniae semieruta moenia Romae,
   hic ubi cum sacris venditur ipse Deus:
ingentem, Crote, Pontificem sacrumque Senatum
   et longo proceres ordine Cardineos;
tot scribas vulgusque hominum nihil utile rebus,   5
   quos vaga contecto purpura vestit equo;
tot, Crote, qui faciunt, tot qui patiuntur, et illos
   orgia qui vivunt cum simulent Curios;
rursum illos, qui nec simulant bona nec bene vivunt,
   qui rident mores exsibilantque bonos,   10
quos iuvat esse malos, quibus et licet, in iuga quorum
   consensit miseris Teutona terra modis;
qui dant quique vetant, qui quos clausere recludunt
   arbitrio caelos distribuuntque suo.
Romanas, neque enim Romanos! omnia luxu,   15
   omniaque obscenis plena libidinibus.
Atque haec post Curios, Pompeios atque Metellos—
   o mores atque o tempora—Roma tulit!
Desine velle sacram imprimis, Crote, visere Romam:
   Romanum invenies hic, ubi Roma, nihil.   20

272 *Ad Crotum Rubianum de statu Romano Epigr.* i   During his second visit to Italy, H. spent some time, in 1516, in Rome, whence he addressed a series of epigrams to his friend Crotus Rubianus. Rubianus' real name was Johann Jaeger; he was born at Bornheim in Thuringia in 1480 and studied at Erfurt; in 1505 he met H. at Fulda, and they became close friends, working together on the composition of the *Epistolae Obscurorum Virorum*. Rubianus was himself in Italy from 1517 to 1520; he then became Rector of Erfurt University and in 1530, having abandoned the Lutheran cause, he obtained a canonry at Halle.   7 H. alludes to paederasty, then prevalent in the world of the Curia.   8 Cf. Juvenal II 3 qui Curios simulant et Bacchanalia vivunt.

HELIUS EOBANUS HESSUS

HELIUS EOBANUS HESSUS (Eoban Koch; he assumed the names Helius, because he was born on a Sunday, and Hessus, because he was a native of Hesse: 1488–1540) was born at Halgehausen near Frankenberg. He led a somewhat restless life, studying first at Frankenberg, then (1504) at Erfurt, and going in 1509 to Riesenburg in East Prussia to work for a bishop, Hiob von Dobeneck, who in 1513 sent him to Frankfurt on the Oder to study law and then to Leipzig to study the humanities; in 1514 Hessus returned to Erfurt, where in 1517 he became a teacher of Latin in the University. In the following year he met Erasmus in the Low Countries; he took Reuchlin's part in his controversy with Pfefferkorn, and aligned himself with Luther in the movement for Protestant reform. In 1526, with the support of Camerarius, he became professor of rhetoric and poetry in the University of Nuremberg; he returned in 1533 to Erfurt and three years later went to teach at Marburg, where he died.

The vast poetic production of Hessus included eleven eclogues (Erfurt 1509; enlarged ed. Hagenau 1528), three books of Ovidian *Heroides Christianae* (Leipzig 1514, Hagenau 1532), six books of *Silvae* (Hagenau 1535 and— an enlarged edition—1539), which contain idylls, epigrams, and occasional poems, and *Norimberga illustrata* (Nuremberg 1532). He produced also a number of translations, e.g. Theocritus (Hagenau 1531), Coluthus (Erfurt 1534), the Psalms (Marburg 1537), and the *Iliad* (Basel 1540).

Luther called Hessus *rex poetarum*, and he was indeed an extremely fluent writer of verse, though he had little depth of feeling. Many of his occasional poems concern Luther and the movement for reform; but he failed in his attempt to reproduce the characters and incidents of Christian hagiography in the setting of the Ovidian epistle.

TEXTS from *Operum Farragines duae*, 2 vols., Halle 1539.

273 A poet's childhood

Ergo utcumque legis olim mea carmina, quisquis
   venturae socius Posteritatis eris,
quae mihi terra parens, quae nostrae stirpis origo,
   quae fuerint vitae tempora nosse voles.
Qua videt undantem fluvio Germania Rhenum   45
   et velut in centrum Teutonis ora coit,
terra viris colitur, Cattos dixere vetusti,
   nunc aliud pugnax Hessia nomen habet.
Mons ibi Christiferae celeberrimus aede puellae,
   radices vitreis Edera lambit aquis;   50
parva quidem, nostris sed Francoberga camenis
   obscuras inter non habitura locum,
si modo tu fama vatem dignaberis ulla,
   Posteritas, qui te tam reverenter amat.
Illic vitales primum decerpsimus auras,   55
   nascenti primam praebuit illa diem.
Iam ter quinque ierant a nato saecula Christo,
   annos deme tamen cum tribus inde novem,
quaque ego nascebar fulsit Lyra nocte fuitque
   una ortus facies illius atque mei.   60
Non ego falsa loquor, vertentem consule mundum:
   sacra dies Iani regibus illa fuit.
Quae mihi signa domus, qui sint ne quaere parentes:
   pauper uterque fuit sed sine labe parens;

273 *Op. farr.* 1 f.134: Eobanus Posteritati   47–8 *Cattos . . . Hessia*: the province of Hesse was occupied in ancient times by the Germanic tribe of the Catti.   49 sqq. Frankenberg is built on a hill at the foot of which flows the R. Eder. The church referred to is the thirteenth-century Liebfrauenkirche.   52 *obscuras* sc. *urbes.* 62 H. was born on 6 January, the feast-day of the Magi.   72 *Tityre*: a personification of Virgil's Eclogues.   75 *hoc* Heroid. 1532; *om.* 1539.   90 *posset* Schnur: *posse* 1539.   91 *magistrum*: perhaps Jakob Horlaus, who kept a school at Frankenberg, or Johann Mebes, under whom H. had studied at Gemünden.   103 *quarta . . . Olympias*: H, began to write his Eclogues when he was sixteen.   107–10 evidently written in 1513, when H. was 26, and when the Emperor Maximilian was campaigning against the Venetians.   111 *Heroidas*: H. is putting the finishing touches to his *Heroides Christianae.*

non genus aut proavos numero, non stemmata avorum: 65
   virtute o utinam nobilis esse ferar!
Prima quibus puero studiis accreverit aetas,
   nil moror et certe nemo rogare volet,
protinus hinc primis quantumque recordor ab annis
   nescio quo vatum numine raptus eram. 70
Nondum cognoram nomen titulumve poetae,
   ipse mihi nondum, Tityre, notus eras,
dixerit incauto si quis tamen ore 'poeta',
   protinus impatiens et sine mente fui.
Nectebam numeros ratus hoc utcumque decere: 75
   lex mihi tum versus cognita nulla fuit;
tam fuit ignotis fautrix natura poetis:
   da veniam, superis hi mihi maius erant!
Vivere iam nullos, omnes vixisse putabam:
   tam puer et nondum forte decennis eram. 80
Namque fere nuper Germania nostra solebat
   non pueros studiis sed dare paene viros,
quippe magis bello atque armis intenta gerendis
   res tantum Latio protulit ore sacras;
nunc vero Ausonias ita se convertit ad artes, 85
   ut Latio fuerit paene Latina magis.
Atque ut eo redeam quo sum digressus, ut autem
   nunc etiam, vates vivere certus eram:
sorduit humanas quicquid sibi subdere mentes,
   displicuit posset quicquid amare puer. 90
Obtulit in triviis quendam fortuna magistrum
   qui numeris certum diceret esse modum:
hunc colui supplex, illi tantisper adhaesi,
   dum didici certis legibus ire pedes.
Sponte sua influxit paucis mihi Musa diebus 95
   et mihi iam puero non leve nomen erat,
ut non praecipuus dubitarit scribere vates
   'Hesse puer, sacri gloria fontis eris.'
Carmina cum primum populus mea lecta probaret
   clausa fere fuerant iam tria lustra mihi; 100

illo me studiis Erphurdia magna fovebat
 tempore et ingenii publica signa dedit.
Et iam quarta meis accessit Olympias annis,
 bucolicis lusit nostra iuventa modis;
pluraque praeterea iuvenilia carmina lusi, 105
 quae quia sunt etiam publica nosse potes.
Nunc mihi ab undecimo ter quintus vivitur annus,
 aetatis non est plusve minusve meae,
tempore quo Caesar ter maximus Aemilianus
 in Venetos duri fulmina Martis agit. 110
Scribimus illustres Heroidas—ecce—puellas:
 has tibi praecipue dedico, Posteritas....

274 *God-speed to Luther*

Vade, tuum comites animae, purissima turba,
 angelicae servent et tueantur iter!
I, pete Vangionum, iam sedem Caesaris, urbem!
 Illa quod est, num te, Roma, fuisse pudet?
Ibis ad ornantes Augusta palatia reges, 5
 stabis honoratos ante, Luthere, duces.
Forte aderunt, qui te Medico parere Leoni
 et tua de Christo perdere scripta volent.

274 *Op. farr.* II f.121: Ad Martinum Erphurdia abeuntem   Written after Luther had
spent three days (6–8 April 1521) at Erfurt on his way from Wittenberg to Worms,
to which he was summoned by Charles V. This is one of four elegies contained in
Libellus elegiarum in Martinum Lutherum, published by H. on that occasion.   3
Vangionum . . . urbem: Worms.   7 *Medico . . . Leoni*: Pope Leo X   *parere*] *parare*
1539.   10 *Aleandre*: Cardinal Girolamo Aleandro (1480–1542), humanist, prelate,
and diplomatist, sent by Leo X in 1520 to Germany, where at the Diet of Worms,
he procured the banishment of Luther.   18 *cui*: 'on whose side'.   22 *Carole*:
the poet addresses the Emperor.   23 *ab utroque parente*: Charles V was the son of
Philip the Fair and Jeanne the Mad, daughter of Ferdinand of Aragon and Isabel of
Castille.   42 *tua, Luthere,*] *tua Lutheri* 1539; the *u* is usually short (cf. ll.6,35,54).
negare: to reject.   44 *Gallus . . . Leo*: François I and Pope Leo X.   58 *quo*] *qui*
1539.

Christe veta, nam res agitur tua : talibus ausis,
    hei mihi, quas poenas mox, Aleandre, dabis!   10
At tibi tu consta, Christi fortissime miles,
    ecce Deo virtus vindice tuta tua est.
Nec dubito quam sis casus infractus in omnes
    quamque minas contra fortiter ire queas :
sicut in aequoreos ubi fixa est ancora fundos,   15
    tempestas stabilem non movet ulla ratem.
Vade Deo praeeunte, tua est victoria : Christum,
    cui pugnas, contra nullius arma valent.
Fulmina Pontificis nihil admirabere, nam te
    iamdudum sensit quantus in arma ruas.   20
Tu modo, summorum regum clarissime sanguis,
    Auguste his coeptis Carole dexter ades!
Carole, semideum sate stirpe ab utroque parente,
    virtutem factis sic utriusque refer!
Utque animo flores et corpore, floris honorem   25
    noxia ne turbet quaelibet aura, cave,
lurida non audi spirantes toxica linguas :
    praecipue magnis regibus ista nocent.
Plura monendus eras, sed eras sine teste monendus,
    hei mihi, cur testem carmina nostra timent?   30
Nesciat interea meritam tua Roma salutem,
    Augustum pro te quem veneretur habet.
Illius audebis florem posuisse iuventae,
    fortibus et factis esse docere virum.
At tu vade, decus nostrum, Martine Luthere,   35
    assere victoris iusta tropaea Dei ;
assere, namque potes, fidei fundamina sanctae :
    illa fere nostras exsulat ante fores.
Detege Romanas, orbis ludibria, fraudes :
    quid lacerat miseras pastor iniquus oves,   40
quem nunc bella vides populis clademque minari,
    ni tua, Luthere, scripta negare volent?
Aspicis ut coeant fatuae tot milia gentes,
    Gallus ut hinc bellum, cogitet inde Leo.

I nunc auctorem pacis venerare Leonem   45
   et Christi titulos illius esse puta!
Te quoque bella manent, pro te quoque bella gerenda,
   in causa partes sunt meliore tuae.
Magna piis pro te Germania stabit in armis,
   quid dubitas, orbem quo cadat illa trahi?   50
I modo non aliqua pressus formidine, nulli
   e superis Christum praecipitare datur.
Hunc etenim belloque petunt armisque lacessunt,
   qui tua scripta vetant, docte Luthere, legi.
I, dabit ille tibi vires, qui se dedit ipsum,   55
   idem servabit, qui movet illud opus.
Vade, animo non fracte nec ullis mote periclis
   quo minus hoc audax ingredereris iter:
sicut prima satis fortuna arridet eunti,
   clarior est reditus fama futura tui.   60
Vade bonis avibus, Christus tueatur euntem,
   ut redeas fato candidiore, vale!

PHILIP MELANCHTHON

PHILIP MELANCHTHON (Philipp Schwarzerd: 1497–1560) is perhaps the most representative figure, after Erasmus, of the cultural revival of the sixteenth century. He was born at Bretten in the Lower Palatinate; after the death of his father his great-uncle Johann Reuchlin guided him to humanistic studies, which he pursued first (1512) at Heidelberg and then at Tübingen, where in 1514 he graduated as 'magister artium' and set up as a teacher. He tells us that he was led to the classics by reading contemporary Latin poetry. In 1518 he became a lecturer in Greek at Wittenberg, where he allied himself with Luther in furthering the cause of reform. He became Luther's friend and his most faithful fellow-worker, expounding and publishing his theological doctrines and standing by him in times of difficulty. Soon, however, there was a rift between the two friends; when the revolt from Rome became undisguised, and dissensions broke out between Luther and Erasmus, Melanchthon adopted an independent position in keeping with his own humanistic outlook. In 1530, at Augsburg, he tried to effect a concordat between the Catholic Church and the Emperor, drafting the famous *Confessio Augustana*, and he took an even stronger line at the religious conferences at Worms and Ratisbon in 1540–1. After the death of Luther in 1546, he drew still nearer to Erasmus, arousing thereby the hostility of Luther's followers, and his last years were embittered by violent theological controversies.

Melanchthon was the author of a mass of theological, political, and pietistic works, besides commentaries on and translations of the Bible and the classics; he attached small importance to his poetry, whether in Greek or in Latin, and did not himself edit any collection of his poems; his friends and pupils, however, from 1528 onwards, brought out a series of collections, the last and most complete of which appeared at Wittenberg in 1563.

TEXTS from Bretschneider's edition of Melanchthon's *Carmina* in *Corpus Reformatorum*, x (Halle 1842), in which the poems are numbered in chronological order; checked with the ed. of 1563 and, for no. 276, with *Del. Germ.*

275 *Two pens*

Hunc etiam calamum tibi, docte Nesene, Philippus
   sincerae mittit pignus amicitiae;
non tamen hic sese confert cum munere Erasmi,
   sed calamo longe cedit Erasmiaco.
Frigida caenoso tulit hunc Saxonia stagno,   5
   in Nili ripis editus ille fuit;
Lethaeum excussit mundo tandem ille veternum
   pingebat domini cum monumenta sui.
Aurea Mercurii non tantum virga meretur
   illa sibi quantum laudis harundo feret;   10
hos tantum versus mea pinxit harundo: placere
   quantum ipsos versus, hanc etiam opto tibi.

275 *Carmina* no.23: Ad Gulielmum Nesenum   Wilhelm Nesen of Nastatten (c.
1493–1524), was employed by Froben in his printing-house at Basel, where he got
to know Erasmus, who dedicated to him his edition of the *De copia* (1516) and persuaded him, after a short stay in Paris, to come to Louvain in 1519. From 1520 to
1523 Nesen ran a school in Frankfurt, whence he moved to Wittenberg, where he
made friends with Luther and M. M.'s epigram was written not long before the
death of Nesen (who was drowned in the Elbe on 6 July 1524) and matches the
following poem of Erasmus, (*The Poems of Erasmus,* ed. Reedijk, Leiden 1956, p.
323), probably written in 1516, shortly before Nesen left Basel for France:

> Tantillus calamus tot, tanta volumina scripsi
>   solus, at articulis ductus Erasmiacis.
> Ediderat Nilus, dederat Reuchlinus Erasmo,
>   nunc rude donatum me Gulielmus habet.
> Isque sacrum Musis servat Phoeboque dicatum,
>   aeternae carum pignus amicitiae,
> ne peream obscurus, per quem tot nomina noscet
>   posteritas, longo nunquam abolenda die.

3 *tamen* 1563: *tantum* Bretschneider.

276 *Celibate hypocrisy*

Qui castitatem magnis laudibus vehis
contraque sanctum disputas conubium,
tu quisquis ille caelibum admirator es,
omitte iam tua cogitata callida
de coniugum ac de caelibum discrimine,   5
et te tuosque contuere caelibes
quae vestra vitae puritas sit istius.
Quod si impudicitiae omnibus plenam notis
libidinumque spurcitate videris,
fucis nefandas turpitudines novis   10
ornare cesses, falsa enim praeconia
mores refutant, et tui et gregalium.
Nam quid, Deus bone, tu tuumque istud genus
effeminatum, molle, quale erat Phrygum,
Idaea currum qui sequentes per iuga   15
matris deorum pulsitabant tympana,
de continentia atque castis moribus
speciosa verba sanctimoniae datis?
Non castitatem vos profecto quaeritis,
sed huius ut sub dignitate et nomine   20
impune libereque turpitudini
et serviatis moribus nequissimis,
ἀσχημονοῦντες ἐν τρόπων πονηρίᾳ
πάσῃ τ' ἀσελγείᾳ θεοστυγοῦ βίου.

---

276 *Carmina* no. 189: In Wintoniensem defensorem caelibatus   Written at Ratisbon
in 1541, according to a note in the edition of 1563. The 'defensor' must have been
Stephen Gardiner (c. 1497–1555), who became Bishop of Winchester in 1531.
Gardiner did not, it seems, publish any controversial work in defence of clerical
celibacy, but he was present, as was Melanchthon, at the Diet of Ratisbon in 1541,
and he described in a tract published two or three years later how while he was there
he argued in favour of the doctrine against Bucer and Alexander Alesius.   1
magnis laudibus: it is tempting to follow Del. Germ. and transpose these words, but
the metrical solecism may possibly be M.'s.   16 *matris Deorum*: Cybele.

277 'How that life was but a flower...'

Hic me flos violae, dextra quam gesto caduca,
  de nostra monet et debilitate docet:
flosculus hic redolet nitidis pulcherrimus hortis
  et tamen exiguo tempore durat odor;
sic res humanas fragilis fortuna gubernat,   5
  tempore sic homines stantque caduntque brevi.
Ille ego, qui quondam felix mea regna tenebam
  hic ubi Saxonicos irrigat Albis agros,
cuius erat totum celeberrima fama per orbem
  quod regerem populos cum pietate meos,   10
quique ego pro patria pugnans et dogmata sacra
  defendens clarum nomen ubique tuli,
nunc me captivum tenet alter, et optima nobis
  cum sit non ullo causa tuente perit.
Erepti fasces et inanis gloria mundi,   15
  sed placuisse uni praefero posse Deo,
et mea dependet nunc a te gloria, Christe,
  quod pars sum regni quantulacumque tui,
teque precor, dubiis addas solatia rebus
  et mihi deserto mite levamen ades.   20

277 *Carmina* no. 254: In effigiem Ioannis Friderici ducis Saxoniae electoris tenentis manu flosculum violae   Johann Friederich, Elector of Saxony (1503–1554), called the Magnanimous, took part in the War of Schmalkalden; after being defeated at Mühlberg in 1547 by his cousin Maurice and the army of the Emperor, he was taken prisoner and deprived of his Electorate. He refused to renounce the Lutheran creed, and was not set free until 1552. M.'s poem was evidently written during the period of his imprisonment; we do not know what portrait it refers to.   8 *Albis*: the Elbe.

IOACHIMUS CAMERARIUS

IOACHIMUS CAMERARIUS (Joachim Liebhard: 1500–1574; his pen-name was a Latinization of his title Kammermeister) was born at Bamberg of an old patrician family. Educated at the University of Leipzig, in 1518 he went to Erfurt, where he joined the circle of humanists that surrounded Eobanus Hessus, and in 1521—attracted by the fame of Luther and Melanchthon (with whom he became close friends)—moved to Wittenberg. In 1526 he became head of the *Gymnasium* of Nuremberg, and chief teacher of Greek there; in 1530 the Senate of that city sent him, with Melanchthon, to the Diet of Augsburg, where he played a large part in the drafting of the Augsburg Confession. From 1535 to 1540 he was at Tübingen, charged with the task of reorganising classical studies; in 1541 he moved to Leipzig, where he taught in the University until his death.

Camerarius was one of the most outstanding humanists in Germany in the sixteenth century. He had a great reputation not only as a classical scholar but also as a historian, a theologian, and a mathematician. He wrote a great deal of poetry, publishing (e.g.) five *Elegies*, which he called ʽΟδοιπορικαί (Strassburg 1541), and twenty *Eclogues* (Leipzig 1568), in which the influence of Baptista Mantuanus is very plain.

TEXTS from *Del. Germ.*

278   *The simple life*

Felix, quem sua rura tenent, cui praebet inemptas
　　patris opus vel avi, fagina mensa, dapes,
cui tranquilla quies contentaque vivere parco
　　exiguae servat libera tecta casae.　　　　　　　　　　50
Et nunc ille bovis grave collo nectit aratrum
　　iactaque nunc domitae semina mandat humo,
aut palo fixo religatam palmite vitem
　　non sinit effosso procubuisse solo;

278 *Del. Germ.* II p. 23: Encomium rusticae vitae　　68 *Moeni . . . Franconici*: the poem was written about 1526, before C. left Wittenberg for Nuremberg: he recalls the banks of the Maine, which flows through his native city.

443

mox ubi pallentes autumni vergere soles 55
    vidit et hibernos non procul ire dies,
instruit adversus glacialis frigora brumae
    parte focum mediae lignaque secta domus,
quem circum natique sedent et sedula coniunx
    torquet ab informi licia tracta colo. 60
Ille refert veterum mores et dicta parentum
    et suppressa suo tempore iura gemit,
damnaque deplorat belli, probat otia pacis
    et findit claro ligna struenda foco ;
nec quas saevus amor curas habet, illius angunt 65
    corda soluta malis sollicitudinibus.
Tale mihi detur spatium decurrere vitae
    in pulchro Moeni litore Franconici,
inter Hamadryadas faciles patria arva colentem :
    o desiderii sint rata vota mei! 70

279 *Respice finem!*

Exspectare Solon iubebat aevi
finem ac denique de beatitate
affirmare hominis, neque ante vitae
felicem interitum vocare quemquam.
Ergo cum nihil in sepulcro et urna 5
iam funebri erimus, dies ubi ille
nos deleverit ultimusque, et infra
terram pulvereus cinis relictus
de nobis reliquus premetur alto
saxo aut aggere, tum beata demum 10
nobis saecula mortuis patescunt.
O miras sapientiae latebras
profundique animi graves recessus :
qui iam nil sumus, hi sumus beati!

279 *Del. Germ.* II p. 54: An beatitudo solum sit post mortem

GEORGIUS SABINUS

GEORGIUS SABINUS (Georg Schüler: 1508–1560) was born at Brandenburg. In 1523 he went to the University of Wittenberg, where he became a pupil of Melanchthon, whose daughter, Anna, he married in 1536. In 1533 he visited Italy, where he made friends with Bembo and many other humanists. He became Professor of Poetry and Rhetoric at Frankfurt on the Oder in 1538, and in 1544 Rector of the University of Königsberg, returning in 1555 to Frankfurt, where he was employed on a number of diplomatic missions. He died shortly after returning from a second visit to Italy.

Sabinus published elegies (six books, the second of which consists of the interesting *Hodoeporicon Itineris Italici*, nearly 900 lines long), *Hendecasyllabi* and *Epigrammata*, and many panegyrics, *genethliaca*, and epithalamia.

TEXTS from *Poemata*, Leipzig 1563 (a revised and augmented edition, brought out by Sabinus's son-in-law, and based on the last edition (1558) prepared by the poet himself), checked with *Poemata*, Strassburg 1544.

280 *Farewell to Melanchthon*

Post haec ingredior docti conclave Philippi,
  discipulus pariter cuius et hospes eram.
Hunc, ubi facta fuit coram mihi copia fandi,
  alloquor ac tales profero voce sonos:
'Quas tibi, docte, tua pro sedulitate, Melanchthon,   35
  pro meritis grates hinc abiturus agam,
qui rude formasti, teneris praeceptor ab annis,
  artibus ingenium per duo lustra meum?
Non haec labra sacro perfusa liquore rigasset
  Pegaseae fons est qui mihi potus aquae,   40

280 *Poemata* pp. 40–1: Hodoeporicon Itineris Italici   Sabinus takes leave of his master at Wittenberg when setting out for Italy in 1533.   49 *Antenoris urbem*: Padua, of which the Trojan Antenor was the mythical founder.   57 *virgo*: Melanchthon's daughter Anna, then twelve years old. Sabinus married her in 1536, and she died in 1547; the marriage was not a happy one.

445

si mea non esset primae lanuginis aetas
    tradita praeceptis erudienda tuis.
Ardua conscendi Parnasi culmina montis,
    te duce Nasonis molle secutus iter.
Ergo quod annumerat me Teutona terra poetis   45
    notaque principibus quod mea Musa placet,
me debere tibi fateor semperque fatebor,
    dum mea vitalis spiritus ossa reget.
Hinc sed ad Euganeam cum nunc Antenoris urbem
    praeceptore meo te cariturus eam,   50
vive tuaque vale salvis cum coniuge natis,
    o mihi vir cari patris amate loco.'
Ipse sub haec pleno singultibus ore locutus
    'Carpe Deo felix auspice' dixit 'iter.'
Quae cum fatus erat pro tempore pauca—minister   55
    cornipedem frenis impediebat equum—
tum formosa mihi patre nata Melanchthone virgo
    serta profecturo, matre iubente, dedit,
castaque demittens pudibundo lumina vultu
    'Hoc tibi sit nostri pignus amoris' ait.   60
Dulcia suscipiens innuptae dona puellae
    ipse resolvebam talibus ora iocis:
'Mollia si dextro me sidere fata reducent,
    Anna, tori consors efficiere mei.' ...

281 *The poet crosses the Alps*

Clara rubescentis patefecerat atria caeli   505
    quadriiuges iungit quae dea lucis equos,
hinc Lycus undoso qua gurgite fertur, ad Alpes
    tendimus aequantes nubila summa iugis,

281 *Poemata* pp. 56–8: Hodoeporicon Itineris Italici   506 *dea lucis*: Aurora.   507
Lycus: the river Lech, which flows through the N.W. Tyrol and joins the Danube
north of Augsburg.   510 *suspectus*: height; cf. Virgil, *Aen.* VI 579.

de quibus in praeceps tantum vallesque sub imas
    ardua suspectus quantus ad astra patet. 510
Grando cacuminibus nixque indurata recumbit,
    semper in his acri frigore saevit hiems,
atque resolvuntur nimbi Caurique furentes
    importuna nigro turbine bella gerunt
avulsasque ferunt ornos et fragmina montis, 515
    fragmina quae tanto lapsa fragore cadunt
ac si vasta ruat sublimis machina caeli:
    attulit incautis saepe ruina necem.
Saepe viatores aestivis mensibus illic
    Gorgone ceu visa diriguere gelu; 520
saepe per angustas fauces oppressit euntes
    labentis moles conglomerata nivis.
Nec minus innumeri decurrunt Alpibus amnes,
    grandia qui rapido vortice saxa rotant,
quaque volutatur per adesas spumea cautes 525
    proruit insani gurgitis unda vias.
Exhalant nebulas imae fumosque cavernae:
    hi loca caeruleis nubibus apta petunt,
protinus inque nives abeunt imbresque soluti,
    aërii montis cum tetigere iugum 530
aut saliente movent cum grandine fulminis ignes:
    icta repercussis Alpibus aura fremit.
Hos igitur montes altoque minantia caelo
    saxa fatigatis dum peragramus equis,
indurata genis mihi stiria saepe pependit 535
    algentesque gelu diriguere pedes.
Vicimus interdum mordentia frigora cursu
    et tepido calidas fecimus ore manus;
at pede calcanti duras mihi saepe pruinas
    orta sub allisa pustula calce fuit.... 540

282 *Venice*

Urbs procul inde iacet crudeli diruta bello,
  Adriacus pelago qua premit arva sinus.
Mestrum nomen habet, cultissima moenibus olim,
  divitibusque potens civibus illa fuit,   650
nunc ibi rara tenent inopes magalia nautae,
  vela per aequoreas qui moderantur aquas.
Hinc ab harenoso solventes litore cymbam
  carpimus insuetas per vada salsa vias;
insurgunt nautae remis et caerula verrunt,   655
  uncta per impulsas labitur arbor aquas.
Apparent Venetae mediis in fluctibus arces,
  ut quas Aegeum Cyclades aequor habet.
Quas ubi vidissem, 'Nullos ego moenia' dixi
  'arbitror haec homines, sed posuisse deos.'   660
Ambit aquis Nereus pro muro spumeus urbem,
  fluctibus est omni tutus ab hoste locus,
nec minus excelsis in moenibus aestuat aequor,
  per medias agitur remige cymba vias.
Arcibus aequandas urbs inclita continet aedes,   665
  principis est magni regia quaeque domus;
plenaque divitiis sunt atria, cernitur illic
  quicquid habet tellus, aequora quicquid habent.
Quid magnos referam proceres amplumque senatum?
  Mille senatorum continet ordo patres   670
splendida regali quos purpura vestit amictu:
  talis prisca tuus, Roma, senatus erat.

---

282 *Poemata* pp. 61–3; Hodoeporicon Itineris Italici   649 *Mestrum*: Mestre, which
faces Venice on the mainland, was the strongest bulwark protecting the lagoon
until the War of the Holy League (1511–14).   659–60 S. echoes, no doubt con-
sciously, Sannazaro's famous epigram (see no. 91).   675–6 *plenaque gemmis intus*:
presumably the 'pala d'oro' and the rest of the Treasure of St. Mark's.   676 *aurato
fornice*: vaulting covered with mosaics.   677–8 *quattuor . . . equi*: the famous
bronze horses of St. Mark's.   680 *Fridericus*: Frederic Barbarossa; we have been
unable to discover the source of S.'s story connecting him with the four horses.
687 *area*: the Piazza S. Marco.   690 *his* 1563: *hic* 1544.

Templa sed imprimis divique palatia Marci
    ingentes Venetum testificantur opes,
condita Taenario quae marmore plenaque gemmis   675
    intus et aurato fornice culta nitent.
Quattuor alta tenent summi fastigia templi
    qui similes vivis conspiciuntur equi.
Maximus imperii iuraverat arbiter olim,
    infestus Venetis qui Fridericus erat,   680
quod foret e templo stabulum facturus equorum
    Adriaci caperet moenia quando maris.
Acre sed in longos bellum cum duceret annos
    nec Venetae posset frangere gentis opes,
hos ibi iussit equos in summo culmine poni,   685
    nominis extarent ut monumenta sui.
Area lata patet Marci contermina templo,
    illo turba frequens itque reditque loco:
non audita mihi quae visa nec ante fuerunt
    his oculis et sunt auribus hausta meis. ...   690

283   *Germany in peril*

Quo tua bellatrix abiit, Germania, virtus,
    dissimilis nostro tempore facta tui?
Vindelicis olim pepulisti finibus Hunnos,
    imperium magno cum sub Othone fuit;
ad Solymas arces victricia signa tulisti,   5
    sceptriger imperii cum Fridericus erat.
Nunc procul a Tanai ducentes agmina Turcae
    Danubii ferro depopulantur agros,

283 *Poemata* pp. 95–6: Ad Germaniam   2–3 In 955 the Emperor Otto defeated the
Hungarians ('Hunni') on the banks of the Lech near Augsburg (*Vindelicis . . . finibus*).
5 *Solymas arces*: Jerusalem, which Frederic II captured in 1228 during the Fifth
Crusade.   7 *Tanai*: the river Don.   *Turcae*: by occupying almost the whole of
Hungary under Soleiman the Magnificent the Turks had extended their empire over
central Europe.   24 *Getas*: the Turks.

in tua grassatur terrarum viscera praedo,
    ausa nec hostiles es cohibere manus.   10
Te quibus ostentas, nunc utere grandibus hastis,
    et quibus in circo ludicra bella geris!
His animosa pias hastilibus assere gentes,
    si quid in audaci pectore Martis habes.
Ah, pudeat Scythicis egressum finibus hostem   15
    militiae nobis praeripuisse decus!
Mollia dum sequimur nos desidis otia vitae
    aspera bellator proelia Turca facit;
dum cane venamur lepores aut cuspide damas
    figimus, ille suo milite regna capit;   20
denique nos tantum sine sanguine ludimus armis,
    ille gerit forti seria bella manu.
At generosa tuis, Germania, consule rebus,
    coge pharetratos vertere terga Getas;
ipsa tuas urbes e faucibus eripe leti,   25
    et vetus imperii Marte tuere decus:
si secura mali non profligaveris hostem,
    tristia crudeli vulnera clade feres.

284 *'Auri sacra fames'*

Torrida cum rapidis arderet solibus aestas
    flavaque maturis frugibus arva forent,
virgo sub arborea capiebat fronde quietem
    caespitis in viridi gramine propter aquas,
hic ubi vitiferos allabitur Odera colles;   5
    fessaque dum placido membra sopore levat,
clara quiescenti vox est audita puellae:
    'Surge, tibi magnae, surge, dabuntur opes!'

284 *Poemata* pp. 112–3: De puella Francofordiana   5 *Odera*: the river Oder.   22
Stygii . . . *Ditis*; Pluto; perhaps S. intends a play on *dis* = *dives*.

Surgit et attollens excusso lumina somno
    haud procul insignis conspicit ora viri.   10
Hic ita 'Virgo tuum si me dignaris amantem,
    divitiis' dixit 'sola fruere meis,
thesaurosque tibi magnos tellure recludam.'
    Illa sub haec 'Noster, quisquis es,' inquit 'eris',
cumque fidem verbis his astrinxisset amanti   15
    pristina mutatur forma repente viri:
grandes igne micant oculi, frons torva minatur
    cornua, semicaper qualia Faunus habet.
Concipit his virgo perterrita mente furorem,
    fertur et humanis sensibus orba domum.   20
Nunc ea compedibus diris et vincta catenis
    se Stygii gazas promere Ditis ait.
Exhibet argentum custodibus, exhibet aurum,
    dextera signato nec vacat aere manus;
at nisi praeripiant aurum dextramque prehendant,   25
    in sua per buccam viscera condit opes.
Fallor, an insolito sunt plena quod omnia luxu,
    admonet haec auri prodigiosa fames,
quodque Dei spreto mortalia pectora verbo
    sola parandarum cura fatigat opum?   30

285 *Pegasus the poet's crest*

Hoc insigne mea peperi virtute Sabinus,
    cum mihi nobilitas nomen equestre dedit:
in sublime volans caelum pernicibus alis
    ardua Gorgoneus nubila findit equus.

285 *Poemata* p. 299: De Pegaso suo

286 *Daylight robbery*

Cum sua decoctor subeuntem limina furem
  quaerere speratas nocte videret opes,
'Nocte quid in nostris circumspicis aedibus?' inquit;
  'Hic ego nil media cernere luce queo.'

---

286 *Poemata* p. 285: Decoctoris iocus   More's *Epigr.* ccxxi is a variant on the same
    theme.

289 *Sleep and Death*

Somno victa gravi virgoque oblita decoris,
　　cruribus explicitis, nuda supina iacet.
Quid rapis incautam, Mors invidiosa, puellam?
　　Aspice, simplicitas digna favore fuit.
Hei Somnum, hei Mortem, fraterno iure potentes,　　　　5
　　quam iungunt istas mutua vincla vices!
Hei spes vana hominum vitaeque incerta voluptas,
　　insidias vivis si quoque, Somne, struis!

289 *Del. Germ.* v p. 562: In picturam puellae nudae somno et morte oppressae

PETRUS LOTICHIUS

PETRUS LOTICHIUS (Peter Lotich, called 'Secundus' to distinguish him from an uncle: 1528–1560) was born near Schlüchtern in Hesse. He studied first at Frankfurt (where he got to know the poet Micillus), then (for a year) medicine at Marburg, and finally, from 1545, philosophy and the classical languages at Leipzig and Wittenberg under Camerarius and Melanchthon. He took part in the war of the League of Schmalkalden in 1546–7, and then, in 1550, set off, as tutor in a noble family, on travels in France, spending one year in Paris and three at Montpellier, where he studied botany and medicine; then, after a brief return to Germany, he went to Italy, visiting Padua, Venice, and Bologna, where he took a doctor's degree. On his return, he was appointed in 1557 Professor of Medicine and Botany at Heidelberg, where he died.

Lotichius was one of the leading Latin poets of the Renaissance in Germany; his collected poems, consisting of four books of elegies and two of odes, and six eclogues (some of which had appeared in Paris (1551) and Bologna (1556)), were edited by Camerarius (Leipzig 1563). Many editions followed: e.g. Leipzig 1586 (with a long Life by his friend Joannes Hagius); Amsterdam 1754 (ed. P. Burman); Leipzig 1840 (ed. Friedemann).

Lotichius owes his reputation not only to the simplicity and elegance of his style (with its echoes of Ovid and Tibullus and, among the neo-Latins, of Sannazaro and Flaminio), but still more, to the sympathy with which he presents everyday life, nature, and the varieties of psychological experience.

TEXTS from *Opera* 1586.

290 *A lucky encounter*

Esse per insidias iter, Herdesiane, monebam,
  dicebam toties 'Hoc iter omne cave!'
Tu tamen obsessas peregrinae milite gentis
  ausus es, invitis omnibus, ire vias.

290 *Eleg.* 1 x: Ad Christophorum Herdesianum Iureconsultum   Christopher Herde-sheim (1523–1585) was a celebrated jurist and theologian. He became a Protestant at Wittenberg, travelled in Italy and France, and settled at Nuremberg where he prac-tised as a lawyer and took part in theological controversies.   8 *Albiacas . . . aquas*: the Elbe, which flows through Magdeburg, which was besieged by Catholic troops

Obstupui subitaque tremens formidine sensi   5
  pectus, ut audivi, diriguisse metu:
omnia namque mihi comitum pars una tuorum
  nuper ad Albiacas retulit hospes aquas.
Purpureo caelum iam sol reseraverat ortu
  nocturnoque vigil munere functus eram,   10
moenibus egressus ripa viridante iacebam
  militiae deflens taedia longa meae,
ecce levi remo se matutinus agebat
  nescio quis patriae de regione tuae.
Factus erat propior, surgo nautamque saluto,   15
  ense latus cinctum est, hasta iacebat humi.
Protinus agnosco iuvenem, quo nullus ad Arctum
  doctior argutae fila movere lyrae,
Franciscum, cui Pierides, ni bella fuissent,
  cinxissent lauri fronde virente comam.   20
Ille tuos casus referebat, et hostis amicam
  ipsius in dirae limine mortis opem.
'Castra petebamus' lacrimans dicebat 'et urbem
  qua sale durandas Hala ministrat aquas.
Non procul hinc locus est ubi spumifer ilice densum   25
  perfluit undoso gurgite Sala nemus;
illic dum gelida fessi cessamus in umbra
  dum levat irrigui fluminis unda sitim,
ecce minax strictisque ferox mucronibus hostis
  ad liquidas praeda tendit onustus aquas,   30
hostis agens captosque greges armentaque secum,
  indigenae miseras rura colentis opes.
Iamque propinquabant, iam nos clamore premebant;
  nulla fugae ratio, nulla salutis erat.

---

in the Schmalkaldic War, in which L. took part in the years 1546–7.   **17** *patriae*
. . . tuae: Herdesheim was a native of Halberstadt, near Magdeburg.   **19** *Fran-*
ciscum: it is impossible to identify L.'s young poet-friend.   **23** *urbem*: evidently
Halle.   **24** It is tempting to read *Sala* for *Hala*.   **26** *Sala*: the Saale, a tributary
of the Elbe which flows through Halle.   **64** *Sincerus . . . Actius*: Sannazaro, with
whom the mercenary soldier claims kinship.   **70** *Caesar*: Charles V, who fought
against George Frederick, the Elector of Saxony.

Dum tamen et pecudes onerosaque praeda sequentes   35
   vallis et assiduis uda moratur aquis,
montis et oppositi (miserabile!) nitimur altum,
   ut quibus est cursu vita tuenda, iugum,
lustraque scrutamur nigrantibus abdita silvis
   et minus invisae quae loca lucis habent: 40
vertitur ante oculos lacrimosae caedis imago,
   et suus arbustis omnibus horror inest.
Sic ingrata dies, sic tota sub aethere nudo
   nox in desertis rupibus acta fuit.
Interea non ulla cibi, non montibus illis   45
   ulla vel exigui copia fontis erat.
Auribus accipimus vulgi lamenta per umbram,
   pulsaque nocturnis questibus antra sonant.
Deflet uterque parens natos, natique parentes,
   vir mala dilectae coniugis, illa viri,   50
parvus et in dumis puer a genetrice relictus
   "Mater, io, silvis abdita" clamat "ubi es?
Mater, io, si vivis, ubi es?" Quis talia siccis
   audiat, aut possit commemorare, genis?
Sole recens orto, montes nemorumque latebras   55
   linquimus, et superis vota precesque damus.
Ventum erat in campum, redit hostis, et ecce cohortis
   ductor anhelanti nos petit acer equo.
Stamus, et Aoniae cultores dicimus artis,
   immunes belli nos habuisse manus.   60
Nomen ad Aonidum, "Iuvenes, confidite," dixit
   "nos etiam mites erudiere deae.
Quod si forte procul vestras pervenit ad aures
   Sincerus priscis Actius ortus avis,
Actius Hesperiis fama bene notus in oris,   65
   pinguia Sebethi qua rigat arva liquor.
Illi ego me veteri consanguinitate propinquum
   glorior, et vates, vatis amicus, amo.
Impia nec praedae me traxit in arma cupido,
   cum populis terras cura videre fuit."   70

Sic ait, et nobis, ubi Caesar agebat, in urbem
  exhibuit tutas ipse cohorsque vias.'
Talia narrabat, lacrimisque fluentibus ambo
  duximus in longas tristia verba moras. . . .

291 *The poet on his sick-bed*

Ergo erat ut patriam, reditum si fata dedissent,
  hiberno peterem non remorante gelu,
aut doctis viridi musis operatus in aevo   25
  niterer ingenio nomen habere meo:
forsitan et nitidos olim pro casside crines
  ambiret foliis laurus odora suis.
Nunc iaceo cunctis defectus viribus aeger,
  solus in ignotis miles inopsque locis: 30
omne perit iuvenile decus totumque perurit
  immensus lateris non sine febre dolor;
deficit et ducens vitales spiritus auras
  oraque vix praestant arida vocis iter.
Scilicet haec mortis dantur mihi signa propinquae: 35
  viximus, exacto tempore fata vocant!
At non hoc olim puerum sperare iubebat
  fatidico celebris Noricus ore senex,

291 *Eleg.* i vi: Ad Michaelem Beutherum de se aegrotante   Michael Beuther of
Karlstadt (1522–1587) is best known for his chronological works and his translation
into High German of the *Reineke de Vos*; a friend of Hessus and Melanchthon, he
became a Professor at Greifswald in 1546 and went to Italy in 1553 to study medicine.
Lotichius wrote this poem in the spring of 1547 when he fell ill while taking part in
the defence of Magdeburg.   25 *aut*: perhaps *ut*?   38 *Noricus . . . senex*:
the Tyrolean Johannes Pedioneus Rhätus, Lotichius' first master in the conventual
school of Schlüchtern.   48 *Cynthius*: the Kinzig, a river near Schlüchtern.   50
Acidis: a river in Sicily into which (according to the legend) the shepherd Acis, lover
of the Nereid Galatea, was transformed. The name Acis (which occurs several times
in Lotichius' poems) must have been suggested to him—like 'Cynthius' for 'Kinzig'
—by the German name of a stream near Schlüchtern.   75 *parens*: the poet's
mother had recently become a widow; it was during the defence of Magdeburg
that he heard the news of his father's death.

sed fore qui seros famam proferret in annos
    sacraretque alta nomen in arce suum.   40
Astra fefellerunt, primoque in flore iuventae
    auferor : heu fallax et breve vita bonum !
Non mihi iam patriae superest spes ulla videndae :
    manibus haec tellus est habitanda meis.
Ergo nec in nota saltem regione quiescam   45
    nec monumenta meum corpus avita tegent,
qua pater ilicibus ripam praetexit et alnis
    Cynthius, et leni murmurat unda sono.
O mihi si gelidae rigui de fonte petitus
    Acidis has fauces haustus inundet aquae :   50
quam iuvat herboso versare in caespite corpus,
    o ripae medio dulce cubile die !
Frigida, Pegasides, vestro date pocula vati,
    utilis ut rapido me levet igne liquor ;
ferte salutiferas herbas et si qua per orbem   55
    gramina Paeoniis usibus apta virent.
Me miserum, quanto succensus torqueor aestu,
    quam rapidos ictus sentit utrumque latus !
Nec cibus ora iuvat nec mulcet lumina somnus,
    astra licet prono fessa Boote cadunt.   60
Cuncta silent, carpunt hominesque feraeque soporem
    densaque compositas occulit arbor aves ;
sola dolet mecum, nostras imitata querelas,
    et plenum gemitus dat Philomela sonum,
hortorumque sedens vicinis abdita ramis   65
    arguto varios integrat ore modos ;
carminibus sua fata levat felicior ales
    Daulias : invalido nil opis illa ferunt.
Nil artes herbaeque valent succique potentes,
    nil placidum caeli tempus et aura iuvant.   70
Testor, amice, deos fortunatosque piorum,
    quos adeo, Manes Elysiumque nemus :
non ego, quod rapior primis inglorius annis,
    fata moror, quamvis vincere dulce foret ;

tu facis, ah miseranda parens, tua serior aetas,   75
    tempus in exiguum cur superesse velim,
ne tanti tibi morte mea sim causa doloris
    et desolatae certa ruina domus.
Si tamen importuna feret me Parca leguntque
    ultima fatales hic mihi fila deae,   80
officium saltem tumulo largire supremum,
    cum repetes patriae, culte poeta, solum,
ossaque praeteriens ne calcet operta viator,
    fac lapis inscriptis indicet illa notis
et duo sint versus: 'Hic militis ossa Secundi   85
    ipsaque pro patria quae tulit arma iacent.'...

292   *Death of the Dolphin*

Di maris et virides, quas sunt penes aequora, Nymphae,
    ad bibulum madidis litus adeste genis:
ille decus pelagi vestro sub numine Delphin
    caeruleas subita morte reliquit aquas,
et nunc, ecce, iacet refluis inhumatus harenis: 5
    vix dedit eiecto funeris alga locum.
Quid bene facta iuvant, quid non rationis egentem
    esse, quid aequoreos non violare deos?
Num minus exanimem versant in litore fluctus
    saevaque turbati verberat unda maris?   10
Non senior potuit Nereus, non optima Tethys,
    ferre nec Oceanus quam meruisset opem.
Vivit atrox Xiphias ducitque per aequora sulcos,
    ille tamen curvas mergit in ima rates;

292 *Eleg.* II vii: Ad deos maris in funere Delphini   Composed during the poet's residence in Montpellier (1551–4).   13 *Xiphias*: the sword-fish.   15 *Echneis*: the *echeneis*, or *remora*, fish supposed to have the power of slowing down or stopping a vessel in its course.   31 *voles: sub adesi*] *volet: sub Adesi* 1586; *adesi* (which means 'hollowed out'; cf. no. 281 l.525) is the reading of Del. Germ., which prints L.'s Elegies in full.   34 *vate*: Arion.   36 *Thetis*] *Tethys* 1586.   43 *Eridani*: a river of the underworld connected with the story of Tantalus (cf. Virgil, *Aen.* VI 659; *Culex* 260).

vivit et Echneis, medio quam navita ponto   15
  saepe stupet totis classibus esse moram;
occidit innocuus tumidarum rector aquarum:
  optima cum pereant, deteriora manent.
Non iterum vitreas exercens lusibus undas
  transiliet rapido carbasa tensa Noto,   20
nec calidos vitans aestivi sideris ortus
  conscia deliciis incolet antra suis,
nec dulces natos veteresque reviset amores:
  flebile nempe iaces, magne natator, onus.
Hoc tamen infelix mortem solabere, quod te   25
  in solida positum vita relinquit humo:
non tua diripient sub gurgite viscera pisces,
  haerentem scopulis non fera tundet hiems.
Te quoque credibile est ausum sperare sepulcrum,
  liqueris aequoreas cum moriturus aquas.   30
Sit quodcumque voles: sub adesi vertice montis
  hic ego te manibus contumulabo meis:
prosit adhuc vastas olim Delphina per undas
  Lesbida cum sacro vate tulisse lyram.
Saepe dabunt gemitus volucres ad busta marinae   35
  et tibi serta Thetis Nereidesque ferent,
quique rigat iuxta factum de cautibus antrum
  grata quies umbrae fons erit iste tuae;
saepius ingrediens antiquos navita portus
  hauriet hic dulces te veneratus aquas.   40
Sive tamen gelidae mulcent te litoris aurae
  atque sub his gaudes nunc habitare iugis,
seu colis Eridani ripas, sine vortice cuius
  lenta per Elysium volvitur unda nemus,
in gremio, Delphin, recuba telluris amatae   45
  molliter et cineres saepe revise tuos.

293   *Sighs and tears*

O praesaga mei semper suspiria luctus,
　o gemitus maesti flebile cordis opus,
quid toties aeger de pectore spiritus imo
　surgit et inviti saepe madent oculi,
cura nec optatos sinit anceps ducere somnos,　　　　　5
　omnia dum media lassa quiete iacent?
Non mihi iam veteres—semel insanivimus!—ignes
　versat in accensis ossibus acer amor.
Quid tamen est, praesaga mali quod pectora maerent,
　quod gemo, quod causa saepe latente fleo?　　　　　10
Tristia venturos cognosco per omina luctus:
　o anime infelix, non potes esse diu!
Nil praeter lacrimas haec et suspiria vita est,
　quae si fine bono clauditur, acta sat est.

293 *Opera* 1586 p. 177: Ad suspiria et lacrimas

SEBASTIAN SCHEFFER

SEBASTIAN SCHEFFER (Sebastianus Schefferus: c.1530–c.1570) was born at Altenburg in Saxony: very little else is known about him. It seems likely that he was a pupil of Georgius Fabricius at Meissen and a friend of Camerarius. His poems—which include a lengthy eclogue celebrating the marriage of an official at the court of Augustus, Elector of Saxony—were collected in *Poemata*, printed at Frankfurt in 1572.

TEXT from *Poemata* 1572.

294　*The Nine Skins of Woman*

Sexum femineum fuge:
　pelles femineum corpus habet novem.
Piscis prima cutem refert
　eius, qui rigido stipite tunditur:
hic quassus veluti silet,　　　　　　　　　　　5
　sic primum mulier caesa molestiam
tristem devorat ictuum
　nec rumpit querula voce silentium.
Ursi dicitur altera,
　quae pulsata diu multa remurmurat.　　　　10
Huic vicinior anseris
　est: quam si tua pugnis rabies ferit,
confusis blaterat sonis
　obtunditque tibi aures muliercula.
Si pellem similem canis　　　　　　　　　　　15
　dextra contigeris, latrat iniquius.
Sin hanc qua tegitur lepus,
　plantas consulit et pestiferam luem

294 *Poemata* f.193: De novem mulierum pellibus　　In this poem S. elaborates a popular theme which had been treated before him by Hans Sachs.

optat visceribus tuis.
    Audax insequeris vir, corium manu   20
et dura violas equi:
    retro calcitrat et verberat aëra
teque ipsum, nisi cesseris,
    adverso cubitu calceque percutit.
Pulsas ulterius cutem   25
    felis: viribus os involat in tuum
totis et miserabilem
    vultum sanguineis sauciat unguibus.
Sin, quas suppeditat tibi
    flagrans ira, suillam trabibus quatis   30
pellem, grunnit, ut illius
    vel saxum videatur miserescere.
Tu saxo quoque durior
    pergas verberibus saeva viriliter
saevis addere verbera: 35
    humanam invenies, ne dubita, cutem.
Tunc, tunc res erit in vado
    omnis, victor ovans tunc vocitaberis,
nam circum tua bracchiis
    nexis colla, novas blanditias dabit   40
coniunx et veniam petet
    carnis cara tuae: 'Me sociam tori,
mi vir, desine viscera
    ultrici gravius plectere dextera.
Peccavi, fateor, meam   45
    mentem—proh!—iuvenilem et facilem sequi.
His instruxit anilibus
    nuper consiliis, nequitiam docet
quae nuptas, vetula improba,
    vt contraria semper tibi viverem   50
et vesana facesserem
    omni continuo lite negotium.
Nec solum fateor scelus,
    verum me sceleris paenitet et pudet.

Posthac polliceor fidem 55
   constantem patiens et faciam omnia,
quae tu, lux mea, postulas
   et quae conubialis pietas iubet.
Nunquam daemonis assecla
   seducat Stygiis me monitis anus : 60
te solum dominum colam,
   te solum monitorem cupide audiam.
Hanc causam modo curiae
   non ad iudicium, sed camerae precor
defer, namque opus est ibi 65
   ingenti, rabula teste, pecunia
longo et tempore, protinus
   hic lites dirimuntur sine sumptibus.'

NETHERLANDS

DESIDERIUS ERASMUS

DESIDERIUS ERASMUS of Rotterdam (1469?–1536) is famous for what he wrote in prose as a humanist, a theologian, and a reformer; he was less prolific, and less successful, as a poet.

Much of his surviving verse (which runs to some 6000 lines) belongs to his schooldays at Deventer, to his novitiate with the Augustinians of Stejn, and to his early days in Paris (1495–9). His first efforts are little more than imitations of the classics; when he reached Stejn he began, under the influence of his friend Cornelius Gerard, to make verse a vehicle for expressing his religious feelings.

In these early years Erasmus regarded himself primarily as a poet, and it was as a poet that he was best known to others; later, when he felt the pressure of more varied and complex interests, he depreciated his poetic gifts, though he continued to write verse on moral and religious themes, drawing on his own experiences, often in a melancholy vein. He produced also a good many epigrams, a number of panegyrical and other occasional poems, and verse translations of the *Hecuba* and the *Iphigenia* of Euripides, besides translating in his *Adagia* several Greek poetic fragments.

Erasmus never prepared a complete edition of his poems. In a letter of 1523 to John Botzheim, in which he sketched a plan for publication of his works, he assigned single poems and groups of poems to different sections, to accompany prose works dealing with similar subjects. The most important editions published in his life-time are: (1) *De casa natalitia Iesu* (seven poems, Paris 1496); (2) *Varia epigrammata* (48 poems, together with the *Adagia*, Paris 1506–7); (3) *Epigrammata* (72 poems, Basel 1518). After his death the editions of his *Opera Omnia* (Basel 1540, 90 poems; Leiden 1703, ed. Leclerc, 110 poems) distributed the poems on the plan he had suggested in his letter to Botzheim.

TEXTS from the edition of C. Reedijk (Leiden 1956), who prints the poems in chronological order, numbering them, and adding to Leclerc's total some 25 pieces.

295 *History and Pastoral*

Nuper, cum viridis nemoroso in margine ripae
    irrigua spatiarer in herba,
errabam tacitae per amica silentia silvae
    dulci tactus corda furore.
Iam nemora et fontes, iam rustica vita placebat   5
    turbam et fumida tecta peroso,
cumque Marone meo gelidis in vallibus Haemi
    sisti terque quaterque precabar,
cum subito affulgens, Venerique simillima pulchrae,
    obvia fit tua, Fauste, Thalia.   10
Protinus illa oculis est eminus agnita nostris,
    comi arrisit molliter ore;
ut coram stetit, 'Ecquid agit meus' occupo 'Faustus,
    quidve decus commune Gaguinus?'
'Vivit uterque et uterque, suo devinctus Erasmo,   15
    aut eadem, aut meliora precatur.'
'Gaudeo. Verum age dic, quidnam molitur uterque
    quod cantet schola Franca legatve?
Quae, reor, a tam ditibus atque feracibus arvis
    iamdudum annua munera sperat   20
autumnumque suum.' 'Primum tuus ille Robertus
    exaequat sermone soluto

295 Reedijk no. 39: In Annales Gaguini et Eglogas Faustinas carmen ruri scriptum et autumno   Probably written in 1495, soon after E.'s arrival in Paris; printed in *De casa natalitia* (1496) and, considerably revised, in *Varia Epigrammata* (1507) and *Epigrammata* (1518).   10 *Fauste*: Publius Faustus Andrelinus (c. 1462–1519), a native of Forlì, appointed a lecturer at the Sorbonne in 1489. He was a poor but prolific poet whose works were many times reprinted and who acquired great prestige in France; E. often quotes him admiringly.   14 *Gaguinus*: Gaguin was a friend and patron of E. during his first years in Paris.   21 sqq. Gaguin's *De origine et gestis Francorum* came out in Paris in 1495, with laudatory verses by Andrelini and a letter of E. (Allen, no. 45).   26 *Livius*: Gaguin translated into French the third decad of Livy (1493).   39 *poema*: Andrelini was working on his Eclogues, which came out in Paris in 1501.   41–8 Here and in 51–2 E. is referring to Virgil's *Eclogues*.   50 *Livia*: a youthful love of Andrelini, who lent her name to his *Amorum libri* IV (Paris 1490).   54 A characteristically ironic reference to the moralising doctors of the Sorbonne.   57 *tetrico . . . parenti*: Theseus.   59–60 See Virgil, *Ecl.* X (Gallus), VI (Varus), and IV (Pollio).   *Faustina . . . harundine*: in Andrelini's Eclogues.

pars veluti melior, sic et properantior aevi,
    o saeculi caduci
flos nimium brevis, et nulla reparabilis arte,
    tenerae o viror iuventae,
o dulces anni, o felicia tempora vitae,   75
    ut clanculum excidistis,
ut sensum fallente fuga lapsuque volucri
    furtim avolastis; ohe,
haud simili properant undosa relinquere cursu
    virides fluenta ripas,   80
impete nec simili fugiunt cava nubila, siccis
    quoties aguntur Euris.
Sic sic effugiunt tacitae vaga somnia noctis
    simul avolante somno,
quae desiderium curas et praeter inanes   85
    sui nihil relinquunt.
Sic rosa, quae tenero modo murice tincta rubebat,
    tenui senescit Austro.
Atque ita, me miserum, nucibus dum ludo puellus,
    dum litteras ephebus   90
ardeo, dum scrutor pugnasque viasque sophorum,
    dum rhetorum colores
blandaque mellifluae deamo figmenta poesis,
    dum necto syllogismos,
pingere dum meditor tenues sine corpore formas,   95
    dum sedulus per omne
auctorum volvor genus impiger, undique carpo
    apis in modum Matinae,
paedias solidum cupiens absolvere cyclum,
    sine fine gestienti   100
singula correptus dum circumvector amore,
    dum nil placet relinqui,
dumque profana sacris, dum iungere Graeca Latinis
    studeoque moliorque,
dum cognoscendi studio terraque marique   105
    volitare, dum nivosas

cordi est et iuvat et libet ereptare per Alpes,
    dulces parare amicos
dum studeo, atque viris iuvat innotescere doctis—
    furtim inter ista pigrum   110
obrepsit senium et subito segnescere vires
    mirorque sentioque
vixque mihi spatium iam defluxisse valentis
    persuadeo iuventae. . . .
    Sol mergitur vicissimque
exoritur novus et nitido redit ore serenus.   155
    Exstincta luna rursum
nascitur inque vices nunc decrescente minuta
    sensim senescit orbe,
nunc vegeta arridet tenero iuveniliter ore.
    Redit ad suam iuventam   160
bruma ubi consenuit, Zephyris redeuntibus, annus
    et post gelu nivesque
ver nitidum floresque reversa reducit hirundo.
    At nostra posteaquam
fervida praeteriit saeclis labentibus aestas,   165
    ubi tristis occupavit
corpus hiems capitisque horrentia tempora postquam
    nive canuere densa,
nulla recursuri spes aut successio veris.
    Verum malis supremum   170
imponit mors una, malorum maxima, finem.
    More Phrygum inter ista
incipimus sero sapere, et dispendia vitae
    incogitanter actae
ploramus miseri, et consumptos turpiter annos   175
    horremus, exsecramur.
Quae quondam, heu nimium! placuere et quae vehementer
    mellita visa dudum,
tum tristi cruciant recolentia pectora felle,
    frustraque maceramur   180

tam rarum sine fruge bonum fluxisse, quod omni
    bene collocare cura
par erat, et nullam temere disperdere partem.
    At nunc mihi oscitanti
qualibus heu nugis, quanta est data portio vitae!   185
    Satis hactenus, miselle,
cessatum, satis est dormitum, pellere somnos
    nunc tempus est, Erasme,
nunc expergisci et tota resipiscere mente.
    Velis dehinc equisque   190
et pedibus manibusque et totis denique nervis
    nitendum ut anteacti
temporis, ut studio iactura volubilis aevi
    vigilante sarciatur
dum licet ac dum tristis adhuc in limine primo   195
    consistimus senectae,
dum nova canities et adhuc numerabilis, et dum
    pilis notata raris
tempora, dumtaxat spatium effluxisse virentis
    iam clamitant iuventae,   200
nec tam praesentem iam testificantur adesse
    quam nuntiant citatum
ferre gradum et sterilem procul adventare senectam. . . .
    Posthac valete nugae
fucataeque voluptates risusque iocique,
    lusus et illecebrae;
splendida nobilium decreta valete sophorum,   225
    valete syllogismi,
blandae Pegasides animosque trahentia Pithus
    pigmenta flosculique:
pectore iam soli toto penitusque dicato
    certum est vacare Christo.   230
Hic mihi solus erit studium dulcesque camenae,
    honor, decus, voluptas,
omnia solus erit neque quicquam ea cura (quod aiunt)
    movebit Hippoclidem,

terrea si moles compagoque corporis huius 235
   marcescet obsolescens,
mens modo pura mihi scelerumque ignara per illum
   niteatque floreatque,
donec summa dies pariter cum corpore mentem
   ad pristinum novata 240
convictum revocabit et hinc iam vere perenni
   pars utraque fruetur.
Haec facito ut rata sint, vitae exorabilis auctor
   vitaeque vindicator,
quo sine nil possunt unquam mortalia vota et 245
   vires labant caducae.

297   *The Saviour's plea*

Cum mihi sint uni, si quae bona terra polusque
   habet, quid hoc dementiae est
ut malis, homo, falsa sequi bona, sed mala vera,
   me rarus aut nemo petat?
Forma capit multos, me nil formosius usquam est: 5
   formam hanc amat nemo tamen.
Sum clarissimus, et generosus utroque parente:
   servire nobis cur pudet?
Dives item et facilis dare multa et magna rogatus,
   rogari amo: nemo rogat. 10

297 Reedijk no. 47: Contestatio Salvatoris ad hominem sua culpa pereuntem. Carminis futuri rudimenta   Probably written soon after E.'s arrival in England in 1499, and—according to Allen (*Addenda* vol. IV p. xxi)—offered to Prince Henry after his visit to Eltham that autumn. The poem is a sketch for a piece 90 lines long (*Expostulatio Jesu*, Reedijk, no. 85) which was first published in E.'s *Concio de puero Jesu* (?Paris 1511). The *Expostulatio* was widely circulated and created a deep impression: Zwingli confessed in 1523 that his conversion was due to his reading of it. This shorter version is preserved (with ten other of E.'s poems) in B.M.MS Egerton 1651, and was first printed in P. Smith's *Erasmus* (New York 1923), pp. 455 sqq.   11 *sapientia*: so Smith and the corresponding line (23) in the *Expostulatio*; Reedijk's *patientia* seems to be without authority.   27 *praeteritum nihil est*: i.e., I have left no stone unturned in my efforts to help you.

Sumque vocorque patris summi sapientia : nemo
    me consulit mortalium ;
praeceptor : mihi nemo cupit parere magistro ;
    aeternitas : nec expetor.
Sum via qua sola caeli itur ad astra, tamen me   15
    terit viator infrequens.
Auctor cum ego sim vitae unicus ipsaque vita,
    cur sordeo mortalibus?
Veraci credit nemo, fidit mihi nemo
    cum sit nihil fidelius.   20
Sum placabilis ac misereri pronus, et ad nos
    vix confugit quisquam miser.
Denique iustus ego vindexque severus iniqui :
    nostri metus vix ullum habet.
Proinde, mei desertor homo, socordia si te   25
    adducet in mortem tua,
praeteritum nihil est : in me ne reice culpam ;
    malorum es ipse auctor tibi.

IOANNES SECUNDUS

IOANNES SECUNDUS (Jan Second Everaerts: 1511–1536) was born at The Hague, of a distinguished legal family. His father, who was President of the Council of the Netherlands, sent him in 1532 to Bourges, to study law under Alciati. Returning *viâ* Paris in 1533, Secundus, who had already composed a book of love-elegies, decided to abandon law in favour of art, letters, and an active life. A few months after his return he joined his brother Nicolaus in Spain, where his talents soon attracted the notice of Tavera, Archbishop of Toledo, who employed him as his secretary. In the summer of 1535 Charles V, who was organising an attack upon Tunis, attached Secundus to his retinue; a sudden attack of fever, however, forced the poet to return to the Netherlands. At home his health seemed to be restored, and he was designated by the Emperor to represent him on a mission to the Pope; but a return of his illness carried him off before he could take up the post.

Secundus was admired by his contemporaries as a painter and sculptor, but above all as writer of poetry in Latin, and his posthumous fame spread further and has lasted longer than has that of any other modern Latin poet. He was imitated by the Pléiade and admired by Goethe.

By far his most popular poems, though by no means his best, were the *Basia*, nineteen sensuous love-lyrics addressed to an imaginary Neaera, which have been translated into and imitated in almost every European language.

During his short life, Secundus published practically nothing. Gryphius brought out the *Basia*, together with a few other poems, at Lyon in 1539; and in 1541 the poet's brothers Nicolaus and Marius sponsored the production at Utrecht of a comprehensive edition, containing, besides the *Basia*, three books of elegies, two of epistles, and one each of epigrams, odes, 'Funera' and 'Sylvae'. An admirer of Secundus, Gulielmus Cripius, himself a lawyer from The Hague, reprinted this collection in 1561 in Paris, where it was again reprinted in 1582, together with selections from Marullus and Angerianus, under the title *Tres elegantissimi poetae, emendati et aucti*.

A complete and scholarly edition was produced by Petrus Scriverius at Leiden in 1619 (reprinted in 1631 and 1651) with the addition of some of Secundus's prose letters, some poems by his brothers, *testimonia*, and biographical material.

Secundus's poems, especially the *Basia* and *Elegies*, were often included in eighteenth-century collections, and an edition of his complete works appeared at Leiden in 1821 in two volumes, edited by a nephew of the younger Burman, Petrus Bosscha, who printed some of his uncle's unpublished notes.

TEXTS from *Opera* 1541, checked with Cripius 1561 and Scriverius 1619.

JOHANN STIGEL

JOHANN STIGEL (Ioannes Stigelius: 1515–1562) was born at Gotha; he studied as a boy at Leipzig and then, from 1531, under Melanchthon at Wittenberg. In 1543 he was appointed Professor of Latin there, but he was forced to leave the city by the War of Schmalkalden (1546–7), and at the end of 1547, after a short stay at Weimar, he went to Jena. There he taught in the school founded by Melanchthon, and, from 1558 was Professor of Rhetoric in the University.

Stigel's Latin poetry is written in the traditional classical forms—lyrics, epigrams, epithalamia, eclogues, etc. Its content is in the main religious; it reflects the moral and spiritual world of the reformers and the ups and downs of the struggles of Protestantism, of which he was an ardent supporter. This religious spirit reveals itself even in his minor poems, in which his descriptions of natural objects and of everyday life take on a symbolic significance. He also published translations of Homer and versified thirty of the Psalms.

Stigel gave his poems to the press sporadically; after his death they were collected and published in eight books (Jena 1566–69); a ninth book was added in 1572.

TEXTS: for nos. 287, 288, the revised edition of *Poemata*, Jena 1577; for no. 289, *Del. Germ.*

287 *The lark's song*

Vt rediens ramumque ferens frondentis olivae
    nuntia laetitiae prima columba fuit,
cum servata vehens humanae semina gentis
    Noias Armeniis constitit arca iugis,
sic mihi principium nunc primum audita sub anni   5
    laetius o utinam tempus, alauda, feras.
Obvia tu coetus Christum venerantis imago
    vere, Deo gratum, iam redeunte canis;

287 *Poemata* I p. 131: Cassita initio veris   'Cassita' is the Crested Lark.

blanda operum inspectrix spatiosa per arva vagaris
    atque operis gaudes ruris adesse comes.   10
Mane sonans homines mandati ad coepta laboris
    munia iucunde continuanda vocas,
et studia et curas cantu solaris amico
    donec abit sparso lumine longa dies;
occiduus repetit vada cum Maurusia Phoebus   15
    tu fessis etiam vota quieta canis,
nec prius in latebras agri te sera recondis
    munificum celebret quam tua lingua Deum.
Ergo laboriferi rediens ut nuntia veris
    grata Deo laudes dicere corda doces,   20
sic ut grata Deo laudes ecclesia cantet
    perpetuo patriae faxit amore Deus.

288   *A violet out of season*

Decerptam violam meae puellae
e silvis rediens dedi sub ipsum
maturantem hiemis Nonas Novembrem,
quam terrae e gremio excitarat Auster,
et multum simul addidi osculorum,
commendans dominae nova illa dona.   5
Quae ridens simul et gemens 'Amabo'
inquit 'delicias, tamen vel ipso
in flore est etiam figura mortis:
hic, qui tempore non suo virescit,   10
idem tempore non suo peribit.'

---

288 *Poemata* I p. 260: De viola serotina   3 The sense of this line is obscure, and *Nonas*
is a metrical solecism.

298   *The Birth of the Kiss*

Cum Venus Ascanium super alta Cythera tulisset,
  sopitum teneris imposuit violis
albarum nimbos circumfuditque rosarum
  et totum liquido sparsit odore locum.
Mox veteres animo revocavit Adonidis ignes,   5
  notus et irrepsit ima per ossa calor.
O quoties voluit circumdare colla nepotis!
  O quoties 'Talis' dixit 'Adonis erat'!
Sed placidam pueri metuens turbare quietem
  fixit vicinis basia mille rosis.   10
Ecce calent illae, cupidaeque per ora Diones
  aura susurranti flamine lenta subit.
Quotque rosas tetigit, tot basia nata repente
  gaudia reddebant multiplicata deae.
At Cytherea, natans niveis per nubila cycnis,   15
  ingentis terrae coepit obire globum,
Triptolemique modo fecundis oscula glebis
  sparsit et ignotos ter dedit ore sonos.
Inde seges felix nata est mortalibus aegris,
  inde medela meis unica nata malis.   20
Salvete aeternum, miserae moderamina flammae,
  umida de gelidis basia nata rosis!
En ego sum, vestri quo vate canentur honores,
  nota Medusaei dum iuga montis erunt,
et memor Aeneadum stirpisque disertus amatae   25
  mollia Romulidum verba loquetur Amor.

---

298 *Basium* I   11 *Diones*: i.e. Veneris, Venus being sometimes called by the name of her mother.   24 *Medusaei*: Mount Atlas, supposed to have been created by Perseus, who turned the giant Atlas into stone by displaying the head of Medusa.

299 *A kiss withheld*

'Da mihi suaviolum,' dicebam 'blanda puella!';
   libasti labris mox mea labra tuis;
inde, velut presso qui territus angue resultat,
   ora repente meo vellis ab ore procul.
Non hoc suaviolum dare, lux mea, sed dare tantum   5
   est desiderium flebile suavioli.

300 *'Da mi basia ...'*

Latonae niveo sidere blandior
et stella Veneris pulchrior aurea,
   da mi basia centum!
   Da tot basia, quot dedit

vati multivolo Lesbia, quot tulit;   5
quot blandae Veneres quotque Cupidines
   et labella pererrant
   et genas roseas tuas;

quot vitas oculis quotque neces geris,
quot spes quotque metus quotque perennibus   10
   mixta gaudia curis
   et suspiria amantium.

Da quam multa meo spicula pectori
insevit volucris dira manus dei
   et quam multa pharetra   15
   conservavit in aurea.

---

299 *Basium* III   Translated by Remy Belleau in his Sonnet 'Je disais: Ma Catin, mon Dieu que je vous baise...'
300 *Basium* XVI   17 *publica* seems strange: perhaps *lubrica*, or *duleia*?

Adde et blanditias verbaque publica
et cum suavicrepis murmura sibilis,
   risu non sine grato,
    gratis non sine morsibus,   20

quales Chaoniae garrula motibus
alternant tremulis rostra columbulae,
   cum se dura remittit
    primis bruma Favoniis;

incumbensque meis mentis inops genis   25
huc illuc oculos volve natatiles
   'Exsanguemque lacertis'
    dic 'te sustineam meis.'

Stringam nexilibus tete ego bracchiis,
frigentem calido pectore comprimam,   30
   et vitam tibi longi
    reddam afflamine basii,

donec succiduum me quoque spiritus
istis roscidulis linquet in osculis
   'Labentemque lacertis'   35
    dicam 'collige me tuis!'

Stringes nexilibus me, mea, bracchiis,
mulcebis tepido pectore frigidum,
   et vitam mihi longi af⁄
    flabis rore suävii.   40

Sic aevi, mea lux, tempora floridi
carpamus simul: en iam miserabiles
   curas aegra senectus
    et morbos trahet et necem!

301 *Against Sleep*

Somne, tenebrosae necis ignavissime frater,
    et tantum vanis dulcis imaginibus,
parce meae dominae natitantes claudere ocellos,
    noctis promissae dum brevis hora fluit.
Pacta mihi est, non, Somne, tibi: cur, improbe, pennis   5
    subrepens tacitis in bona nostra volas?
Desine, si pudor est, onerare amplexibus atris
    membra Pyrenaea candidiora nive.
Te sibi, deserto ducens suspiria lecto,
    noctibus in viduis multa puella vocat;   10
te vocat enervis coniunx formosa mariti
    plurima, et instanti gaudia nulla negat.
Tune obscura putas tua, lascivissime, furta,
    immunis quorum nulla puella fuit?
Parva licet matris caris indormiat ulnis,   15
    et rudis et nulli contemerata viro,
te tamen experta est resolutis aegra medullis,
    et frustra matris muta vocavit opem.
Cuncta patent tibi, Somne, cubilia formosarum,
    nocte brevi vigilet scilicet una mihi.   20
Ipsa negat tibi se, cubitoque innixa supino
    erigitur, nostrum labitur inque sinum;
sed rursum nitidos oculos devicta remittit,
    fractaque anhelantes vox cadit in gemitus.
Quid faciam, mea lux? quo te medicamine tangam,   25
    ut sopor iste tuo defluat ex animo?
Nam neque subducam lapsuro bracchia collo,
    nec tibi stridenti voce molestus ero;

---

301 *El.* II ix: Ad expellendum somnum puellae mecum cubanti   Scriverius in 1619 printed two versions of this poem, supplied (he said, from the author's MS) the title here given (*Ad somnum* only, in earlier edd.), and added the note 'Haec fere inter equitandum non longe a Palentia effudimus mense Septembri, 1534' (altered to '1533' in 1631, 1651).   69 *En! niveo* Scriverius: *In niveo* earlier edd. (corr. in Errata, 1541, to *Iam niveo*).

stemmata Francorum et decus et fera proelia regum.
    Iam nihil est quod Gallia docto
invideat Latio, suus ipsi contigit alter   25
    Livius ac Sallustius alter.'
'Quid tuus ille parat vates? Quonam monumento
    Faustum nigris invidet umbris?
An silet, alterna cupiens recreare quiete
    longis hausta laboribus arva?'   30
'Ille quidem felix agit otia, qualia quondam
    Scipiades agitare solebat
urbe procul tacitis solus, neque solus, in agris,
    otia pulchri plena negoti.
Quippe inter colles vinetaque Gallica solus   35
    Parisiis vagus errat in agris.
Sunt comites pingui gaudentes rure Camenae,
    illic raptus Apolline toto
et sese et Musis dignum Phoeboque poema
    agresti meditatur avena,   40
quale nec aequari doleat sibi Tityrus ipse,
    qui patulae sub tegmine fagi
silvestrem tenui tentabat harundine musam,
    quale trahat camposque pecusque,
quale queat rigidas deducere montibus ornos,   45
    sistere flumina, flectere saxa,
reddere quale queat placidos tigresque luposque,
    quale feros evincere Manes,
denique—quod proprie tecum laetabere—castum:
    nulla hic Livia, nulla Columba,   50
nusquam hic formosum Corydon ardebit Alexin,
    Phyllis toto in carmine nulla.
Quod neque Sorbonae nequeat censura probare—
    et multos habet illa Catones!—
quod neque grammaticus tenerae dictare iuventae   55
    plagoso vereatur in antro,
nec tetrico Hippolytum pudeat recitare parenti.
    Felicem ter et amplius illum,

quisquis Faustina dicetur harundine Gallus,
   vel Varus, vel Pollio quisquis,   60
vivet et aeternum pulchro cum carmine notus
   quadrifido cantabitur orbe.'

296 *'Labuntur anni ...'*

Quam nuper hunc Erasmum
vidisti media viridem florere iuventa!
   Nunc is repente versus
incipit urgentis senii sentiscere damna,
   et alius esse tendit   60
dissimilisque sui, nec adhuc Phoebeius orbis
   quadragies revexit
natalem lucem, quae bruma ineunte Calendas
   quinta anteit Novembres.
Nunc mihi iam raris sparguntur tempora canis,   65
   et albicare mentum
incipiens, iam praeteritis vernantibus annis,
   vitae monet cadentis
adventare hiemem gelidamque instare senectam.
   Eheu fugacis, ohe,   70

296 Reedijk no. 83: Ad Gulielmum Copum, medicorum eruditissimum de senectute carmen. In his letter to Botzheim (cf. supr.) E. said that this 'carmen equestre vel potius alpestre' was written while he was crossing the Alps on his way to Italy in 1506. Printed in *Varia Epigrammata* and, in a revised text, with E.'s translations of the *Hecuba* and *Iphigenia* (Aldus 1507). The dedicatee is William Cop (c. 1466–1532) of Basel, a doctor who learned Greek from Lascaris and Erasmus and taught medicine at the Sorbonne from 1497/8 to 1511/12.   62 *quadragies*: E. was not yet forty. 63–4 *Calendas quinta . . . Novembres*: E. was born on 28 October.   95 E. did paint as a youth (cf. Reedijk on nos. 68–72); but *pingere* here is surely metaphorical: 'to vizualize ideal forms.'   172 *More Phrygum*: a reference to the proverb 'sero sapiunt Phryges' recorded by Cicero (*Ad fam.* VII xviii) and Festus (342M).   174 *incogitanter*: an unclassical word.   187 *satis est* edd.: *satis* Reedijk.   227 *Pegasides*: the Muses; *Pithus*: Peitho, or Suada, the goddess of persuasion, was accounted one of the Graces.   234 *Hippocleidem*: from Herodotus VI 127: cf. *Adagia* chil. I, cent. x, no. 12.   238 *niteatque* edd.: *niteat* Reedijk.

247 *A good dog*

Latratu fures excepi, mutus amantes :
sic placui domino, sic placui dominae.

248 *An epitaph for himself*

Clara progenie et domo vetusta
(quod nomen tibi sat meum indicarit)
natus, contegor hac, viator, urna.
Sum Bellaius, et poeta. Iam me
sat nosti puto ; num bonus poeta,   5
hoc versus tibi sat mei indicarint.
Hoc solum tibi sed queam, viator,
de me dicere : me pium fuisse,
nec laesisse pios. Pius si et ipse es,
manes laedere tu meos caveto.   10

247 *Poemata* f.48 *Lib* IV (*Tumuli*) : Cuiusdam Canis
248 *Poemata* f.60 *Lib.* IV (*Tumuli*) : Sui Ipsius

GERVASIUS SEPINUS

GERVASIUS SEPINUS (?Gervais Sepin: fl. 1550). Nothing is known about Sepinus, except what can be gathered from his *Erotopaegnia*, a collection consisting of three books of Horatian odes, with an interesting personal preface by the author, which came out in Paris in 1553. He evidently came from Saumur, was a protégé of Macrin and a friend of du Bellay and other members of the Pléiade, and wrote his poems 'inter aulicos strepitus': 'Aula tibi nocuit, nocuit tibi lusus equorum', says Aegidius Periander, in an epigram prefixed to the generous selection from *Erotopaegnia* included in his *Hortus Amorum Tertius* (Frankfurt 1567).

Sepinus was the author also of seven long didactic Eclogues, published in 1555 and reprinted in *Del. Gall.*

TEXTS from *Erotopaegnion libri tres ad Apollinem* 1553.

249 'Chambers of transgression, now forlorn . . .'

O cella felix, cui datum soli fuit
    vultu fruisci lucido,
et illius potirier praesentia
    in quam iubar Phoebi micans
laetatur exsultim tenere splendida   5
    dum illucet orbi lumina,
audire sermones canorem et limpidum
    illius ad cuius sonos
placidissimos videtur incassum canens
    Philomela voces fundere.   10
Excita coram te suo a somno torum
    linquebat et capillulos
propexa concinnos decorum ad ordinem
    fronti refigebat suae;

---

249 *Erot.* III xxxvii: Ad Cubiculum   2 *fruisci*: S. seems to have conflated *fruor* and *fruniscor*.

nec digitis vellam digitos tibi, nec pede duro
 urgebo suras marmoreumque pedem.   30
Uda papavereo detergam lumina succo,
 sive meis oculis, seu magis ore meo;
inque tuum maestus flectam suspiria nomen,
 mussabo magicis carmina lecta sonis,
quae mihi, Thessalici quondam doctissima ritus,   35
 nocte relucenti commemorabat anus,
cum me, custodes calcans secura iacentes,
 virginis intactum detulit in thalamum.
Phryxaeam vigilans servabat belua lanam,
 servabat vigilans aurea mala draco;   40
tu quoque fac vigiles iuvenem complexa virentem
 delicias rapiat ne qua puella tuas.
Somnus abit, sensi, leviori pectus amatum
 iam gravat illa mihi pondere, somnus abit;
iam fas est maiore sono cantare, novumque   45
 mittere reclusas carmen in auriculas.
Nondum luna teres tetigit fastigia caeli
 ardua, fraternis dissita luminibus;
tu tamen, ah! pigro iamdudum immortua somno
 turpe toro pondus, me vigilante, iaces.   50
Nil agimus; iam se dedet secura quieti,
 norit ubi roseum tam procul esse diem.
Hospitis Oceani spumosa cubilia linquit
 Phoebus, et ardentes in iuga cogit equos;
sidit Atlanteas Phoebi germana sub undas,   55
 obtundunt aciem sidera victa suam,
terque dedit lucis signum cristata volucris;
 tu tamen assiduo pressa sopore iaces.
Uxores iaceant sic, deformesque puellae,
 quaeque parant lassis taedia foeda viris;   60
tu mecum longa ludas licet, o mea, nocte,
 et mecum longa deliciosa die.
Inclinata sopor nunquam mea lumina solvet:
 qui dormit, secum non habet ille suam;

o nunc, o vigiles, illud ne protinus addam: 65
    'quae dormit, secum non habet illa suum.'
Hoc non admittes in te, dulcissima, crimen,
    somnus iucundis iam fluet ex oculis.
En! niveo lapsos formavit pollice crines,
    lumina permulsit semireclusa manu,   70
et mihi basiolum strinxit trepidante labello,
    quale viro in somnis nulla puella tulit.
Iam dormisse decet, iam te formosior ipsa es,
    mollior ex oculis iam tibi flamma venit:
sic, ubi nocturnos rupit Tithonia somnos,   75
    purpureum flavo fundit ab ore decus;
sic nitet ambiguo Titan gratissimus ore
    cum se non totum nubibus exseruit;
talia per densos myrti Latonia ramos
    deicit in tremuli lumina fontis aquam.   80
Nunc licet intonsi veniat sub imagine Phoebi
    Somnus, Atlantiadis vel gerat ora dei,
exemplove Iovis liquido nitidissimus auro
    diffluat, aut niveo tectus olore gemat:
spernet Apollineos prae me Venerilla capillos,   85
    Mercuriique genas, Mercuriique lyram;
excludet gremio croceae ludibria guttae,
    et frustra ad thalamos dulce queretur olor.

302   *Welcome to Erasmus*

Ad patrios fines venit grandaevus Erasmus,
    venit amor recti, venit et ipsa Fides,
venerunt Charites, et iuncta Sororibus octo
    floribus instravit Calliopea viam.

302 *El.* III v: In reditum Erasmi Roterodami ad Belgas, sed falso nuntiatum   5–6 om.
Scriverius 1651.

Dicite, quae primum sacro pede contigit arva?   5
   Perpetuo lauros illa hederasque ferant.
Dicite, quo primum clausit vestigia vallo?
   Semper honoratus sit locus ille mihi.
Sive viam terris carpsit, seu flumine curvo
   vexit adoratum cymba beata senem,   10
et nullo intactae laedantur vomere terrae,
   et semper nitido gurgite flumen eat,
sole nec arescat, gelidae neque sidere brumae
   aspera concretas ungula pulset aquas.
O, tanti quae terra viri cunabula servas,   15
   debita dis magnis cum prece tura refer:
et pete, qui venit vestris ne cedat ab oris
   ad caeli donec sidera serus eat;
ut, cunis quae laeta sacris per saecla superbis,
   accedat titulis nobilis urna tuis,   20
ad quam longinquus toties lacrimabitur hospes
   inspargens tenera clara sepulcra rosa,
et dicet 'Felix quae talem terra tulisti!
   tu mihi vel magno non minor es Latio.'

303   *Exile in Spain*

Aragonum montes excoctaque gypsa calore
   arvaque nec Baccho cognita nec Cereri,
nullus ubi trepidantis aquae confinia circum
   frigerat umidulo gramine caespes humum,
aura ubi Phoebeas contra flans irrita flammas   5
   ipsa calet, motas conduplicatque faces;
rara comis ubi luxuriat frondentibus arbor,
   rara stat artifici marmore fulta domus,

---

303 *El.* III xi: Patriae desiderium   The title is that given by Bosscha; this poem was
untitled in all editions before 1631, where it is given the strange title *Arragoniae
desiderium* and the subscription 'Montissonii in Hispania' (both repeated in 1651).

sed miser excisis in rupibus incola vivit,
   et crescit toto nil nisi spina solo,   10
et paucae ficus, et non hic grata Minervae
   arida liventi languet oliva coma:
quando erit ut vestris liber de finibus arva
   et tua, flava Ceres, et tua, Bacche, petam,
multus ubi trepidantis aquae confinia circum   15
   frigerat umidulo gramine caespes humum,
aura ubi Phoebeos mitissima temperat ignes
   demulcens flabris aëra frigidulis,
densa comis ubi luxuriat frondentibus arbor,
   multa stat artifici marmore fulta domus?   20
Tunc ego, procumbens myrti genialis in umbra
   calculus argutas qua strepit inter aquas,
carmen, diva, tibi gratus, Fortuna, dicabo
   quod trahat agricolas ad loca blanda deos.

304   *The monuments in St. Denis*

Proxima Parisiae iacet urbs Dionysia valli,
   heroum tumulis religiosa virum;
hic monumenta tenent longaevis inclita saxis
   nomina, quae nuper Franca timebat humus,
sub quorum titulis bellum subiere tot urbes,   5
   ad quorum nutus tot voluere mori.
Et dispersa iacent fluidoque natantia tabo
   corpora, purpureo quae iacuere toro,

---

304 *El.* III xvii: De Statuis et Sepulcris in Templo Urbis S. Dionysii spectandis prope
Lutetiam   Most of this elegy was included by Secundus in *Iter Gallicum,* an
interesting account of his journey to Bourges from Malines, Feb–March 1532, printed
by Scriverius (1631) with other of S.'s travel letters.   26 *Carolus*: Charles VIII,
who died in 1498 aged 27.   36 *Lodovicus*: Louis XII, who died in 1515.   85
Regina: Anne of Brittany, wife first of Charles VIII, then of Louis XII, who died at
Blois in 1514.   88 *congreditura* Scriverius: *progreditura* 1541, Cripius.   105 *felici*
. . . . *caelo*: Jean Juste was the sculptor.   111 *Cnydiae simulacrum . . . Diones*: the
Venus of Cnidos.

aurum quae toties pede calcavere superbo,
    iamque viatorem marmore clausa rogant   10
regales precibus iuvet ut popularibus umbras
    depressosque pia voce levet cineres.
Haec rerum series et lex variabilis aevi est:
    cuncta alit, ut rapiat cuncta, maligna dies.
Saepe tamen fati raptum solatur acerbum   15
    littera in antiquis garrula marmoribus,
effigiesque virum saxo servata vel aere
    quae vivat longos post sua fata dies,
multaque venturis de se non muta loquatur
    ablatae speciem mentis in ore gerens.   20
Felices artes, rabiem quae vincitis Orci,
    atque aliquid fati demitis imperio:
vos ego saepe meis, vos versibus exornabo,
    et dicam Aoniis cantibus esse pares.
Raptus ad Elysias annis iuvenilibus auras   25
    Carolus, hic molli spirat in aere tamen,
longa senescentis visurus saecula mundi,
    cui sua lugubri carmine gesta canet,
Britonas ut fortes victrici fuderit hasta,
    ausus in hostiles se glomerare manus: 30
utque, trahens gelidas idem sua signa per Alpes,
    terror concussae venerit Ausoniae,
multaque, quae vultus docet in vivente metallo,
    pugnacem referens cum pietate manum.
Artis opus tantae superat sublime sepulcrum   35
    marmore de Pario quod Lodovicus habet,
hic quem supremum sepelivit Gallia regem,
    expertum dominae sortis utramque vicem. . . .
Vertice sublimi, genibus subnixus utrisque,
    ora gerens senio ter veneranda gravi,
ipse suos cineres Rex despiciebat in urna,
    visus ad astantes dicere 'Talis eram: 80
excepere meos miserantia marmora vultus,
    scilicet, hanc praedam surripuere solo;

sensus abest, animaque carent spirantia saxa,
    eripere hanc praedam non voluere polo.'
At consors Regina tori, consorsque sepulcri,   85
    nunc quoque blanditias dicere visa seni;
coniugis a laeva paulum distracta sedebat,
    si liceat, propius congreditura, reor.
Invide, quid libuit divellere, sculptor, amantem?
    quantum erat, ut sineres oscula ferre viro?   90
In medio monumenti, humilem sortita cavernam,
    amborum leto corpora fusa iacent;
et tumuli quae viva virent in vertice saxa,
    arida iam morti succubuere suae.
Pendet laxa cutis, latebris clauduntur opacis   95
    lumina, rarescit triste capillitium:
exiles nares, tenuataque crura manusque,
    quicquid et in vitam mors cariosa potest,
contulit in saxum rigidae manus aemula morti,
    fictaque stant uno Vitaque Morsque loco.   100
Scilicet, hoc certe in simulacro integra superbit
    arsque peregrino non eget auxilio.
Expallet marmor; mors hunc petit aegra colorem;
    conticet; exanimes dedidicere loqui.
Marmora felici multum debentia caelo,   105
    marmora iam vitae reddita, iamque neci,
qua vos nata manu, sic nos eludere dicam,
    sensibus ut credam vix satis ipse meis?
Nimirum digiti vos expoliere Latini,
    talia barbaricae non potuere manus.   110
Vivite dum Cnydiae simulacrum fama Diones
    Praxitelis rarum sera loquetur opus.

305 *To a friend about to marry*

Ergo, dulcis amicule,
  nobis tam cito te subtrahis et vagis
finem ponis amoribus?
  Et te sponte tua bracchia mollibus
subdens libera vinculis   5
  captivis hominum coetibus inseris,
sortem servitii gravem et
  passurus dominae sceptra puellulae?
Visurus tamen interim
  natos, legitimae praemia Cypridis,   10
natos, certa levamina
  curarum et socii pignora lectuli;
quos qui tollere negligit
  dans infrugiferis semina vepribus,
ignavus moritur senex   15
  indignusque cui contigerit parens.
Ergo, spernere si potes
  curas, maestitias, vincula, carcerem,
dum castus tibi sit torus
  et gignas aliquid quod tibi succinat   20
nomen dulce parentibus,
  aula quodque tua lusitet, et patris
observantibus atria
  monstret ora sui certa clientibus;
i quo te impetus impotens,   25
  i quo magnus Hymen te vocat et potens
dextra teligera puer.
  At nos interea, quando relinquimur
abs te, cum reliquis tamen,
  quos non ista tenent iura, sodalibus,   30
donec canities abest
  carpamus Veneris gaudia liberae.

305 *Od.* v: Ad Hadrianum Goesium I.C. uxorem ducturum   Adrian van der Goes, a friend of S., who belonged to a family distinguished for its painters, historians and lawyers.   16 parens: sc. (presumably) *esse*, or (perhaps) *qui morienti assideat.*

306   *A dialogue between lovers*

Cum mihi de variis traheretur sermo puellis
    tecum, deque bonis, Gellia, deque malis,
sic mihi tum memini te respondisse, supremum
    et finem verbis imposuisse meis:
'Illa sapit demum quae se putat insipientem: 5
    desipit haec nimium quae sibi, Iane, sapit.'
Hic ego: 'Quid vero de te, mea Gellia, sentis?
    an sapere an contra stulta videre tibi?'
'Stulta,' refers 'sum stulta mihi', ridesque suäve,
    scilicet officio quam bene functa tuo!   10
At cave ne, dum te sic stultam dicis, ut isto
    te mihi prudentem testificere modo,
Gellia, captata frauderis laude, nec esse
    prudens iudicio comperiare tuo.

---

306 *Epigr.* xxix: In Gelliam.   The *Epigrammata* were first numbered in Scriverius'
edition of 1631, from which this number (xxix) is taken.

ENGLAND

THOMAS MORE

THOMAS MORE (Thomas Morus: 1478–1535) was a leading figure in the revival of Greek and Latin studies in England, and a close friend of Erasmus, who arranged for the printing of the first edition of his *Utopia*, at Louvain, in 1516 and of the second edition, by Froben at Basel, in 1518. To the 1518 edition of *Utopia* was added a collection of More's *Epigrammata*; a second edition of the composite volume appeared later in the same year, and a third in 1520. This last edition included eleven additional poems, bringing the total to over 250 pieces, most of them brief epigrams, many translated from the Greek.

More's Latin poems were reprinted in collected editions of his Works in the 1560s, and separately in London in 1638.

More's Latinity was impeached by Germain de Brie in his *Antimorus* (1519; cf. no. 224), to which More replied in epigrams added in the edition of 1520.

We print a characteristic epigram, and two pieces which touchingly reveal personal feelings that More rarely expressed in his Latin verse.

TEXTS from *Epigrammata* 1520, in which nos. 307 and 308 appeared for the first time, checked for no. 309 with *Utopia* 1518.

307 'Veteris vestigia flammae . . .'

Vivis adhuc, primis o me mihi carior annis,
    redderis atque oculis Elisabetha meis!
Quae mala distinuit mihi te fortuna tot annos?
    paene puer uidi, paene reuiso senex.
Annos uita quater mihi quattuor egerat, inde   5
    aut duo defuerant aut duo paene tibi,
cum tuus innocuo rapuit me uultus amore,
    uultus, qui quo nunc fugit ab ore tuo?

307 *1520* p. 108: Gratulatur quod eam repperit incolumem quam olim ferme puer amaverat   *2 Elisabetha*: her identity is unknown; More evidently met her first (5–6) when he was sixteen and she a year or two younger, i.e. in 1494; the meeting that inspired the poem took place twenty-five years later (47). The poem, then was written in 1519.   *48 retulere*: the first *e* should be long.

Cum quondam dilecta mihi succurrit imago,
    hei, facies quam nil illius ista refert! 10
Tempora quae, tenerae nunquam non invida formae,
    te rapuere tibi, non rapuere mihi:
ille decor nostros toties remoratus ocellos
    nunc tenet a vultu pectora nostra tuo.
Languidus admoto solet ignis crescere flatu 15
    frigidus obruerat quem suus ante cinis,
tuque facis, quamvis longe diversa priori,
    ut micet admonitu flamma vetusta novo.
Iam subit illa dies, quae ludentem obtulit olim
    inter virgineos te mihi prima choros; 20
lactea cum flavi decuerunt colla capilli,
    cum gena par nivibus visa, labella rosis;
cum tua perstringunt oculos duo sidera nostros
    perque oculos intrant in mea corda meos;
cum velut attactu stupefactus fulminis haesi, 25
    pendulus a vultu tempora longa tuo;
cum sociis risum exhibuit nostrisque tuisque
    tam rudis et simplex et male tectus amor.
Sic tua me cepit species: seu maxima vere
    seu maior visa est quam fuit esse mihi; 30
seu fuit in causa primae lanugo iuventae
    cumque nova suetus pube venire calor;
sidera seu quaedam nostro communia natu
    viribus afflarant utraque corda suis;
namque tui consors arcani conscia pectus 35
    garrula prodiderat concaluisse tuum.
Hinc datus est custos ipsisque potentior astris
    ianua, quos vellent illa coire vetat.
Ergo ita disiunctos diversaque fata secutos
    tot nunc post hiemes reddidit ista dies— 40
ista dies, qua rara meo mihi laetior aevo
    contigit, occursu sospitis alma tui.
Tu praedata meos olim sine crimine sensus,
    nunc quoque non ullo crimine cara manes;

castus amor fuerat, ne nunc incestior esset, 45
 si minus hoc probitas, ipsa dies faceret.
At superos, qui lustra boni post quinque valentem
 te retulere mihi, me retulere tibi,
comprecor ut lustris iterum post quinque peractis
 incolumis rursus contuar incolumem. 50

308   *A father to his children*

Quattuor una meos invisat epistola natos
 servet et incolumes a patre missa salus.
Dum peragratur iter, pluvioque madescimus imbre,
 dumque luto implicitus saepius haeret equus,
hoc tamen interea vobis excogito carmen, 5
 quod gratum (quamquam sit rude) spero fore.
Collegisse animi licet hinc documenta paterni,
 quanto plus oculis vos amet ipse suis,
quem non putre solum, quem non male turbidus aër
 exiguusque altas trans equus actus aquas, 10
a vobis poterant divellere, quo minus omni
 se memorem vestri comprobet esse loco.
Nam crebro dum nutat equus casumque minatur
 condere non versus desinit ille tamen :
carmina quae multis vacuo vix pectore manant 15
 sollicito patrius rite ministrat amor.
Non adeo mirum si vos ego pectore toto
 complector, nam non est genuisse nihil :
provida coniunxit soboli natura parentem
 atque animos nodo colligat Herculeo. 20

308 *1520* p. 110: T. Morus Margaretae Elisabethae Ceciliae ac Ioanni dulcissimis suis liberis S.P.   Probably written late in 1517, when More travelled to Calais on an embassy (see Leicester Bradner and C. A. Lynch, *The Latin Epigrams of Thomas More*, Chicago 1953, p. 231); his children were then between seven and twelve years old. 16 *patrius* Bradner: *patruus* 1520.   25 *Serum* Bradner *serum* 1520.   36 *fui* 1638: *sui* 1520.

Inde mihi tenerae est illa indulgentia mentis
    vos tam saepe meo sueta fovere sinu;
inde est vos ego quod soleo pavisse placenta,
    mitia cum pulchris et dare mala piris;
inde quod et Serum textis ornare solebam,   25
    quod nunquam potui vos ego flere pati.
Scitis enim quam crebra dedi oscula, verbera rara,
    flagrum pavonis non nisi cauda fuit;
hanc tamen admovi timideque et molliter ipsam,
    ne vibex teneras signet amara nates.   30
Ah ferus est dicique pater non ille meretur,
    qui lacrimas nati non fleat ipse sui!
Nescio quid faciant alii, sed vos bene scitis
    ingenium quam sit molle piumque mihi,
semper enim quos progenui vehementer amavi   35
    et facilis (debet quod pater esse) fui.
At nunc tanta meo moles accrevit amori
    ut mihi iam videar vos nec amasse prius.
Hoc faciunt mores puerili aetate seniles,
    artibus hoc faciunt pectora culta bonis,   40
hoc facit eloquio formatae gratia linguae
    pensaque tam certo singula verba modo:
haec mea tam miro pertentant pectora motu
    astringuntque meis nunc ita pignoribus,
ut iam quod genui, quae patribus unica multis   45
    causa est affectus, sit prope nulla mei.
Ergo, natorum carissima turba meorum,
    pergite vos vestro conciliare patri,
et quibus effectum est vobis virtutibus istud,
    ut mihi iam videar vos nec amasse prius,   50
efficitote (potestis enim) virtutibus isdem
    ut posthac videar vos nec amare modo.

309 *Hesperus' confession*

Ex more sacro dum sacerdoti Hesperus
commissa fassus expiaret crimina,
explorat huius ille conscientiam
et cautus omne examinat scelerum genus,
interque multa quaerit ann' unquam malos   5
ritu profano crediderat in daemonas.
'Vah, egone credam in daemones,' inquit 'pater?
multo labore vix adhuc credo in Deum.'

309 *1520* p. 99: De Hespero confitente   More tells this story in his *Dialogue concerning Heresies* (1529) II xi: 'Ye would rather fare like another, that when the frere opposed him in confession whether he meddled anything with witchcraft or necromancy, or had any belief in the devil, he answered him . . . "Believe in the devil . . . Nay, Sir, I have work enough to believe in God."   5 *ann'* corr. R. A. B. Mynors: *an* 1518–20.

JOHN LELAND

JOHN LELAND (Ioannes Lelandus: c.1506–1552), the first great British antiquary, was educated at St. Paul's School under William Lily and at Christ's College, Cambridge. Graduating in 1522, he migrated to Oxford and studied at All Souls before spending two or three years in Paris, where he became proficient in classical and modern languages and made the acquaintance of the leading scholars and poets of the day. Returning, Leland took orders and in 1525 became tutor to the son of Thomas Howard, Duke of Norfolk, and he soon began to publish panegyrical Latin verses which evidently won him favour at Court. In 1533, Henry VIII made him 'King's Antiquary', and for the next ten years or so he was engaged in the famous archaeological itinerary that provided the material for his projected 'History and Antiquities of this Nation'. In 1545 he presented a New Year's address to the King describing what he had achieved in his researches and the monumental works he intended to build upon them. He also championed Henry's ecclesiastical reforms in an unpublished tract entitled *Antiphilarchia*, and obtained from Cranmer preferment which enabled him to continue his antiquarian studies. These at length overtaxed his brain, and for the last two or three years of his life he was incurably insane.

Leland published separately in the 1540s several encomiastic and occasional Latin poems, including *Cygnea cantio*, a fanciful account in hendecasyllables of the voyage of a flock of swans down the Thames from Oxford, in which he describes the towns and royal residences past which the river flows. The bulk of his works were first published from his MSS by Hearne (*Itinerary*, 9 vols. 1710; *Collectanea*, 6 vols. 1715); his poems had been collected by Thomas Newton and published in 1589, under the title *Principum ac illustrium . . . virorum Encomia* (reprinted in vol. v of *Collectanea*). Newton used (among other MSS) a MS copied out by John Stow (evidently from an original which was imperfect or difficult to read, or both), now in the Bodleian (MS Tanner 464d).

TEXTS from *Encomia* 1589, checked with MS Tanner 464d.

310 *A squirrel*

Hastas dum coryli colit vibrantes
rufus testigeram nucem sciurus
hamis prandiolum rotans aduncis
aures laetus et arrigens acutas
erectusque sedens, statim reduxit—   5
en!—caudam ad tremulum caput pilosam,
naturae referens suae latentem
certe nescio quam potentiam, unde
est nomen proprium inditum eleganter
illi, scilicet oriens Pelasgo e   10
fonte, et significanter 'umbricauda'.
Hinc exercet acutulos receptis
testis denticulos, opusque fervet:
fragmenta undique decidunt refracta,
testarum et cumulus cito fit ingens. . . .   15

311 *Parting from a friend: to Andrew Smith*

Quid verbis referam iam tibi pluribus
quam res sit gravis—ah!—te sine vivere,
cum quo saepe fui pectoris intima
arcani solitus pandere et ad lyram
argutis resonam dulcia vocibus   5

310 *Encomia* p. 23: Sciurus Chrysidis   The poem, some ninety lines long, describes how a country boy captures a squirrel and presents it to Chrysis, who keeps it as a pet.   4 *acutas* Tanner (with *um* suprascr.): *acutum* 1589.   6 *-en!-*] *et* 1589.   9 *est*] *et* 1589.   9–10 *eleganter illi*] *eleganter, Illic* 1589.   10 *oriens*: Leland (as Newton observed in a letter prefixed to the Tanner MS, returning it to Stow with thanks for the loan) not infrequently 'swerves from the right quantitie of syllables'. 11 *'umbricauda'*] *undecumque* 1589, a word which Leland uses loosely elsewhere (cf. no. 315 l.2), but of which sense can hardly be made in this context. 'Umbricauda' is, we suggest, L.'s fanciful Latinisation of σκίουρος.

311 *Encomia* p. 39: Ad Andream Smythum   This reads like an early poem; perhaps it was written shortly before Leland's departure for Paris c. 1523.   12 *beatulum*: Leland is overfond of diminutives, cf. ll.21, 23.

felix assidue fingere carmina,
cum quo sum solitus prata nitentia
gemmis visere tam versicoloribus?
Quod, tantum nisi me pelleret invida
per fluctus miseram sors male concitos,　　　　10
tecum perpetuo vivere molliter
quam laetus poteram, meque beatulum
te semper socio credere candido!
Non auri studium vel sacer ambitus,
non quicquid gremio fertilius solum　　　　15
producit, solidam sic alio mihi
mentem distraheret quin tibi iungerem
me totum facili. At nunc prohibet mea
cum me sors miserum longius aspera
te praesente frui, iudico proximum　　　　20
crebris litterulis damna rependere:
sic praesens animus me comitem tibi
absenti niveo iunget amiculo.

312　*Greetings to Erasmus*

Si vis Castalio choro placere,
i nunc, i mea sed gradu citato
dulcis Pieri, gentis ad nitentes
agros Helveticae, recurvus undis
qua Rhenus tumidis volat per arces　　　　5
defluxu Basilaeias amoeno.
Illic invenies disertum Erasmum,
insigne eloquii decus Latini,
pulsantem querulo lyrae canoros
nervos pollice, subtimentibus cum　　　　10
Musis tum Clario inclitos honores

312 *Encomia* p. 54: Ad Desiderium Roterodamum　　　Evidently written before 1529,
when Erasmus ceased to reside in Basel; perhaps sent from Paris c. 1524.

ne mons verticibus sacer duobus
perdat, ne titulos suos Cithaeron,
et dent Teutonico locum poetae.
Cui si, Pieri, plurimam salutem   15
nostro nomine dixeris, statim ulnis
te amplexabitur obviis benignus.

313   *The Revival of Letters*

Ecce renascentis doctrinae gloria floret,
linguarum floret cognitioque trium:

313 *Encomia* p. 74: Instauratio bonarum literarum   9–14 Of the English humanists here named, Leland included the first six (other than Grocyn) in his *De scriptoribus Britannicis* (ed. A. Hall, 1709). A full account of the earlier group of scholars will be found in R. Weiss' *Humanism in England during the Fifteenth Century* (2nd ed. 1957); 'Phraeus' is John Phrea (or Free), the supreme English humanist of the fifteenth century, who died in Rome in 1465; 'Tiptotus' is John Tiptoft, Earl of Worcester (1427?–1470), who accumulated a large collection of MSS during his stay in Italy 1458–61; 'Viduus' is Robert Wydow (d. 1505), a canon of Wells (see *De script. Brit.*, p. 485, where Leland says 'Conjecturae sunt quaedam quae me eo perducunt ut putem Viduum in Gallia et Italia . . . aliquando studuisse'); 'Flaminius' is Robert Flemmyng, Dean of Lincoln (c. 1415–1483), who studied under Guarino, was from 1458–61 King's Orator at the Vatican, and formed an important classical library; 'Sellingus' is William Sellyng or Celling, Prior of Christ Church, Canterbury (d. 1494); he visited Italy thrice, bringing back many Greek and Latin MSS. Of the other scholars mentioned, Grocyn, Linacre, Colet, and Lily are well-known; 'Latimarus' is William Latimer (1460?–1545), a Fellow of All Souls, who travelled in Italy with Grocyn and Linacre towards the end of the century, studied at Padua, was tutor to the future Cardinal Pole, and a friend of More; 'Dunstallus' is Cuthbert Tunstall (1474–1559), famous during three reigns as Bishop of Durham; he had studied at Padua at the turn of the century and made the acquaintance of leading foreign scholars; 'Stocleius' is John Stokesley (1475?–1539), Bishop of London, who was described by Erasmus as intimately acquainted with the three languages and classed by him with More, Linacre, Colet and Tunstall, but who does not seem to have spent any time in Italy until he was sent there on a diplomatic mission by Henry VIII in 1529–30; 'Paceus' is Richard Pace (1482?–1536), Dean of St. Paul's, who studied at Padua in the early 1500s and represented his country on several missions to Italy under Henry VIII; he translated Plutarch and was a frequent correspondent of Erasmus.   13 *Dunstallus phoenix,*] *Dunstallus phoenix* Tanner; *Dunstallus, Phoenix,* 1589; 'phoenix' is surely an epithet qualifying 'Dunstallus', and not (as the punctuation of 1589 would suggest) a proper name.   18 *retulere*: another example of L.'s false quantities: cf. no. 310 l.10.

migrat in Italiam Graecus thesaurus et artes
se reparaturum praedicat usque bonas;
excolit eloquii vivos Hispania fontes,   5
   Gallia nunc studiis tota dicata nitet;
nutrit honorifice doctos Germania multos
   quorum sunt orbi nomina nota probe;
ingeniorum altrix et nostra Britannia Phraeum,
   Tiptotum, Viduum, Flaminiumque tulit,   10
lumina doctrinae; Grocinus deinde secutus,
   Sellingus, Linacer, Latimarusque pius,
Dunstallus phoenix, Stocleius atque Coletus,
   Lilius et Paceus, festa corona virum.
Omnes Italiam petierunt sidere fausto   15
   et nituit Latiis musa Britanna scholis,
omnes inque suam patriam rediere diserti
   secum thesauros et retulere suos:
nempe antiquorum scripta exemplaria passim
   Graecorum, aeternas quae meruere cedros.   20
Vivat doctorum felix industria, per quam
   lux, pulsis tenebris, reddita clara nitet!

314   *Contemporary poets*

Hic inter vates quos saecula nostra tulere
   si quaeris quis me iudice primus erit,
invidia dicam posita quod sentio plane,
   ungues nec metuet nostra Thalia nigros:
splendida collucet Pontani gloria primi,   5
   Nasonis cultor maximus ille fuit.

314 *Encomia* p. 71: De quibusdam nostri saeculi poetis   13 *Angelus*: sc. Poliziano.
15–16 The poem must have been written after 1540, when Eobanus Hessus published
his translation of the *Iliad*.   17 *Nicoleos*: Niccolò della Valle, whose translations
from the *Iliad* were published in 1474 and again in 1510.   21 *vel seria ducunt*:
presumably c 'take the lead even among serious works.'   23 *Sedigitus*: Volcatius
Sedigitus, in the first century B.C., drew up a 'canon' of comic poets.

Proximus a primo Graeca de gente Marullus,
   ad numeros natus mellifluosque modos.
Actius aeterno Sinceri nomine dignus
   florem virginei tollit ad astra chori;   10
Mantua quem genuit Baptista canorus eandem
   concinuit Mariam : clarus uterque nitet.
Angelus ad numerum venit immortalis eorum;
   divinus vates subsequiturque Vida.
Nobilis est Hessi musa, illustrissima testis   15
   Ilias in Latiis conspicienda scholis.
Nicoleos noto dictis cognomine Valla
   candidus interpres hac quoque parte micat.
Aetas nostra sales ac Mori laudat acumen,
   gratior haec eadem posteritasque canet.   20
Borbonii Nugae nostri vel seria ducunt :
   sunt alii quorum carmina digna cedris.
Non ego Sedigitus : mihi qui volet usque reclamet;
   iudicium per me stet modo cuique suum.
At si nunc sciolus vel confidentior unus   25
   Pontani minuat dona beata mihi,
praesto est quod referam (nec enim metuo mihi ab umbris)
   unde operis pretium censor et ipse feret :
quicquid Cecropii proceres docuere, Latini
   quicquid et eloquii Roma diserta tulit,   30
eximium quicquid dea prudentissima Pallas
   praestitit ingenii fertilitate sui,
excoluit quicquid Phoebus, doctaeque sorores,
   quicquid in Aoniis praenitet atque iugis,
et Veneres quicquid Charitesque salesque leporesque   35
   ac Pitho niveis exhibuere notis—
ut mittam Uranien caeli stellasque micantes
   Hesperidumque hortos, munera laeta quidem,
adde antiquarum monumenta celebria rerum
   in lucem e tenebris iam revocata novam—   40
omnino edidicit mente atque recondidit alta
   intentus studiis nocte dieque bonis.

Haec me virtutis radiantia signa serenae
tollere Pontanum sidera ad ipsa iubent.

315 *Chaucer and the Progress of Letters*

Cum vivum teres Atticus leporem
invenisset et undecumque Graecam
linguam perpoliisset, insolenter
audebat reliquos rudes vocare.
Cuius iudicium impiger Quirinus   5
intenso studio sequens Latinum
sermonem quoque reddidit venustum,
et cum Graeco alios rudes vocavit.
At quanto mihi rectius videtur
fecisse officium suum disertus   10
Chaucerus, brevitate primus apta
linguam qui patriam redegit illam
in formam ut Venere et lepore multo,
ut multo sale, gratiaque multa
luceret, velut Hesperus minora   15
inter sidera! Nec tamen superbus
linguae barbariem exprobravit ulli
genti, tam facilis fuit benignusque.
Ergo vos iuvenes manu Britanni
laeta spargite nunc rosas suäve   20
spirantes violasque molliores,
et vestro date candido poetae
formosam ex hedera citi coronam!

---

315 *Encomia* p. 93: De Gallofrido Chaucero   18 *benignusque*: the *que* is, irregularly,
elided.

WALTER HADDON

WALTER HADDON (Gualterus Haddonus: 1516–1572) was educated at
Eton and King's College, Cambridge, where he studied Civil Law, of which
he became Professor in 1551. He was 'one of the great and eminent lights of
the reformation in Cambridge' under Edward VI, and (with John Cheke)
drew up for Cranmer a scheme for the reform of the ecclesiastical laws. In
February 1552 he became Master of Trinity Hall; in October of the same
year the King removed the President of Magdalen College, Oxford, who was
opposed to the religious changes then in process, and appointed Haddon, by
royal mandate, in his place. A year later the unstatutable appointment was
cancelled by Queen Mary and Haddon moved to London, where he became
an advocate in the Court of Arches. After the accession of Elizabeth his
sympathy with Protestantism was rewarded by places on several ecclesiastical commissions, and in 1565 and 1566 he was in Bruges, employed in
negotiations concerning commercial relations with the Netherlands.

Haddon was admired in his day as a Latinist; Queen Elizabeth is said, on
being asked whether she preferred him or Buchanan, to have 'adroitly
replied *Buchananum omnibus antepono, Haddonum nemini postpono.*' His speeches
and letters are fluent and colloquial, but undistinguished and un-Ciceronian,
and his verses—for the most part pious exercises, court verses, and occasional
epigrams and elegies—are devoid of poetical quality and rarely rise above the
pedestrian.

Collections of Haddon's speeches and letters (*Lucubrationes*) and of his
verse (*Poemata*) were published in a single volume by his fellow-Kingsman,
Thomas Hatcher (London 1567); a second edition of the poems followed in
1576.

TEXTS from *Poemata* 1567.

316 *An exchange of books*

Accepi parvum, tibi parvum mitto libellum,
    utque tuus novus est, sic tibi mitto novum;
das mihi Germanum, Germanum reddo vicissim,
    ut tuus est varius, sic etiam meus est.
Non dubito magnum studium quin parvus haberet   5
    Hessus, item Charion plenus amore venit;
felicem felix annum iubet esse poeta,
    historiae Charion imperat auctor idem.
Ergo liber libro respondet, votaque votis
    conveniunt; annus par sit utrique novus: 10
sic ego praeclarus prodibo repente poeta,
    sic et in historia te licet esse ducem.
Cresce puer, versaque manu virtutis avitae
    maxima quae praesens dat monumenta liber:
nam Charion patrios repraesentatque labores   15
    maioremque tuo te docet esse patre.

317 *Praise of Cicero*

O decus, o splendens Romanae gloria gentis,
virtutis specimen, vitae praeceptor honestae,
o Cicero doctos inter doctissimus omnes,
cur tua temporibus nostris non iuncta fuerunt?
cur tua non licuit praesentes ora videre   5
praesentis? cur non tecum nos viximus una?

---

316 *Poemata* p. 68: Ad nobilem quendam puerum   Haddon is evidently exchanging
New-Year presents with a well-born young man: each sends the other a book which
is small in format (l.1), newly published (l.2) of German authorship (l.3), and
various in content (l.4). H.'s present is the *Chronicon* of the *savant* Joannes Carion,
many editions of which were published between 1532 and 1560; his friend's, a
volume of the poems of Eobanus Hessus, of which various collections were published
between 1509 and 1564.

317 *Poemata* p. 67: In Marcum Tullium Ciceronem   13 *nunc*: it is tempting, if not
actually necessary, to emend to *non*.

cur tua verba deus sacrum non vertit ad usum?
cur tua non venit servator Christus in ora?
O quantum nostram iuvisses religionem!
Gloria quanta Deo, per te quaesita fuisset!   10
Vivere dignus eras nostris, o Marce, diebus,
digna fuit rebus summis facundia summa.
Sed quoniam Deus hoc nunc sic effecit ut esset,
quod Domino placuit, nobis placet: ergo valeto!

SCOTLAND

GEORGE BUCHANAN

GEORGE BUCHANAN (Georgius Buchananus: 1506–1582) was the son of a poor laird of Stirlingshire. On his father's death an uncle sent him (1520) to be educated in Paris. Poverty and illness drove him home within two years; but, after a short spell of service with French troops in Scotland and a brief stay at St Andrews, he returned to France, where he spent ten years (c. 1525–35) as a student at the Scots College, a teacher at the Collège de Ste. Barbe, and a member of the household of the Earl of Cassilis, before returning to Scotland, where he became tutor to one of the sons of James V. Buchanan embraced the doctrines of the church reformers, which were beginning to find favour in Scotland, and the King seems to have encouraged him in the writing of his verse satire on the friars, *Franciscanus* (c. 1536); but with the arrival in Scotland of James's Queen, Mary of Lorraine, a reaction set in, and Buchanan only escaped trial for heresy by returning to France, by way of London, in 1539. For some years he taught Latin at the Collège de Guyenne in Bordeaux, and after a further stay in Paris (1544–7), he went to Portugal at the invitation of his friend Andrea de Gouvea, to become a professor at the College of Arts of Coimbra. Within a year of his arrival, de Gouvea died and, a year or so later, Buchanan was charged with heresy and imprisoned by the Inquisition in a monastery near Lisbon. While in confinement he embarked on his metrical translation of the Psalms. Set free in 1551, he made his way, *viâ* London, to Paris, and remained in France for some ten years—five of them as tutor of the young son of the Maréchal de Brissac, governor of the French territory on the Italian coast—before returning to settle finally in his native land c. 1561.

Now a whole-hearted reformer, Buchanan was appointed Principal of St. Leonard's College at St Andrews, and he became a member of the General Assembly of the Kirk and a prominent figure in Scottish politics, playing a leading part in the betrayal of Mary Queen of Scots. In 1570 he was appointed tutor to the infant James VI, and he spent his last years in political activity and in composing his two major prose works, *De jure regni apud Scotos* (1579) and *Rerum Scoticarum historia* (1582).

Buchanan was a prolific writer of Latin verse: besides his translation of the Psalms (published in 1566), two Senecan tragedies, his religious satires (*Franciscanus* and *Fratres Fraterrimi*), and an unfinished astronomical poem (*De Sphaera*) in five books designed to refute the theories of Copernicus, he wrote elegies, *Silvae*, *Iambi*, hendecasyllables and *Miscellanea*, and three books of epigrams.

The contemporary estimate of Buchanan—'poetarum nostri saeculi facile princeps'—is absurdly flattering; but Scaliger and Milton studied and admired him, and his work remains an important phenomenon in the history of European Latin poetry—a unique link between the world of the Parisian humanists and the world of Calvinist Scotland.

For the history of the text of Buchanan's poems see I. D. McFarlane, *The Library*, Fifth Series, XXIV, No. 4, Dec. 1969, pp. 277-332. Poems and groups of poems must have circulated in manuscript on the Continent from the 1540s; they began to appear in print in the 1560s (e.g. *Franciscanus*, Paris (?) 1566; Elegies, Paris 1567, 1579; and many editions of the Psalms from 1566 onwards). The first collected edition of his *Poemata* appeared in 1615 (A. Hart, Edinburgh); it was followed by many Continental editions in the seventeenth century.

Buchanan's *Opera Omnia* appeared in two folio volumes in 1715 in Edinburgh, edited by T. Ruddiman with biographical and bibliographical matter and a thorough collation of earlier texts (reprinted in Leiden by P. Burman in 1725).

TEXTS from *Opera Omnia* 1715.

318 *The trials of a pedagogue*

Ite leves nugae, sterilesque valete Camenae
    grataque Phoebeo Castalis unda choro!
Ite, sat est: primos vobiscum absumpsimus annos
    optima pars vitae deperiitque meae.
Quaerite, quem capiat ieiuna cantus in umbra;   5
    quaerite, qui pota carmina cantet aqua.

318 *Eleg.* 1: Quam misera sit conditio docentium literas humaniores Lutetiae Probably written at the Collège Ste Barbe, between 1529 and 1532; first printed in Étienne's collection of B.'s Elegies in 1567; translated by du Bellay (*Adieu aux Muses*, 1551).   21 *fuligo . . . lucernae*: cf. Juvenal VII 225-7.   33-7 *quartam denuntiat horam . . . iam quinta sonat*: B.'s friend Henri de Mesmes describes in his Memoirs the school hours at Toulouse in 1545: 'Nous étions debout à quatre heures, et ayant prié Dieu, allions à cinq heures aux estudes, nos gros livres sous le bras, nos escritoires et nos chandeliers à la main', quoted by Mark Pattison, *Isaac Casaubon*, 1892, p. 95.   49 *interea* Ruddiman: *incerta* Hart, in whose edition (Edinburgh 1615) this couplet first appears.   52 *qui vocet*: the pupils are looking for someone who, for a consideration, will answer the name, and play the part, of the truant.   77-8 *Arcadico . . . salit*: almost verbatim from Juvenal VII 159-60: the parent blames the teacher for the dull wits of his booby son.   81-2 first printed by Hart.

Dulcibus illecebris tenerum vos fallitis aevum
    dum sequitur blandae carmen inerme lyrae;
debita militiae molli languescit in umbra
    et fluit ignavis fracta iuventa sonis;   10
ante diem curvos senium grave contrahit artus,
    imminet ante suum mors properata diem;
ora notat pallor, macies in corpore toto est,
    et tetrico in vultu mortis imago sedet.
Otia dum captas, praeceps in mille labores   15
    irruis et curis angeris usque novis.
Nocte leves somnos resolutus compede fossor
    carpit et in mediis nauta quiescit aquis;
nocte leves somnos carpit defessus arator,
    nocte quies ventis Ionioque mari;   20
nocte tibi nigrae fuligo bibenda lucernae
    si modo Calliopes castra sequenda putes,
et, tamquam Libyco serves curvata metallo
    robora et Herculea poma ferenda manu,
pervigil in lucem lecta atque relecta revolves   25
    et putri excuties scripta sepulta situ;
saepe caput scalpes et vivos roseris ungues,
    irata feries pulpita saepe manu.
Hinc subitae mortes et spes praerepta senectae,
    nec tibi fert Clio nec tibi Phoebus opem.   30
Si caput in cubitum lassa cervice recumbat
    et sopor exiguus lumina fessa premat,
ecce, vigil subito quartam denuntiat horam
    et tonitru horrifico lumina clausa quatit:
excutit attonito somnos sonus aeris acuti   35
    admonet et molli membra levare toro.
Vix siluit, iam quinta sonat; iam ianitor urget
    cymbala, tirones ad sua signa vocans.
Mox sequitur longa metuendus veste magister,
    ex umero laevo mantica terga premit;   40
dextera crudeli in pueros armata flagello est,
    laeva tenet magni forte Maronis opus.

Iam sedet, et longis clamoribus ilia rumpit,
    excutit implicitos ingenioque locos;
corrigit et delet, mutat, vigilata labore   45
    promit, in obscuro quae latuere diu;
magna nec ingeniis aevi explorata prioris
    eruit, inventas nec sibi celat opes.
Ignava interea stertit plerumque iuventus
    cogitat aut curae multa priora suae.   50
Alter abest, petiturque alter mercede parato
    qui vocet et fictos condiat arte dolos;
ille caret caligis, huic rupta calceus alter
    pelle hiat; ille dolet, scribit et ille domum.
Hinc virgae strepitusque sonant fletuque rigantur   55
    ora, inter lacrimas transigiturque dies.
Dein nos sacra vocant, dein rursus lectio, rursus
    verbera: sumendo vix datur hora cibo.
Protinus amota sequitur nova lectio mensa,
    excipit hanc rursus altera, cena brevis: 60
surgitur, in seram noctem labor improbus exit,
    ceu brevis aerumnis hora diurna foret. . . .
Arcadico iuveni quod laeva in parte mamillae
    nil salit, iratus clamat uterque parens;
conqueritur nullo labentia tempora fructu
    totque diu sumptus deperiisse suos.   80
Quinetiam in libros nati consumpta talenta
    supputat, et damnum flagitiumque vocat;
aestimat et nostros non aequa lance labores,
    temporis et nulla damna rependit ope.
Adde, quod Aonidum paupertas semper adhaerens   85
    it comes et castris militat ipsa suis:
sive canas acies in Turcica bella paratas,
    sive aptes tenui mollia verba lyrae,
sive levi captas populi spectacula socco,
    turgidus aut tragico syrmate verris humum—   90
denique quicquid agis, comes assidet improba egestas,
    sive poema canis, sive poema doces. . . .

Interea celeri cursu delabitur aetas
  et queritur duram tarda senecta famem,
et dolet ignavis studiis lusisse iuventam   105
  iactaque in infidam semina maeret humum,
nullaque maturis congesta viatica canis
  nec faciles portus iam reperire ratem.
Ite igitur, Musae steriles, aliumque ministrum
  quaerite: nos alio sors animusque vocat.   110

319   *Recruits for the monastery*

Principio huc omnes tamquam ad vivaria currunt
queis res nulla domi est, quibus est irata noverca,
quos durus pater aut plagosi dextra magistri   95
territat aut legum timor, aut quos dedita somno
exercet nullis Lethaea ignavia curis;
deinde quibus gelidus circum praecordia sanguis
obstitit ingenio; quos sacro a fonte Camenae,
quos Pallas Phoebusque fugat; quos sidere torvo   100
aspicit infausto volucer Tegeaticus ortu.
Hi cum infrugiferae spatium trivere iuventae
musarum in studiis frustra, iam mollibus umbris
sic fracti, nec bella pati nec ducere remos
nec terram incurvo norunt suspendere aratro;   105
ergo famem adversus violentaque frigora brumae
hic sibi desidiae portum atque ignobilis oti
esse rati, huc properant: aliis custodia portae
creditur, ast aliis cura est commissa culinae;
hic hortos fodit, hic viduas circumvenit; illi   110
pinguius ingenium est, rus ibit, fallet agrestum

319 *Franciscanus et Fratres*   Written in Scotland, c. 1536; revised some thirty years later and published, probably in Paris by Henri or Robert Étienne, in 1566 (see I. D. McFarlane's history of the poem, *Journal of European Studies* (1974) 4, 126–39).
101 *volucer Tegeaticus*: Mercury, the god of eloquence (from Statius, *Silv.* I ii 18).
108 *aliis*] *illis* all previous edd.   115 *empusis*: phantoms.

vulgus hebes, pueris fragrantia poma, puellis
amuleta dabit, tenero redimicula collo:
donec blanditiis fabellisque admirandis
de larvis deque empusis et lumine cassis   115
tandem captatum trahat in sua retia piscem. ...

320 *Epitaph for a mean man*

Silvius hic situs est, gratis qui nil dedit unquam—
mortuus et gratis quod legis ista, dolet.

321 *On the marriage of Mary Queen of Scots*

Fortunati ambo, et felici tempore nati
et thalamis iuncti! Vestram concordia mundi   120
spem fovet, aspirat votis, indulget honori:
atque utinam nullis unquam labefacta querelis
coniugium hoc canos concordia servet in annos!
Et, mihi ni vano fallax praecordia Phoebus
impulit augurio, quem iungit sanguinis ortus   125
et commune genus proavum serieque perenni
foedus amicitiae solidum, quem more vetusto

320 *Epigr.* II x: Jacobo Silvio   Jacques Dubois was a doctor of Amiens famous for his
meanness. He died, in 1550, as Professor of Medicine in Paris, where he had taught
for twenty years. Étienne says that B. pinned this distich on the door of a lecture-
room from which Dubois had dismissed pupils who were unable to pay their fees.

321 *Silv.* iv: Francisci Valesii et Mariae Stuartae, Regum Franciae et Scotiae, Epithalamium   The marriage of Mary Stuart to the Dauphin took place in Notre Dame
on 24 April 1558; B. wrote a series of *Pompae* for the wedding. The fulsome prog-
nostications contained in his Epithalamium were not fulfilled: hardly more than a
year passed before the bridegroom became François II on the accidental death of his
father; he himself died within eighteen months of his succession; and barely six
months later his young widow left France, never to return.   134 *Hectoride*: the
French were traditionally descended from Hector of Troy.   153 *iudice: praeside*
Hart (1615), probably an editorial improvement.

sancta verendarum committunt foedera legum,
nulla dies unquam vestrum divellet amorem.
Vos quoque felici lucent quibus omine taedae,   130
quo studium populique favor, quo publica regni
vota precesque vocant, alacres accedite: tuque,
tu prior, o reges non ementite parentes
Hectoride iuvenis, tota complectere mente
quam dedit uxorem tibi lex, natura sororem,   135
parentem imperio sexus, dominamque voluntas,
quam sociam vitae tibi coniunxere parentes
et genus et virtus et forma et nubilis aetas
et promissa fides, et qui tot vincula nectens
firmius arctat amor totidem per vincula nexus.   140
Si tibi communi assensu conubia divae
annuerent, Paris umbrosa quas vidit in Ida,
permittantque tuo socias tibi iungere taedas
arbitrio, quid iam, voti licet improbus, optes
amplius? Eximiae delectat gratia formae?   145
Aspice quantus honor frontis, quae gratia blandis
interfusa genis, quam mitis flamma decoris
fulguret ex oculis, quam conspirarit amico
foedere cum tenera gravitas matura iuventa
lenis et augusta cum maiestate venustas!   150
Pectora nec formae cedunt exercita curis
Palladiis et Pierias exculta per artes
tranquillant placidos Sophia sub iudice mores. . . .

322   *To Mary Queen of Scots, with the author's paraphrase of the Psalms*

Nympha, Caledoniae quae nunc feliciter orae
missa per innumeros sceptra tueris avos,

322 Prefixed to the first and every subsequent edition of B.'s paraphrase of the Psalms:
Ad Mariam, Illustrissimam Scotorum Reginam, Georgii Buchanani Epigramma.

quae sortem antevenis meritis, virtutibus annos,
    sexum animis, morum nobilitate genus—
accipe, sed facilis, cultu donata Latino   5
    carmina, fatidici nobile Regis opus.
Illa quidem Cirrha procul et Permesside lympha
    paene sub Arctoi sidere nata poli;
non tamen ausus eram male natum exponere fetum—
    ne mihi displiceant quae placuere tibi!—   10
nam quod ab ingenio domini sperare nequibant
    debebunt genio forsitan illa tuo.

SPAIN

GARCILASO DE LA VEGA

GARCILASO DE LA VEGA (Garcilassus de Vega: c.1503–1536) came of a noble family of Toledo. When he was twenty, he attached himself to the court of Charles V, and two years later married a lady in the suite of Eleanor of Austria, the Emperor's sister. Among the foreign envoys at the Spanish Court at this time he probably met Navagero and Castiglione, and, like his friend and fellow-poet, Juan Boscán, came under their literary influence; but his bent was for a career of arms; he took part in Charles's military expedition to Italy in 1529 and in the following year was sent to represent the Emperor at the Court of François I, now married to Eleanor of Austria. Early in 1531 Garcilaso was back in Spain, where he incurred the Emperor's displeasure and was banished to an island in the Danube. The conditions of his banishment were relaxed in 1532 to allow him to attach himself to the court of Don Pedro de Toledo, Viceroy of Naples, and here he became acquainted with Antonio Telesio, Scipione Capece, and other members of the humanist circle of the Accademia Pontaniana. In 1535 he joined the Emperor's expedition against Tunis, where he was wounded in action; a year later, when Charles launched a campaign against François I, Garcilaso served in the Emperor's infantry, and lost his life in a minor engagement near Nice.

Garcilaso and Boscán were the leaders of an Italianizing and classicizing movement in Spanish verse, fostered in Garcilaso's case by familiarity with members of the Accademia Pontaniana. It shows itself not only in the three odes which are all that survives of his Latin verse (he wrote others, which won praise from Bembo), but in the Italianate forms of his vernacular poetry.

TEXT from F. Daniele's *Antonii Thylesii Opera* (Naples 1762), checked with E. Mele's Las Poesias Latinas de Garcilaso de la Vega (*Bulletin Hispanique*, 1924) and H. Keniston's edition of Garcilaso's *Works* (New York 1925).

323 *Gratitude to Telesio*

Uxore, natis, fratribus et solo
exsul relictis, frigida per loca
   Musarum alumnus barbarorum
      ferre superbiam et insolentes

mores coactus iam didici, invia et   5
per saxa voces ingeminantia
   fletusque sub rauco querelas
      mumure Danubii levare.

O nate tristem sollicitudine
lenire mentem et rebus atrociter   10
   urgentibus fulcire amici
      pectora docte manu, Thylesi!

Iam iam sonantem Delius admovet
dexter tacentem barbiton antea;
   cantare Sebethi suädent   15
      ad vaga flumina cursitantes

323 *1762*, p. 128: Ad Antonium Thylesium   1 *Uxore, natis*: G.'s wife had borne him
three sons before he left Spain in 1529.   2–8 G. refers to his banishment in 1532
and subsequent virtual exile in Naples.   5 *invia et* Mele: *et invia* 1762.   18 *urbis*:
Toledo.   19 *gestit* Mele: *gestat* 1762.   21 *patria* Mele: *prima* 1762.   23
consedere Keniston: *considere* 1762; there is no classical authority for *consedere*, as
Keniston admits; G. may have written *considere* in spite of its two false quantities.
25 *Aegro* Mele: *Ah egro* 1762.   29 *Idem*: presumably Mercury; cf. Horace, *Odes*
II xi.   37 Telesio's *Imber aureus* had come out in 1529; ll. 38–40 must refer
to works of his that have not survived.   41 *animum* Mele: *animus* 1762.   45–6
It is doubtful who is here referred to; perhaps Girolamo (later Cardinal) Seripando,
a Neapolitan who was a noted preacher, and a patron of G.   53 *ob* Mele: *ab*
1762.   58–60 *Marius . . . Placitus*: Mario Galeota and Placido di Sangro, Neapolitan friends of G.   61 *Honesta . . . domus*: perhaps the house of Scipione Capece,
where meetings of the Accademia Pontaniana were held after the death of Sannazaro.
68 *canentem*: Orpheus, who was torn to pieces by a band of Thracian Maenads
(*Ciconum*).   70 *gyris*: 'Undoubtedly a reference to the Moorish water-wheels on
the Tagus (*azudas*)' Keniston, quoting another reference to them in G.'s *Eglogas*.
uvida roscidis Mele: *avida rosidis* 1762.

Nymphae; iam amatis moenibus inclitae
non urbis, amnis quam Tagus aureo
   nodare nexu gestit, ultra
     me lacerat modum amor furentem.   20

Sirenum amoena iam patria iuvat
cultoque pulchra Parthenope solo
   iuxtaque manes consedere
     vel potius cineres Maronis.

Aegro deorum quis tulerit, rogas,   25
herbis repostis auxilium potens,
   mentisque consternationem
     cantibus et fidibus levarit?

Idem sonanti cui vaga flumina
sistunt silentes margine vortices   30
   ventosque narratur frementes
     per nemora ardua conquiesse,

hic nam revinxit me tibi vinculo
gratis Camenae quod mihi nexibus
   texere, praelargus quid ultra   35
     me miserum potuit iuvare?

Imbrem beatis nubibus aureum
vivaque talum compede candidum
   nexam puellam coniugemque
     languidulis oculis querentem   40

carmen canentis sic animum rapit
mentemque, ut omnes subiaceant graves
   curae et labores, evolemque
     aliger his super elevatus.

Te, mi Thylesi, te comite obtulit   45
sese parentis quem veneror loco,
   cui dulce pignus nostri amoris
     non animum pigeat patere;

arcana divum dum reserat, novus
huic pectus alte sollicitat furor   50
   curare seu mortalium res
     caelicolas grave sive monstrat

natos parentum crimina ob impia
vexari, ut auras carpere dum licet
   nec luxui ipsi indulgeant nec   55
     poena parentibus ulla desit.

Haec aure cuncti praecipue imbibunt
alte silentes, et Marius meus,
   rerumque multarum refertus
     atque memor Placitus bonarum.   60

Honesta cunctos hinc domus accipit
liberque sermo nascitur, haud tamen
   impune; nam, si tortuosis
     nexibus implicitum quid audes

suadere, sperans ingeniosius   65
quam verius nos pertrahere ad tuum
   sensum, statim aggressa est cohors te,
     ut Ciconum irruit in canentem.

Num tu fluentem divitiis Tagum,
num prata gyris uvida roscidis,   70
   mutare me insanum putabas
     dulcibus immemoremque amicis?

PORTUGAL

HENRIQUE CAYADO

HENRIQUE CAYADO (Hermicus Cayadus: ?–c.1509) came from Lisbon to Florence as a young man in the early 1490s to study under Politian. After Politian's death in 1494 he removed to Bologna, where he attended the lectures of the elder Beroaldo. During the next decade he evidently moved about much, dating poems from Florence, Bologna, Rovigo, Ferrara, and Padua, where he seems to have attended the University in 1505. According to Machado's *Bibliotheca Lusitana* (1747), he returned home and died in retirement near Lisbon in 1508; but Erasmus gives a circumstantial account of his death from 'angina vinaria' (he was very fat and drank too much) in Rome in 1509. Many of the Italian humanists of the time were his friends (including L. G. Giraldi, who gives an interesting account of him in *De poetis nostrorum temporum*), and Erasmus called him 'haud vulgariter eruditum' and 'in epigrammatibus felicem'.

The first edition of Cayado's poems was published at Bologna in 1496; an enlarged edition, containing nine eclogues, three 'sylvae', and two books of epigrams, appeared (also in Bologna) in 1501.

TEXTS from W. P. Mustard's critical edition of the *Eclogues* (Baltimore 1931).

324 *A narrow escape*

Crudeles Parcae saevaeque potentia Mortis,
laurigeri Phoebi nisi numina blanda fuissent,
privassent vita penitus nigrisque dedissent
Manibus altiloquum (proh dira pericula!) vatem; 60
tunc spes in patriam redeundi protinus omnis
fallax (sed superi melius voluere) perisset.

Tellurem medio iam sol lustrabat ab axe
adversoque umbras faciebat lumine parvas,
dum pecori perdulce sitim compescere lymphis, 65

324 *Ecl.* II   In this Eclogue, written in Florence in November 1495, Italian shepherds tell how C. came to the city, heard Poliziano lecture, wrote poems of his own, and narrowly escaped death from a chill caught by bathing in a fish-pond.   80 *cervosve* Mustard: *cervosque* 1496, 1501.   96 *Caesius*: perhaps a member of the Cesi family. 98 *Parthenope*: Naples had fallen to Charles VIII in February 1495; Ferdinand II re-entered the city in July.

frigida dumque solent pastores antra subire
et placidae multo defessa labore quieti
tradere membra, graves et sic deponere curas :
Hermicus ecce venit, lentis et passibus altum
ascendit montis clivum, pecorumque magistros 70
qui tunc forte aderant solito de more salutat.
Hinc se vicina ad quaedam vivaria confert.
Ut loca laudavit nitidosque in gurgite pisces,
aestus optavit gelido restinguere fonte.
Haud mora, robustos (illum sua fata trahebant) 75
artus nudat et optatas petit inscius undas.
Tunc se praecipitat saxo, tunc motibus ipsas
vertit aquas crebris spumasque relinquit eundo.
Non secus, ingenti venit cum flumine torrens,
vidimus aut timidos damas cervosve volucres 80
nimborum furias celeri vitare natatu
et loca celsa metu et tutos conscendere montes.
It rivo velox alternaque bracchia iactat
nunc imis mersus, summis nunc visus in undis.
Ergo ubi saepe pedes movit movitque lacertos 85
atque instar mergi totum sese obruit amne,
frigoris impatiens rediit, subitoque tremore
correptus totum coepit pallescere corpus ;
labraque non violis unquam cedentia rubris
accipiunt quem mora ferunt matura colorem, 90
paulatimque caput penetrat penetratque cerebrum
et titubare facit missis iam viribus artus
nausea languentes, versatque per omnia sensus.
Mox tandem procumbit humi sine voce ; putares
funesta rupisse manu sua fila Sorores. 95
Aegroto medica subvenit Caesius arte
inter Apollineos longe celeberrimus ; illum
Parthenope genuit, Gallis modo praeda superbis
rursus et ad veteris prolem conversa tyranni ;
creditur huius opem summo miseratus Olympo 100
Phoebus Hamadryadum post plurima vota tulisse . . . .

325 *Love and Patriotism*

Omnis amans aeger captusque insanus et amens; 130
dulcis amor calor est animi, vis maxima mentis;
eripit hic hominum sensus, pervertit et ipse
iudicium exstinguitque animum mortalibus; illum
mollis vita creat, sed luxus et otia gignunt.
Esse hunc corporibus morbum quis nescit, Harynthon, 135
qui languere suo faciat nos acriter igne,
et meminisse vetet nostri, meminisse parentum
illorumque sibi qui nos debere merendo
effecere diu, largae si gratia dextrae,
nec benefacta fugant ingrata oblivia mente? 140
Quod tu nunc sentis; ad dulcia rura redire,
stulte, soli patrii spernis propriosque penates.
Anxius haud curas aurum quae flumina multum
amne vehunt gemmasque ferunt praedivite ripa.
Pabula laeta gregi placidas pastoribus umbras 145
insula nostra dedit; caeli clementia summa est.
Non impune meos externus miles agellos
vastabit, nostris rapiet nec ovilibus agnos;
non aditus Gallis illic, non gentibus ullis.
Sunt vires nobis, sunt tela nocentia late, 150
magnanimumque ducem plebs numinis instar adorat,
ipso qui natu populorum temperat iras,
perdere ne possit miseros discordia cives.
Non haec Elysiis mutanda est patria campis
Gargara cui cedunt, cui cedunt Thessala Tempe. 155
 Sed quid nota cano? venias, properemus, Harynthon;
nox ruit et socii procul hinc abiere: sequamur....

---

325 *Ecl.* v This eclogue, written in Bologna in June 1496, consists of a dialogue between two English friends of C.'s 'Lantonus' (Robert Langton, Archdeacon of Dorset)
and 'Harynthon' (evidently one Harrington), in which the latter describes his falling
in love and the former sings the praises of their native country.

POLAND

NICOLAUS HUSSOVIANUS

Nicolaus Hussovianus (his Polish surname is unascertainable: c. 1480–c. 1533) was born at Hussow in Galicia. He was of humble origin, and probably spent his youth at the court of some Lithuanian or Russian nobleman, before entering the service of Erasmus Ciołek, a canon of the Cathedral of Vilna and later Bishop of Płock. Ciołek was a patron of Polish and German scholars, and kept up close relations with the humanists of Rome and of Bologna, whom he had got to know when living in Italy. During his last visit to Rome (1518–22), as ambassador of King Alexander and Sigismond I, Ciołek was joined by Hussovianus, who thus became acquainted with the artistic and intellectual life of the Rome of Leo X.

On Ciołek's death in 1522, Hussovianus went home, probably to Cracow, where he found a new patron in Johann Karnkowski, secretary to the King and Bishop of Przemysl. His last years were spent in poverty and ill-health.

Hussovianus' most important work was *Carmen de statura, feritate ac venatione bisontis* (Cracow 1523); in the next two years he published two more poems, *De Turcis victoria* and *De vita et gestis divi Hyacinthi*.

The *Carmen de bisonte* was written, at the suggestion of Ciołek, for the benefit of Leo X; Hussovianus had attended a wild-beast show organised by the Pope, probably in 1521, and had recounted his youthful experiences as a huntsman. Leo X and Ciołek died before the poem was completed, and he dedicated it, on his return to Poland, to Queen Bona, appending an apostrophe to Pope Adrian VI. The poem was rated highly for its originality and its realism, which it owed to personal experience; its excessive length (1072 lines) is due to frequent digressions on geographical, political, and religious themes.

TEXT from *Nicolai Hussoviani Carmina*, Cracow 1884, edited by I. Pelczar for *Corpus Antiquissimorum Poetarum Poloniae Latinorum* IV.

326 *Hunting the bison*

Si tamen Arctoae morem cognoscere gentis
    attinet, hunc sequitur patria nostra modum.   390

326 *Carm.* V: De statura, feritate ac venatione bisontis carmen   389 *Arctoae . . . gentis:* the Lithuanians.   480 *clausas*: sc. *feras.*   489 *detentas*: sc. *feras.*   561 *bombarda*: a gun.   839 'When at last the beast seems to have had his fill of fury', i.e. when he begins to show signs of exhaustion.

Non licet hoc animal procul actis sternere telis,
   non datur occultis illaqueare dolis. . . .
Arboribus moles struitur latissima caesis,
   quae spatio clausas interiore tenet: 480
circuitus duodena solet vel plura referre,
   si sint Ausoniis milia mensa modis.
Impositis tandem custodibus offirmatur
   ambitus, ut medio possit abire nihil;
nec novus hic semper labor est: antiqua tenentur   485
   saepta, sed in multis stant patefacta locis,
ut fera liberius veniat, minimoque labore
   clauditur atque inter pascua laeta manet.
Hac strue detentas clausi venamur et ipsi:
   lance pari dubius constat utrimque metus. . . .   490
Nos tamen ut plures ita clausam vidimus unam:
   dicitur haec, ut me clausa vidente fuit.
Illa quidem primum levibus violata sagittis:
   pendebant summa spicula missa cute.
Quo facto furibunda viros prospexit in omnes,   525
   difflans horrendos nare tremente sonos;
tum subitos obversa gradus saltusque citatos
   impulit et celerem tentat inire fugam,
currentemque equites sublata voce sequuntur:
   alta repercussus sidera clamor agit.   530
Sed dum praecipiti cursu pervenerat illuc
   qua circumiecta mole tenetur iter,
excipitur trepido vulgi clamore; repulsa
   stat meditans quanam parte retorta ruat.
Missa fuit rursus stridens in vulnus harundo,   535
   ut magis effervens ardeat ira ferae:
iam tunc fixa videns ferro sua membra volucri
   in subitam rabiem solvitur atque furit,
iam venatores torvo gravat aspera visu
   attendens qua se densius agmen agat.   540
Exercet primas latrantum belua caedes
   seque viris infert strage cruenta canum.

Diffugiunt iuvenes et equos in devia torquent
    silvaque clamosis vocibus alta tremit;
nemo fugam sperare potest, si cursibus instet   545
    rectus: in obliquum flectere tuta fuga est.
Sic furor ipse gravem procul et celer impetus aufert,
    ut nequeat tanto corpore torta sequi,
et cum tam multis equitum circumdata currat,
    quemlibet insequitur seque tenere nequit.   550
Praecipites agitans saltus et corpore maior
    cursibus extenso murmura nare tonat,
horrendas quatit aura iubas et utrumque refundit
    in latus: hac specie, turbida, grandis, atrox
per loca saeptorum caeca vertigine saltat,   555
    exquirens irae pabula dira suae,
et quam funestis sese terroribus inflet,
    ex hoc quod sequitur quisque notare potest.
Divitiis clarus quidam famaque parentum
    inclitus obtinuit posse licere sibi   560
ut se bombarda sumpta conferre bisonti
    posset et ingentis solvere membra ferae.
Permissum misero est, stabatque sub arbore tectus
    attendens quanam belua parte ruat.
Affuit haec subito: sonitus terraeque tremores   565
    atque canum gemitus signa furentis erant,
proflantemque videt late fumosa per auras
    nubila; tum iacti caede morata canis
constitit et pinum versus furibunda retorsit
    lumina; mox visum se putat ille miser,   570
et quamvis fuerit longe summotus ab illa,
    territus est adeo vique timoris obit;
quem socii, sicut stetit, invenere gelatum
    mirantes fieri posse pavore necem. ....
Hoc ego confiteor rerum, quascumque notavi
    luminibus, me non permovet ulla magis
quam fera monstroso confundens omnia saltu,   585
    dum nihil assequitur quod laniare queat.

Si stetit, inflatis absorbet naribus auras,
    pertentans si quid posset odore rapi,
omniaque in commune furens viventia captat,
    quemlibet auctorem vulneris esse putat.   590
Nacta aliquid tollit rapiens et in aëra torquet,
    cornibus exceptans membra relapsa suis.
Sive vir est seu grandis equus seu iecit utrumque
    corpus, in excelso conspicienda volant
tortaque dispereunt repetitis iactibus : imber   595
    carneus in ventos, sanguinis horror abit ;
artubus actus homo sic permiscetur equinis
    quolibet ut frusto stillet uterque cruor.
Spargitur alta volans fuerit quaecumque ferarum
    obvia : terga volens vertere visa perit.   600
Vidimus impulsos volitare per aëra cervos,
    hac fera in angusto proiciente loco,
idque minus, sed apros, sed atroces dissipat ursos,
    si licet innumero teste probanda loqui ;
separat a membris ex uno viscera iactu,   605
    ut diversa volent et resoluta cadant,
tamque alte et late volitantia frusta rotantur,
    ut nulla et vero possit inesse fides. . . .
Nam satis ut visa est animo cepisse furoris,
    desiliunt equites et removentur equi ;   840
solis more suo gladiis accincta iuventus
    prodit, ut haec ferro cominus icta cadat.
Arboribus lectis mira vi pectoris astant
    expositi ad saevam laudis amore necem,
enseque fulgenti tenui cum voce coruscans   845
    pro se quisque trucem provocat arte feram.
Ocior et vento conspectum fertur in hostem,
    qui retro prosiliens arbore tectus abit. . . .
Arbore venator, qua belua cornibus haeret,   955
    nititur et pressam corpore semper habet,
ne si vel modice fuerit diversus ab illa,
    et fera diiunctum mox petat ipsa virum,

circuituque pari rapidum volvuntur in orbem
   per varios saltus, hinc vir et inde fera.   960
Ille regit gladium metuendo corpore fixum,
   haec etiam lingua pugnat ut ense sua,
qua procul exserta si posset prendere vestem,
   actum est : correptus veste repente perit.
Sed minus ut fieret vitare pericula linguae,   965
   omnes in caedem librat agitque pedes.
Nulla potest citius corpus transire sagitta
   quam dispersa pedis vulnere membra ruunt.
Corporis in rapido sollers videt omnia gestu
   venator quid agat, quae fugienda putet,   970
ni miserum rabidis adeo spiritibus urat
   ut calor et vero distet ab igne parum.
Si subito ense celer non solverit intima cordis
   vincitur et solo flante vapore cadit.
Hoc tamen attendunt socii : ne tempore longo   975
   lucta sit, altera vox avocat inde feram.
Sed iuvenes usu facili praecordia rumpunt,
   ut semel infixo desinat ense labor.
Cornua perflantur, socii ridentur inertes :
   iam fera, sed magno, fracta labore iacet. . . .   980

KLEMENS JANICKI

KLEMENS JANICKI (Clemens Ianicius: 1516–1542) came of a peasant family belonging to the west of Poland. He was a delicate child, and, rather than keep him on the farm, his father sent him to the local school at Znin, and from there to the *gymnasium* of Poznan, where he distinguished himself by his passion for the classics and his fluency in Latin. His success at school fired him with literary ambition, which the poverty of his family would have frustrated, but for the patronage of Andrej Krzycki, Archbishop of Gniezno, who took the young man into his employment in 1536. Krzycki unfortunately died in the following year, but Ianicius soon found a new patron in Petrus Kmita, a wealthy nobleman who was on friendly terms with Erasmus and Lazzaro Bonamico, and who early in 1538 provided for him to go to study under Bonamico in Padua. Ianicius evidently liked Italy and did well at the university, but while he was there he seems somehow to have fallen out of favour with Kmita, and to have suffered from poverty and from a liver complaint which he attributed, rightly or wrongly, to the fact that until he was twenty years old he had drunk nothing but water (cf. no. 328, ll. 117–20). Thus handicapped, he was unable to travel in Italy, and during his time at Padua he seems to have written little. He was well enough thought of, however, to be awarded the *laurea*; he was crowned in July 1540 by Marcantonio Contarini, the Venetian governor of Padua, and in the autumn of that year he was strong enough to face the journey home across the Alps. His hopes that when he reached Poland he would be restored both to health and to the good books of Kmita were disappointed; he was dismissed from Kmita's household and was only kept alive, it seems, by the skill and devotion of his doctor friend Joannes Antonini. In spite of his ill-health and unhappy circumstances, Ianicius wrote copiously during the last two years of his life, and brought out at Cracow in 1542 a volume consisting of two books of *Elegiae* (*Tristia* and *Variae Elegiae*) and one of *Epigrammata*. His verse, all of which is in elegiac couplets, is kept real and living by its autobiographical details and by the poet's deep concern for his country, rent with internal quarrels and threatened by Turkish invaders. Historically, his poetry is of interest as showing the impact of the classics and of Italian culture upon Polish literature in the early sixteenth century.

TEXTS from *Clementis Ianicii Poetae Laureati Carmina*, Cracow 1930, edited, in eight books, by L. Ćwikliński (*Corpus Antiquissimorum Poetarum Poloniae Latinorum* VI).

327 *Youth of a poet*

Alta iacent supra Snenanas rura paludes— 5
 Ianusci nomen nescio cuius habent—
qua nostri quondam reges fecisse secundum
 a Gnesna in Prussos saepe feruntur iter:
haec meus assueto genitor versabat aratro,
 vir bonus et modicas inter honestus opes. 10
Is dum peste gravi natos sibi luget ademptos,
 quae foede nostros tunc popularat agros,
me genitum medio luctu sibi vidit, et orbus
 transegit menses non nisi forte decem. . . .
Devoveor studiis vixdum quinquennis honestis,
 Musarum et primas collocor ante fores.
Nempe pater, quia me nimis indulgenter habebat,
 vivere me durum noluit inter opus,
ne tenera informi manus attereretur aratro 25
 neve aestas molles ureret igne genas.
Ut didici a rudibus puerilia prima magistris—
 civibus hoc unum debeo, Snena, tuis—
gymnasium petii, nuper Lubrancus amoeni
 ad Vartae vitreas quod fabricarat aquas; 30

327 *Carmina* I vii: De se ipso ad posteritatem, cum in summo vitae discrimine versaretur, quod tamen evaserat Evidently written at Cracow towards the end of 1541. 5–6 *Snenanas . . . Ianusci*: I.'s native village was Januszkowo, near Znin (Snena), a little town not far from Gniezno. 7–8 The road running from Gniezno through Znin had been used as a trade route from the earliest times. 30 *Ad Vartae . . . aquas*: i.e. at Poznan, where Bishop Jan Lubranski had founded a flourishing school. 31 *quendam . . . docentem*: Christopher Hegendorfin, head-master from 1530 till 1535. 31–2 An echo of Ermolao Barbaro's epitaph on Rudolphus Agricola: 'quicquid laudis habet Latium, Graecia quicquid habet.' 58 *hoc magis et*: presumably, 'and this, all the more because.' 67 *Cricius*: Andrej Krzycki; *v. supr.* 73 *Cmita*: Petrus Kmita was a powerful and controversial figure in the politics of the Polish court; his castle at Wisnicz housed a remarkable collection of works of art and was a rendez-vous for literary young men, a number of whom he helped to go to Italy (cf. ll.76–8). 86 *Cromerus*: Martin Kromer (1512–89) was (like his brother Andrej) a friend of I.'s youth; he later became Bishop of Ermland and a well-known historian of Poland. *Rotundus*: Augustin Mieleski, a lawyer who, with Joannes Antonini, published in 1543 two *epithalamia* of I. celebrating the impending marriage of the future Sigismund II.

hic quendam invenio magna cum laude docentem
   quicquid habet Latium, Graecia quicquid habet;
qui nostri curam laetus suscepit agelli
   illum sincera percoluitque fide.
Tum primum nomen magni immortale Maronis   35
   audivi et nomen, Naso beate, tuum:
audivi, colere incepi, dixique poetis
   post divos terras maius habere nihil.
Mox quas non lacrimas, quae non ego vota precesque
   Phoebo, cui vatum maxima cura, dedi,   40
ne sibi me famulum dedignaretur inertem
   inque suo minimum vellet habere choro.
Annuit, accessi, plectrum citharamque recepi,
   porrexit dextra quam deus ipse manu;
tractavi sumptam assiduus cupidusque; sine illa   45
   nulla fuit, memini, nox mihi, nulla dies;
nec me paenituit coepti piguitque laboris,
   profeci aetatis pro ratione meae.
Carmina cum pleno recitavi prima theatro,
   addideram menses ad tria lustra novem;   50
Lubrancum cecini, cui me debere videbam
   primitias partus iure dicare mei;
et placui vulgo, non quod placuisse merebar,
   spes bona de puero causa favoris erat.
Ex illo princeps aequales inter haberi   55
   coepi et doctori carior esse meo;
hinc degustatae laudis rapiebar amore,
   hoc magis et natus laudis amator eram,
inque dies maiora animo amplectebar et omne
   tentabam, per quod gloria tendit, iter.   60
Obstitit in gradibus mediis mihi tristis egestas
   nec passa est nostros altius ire pedes,
nam pater exhaustus sumptus se posse negabat
   ulterius studiis suppeditare meis.
Cogerer ergo ipsis cum iam valedicere Musis   65
   consuluit dubio sors inopina mihi:

praesul erat Cricius, Phoebo vir amicus in isto
    orbe per illa alius tempora si quis erat;
hic geniale suam limen mihi pandit in aulam
    pollicitus Musis omnia laeta meis;   70
et fortasse fides sua verba secuta fuisset,
    mors illum rapuit sed properata mihi.
Funera post Cricii, numero me Cmita suorum
    addit et amissi damna rependit eri,
meque iubet cupidum, non parcens sumptibus ullis,   75
    in Latium posita protinus ire mora.
Voti compos eo ingenuas mercator ad artes
    et fieri Euganeae Palladis hospes amo.
Invidit fortuna mihi morboque gravatum
    compulit ad patrios me remeare focos   80
quam volui citius, citius quam Cmita volebat,
    sed res sub fatis votaque nostra iacent.
Ergo domi moriar, quod nobis molliter unum
    cessit, in externa nec tumulabor humo.
At tu, qui rapto gravius maerebis amico—   85
    sive Cromerus eris sive Rotundus eris—
haec mihi, si quod erit saxum quo forte tegemur,
    grandibus in saxo carmina caede notis:
Spe vacuus vacuusque metu cubo mole sub ista
    et vere vivo: mortua vita, vale!   90

328   *A self-portrait*

Invalidum mihi corpus erat viresque pusillae,
    frangeret exiguus quasque repente labor;
forma decora satis, vultus non tristis, in ore   95
    non dubia ingenui signa pudoris erant;

328 *Carmina* I vii: De seipso *etc.*   I. turns from autobiography to self-portraiture.
108 *Romani . . . ducis*: the Emperor Titus, who, at the end of a day during which he
had conferred no favour, observed (according to Suetonius, *Tit.* viii 1) 'Amici, diem
perdidi.'   131 *quinta . . . Olympias*: I. was twenty-five.

linguae usus facilis, vox clara, coloris imago
    candida et ad iustum facta statura modum.
Impatiens animus contemni et pronus ad iram,
    duravit multos quae mihi saepe dies;   100
gessi inimicitias non dissimulanter apertas,
    nunquam illis causam materiamque dedi;
iudicio lectos colui constanter amicos,
    hos tantum veras credere doctus opes.
Si reditus nobis amplos fortuna dedisset,   105
    me, puto, splendidior nemo futurus erat
munificusque magis; laudare hinc illa solebam
    Romani vere regia verba ducis:
'Nil hodie dedimus cuiquam, prodegimus ergo
    istam, quod pudeat, perdidimusque diem.'   110
Cor subitum ad lacrimas, misereri molle gerebam,
    sed quale in pavido pectore cervus habet;
hinc habui invisum teli genus omne, gravisque
    Pallados, in bellum dum ruit, hostis eram.
Munditiem cura muliebri prorsus amavi   115
    ad vitium in cultu, vestibus atque cibis.
Unguibus a teneris mihi bis decimum usque sub annum
    cruda exstinguebat nil nisi lympha sitim;
unde malum iecori, credo, accersivimus, et nunc
    illa vetus vitam strangulat unda meam. . . .   120
Nunc cum quinta meos aetatis Olympias actae   131
    ad maiora animos tolleret, ecce vocor
et pereo ante diem, nec iam, mea patria, possum
    qualibus optavi te celebrare modis! . . .

329 *Hungary in distress*

Antonine, doles fractam quod Turca subegit
    Pannoniam misero supposuitque iugo.
Scilicet id debes patriae: nisi matris ad atrum
    non debet natus flere querique rogum!
Ergo parenti animum grati testaris alumni   5
    qua potes; haud alia nam ratione potes.
At possent reges? Possent, nisi mutua mallent
    bella domi insana continuare manu,
depositisque odiis, quibus exarsere cruorem
    alter in alterius, aggrederentur opus: 10
unum opus in Turcas Christi pro nomine, pro quo
    debeat et decies nemo timere mori;
ut per quod vitam capimus capimusque salutem
    et quicquid veri perpetuique boni est;
per quod victores erimus, concordia si nos   15
    respicit et pacis verior afflat amor.
Creditis? an nihil haec ad vos? contemnitis ipsum,
    qui pacem nobis datque iubetque, Deum?
Si ratio superum nulla est, etiamne feretis
    ut vestrae vobis eripiantur opes?   20

329 *Carmina* I viii: Ad D. Ioannem Antoninum, insignem medicum, Budae a Turcis occupatae querela   Evidently written at the end of 1541 or early in 1542; Budapest was occupied by the Turks in August 1541.   1 *Antonine*: Antonini was a Hungarian who, after studying at Cracow and Padua, became physician to Sigismund I; he had many literary friends and was himself a poet.   7–8 *mutua . . . bella*: the prolonged struggle for power in Hungary between Ferdinand I and Jan Zapolya (1526–38).   17 *Creditis?*: Hungary addresses the rival contenders for her throne. 24 *Lybs*: Libya.   25–6 *Getarum servis*: the Turks, according to I., had been under the domination of the Tartars; cf. *Carmina* VIII vii 5–6, 'esset (Solimannus) aut nihil aut servus, quod fuit ante, Getes'.   27 *Rhodon*: Rhodes fell to the Turks in 1522. 65 *Corvine*: Matthias Corvinus, King of Hungary from 1458 till his death in 1490. 69 *Carolus et Gallus . . . magnusque Sacerdos*: Charles V, François I, and Pope Paul III. 74 *id*: used adverbially: 'to this effect'.   75 Ferdinand's victory over Zapolya led only to the occupation of the city by Suleiman.   125–38 These lines practically repeat ll. 61–74 of I.'s 'Querela Reipublicae' (*Carmina* IV i), a lament over the devastation of Russia by the Turks, which he wrote at the instance of Kmita in 1538. 151–2 Charles V's expedition to Algiers came to grief in the winter of 1541.   159 *ut faveat*: evidently concessive, = *licet*.   160 A plague seems to have broken out in Cracow in 1542.

et nudo reges vivetis nomine? verus
    regibus oppressis rex Solimannus erit?
Intercepta Asiae querimur tot regna, tot urbes;
    vestra Europa omnis, Lybs quoque vester erat;
nunc bona pars utriusque soli subiecta Getarum   25
    servis: Turca suum nam trahit inde genus.
Non loquar ereptam Rhodon altaque Constantini
    moenia, mille urbes, mille perisse duces;
sunt antiqua nimis vobis haec vulnera et omnis
    sedatus longa est iam dolor iste die.   30
Buda recens cecidit, cuius percussa ruinis
    hosti tota dedit Pannonis ora manus;
Buda, vetustorum pulcherrima regia regum,
    clara, potens opibus, clara potensque viris,
illa triumphantem qua primum luce tyrannum   35
    accepit muris maesta gemensque suis,
sicut erat laniata genas, laniata capillos
    ad ripas, Ister, dicitur isse tuas,
atque ibi flebilibus caelum implevisse querelis
    et singultatis exululasse sonis: 40
'Ister! o Ister! aquae rex magne ingentis, o Ister!
    qui septemgeminas in mare volvis aquas,
ecquid ad has oculos lacrimas convertis? et unam,
    quae superest, miserae porrigis ecquid opem?
Accipe me nec sis aliis immitior undis: 45
    saepe amnes miseris consuluisse ferunt. ....
Nunc, Corvine, tuum, nunc o! dirumpe sepulcrum,   65
    surge, tuos vindex assere, surge, veni!
Namque ego quid refert vivos an morte peremptos
    implorem? surda est utraque turba mihi!
Carolus et Gallus, Veneti magnusque Sacerdos,
    est quod agant: propior quilibet esto sibi.   70
Res Ferdinandum simul et fortuna moratur:
    heu! quoties damno concidit ille meo!
Perdidit innumeras me propter saepe phalanges;
    testis id una recens esse ruina potest.

Dum vult esse suam, Turcae me tradit habendam; 75
 assertor salvam dum cupit esse, necat.
Sic ferus ille mea victor sedet altus in aula
 et populos redigit sub sua iura meos . . .'
Plura volebat adhuc: lacrimae rupere querelam 121
 atque aegram sanguis destituitque vigor. . . .
Aspicerent utinam, quam, cum potuere, negarunt 125
 fulcire, Hungariae quae sit imago, duces!
Ducitur infelix, gravibus constricta catenis,
 amplius ad proprios non reditura lares:
squalida, turpis, inops, laceris miseranda capillis,
 deiciens pavidum sanguinolenta caput. 130
Non redimit morbus captos, non sexus et aetas:
 hostis inexpleto cuncta furore metit.
Ille vocat frustra natum, frustra ille parentem,
 implorat frustra vincta puella virum.
Matris in uberibus iugulantur pignora; nullus 135
 est vacuus gemitu, strage, cruore locus.
Tecta cremata ruunt et opes sudorque coloni,
 quadrupedum rapitur, quod datur, omne genus.
Ne morer: illa diu felix, tota aurea tellus
 nunc tota in vinclis, caedibus, igne iacet. 140
Pascere crudelis nostro, Solimanne, cruore,
 pascere, amata tuae pocula funde siti.
Vota tenes: populos Christi de fonte lavatos
 sub pedibus, bello quos adoriris, habes.
Terra tuis longe lateque est plena tropaeis 145
 teque horrent gemino subdita regna polo.
Nos contra, grex, Christe, tuus, vere esse probamur
 grex tuus: ecce! tuam tollimus ecce! crucem.
Plectimur, opprimimur, nos cuncta adversa fatigant:
 magna sumus diris undique praeda lupis. 150
Algerico Caesar Maurorum in litore classem
 perdidit irati vi maris atque Noti:
ipsa in nos elementa ruunt proque hoste laborant,
 non est expediant cur sua tela Getae.

Condite tela, Getae, non consertaque triumphum   155
   de nobis partum concelebrate manu,
et nostras nudi clades spectate; videmus
   pro vobis tacitos bella movere deos:
ut faveat nobis tellus, faveatis et undae,
   aëris heu! victi pestilitate sumus.   160
Scilicet haec ventura Deus praedixit in illos
   quos voluit testes nominis esse sui:
certe ego dum mecum haec considero tempora mundi
   suspicor extremum non procul esse diem.
Hoc sol, hoc luna, hoc stellae per signa loquuntur: 165
   regnorum interitus, proelia, monstra, fames.
Felices, istis rapuit quos Parca diebus
   et celeri ad superos iussit abire fuga!
me quoque felicem, si me vult forsitan illos
   ante Deus veniant quam graviora sequi.   170

330 *King and Jester*

Rex, Stancyzk

Rex Pannonas et Valachos devicit Turca: propinqua est,
   ut video, regno maxima flamma meo.
Surgo igitur tumulo, rebus si forte meorum
   consilio aut alia subveniamus ope.

330 *Carmina* IV ii: In Polonici vestitus varietatem et inconstantiam dialogus   The 'collocutores' are Wladizlaw Jagellon (1354–1434), the great and good King, and his jester Stańcyzk. The Poles were known throughout Europe for the variety of their styles of dress (cf. Castiglione, *Il Cortegiano* II xxvi).   1 This was evidently written at about the same time as no. 329.   5 *rex tertius*: i.e., in addition to Sigismund I and his son, declared and crowned successor during his father's lifetime; in contrast to them, but consonantly with the new temper of the Polish people, the King utters martial threats which (being but a ghost) he is unable to substantiate. 14 *duo*: Sigismund I and his son; 'sintque precor' is apparently a prayer for the survival of the father.   15 *Impare . . . numero*: cf. Virgil, *Ecl.* VIII 75.   *Meretrix quoque*: why, is not apparent.   51 *Calcar . . . cubitale sonorum*: 'clanking spurs an ell long.'   57 *perhibet*] *prohibet* Ćwikliński.

Stan. Audio : Rex hic est, rex tertius arma minatur,   5
    sed non fert : sic gens tota Polona facit.
  Moris homo nostri, nisi quod fulcitus ovilla
    pelle togam. *R.* Turcas vincere maius erit
  quam Prussos. *S.* Prodit propria se voce : Iagello est.
    Accedam. Quo, Rex, tendis et unde venis ?   10
R. Ad vos e tumulo. *S.* Quid causae ? *R.* Turca. *S.* Quid illi
    tu facias ? valida est belua. *R.* Saepe tamen
  victa. *S.* Ad patronos res nostra abit ergo sepultos ?
    vivi an non reges sunt duo ? Sintque, precor !
R. Impare di gaudent numero. *S.* Meretrix quoque.

                              R. Utrique   15
    sunt sacra cum Turcis foedera, nulla mihi.
S. Foedera ? Sed taceo. Quos autem armabis ? *R.* Eorum
    natos, qui Prussos me domuere duce.
S. Visne videre istos ? *R.* Opus est. *S.* Illam aspice turbam !
R.   Tota peregrina est turba ea, mitte iocos !   20
  Et nunc, quaeso, mihi quam primum ostende Polonos !
S.   Quando reviviscent. *R.* Nunc volo. *S.* Nunc et ego ;
    ostendo quales habeo. *R.* Deludis, an iste
  est cultus gentis, stulte, habitusque meae ?
S. Tu potius stultus, qui nescis tempore multo   25
    omnia mutari. *R.* Iam scio, at una tamen
  forma rei remanet mutatae. Hic mille figuras
    ex una veteri cerno meosque nego
  esse istos : fuit ornatus, fuit una meorum
    formula vestitus et fuit unus amor.   30
  Inter aves istas variat pluma, unde putandum est
    quod varient animi ; nam simile ad simile
  et Deus et natura trahit. Iam frangitur omnis
    vincendi Turcas spes animusque mihi,
  si bellum ista geret, quam monstras, turba. Quid autem   35
    a Turcis missas hic ego cerno togas ?
  Aut hosti turba ista favet, quia gaudet amictu
    illius, aut omen res habet ista malum.

S. Immo forte bonum : spolia haec ex hoste feremus
    utemurque suis rebus et exuviis.   40
R. Di faxint! Quid ? qui a collo arrexere bicornem
    pannum Pannonico more supra usque caput ?
S. Si fugiant ventusque ruat posticus in illos,
    hoc velo poterint accelerare fugam.
    Sed nunquam fugient, prohibet nam calceus alto   45
        subnixus ferro, ni sibi crura volent
    frangi, dum fugiunt. Sic nostra ciconia, ut isti,
        ambulat et librat sic per aquosa pedes.
R. Condoleo miseris, quod compede sponte ligarint
    ipsi se. *S.* Assuescunt vincula posse pati.   50
R. Calcar praeterea adiungunt cubitale sonorum.
S.   Nempe locus pugnae si lapidosus erit,
    desilient ab equis strepitumque his calcibus edent
        terrebuntque hostes, sicut arator aves.
R. Aspice longipedes hos curta veste, quid illi ?   55
S.   Nomen militiae curta ea vestis habet :
    Graeculus ut quidam perhibet, 'Stratiotica' Graece
        dicta est ; militibus convenit ergo bonis :
    bracchia non onerat, non impedit arma ferentes,
        commoda, transiri flumina si sit opus.   60
R. Germanos, Italos, Gallos quot conspicor! *S.* At nil
    his populis bello clarius orbis habet.
R. Denique nullum hominum genus arbitror esse, quod isti
    permixtum turbae non videatur. *S.* Agas
    iure Deo grates : Regi diversa Polono   65
    natio nunc paret, multus et est populus
    ex uno natus populo. Sic grana papaver
        ex uno, divum munere, mille facit.
R. Grana tamen mille illa suae conformia matri
    sunt, at in his veterum quae nota, quaeso, patrum est ? . . .

331 *A laurel from Bembo's garden*

Multa quidem in Bembi Patavinis vidimus hortis,
    vix alio cerni quae puto posse loco,
sed me praecipue delectavere virentes
    lauri, dimensis turba locata locis,
aequis verticibus, ramis et frondibus aequis;   5
    una aetas, facies omnibus una fuit.
Bruma propinquabat, Bembus declive parari
    desuper e iuncis praecipiebat opus,
sub quo nec pluvias Boreae nec flabra timerent,
    sit quamvis illis mitior ille locis.   10
Indigena est nobis, hic totas colligit iras,
    hic premit imperio cuncta rapitque suo;
non igitur poterit laurus, quam primus ad Arcton
    ipse tuli, in tanto vivere nostra gelu,
nam nuda et tenera est infirmaque viribus et quam   15
    a Latio longum debilitavit iter.
Succumbet pluviis, nivibus ventisque, cadenti,
    Cmita, imploratam ni properabis opem;
frigora, quando voles, non tantum arcere, sed illi
    aestas in media tu potes esse nive.   20

---

331 *Carmina* III lii: Ad Petrum Cmitam   Written in 1540, after I.'s return from Italy,
in the hope of conciliating Kmita.   3 *virentes: viventes* Ćwikliński, *per incuriam.*
11 *Indigena*: sc. Boreas.   13 *primus*: the laurea was bestowed on poets somewhat
freely in the sixteenth century: I. was the first Pole to be awarded it.

JAN KOCHANOWSKI

JAN KOCHANOWSKI (Ioannes Cochanovius: 1530–1584) was born near Radom of a family of small landowners. In 1544 he matriculated at the University of Cracow, leaving it in 1547. In 1552 he went to Italy, where he made friends among the humanists, visiting Rome and Naples, and spent three years (1552–5) studying under Robortello in Padua. He returned home, after a visit to France, where he met Ronsard, in 1559.

During his absence, Kochanowski revisited Poland more than once, and he spent some time in Königsberg under the protection of Prince Albert of Prussia. He now found new patrons in Philip Padniewski, Bishop of Cracow, and in Padniewski's successor as Vice-Chancellor of Poland, Bishop Peter Myszkowski, through whose influence he became in 1564 secretary to the Chancellor and obtained several ecclesiastical benefices. During his years at Court (1559–69) Kochanowski published several works in Polish, among them *Szachy*, an imitation of Vida's *Scacchia Ludus*.

In 1570 Kochanowski returned to his country estate and gave himself up to poetry. Still, he kept an eye on national events; on the death of King Sigismund Augustus (1572) he supported Henri de Valois, and on Henri's ignominious flight he wrote a verse-invective, *Gallo crocitanti*, in answer to a poem by Desportes which reflected upon the Polish national honour. When Stephen Bathory was elected King of Poland in 1575, Kochanowski wrote in his praise several Latin odes and panegyrics in Horatian and Greek lyric metres (e.g. *De expugnatione Polottei*, celebrating the capture of Polock in 1579), which were included in *Lyricorum libellus* (Cracow 1580), and he celebrated the King's victory in the Muscovite war (1579–1582) in a triumphal ode, *Ad Stephanum Bathorrheum*, consisting of seventy-three twelve-line strophes, published at Cracow in 1583.

During his last years, Kochanowski published several works in his native tongue, among them a lyrical tragedy celebrating the marriage of Jan Zamoyski (an old fellow-student at Padua) to Griselda Bathory, a niece of the King (Warsaw 1578), a version of the Psalms (Cracow 1579), and his most famous work, *Treni* (Cracow 1580), a collection of elegies on the death of his daughter Ursula.

Shortly before his death, Kochanowski prepared for the press an edition of his works, which came out at Cracow in 1584; in it appeared for the first time four books of *Elegiae*, an *Epigrammatum libellus* (called *Foricoenia*) and a collection of jocular epigrams in Polish, *Fraski*. A complete edition of his Latin works was published at Cracow in 1612.

Kochanowski was the most important Renaissance poet writing in Polish.

The familiarity with Latin and taste for the classics that he acquired in Italy led him to recast Polish verse in a classical mould; his Latin verses, often modelled on the Horatian ode, are less spontaneous, but in them he displays great technical skill (especially in handling difficult metres) and a wide knowledge of Greek and Latin literature.

TEXTS from J. Kochanowski, *Dziela wszystkie*, *Wydanie pomnikowe*, III, Warsaw 1884, ed. J. H. Kallenbach, checked with *Opera* 1612.

332   *The glories of Italy*

Quartus, ni fallor, Tecini, hic vertitur annus,
    externo ut longas ducis in orbe moras,
ne tamen ad patrios remeaveris ante penates
    quam fines magnae videris Hesperiae.
Tu licet omne obeas iter experientis Ulyssei,   5
    erravit vasto qui duo lustra mari,
et qua Peliaca primus trabe navit Iason,
    dum petit auratae nobile vellus ovis,
cultius Ausonio nil sol vagus aspicit orbe
    oceano surgens oceanumque petens.   10
Haec neque frigoribus loca nec laeduntur ab aestu,
    flamma gelu, flammas mixta retundit hiems;
respondent fecunda astris clementibus arva
    plurimaque agricolis munera sponte ferunt;
haec est pampineo tellus aptissima Baccho,   15
    hic venit exiguo culta labore Ceres;
pomiferae surgunt silvae passimque per agros
    ostentat densas Pallados arbor opes.
At cum Gorgoneum ferret caput aethere Perseus,
    dirus in Ausoniam non pluit imber humum;   20

332 *Eleg.* III iv   1 *Tecini*: K. urges Count Jan Teczinski to visit Italy.   19 *Perseus*: a constellation in the northern sky.   31–8 K. gives a list of the rivers that flow into the Tyrrhenian Sea (Volturno, Sarno, Sele, Garigliano, Magra, Arno, Tiber) and the Adriatic (Ofanto, Cesano, Foglia, Conca, Metauro, Po).   39–40 K. describes the lakes, Garda, Como, Lucrino.   61 *volvet* 1612: *volvit* 1884.

quare hic nec longam tractu draco signat harenam,
    nec sitit undantem torrida dipsas aquam.
Pinguia non metuunt ullos armenta leones,
    carpunt securi pascua laeta greges.
Huc aptum accedit mutandis mercibus aequor,   25
    quod latus Ausonii claudit utrumque soli;
accedunt crebri portus, ubi tutus iniquos
    audit nauta Notos horrisonumque mare.
Sed neque caeruleis agros lambentia lymphis
    flumina fas fuerit praeteriisse mihi: 30
et Tyrrhena quidem Vulturnus in aequora praeceps
    labitur et Sarnus perspicuusque Siler;
tum Lyris, tum Macra rapax, tum corniger Arnus,
    et maestas volvens nunc Tiberinus aquas.
Parte alia Adriacas late subit Aufidus undas   35
    et Sena et sociis auctus Isaurus aquis,
et cum Crustumio velox fugiente Metaurus
    et qui fluminibus iura dat Eridanus.
Adice Benacum piscosumque adice Larim,
    iunctaque Tyrrheno stagna Lucrina freto.   40
Quid tibi nunc validis inclusas moenibus urbes,
    quidve tot egregios commemorem artifices,
quid tabulas et signa, quid aurea templa deorum
    totve operum moles Pyramidumque minas?
Haec est illa parens veterum memoranda Quiritum,   45
    haec virtutum altrix imperiique domus;
haec fortem domuit Pyrrhum Poenumque ferocem
    fregit et ingentem contudit Antiochum,
quaque dies surgit quaque altis mergitur undis
    subiecit virgis omnia regna suis.   50
Sed quid tempus edax longo non conficit aevo,
    quid non vel summum carpit avara dies?
Illa deum sedes, orbis caput, aurea Roma,
    vix retinet nomen semisepulta suum:
nempe haec humanis dicta est lex aspera rebus,   55
    ut cum summa tenent, rursus ad ima ruant.

Quod fatum Romam quoque contigit, ut neque regna
    urbesque extrema morte vacare scias.
Fama tamen viget et gestarum gloria rerum
    omnes per terras et freta cuncta volat,   60
dumque recurrentes volvet sol igneus annos,
    plenus Romani nominis orbis erit.
Haec tibi, Tecini, si quid generosa tueri
    mens avet eximium, sunt peragranda loca.
Quo cum pervenies, plura et maiora videbis   65
    quam mea musa rudis commemorare valet.

333   *Vanda*

Nunc age, quo pacto bellatrix Vanda Polonis
    praefuerit, solito carmine, Musa, refer.
Sublato e vivis Craco patre, filius annis
    inferior, caeso fratre per insidias,
invasit regnum; porro is quoque numinis iram   5
    et fratris manes nocte dieque pavens,
occubuit victus furiis, neque longius anno
    laetatus parto est per scelus imperio.
Unica restabat Craci de sanguine Vanda,
    Vanda potens forma, Vanda potens animo.   10
Non illa aut lanae radiisve assueta Minervae,
    filo aut ducendis versicolore notis,
sed iaculis armata citae comes ire Dianae
    sternereque adversas per nemora alta feras.

---

333 *Eleg.* I xv   1 *Vanda*: the daughter of Krack ('Cracus') a legendary Polish prince, traditionally the founder of Cracow (c. A.D. 700).   3 *filius*: after the death of Krack, his younger son, who bore his name, deposed and murdered his elder brother, but soon afterwards he too died, leaving his kingdom to his sister.   31 *Ritogarus*: Rytiger, a German prince.   35 *nec opes* 1612: *opes* 1884.   66 *abire* = *qua abeant.*   101 *imo* 1612: *om.* 1884.   102 *novae Naidi*: Vanda, who had been received as one of the river-nymphs of the Vistula.   106 *Mogilam*: the name (meaning 'noble tomb') of a village in the outskirts of Cracow.

Hinc odium taedae, hinc mentio nulla hymenaei,　　　15
　　et constans placitae virginitatis amor:
quod tacitum illa suo semper sub pectore pressit,
　　cum diversa hominum spes foret interea,
qui tibi, nympharum pulcherrima Sarmatidarum,
　　optabant sponsum laude opibusque parem.　　　20
Huic ergo unanimi assensu populusque patresque
　　mandant feminea sceptra tuenda manu:
illa reluctari primum neque credere vires
　　posse suas tanto sufficere imperio;
instantis precibus vix tandem victa senatus　　　25
　　in solio sedit pulchra virago patris,
atque ita commissum curavit sedula munus
　　conferri magnis possit ut illa viris.
Multi illam Arctoo iuvenes ex orbe petebant,
　　quorum vota plagas rapta per aërias,　　　30
Ritogarus Teuto ante alios instantius ambit,
　　verum spem vanam Ritogarus quoque alit.
Hic opibus florens et duro Marte superbus,
　　iactabat Rheni nobilis esse genus,
sed nec opes ullas nec fortia facta genusve　　　35
　　Vanda viri curat virginitatis amans.
Despectus fremit ille et curis ducitur anceps:
　　hinc irae rabies, hinc ferus urget amor.
'Mutanda est ratio, precibus nihil egimus' inquit,
　　et simul arma amens exitiosa capit.　　　40
Non latuit Vandam quid vecors Teuto pararet,
　　quare nec rebus defuit ipsa suis,
iamque pares utrimque animos in bella ferebant,
　　cum Vandae praeco missus ab hoste venit.
'Ritogarum, o era,' ait 'mox es visura: virumne　　　45
　　anne hostem mavis, optio salva tibi est.'
'Neutrum' Vanda inquit 'cupio!', tantumque locuta
　　praeconem nulla iussit abire mora.
Hoc responso hostis magis irritatus, amore
　　in furias verso, propositum urget iter.　　　50

Huic acie instructa pharetrata occurrit Amazon,
    votum sublatis tale vovens manibus :
'Quod pretio dignor summo atque ante omnia carum
    aestimo, si vinco, Iuppiter, esto tuum.'
Audiit orantem placida Saturnius aure   55
    intonuitque alti dexter ab arce poli.
Omine laeta cani signa imperat ipsaque in hostem
    ante alios rapido concita fertur equo.
Reginam insequitur densis exercitus hastis,
    hos animo excipiunt Teutones intrepido.   60
Pugna atrox oritur : caeduntque caduntque vicissim,
    Mars ferus hinc celeres spargit et inde neces.
Fusus ad extremum est miles Germanus, et ipse
    dux aquilas ictus concidit ante suas.
Arma modo exanimi detracta, cadaver humatum,   65
    captis vita data est tutaque abire via ;
at qua pugnatum est victrix regina tropaeum
    Vistuleas ponit nobile propter aquas.
Huc galeas atque arma virum tulit, inde sonantem
    conversa ad fluvium talibus orsa loqui est :   70
'Vistula dives aquae, fluviorum Vistula ocelle,
    quoscunque Arctoo despicit Ursa polo,
quae tibi serta prius floresque offerre solebam,
    illa ego Vanda tuis cognita fluminibus,
nunc pro pallenti viola croceoque hyacintho   75
    haec spolia in ripis figo cruenta tuis,
devicti monumentum hostis, temeraria qui in me
    demens invitis moverat arma diis,
et quam non potuit prece flectere, cogere ferro
    tentavit frustra cum exitioque suo.   80
Et nunc ille ferox iacet acri vulnere victus,
    at me fama alti tollit in astra poli.
Di, quorum auspiciis occurri hostilibus armis
    et verti in turpem signa inimica fugam,
non ego vos urgente metu coluisse statimque   85
    neglexisse malis exonerata ferar,

sed quicquid demersa altis vovi anxia curis,
  fortunatam omnes persoluisse scient.
Estne anima quicquam pretiosius? hanc ego vobis
  vestro servatam munere dono libens.'   90
Haec ait, extremaeque ut stabat margine ripae,
  ultro se in rapidas praecipitavit aquas.
Obstupuere omnes factum, gemituque dolorem
  testati, immeritas ungue scidere genas.
Illam caeruleis excepit Vistula tectis   95
  et patrii iussit fluminis esse deam.
Plebs rata mortalem corpus quaesivit in undis,
  ut daret extremo membra cremanda rogo;
spe frustrata dehinc tumulum congessit inanem
  umbramque a Stygiis ter revocavit aquis.   100
Auditus clamor fundo alti fluminis imo,
  errorque ille novae Naidi gratus erat;
et tum nemo quidem lacrimas non fudit amaras
  luxeruntque illum et postera saecla diem.
Exstat adhuc laeva monumentum hoc nobile ripa,   105
  qua Mogilam liquidis Vistula lambit aquis. . . .

334 *A national poet*

Musa, relinquamus ripas Anienis amoenas,
  in sua me pridem Carpatus antra vocat

334 *Eleg.* III xiii   Written c. 1569, when K. was about to abandon the Court in
favour of a country life, and to dedicate himself to writing poetry in his native
tongue.   1 *Anienis*: a tributary of the Tiber, here made the symbol of classical
Latin verse.   5 *Lasciades*: Albert Laski defeated the Tartars at Oczakow in the
Ukraine in 1568.   9 *Reius*: Nicholas Rej (1505–1569), a Polish author of some
importance; K. mentions his biblical drama *Joseph* (Cracow 1545) and 'La fedele
immagine dell'uomo onesto' (Cracow 1558), a moralistic verse hotch-potch inspired
by the *Zodiacus vitae* of Marcello Palingenio.   15 *Tricesius*: Andrea Trzecieski,
who published a collection of hymns in 1556 and in 1563 a Polish translation of the
Bible.   19 *Gornicium*: Luca Gornicki (1527–1603) wrote a Polish version of Castiglione's *Cortegiano* (*Dworzanin polski*, Cracow 1566); nothing is known of the
lyrics of his here referred to by K.   28 *Myscovi*: K.'s patron, Bishop Peter
Myszkowski.

Sarmatiamque iubet patriis ornare Camenis,
  si qua modo a nostro carmine fama venit;
illam Lasciades spoliis meus ornet opimis   5
  cumque Scythis nullo foedere bella gerat.
Spes nostra in calamo est Heliconiadumque favore,
  haec spolia, hic meus est currus et arma mea.
Nec primus rupes illas peto: Reius eandem
  institit ante viam nec renuente Deo,   10
et meruit laudem, seu parvum fleret Ioseph
  leto fraterna paene datum invidia,
sive Palingenii exemplum musamque secutus,
  quid deceat caneret dedeceatque viros.
Concinit acceptos superis Tricesius hymnos,   15
  linguarum praestans cognitione trium,
et quae de mundi perscripsit origine Moses
  ignota esse suae non patitur patriae.
Laude sua neque Gornicium fraudavero; namque hic
  Orphea fingit carmina digna lyra   20
Germanosque canit magno certamine victos,
  committens lyricis Martia bella modis.
Me quoque paulatim vestigia vestra secutum
  vatibus annumeret Sarmatis ora suis.
Si mea nec livor levis aut fiducia pennae,   25
  sed patriae dulcis pectora versat amor,
tum tu aspirantem non segnis ad otia vitae,
  Myscovi, monitis parce tenere tuis,
sed sine, quod reliquum est mihi temporis, exigere inter
  Socraticas lauros Pieridesque meas.   30
Nil magnum affecto, nec spe mihi blandior ulla:
  parva seges satis est fonsque perennis aquae;
qui sectantur opes, penetrent in viscera terrae
  aut ratibus curvis Indica regna petant;
me iuvat immensi rationem inquirere mundi   35
  cursusque astrorum perdidicisse vagos:
cur sol praecipitet gelidae sub tempora brumae,
  nox contra lentis pigra feratur equis,

cur nunc exilis, nunc pleno appareat orbe
    Cynthia, quid stinguat lumina magna poli ;   40
quid generet nubes liquidosque in nubibus imbres,
    quodque coruscanti fulmen ab axe venit,
unde coloratus, caelum qui dividit, arcus,
    unde Aquilo aut Eurus, qui maria alta domant ;
quae vis commoveat terras aut aequoris aestus,   45
    fontibus et fluviis unde perennis aqua ;
quo post fata animae migrent, sit Tantalus usquam
    arida quem medio torreat amne sitis ;
denique sitne aeterna corusci haec machina caeli,
    an cuncta ad primum sunt reditura chaos.   50
Haec me vita manet, nisi quis deus obstet : avaros
    aurea non aegre flumina habere sinam.

335 *A spoilt procession*

Exhibiturus erat divus spectacula Marcus
    et iam pompa suam coeperat ire viam,
cum subito nimbus tempestasque atra coorta est
    quae vela et pictos proluit imbre deos.
Pace tua, custos Venetorum maxime, dicam :   5
    parva tui in caelo est, si ratio ulla tui est.

336 *Love's dreams*

Dormis, mortales curis insomnibus angens,
    dormis, heu, durae proles Acidaliae,

---

335 *Epigr.* 17: De spectaculis Divi Marci   Evidently written during the period of
K.'s residence in Padua.
336 *Epigr.* 19: In Amorem dormientem

nec tibi fax ardet nervove impulsa sonanti
  e manibus falli nescia harundo volat.
Alter sit securus: ego timeo, improbe, ne vel   5
  sopitus videas somnia amara mihi.

337 *The reward of virtue*

Tempus adest omnes sua cum delicta fatentur
  et veniam superos supplice voce petunt,
nec mihi fas veterum ritus sprevisse parentum:
  dicendum est quicquid pectora caeca premunt.
'Non didici impuri perversum dogma Gnathonis   5
  "Aiunt, aio; negant rursus, et ipse nego",
sed quae cum vero mihi consentire videntur,
  haec demum affirmo, sin minus, usque nego.
Non opibus quemquam neque fulvo metior auro,
  sed quam quisque probus, tam mihi carus erit;   10
rem ratione mala nolim auctam; ferre superbas
  non possum et tantum curo placere bonis.'
Talia dicentem Deus audiit, atque ita fatur:
  'Semper egebis: ita haec culpa pianda tibi est.'

338 *False Theology and true*

Aetas prisca virum divitias Iovem,
vires Latoidem corporis integras,
  formae munera alumnam
    vasti credidit aequoris

---

337 *Epigr.* 42: Confessio   5 *Gnathonis*: cf. Terence, *Eun.* 251–2.
338 *Od.* II: In deos falsos

largiri Venerem; cor sapientia 5
praestans atque animum consilii uberem
  aspirare putarunt
   matris Pallada nesciam;

arma interque tubas Martis erat dare
pectusque intrepidum vimque animo parem; 10
  quassas Tyndaridarum
   servare in pelago rates.

Horum ne umbra quidem est nunc reliqua omnium,
fallacesque deos fictaque numina
  caeco condidit Orco 15
   tempus cuncta redarguens.

At tu, magne parens orbis et arbiter
naturae, veluti principio cares
  sic expers quoque finis,
   vives omnia saecula; 20

te nos non pecudum sanguine, sed prece
casta prosequimur cordeque simplice:
  tu placatus amicis
   adversa omnia mollies.